Francis Parker Yockey

IMPÉRIUM

La philosophie de l'histoire et de la politique

Francis Parker Yockey (1917-1960)

Francis Yockey était un philosophe américain qui croyait en une Europe unie et puissante. Son ouvrage le plus important, « Imperium », explique comment l'Europe devrait être une force dominante dans le monde. Yockey était un partisan du fascisme et des idées de droite. Sa vie a été pleine de controverses et il est mort en 1960 dans des circonstances mystérieuses.

IMPERIUM
La philosophie de l'histoire et de la politique

Titre original:
IMPERIUM - *The Philosophy of History and Politics*
Première publication en 1948

Traduit et publié par
OMNIA VERITAS LTD

OMNIA VERITAS.
www.omnia-veritas.com

Tous droits réservés. Aucune partie de cette publication ne peut être reproduite par quelque moyen que ce soit sans la permission préalable de l'éditeur. Le code de la propriété intellectuelle interdit les copies ou reproductions destinées à une utilisation collective. Toute représentation ou reproduction intégrale ou partielle faite par quelque procédé que ce soit, sans le consentement de l'éditeur, de l'auteur ou de leur ayants cause, est illicite et constitue une contrefaçon sanctionnée par les articles du Code de la propriété intellectuelle.

INTRODUCTION	13
PROLOGUE	45
I - LÀ TOUR DE GUET HISTORIQUE DU 20EME SIECLE	49
Perspective	49
I	*49*
II	*53*
III	*56*
2. Les deux côtés de l'histoire	60
3. La relativité de l'histoire	62
4. La signification des faits	65
5. La mort de la vision linéaire de l'histoire	68
I	*68*
II	*72*
6. La structure de l'histoire	75
I	*75*
II	*79*
7. Pessimisme	81
I	*81*
II	*84*
III	*87*
8. La crise de civilisation	91
I	*91*
II	*93*
9. Le darwinisme	97
I	*97*
II	*100*
III	*103*
10. Le marxisme	106
I	*106*
II	*110*
III	*113*
11. Le freudisme	115
I	*115*
II	*119*
12. La perspective techno-scientifique globale	122

- *I* *122*
- *II* *125*
- *III* *128*
- 13. L'IMPÉRATIF DE NOTRE TEMPS *131*
  - *I* *131*
  - *II* *135*
  - *III* *138*

II - LÀ TOUR DE GUET POLITIQUE DU 20EME SIECLE **140**

- 1. INTRODUCTION *140*
- 2. LA NATURE DE LA POLITIQUE *142*
  - *I* *142*
  - *II* *145*
  - *III* *147*
- 3. LA SYMBIOSE GUERRE-POLITIQUE *149*
  - *I* *149*
  - *II* *153*
  - *III* *156*
  - *IV* *158*
- 4. LES LOIS DE LA TOTALITÉ ET DE LA SOUVERAINETÉ *162*
- 5. L'ÉTAT PLURALISTE *165*
- 6. UNE LOI DE CONSTANCE DU POUVOIR INTER-ORGANIQUE *167*
- 7. LA LOI DE CONSTANCE DU POUVOIR INTRA-ORGANIQUE *168*
- 8. LE PLURIVERS POLITIQUE *170*
- 9. LA LIGUE DES NATIONS *174*
- 10. L'ASPECT INTERNE DU DROIT DE SOUVERAINETÉ *177*
  - *I* *177*
  - *II* *180*
- 11. LES ORGANES POLITIQUES ET LA GUERRE *183*
- 12. LE DROIT DE LA PLÉNIÈRE POLITIQUE *188*
- 13. LA LOI DE PROTECTION ET D'OBÉISSANCE *191*
- 14. LE COMITÉ INTERNATIONAL DE LA CROIX-ROUGE *194*
- 15. LES DEUX ANTHROPOLOGIES POLITIQUES *198*
- 16. LE LIBÉRALISME *201*
  - *I* *201*
  - *II* *206*
  - *III* *209*

- 17. La démocratie 214
  - I 214
  - II 218
- 18. le communisme 219
- 19. Association et dissociation des formes de pensée et d'action 221
  - I 221
  - II 226

III - VITALISME CULTUREL - SANTÉ CULTURELLE 230
- 1. introduction 230
- 2. L'articulation d'une culture 233
- Tradition et génie 241
- 4. Un génie et l'ère de la politique absolue 244
- 5. Race, peuple, nation, État 246
  - I 246
  - II 247
  - III 250
  - IV 253
  - V 256
  - VI 259
- 6. Signification subjective de la race 261
  - I 261
  - II 265

IV - VITALISME CULTUREL - PATHOLOGIE CULTURELLE 268
- 1. La pathologie de la culture 268
  - I 268
  - II 270
- 2. Le parasitisme culturel 273
  - I 273
  - II 277
  - III 281
  - IV 285
  - V 288
  - VI 291
- 3. Distorsion culturelle 294
  - I 294
  - II 298

  4. Le retard culturel comme forme de distorsion culturelle 301
  5. Distorsion culturelle résultant d'une activité parasitaire 305
   I *305*
   II *311*
   III *316*
   IV *319*
   V *322*

V - AMÉRIQUE 326

  1. Introduction 326
  2. Les origines de l'Amérique 327
  3. L'idéologie américaine 331
  4. La guerre civile, 1861-1865 336
  5. La pratique américaine de la gouvernance 340
   I *340*
   II *345*
  6. Histoire de l'impérialisme américain 347
   I *347*
   II *351*
  7. L'impérialisme américain à l'ère des guerres d'anéantissement 355
   I *355*
   II *358*
   III *362*
  8. La révolution américaine de 1933 364
   I *364*
   II *368*
   III *370*
  9. Perspective globale 371
   I *371*
   II *375*
  10. L'homme noir en Amérique 379
  11. Le retard culturel de l'Amérique 382
   I *382*
   II *385*
  12. Propagande 388
   I *388*
   II *392*

13. L'ORIENTATION DES AFFAIRES ÉTRANGÈRES AMÉRICAINES DEPUIS 1933 396
    I 396
    II 400
    III 403
    IV 406
14. L'AVENIR DE L'AMÉRIQUE 408
    I 408
    II 412

VI - LÀ SITUATION MONDIALE 417

1. LE MONDE POLITIQUE 417
2. LA PREMIÈRE GUERRE MONDIALE 420
3. LA SECONDE GUERRE MONDIALE 425
4. RUSSIE 430
    I 430
    II 433
5. LE JAPON 437
6. L'AMÉRIQUE 440
7. LA TERREUR 445
8. L'ABÎME 454
    I 454
    II 455
9. L'IMPERIUM 457
    I 457
    II 460
    III 462

AUTRES LIVRES 465

INTRODUCTION

AUX HÉROS DE LÀ SECONDE GUERRE MONDIALE

Was mich nicht umbringt, macht mich stärker (Ce qui ne me détruit pas, me renforce) NIETZSCHE

Dans l'obscurité, je pouvais distinguer la silhouette de cet homme - cet homme étrange et solitaire - à travers l'épais fil de fer. Intérieurement, je maudissais la lourde clôture qui empêchait notre rencontre face à face. En effet, bien que notre hôte commun soit la prison du comté de San Francisco et que l'homme à qui je rendais visite soit enfermé sur un pied d'égalité avec les petits voleurs et les criminels, je me rendais compte que j'étais en présence d'un grand personnage, et je sentais que l'Histoire se tenait devant moi.

Hier, les journaux ont fait leurs gros titres sur cette découverte sensationnelle. "Un homme mystérieux avec trois passeports est emprisonné ici", ont-ils annoncé. Un homme mystérieux - diabolique - avait été capturé. Un homme habitué aux actes obscurs et - bien pire - aux pensées interdites, s'insurgeaient les journalistes. Un homme qui avait parcouru la terre pour des missions mystérieuses et qui avait été jugé si dangereux que sa caution avait été fixée à 50 000 dollars, soit dix à vingt fois le montant normal pour une fraude de passeport. L'excitation des journaux et le mystère qui entoure l'affaire semblent indiquer que ce desperado est soit un gangster international, soit un agent communiste de premier plan.

C'est du moins ce que laissaient entendre les journaux. Mais maintenant, je sais que cette "presse libre" s'est trompée sur bien des points.

Je sais maintenant que le seul véritable crime de Francis Parker Yockey a été d'écrire un livre, et qu'il doit mourir pour cela.

Il est presque toujours impossible de saisir l'essence de la grandeur. Il y a les faits connus d'une grande vie, mais les faits sont inanimés et pratiquement muets lorsque nous recherchons la réalité essentielle d'une personnalité créative. Mais passons en revue quelques-uns des faits que nous connaissons d'une vie à la fois significative, fascinante et tragique.

Francis Parker Yockey est né à Chicago en 1917. Il a fréquenté des universités américaines, obtenant une licence en arts en 1938 et, trois ans plus tard, un diplôme de droit à Notre Dame, où il a été diplômé avec mention.

Dès l'enfance, Yockey se fait remarquer par son talent prodigieux, ce qui suscite le ressentiment de beaucoup. L'histoire révèle que la combinaison de l'originalité et d'une grande intelligence chez quelques individus est essentielle au progrès humain, mais nous, mortels, admirons ces qualités davantage dans les biographies que chez les camarades de classe, les amis ou les subordonnés.

Yockey était un pianiste de concert, mais aussi un écrivain doué. Il a étudié les langues et est devenu linguiste. En tant qu'avocat, il n'a jamais perdu un procès. Il possédait une compréhension extraordinaire du monde de la finance... ce qui est surprenant, car nous savons que dans sa philosophie, l'économie est reléguée à une place relativement peu importante. Et c'est en tant que philosophe que Yockey s'est hissé au sommet et que l'on se souviendra de lui comme tel ; c'était un homme d'une incroyable vision. En outre, sa personnalité était complétée par un don précieux : le sens de l'humour.

Comme la grande majorité des Américains, Yockey s'oppose à l'intervention des États-Unis dans la Seconde Guerre mondiale. Il s'engage néanmoins dans l'armée et sert jusqu'en 1942, où il reçoit une décharge médicale honorable. Les années suivantes, il se consacre à l'exercice de sa profession, d'abord dans l'Illinois, puis à Détroit, où il est nommé procureur adjoint du comté de Wayne, dans le Michigan.

En 1946, Yockey s'est vu proposer un poste au tribunal des crimes de guerre et a été affecté en Europe, plus précisément à Wiesbaden, où les nazis de "seconde ligne" devaient être jugés et punis. En 1946, l'Europe était un continent déchiré par la guerre, et non la terre prospère que nous connaissons aujourd'hui. En contemplant le massacre et en voyant de ses propres yeux les effets de l'immonde plan Morgenthau, dont l'objectif était d'affamer trente millions d'Allemands et qui était mis en œuvre à l'époque, il s'est certainement senti renforcé dans sa conviction que l'entrée en guerre de l'Amérique avait été une épouvantable erreur. Et sentant la force de la sinistre puissance de l'Est, il s'est probablement demandé quels intérêts protégés par une telle "victoire".

Comme le sénateur Robert A. Taft et beaucoup d'autres hommes de l'époque qui ont eu le courage de déclarer leurs convictions, Yockey est arrivé à la conclusion que toute la procédure des "procès pour crimes de guerre" servait les intérêts - et avait été créée pour servir les intérêts - du communisme international. Le recours à la torture, la falsification des preuves et l'utilisation de lois a posteriori devant un tribunal qui était à la fois juge, jury, procureur et défense ne constituaient qu'une partie des absurdités juridiques. Plus important encore était le retour à la barbarie inhérent à ce spectacle : un retour si subtilement exploré plus tard par le Britannique F.J.P. Véale dans "Advance to Barbarism".

Pendant onze mois, le travail de Yockey à Wiesbaden consiste à préparer des rapports sur différentes affaires. Possédant une connaissance approfondie de l'histoire, il s'efforce de faire un travail objectif. Finalement, à Washington, quelqu'un se plaint et il est convoqué par son supérieur immédiat : "Nous ne voulons pas de ce genre de rapport", lui dit-on. "Les vôtres sont mal orientés. Vous devrez les réécrire en fonction du point de vue officiel.

Yockey estime que le moment est venu de prendre une décision, même si cela signifie rompre avec le conformisme et plonger dans les eaux solitaires de l'ostracisme social. "Je suis avocat, pas journaliste", dit-il, "vous devrez écrire votre propre propagande" ; et il démissionne sur-le-champ.

Après l'incident de Wiesbaden, il est retourné en Amérique où il est resté cinq mois. Mais, conformément au goût de la Weltpolitik, il n'a pas pu s'installer définitivement. Il ne peut se défaire du sentiment insistant qu'il doit s'immoler dans les flammes de la controverse. Cette conviction perturbe tellement son esprit qu'il se rend compte qu'il n'a pas le choix.

C'est à la fin de l'année 1947 que Yockey retourne en Europe. Il s'installe dans une auberge tranquille à Brittas Bay, en Irlande. Isolé, concentré sur lui-même, il commence à écrire et, en six mois, sans notes, Francis Parker Yockey achève Imperium.

L'étape suivante consistait à publier l'ouvrage. Là encore, Yockey a dû faire face à de sérieux problèmes, car aucun éditeur ne voulait s'occuper de son livre, le jugeant trop "controversé". Les éditeurs affamés de notre époque avancée savent que n'importe quel tas d'ordures, de saletés, de sexe, de sadisme, de perversion et de folie se vendra si on l'emballe entre deux couvertures voyantes et qu'on lui donne le nom d'un livre, mais ils savent aussi qu'ils ne doivent en aucun cas permettre aux lecteurs d'entrer en contact avec un ouvrage sérieux s'il ne contient pas les accoutrements habituels des revendications d'égalité, de démocratie et de fraternité universelle.

Finalement, Yockey a réussi à obtenir le financement nécessaire et le livre a été produit. La première édition d'"IMPERIUM" a été produite en deux volumes. Le volume I comprend 405 pages et trois chapitres. Le volume II comprend 280 pages et trois chapitres. Tous deux ont été publiés en 1948 sous le nom de Westropa Press. Le volume I a été publié par C. A. Brooks & Co. Ltd. et le volume II par Jones & Dale, tous deux à Londres. Les deux volumes mesurent 5 pouces sur 7 pouces et demi et ont une jaquette rouge, avec le titre écrit en noir sur fond blanc.

On sait que seuls 1 000 exemplaires du volume I et 200 exemplaires du volume II ont été achevés. L'écart entre les quantités et le changement d'éditeur semblent indiquer qu'il y a eu des difficultés à financer l'édition. Les exemplaires de la première édition sont bien entendu introuvables aujourd'hui.

La combinaison la plus rare que l'on puisse trouver chez un homme est celle du philosophe et de l'homme d'action. Lorsque Yockey a voulu créer une organisation politique, il a prouvé qu'il ne faisait pas exception à cette règle.... Ou peut-être le moment n'était-il pas encore venu de lancer un mouvement constructif ? En organisant le Front européen de libération en 1949, lui et ses amis lancent un manifeste intitulé "La Proclamation de Londres". Mais, à part une bastonnade à Hyde Park, ils n'obtiennent rien de plus. Et là encore, il se heurte à un vieux problème. Même parmi les intellectuels pénétrants et les individualistes qui étaient ses camarades, son éclat brillait trop fort. Il était envié et l'effort était gaspillé.

Ayant épuisé son argent et ses espoirs immédiats, Yockey accepte un emploi à la Croix-Rouge. Il démissionne en 1951 et voyage à travers l'Europe.

En 1952, le département d'État refuse de renouveler son passeport. Il en fait la demande à plusieurs reprises, mais se heurte à chaque fois à un refus. Commence alors un jeu entre le FBI et Yockey, car le FBI a reçu l'ordre de le surveiller en permanence. Il s'agit d'une règle qui a depuis été appliquée aux anticommunistes convaincus partout aux États-Unis, en particulier dans le Sud. Lorsque les allées et venues de Yockey étaient connues, le FBI le surveillait jour et nuit. Lorsqu'il parvenait à disparaître temporairement, comme c'était souvent le cas, ses amis, parents et connaissances étaient constamment interrogés par des agents qui, selon eux, "voulaient simplement lui parler".

Et c'était sans doute la vérité. C'est tout ce qu'ils voulaient. Ils voulaient savoir où il était, ce qu'il faisait, qui il voyait, ce qu'il disait et où il comptait aller ensuite.

Pourquoi cet intérêt pour Francis Parker Yockey, auteur ? C'est lui-même qui a donné la réponse à un ami. "Mes ennemis m'ont mieux évalué que mes amis", a-t-il dit, et c'était vrai.

En regardant à travers les barreaux épais de la prison de San Francisco et en apercevant la forme indéfinie qui s'attardait de l'autre côté, ce dixième jour de juin 1960, j'ai compris que je devais aider le prisonnier autant que je le pouvais. Je ne pouvais rien faire de plus.

J'ai lu votre livre, ai-je dit à l'ombre, et je veux vous aider. Que puis-je faire ?

Attendez, a-t-il dit. Attendez et agissez selon votre conscience. Au cours de la semaine suivante, de nombreux articles de presse ont relaté la comparution de Yockey devant le rabbin Joseph Karesh, commissaire des États-Unis.

J'ai assisté deux fois à l'audience et, à chaque fois, j'ai été fasciné par cet homme, Yockey. Il mesurait environ 1,80 m ; il était mince, devait peser environ 1,80 kg et était agile. Ses cheveux étaient noirs et commençaient à devenir gris. Mais ce qui est inoubliable, c'est l'expression de son visage : pensif, sensible, magnétique. Je pense que c'était ses yeux. Foncés, ils dénotaient une intelligence rapide et profonde. Ses yeux - ils semblaient révéler de grands secrets, des connaissances et une terrible tristesse. Une fois, alors qu'il se levait pour retourner dans sa cellule, ses yeux balayaient rapidement la pièce, fixes, désespérés, bien que cette expression de résignation déterminée n'ait jamais quitté son visage. Que cherchait-il ? Que pouvait-il y avoir d'autre, dans cette fosse aux lions, qu'une expression amicale ? Je me souviens que son regard s'est arrêté sur moi et qu'en une fraction de seconde, il m'a parlé avec ses yeux. À cet instant, j'ai compris que je ne le quitterais jamais.

Un vendredi matin, le 17 juin, je me suis réveillé comme d'habitude. J'ai entendu le speaker de la radio prononcer des mots qui m'ont stupéfié.

Yockey était mort.

"Je vais dormir sans arrêt jusqu'à demain", tel est le message énigmatique qu'il a laissé à son compagnon de cellule lors de sa dernière nuit. Est-ce le matin qu'il a annoncé comme l'aube d'une nouvelle ère ?

Une note froissée a été trouvée. Le médecin légiste a déclaré qu'il s'agissait d'un suicide et que le poison utilisé était du cyanure de potassium. Personne ne sait où il a pu se le procurer. L'affaire a été classée sans suite.

En tant qu'Américains, on nous a appris dès l'enfance à croire que nous vivions dans un pays libre. Mais les temps changent et l'Amérique s'est transformée à bien des égards. Souvent, les anciennes formalités sont respectées, mais le sens et la réalité interne de l'Amérique ont changé, et personne ne l'a vu plus clairement que Francis Parker Yockey. Prenons, par exemple, la façon dont la presse aime se vanter de sa liberté auprès de ses victimes - ses lecteurs. Oui, la presse peut être libre de mentir, de déformer, d'omettre, d'induire en erreur et de calomnier, mais est-elle libre de dire la vérité ?

Le spectacle d'un homme persécuté, calomnié et poussé à la mort simplement parce qu'il a écrit un livre n'est pas ce que l'on s'attendrait à voir, au milieu du XXe siècle, dans le pays de la liberté et la patrie des braves.

Mais peut-on se considérer comme libre lorsqu'un citoyen américain dont le seul crime a été d'écrire un livre se voit refuser un passeport par le Département d'État, privilège qui n'est accordé qu'aux dégénérés et aux criminels les plus notoires ? Ce n'est que le 24 avril 1962 que le Département d'État a décidé d'ouvrir une enquête sur le refus de passeport à des agents communistes de premier plan... mais la "presse libre" a curieusement omis de mentionner que les rapports de nature confidentielle émanant du F.B.I. ou de toute autre agence ne seraient pas utilisés contre un communiste à moins qu'il n'obtienne le "droit" de confronter son accusateur. Et, bien sûr, le droit d'appel, même dans un tel cas, serait scrupuleusement respecté.

Sommes-nous libres lorsqu'un citoyen peut être arrêté sans mandat et détenu en prison sans qu'aucune charge n'ait été retenue contre lui et avec une caution fantastique de 50 000 dollars ?

Sommes-nous libres lorsque les vautours de la "presse libre" peuvent s'abattre sur la victime et lui lancer des monceaux de calomnies et d'ordures, l'accusant d'avoir fait des choses qu'il n'a jamais faites ou d'avoir dit des choses qu'il n'a jamais dites afin de créer une "opinion publique" contre lui ? L'Amérique peut-elle être qualifiée de pays libre lorsqu'un génie sensible peut être jeté dans la plus crasse des prisons en compagnie de criminels noirs et blancs et se voir refuser même des vêtements propres et des toilettes ? Sommes-nous libres lorsqu'un tel "criminel" n'est même pas autorisé à rencontrer ses sœurs en privé, et lorsqu'un groupe censé avoir été créé pour défendre les droits constitutionnels des citoyens - l'Union américaine des libertés civiles - préfère défendre les "droits" des homosexuels, des traîtres, des meurtriers et des pornographes plutôt que ceux d'un patriote sincère comme Francis Parker Yockey, dont les pensées et les efforts ont été consacrés à ses compatriotes ? Sommes-nous libres, je le demande, lorsqu'un juge peut décider qu'un prisonnier ne doit pas bénéficier d'un "procès rapide et public par un jury impartial..." comme le garantit la Déclaration des droits, mais qu'il doit être soumis à un examen mental dans le but évident de supprimer le procès par jury ? Enfin, sommes-nous libres lorsqu'un autre groupe, bien plus puissant que l'Union américaine pour les libertés civiles ou que le gouvernement lui-même, si puissant, en fait, que les gens n'osent pas prononcer son nom à haute voix, sauf en termes d'éloges les plus serviles, sommes-nous libres lorsque cette faction peut dicter au gouvernement la procédure à suivre pour éliminer des éléments gênants tels que Francis Parker Yockey ? Si des choses comme celles que j'ai énumérées peuvent se produire - et se sont produites - alors notre "liberté" tant vantée n'est qu'leurre ; un mot vide de sens que nous donnent nos habiles justiciers pour nous garder heureux et tranquilles, de la même manière qu'un père donne une babiole brillante à son petit garçon.

Il est instructif d'analyser les méthodes utilisées par nos maîtres pour combattre les idées et les mouvements positifs. Il existe une norme dans ces tactiques, que les forces constructives feraient bien d'étudier. La première tactique est la suppression et la non-reconnaissance ferme du rebelle et de ses œuvres. La presse appliquera unanimement le fameux "traitement silencieux". Même à ce stade précoce, si le mouvement promet de se consolider, l'éventualité d'un assassinat est envisagée et mise en œuvre si nécessaire. L'assassinat du jeune Newton Armstrong Jr. à San Diego dans la nuit du 31 mars 1962 en est un exemple. Nous nous inspirons du livre de Che Guevara sur les tactiques de guérilla et la question de savoir quand il est nécessaire de recourir à l'assassinat :

> "Il est généralement contraire à la politique du parti communiste de recourir à l'assassinat.... Cependant, deux critères et une décision politique de sont nécessaires.... Les critères pour l'individu en question sont qu'il doit être très

efficace et que son exécution doit avoir valeur d'exemple".

La tactique suivante consiste à jeter le discrédit diffamation, la déformation des faits, la tromperie et en semant la confusion dans la mesure du possible. Une campagne négative de discrédit peut être pour détruire l'efficacité d'un ennemi, ou une campagne positive visant à masquer la vérité pour permettre à un mouvement subversif de se développer. La falsification de la vérité sur Castro, littéralement choyé par l'ensemble de la presse et, naturellement, par le département d'État, en est un exemple classique. Elle commence généralement sous la forme une campagne souterraine de chuchotements qui se transforme progressivement en campagne ouverte lorsque la "presse libre" intervient. L'objectif est d'isoler les ennemis du régime actuel et de les discréditer. La troisième tactique est l'infiltration d'agents dans le mouvement jusqu'à lui donner une fausse direction afin de le saboter au moment opportun, tandis que les énergies des patriotes sont dirigées vers des activités contrôlées ou sûres. La quatrième et dernière étape n'est utilisée qu'en dernier recours, lorsque le mouvement ou la philosophie est devenu institutionnel et immunisé contre les tactiques les plus grossières. (Il est intéressant de noter que les philosophies contradictoires de Jésus-Christ et de Friedrich Nietzsche ont souffert de cette interprétation mortelle). Deux ou plusieurs des manœuvres susmentionnées sont couramment utilisées en même temps. Par exemple, outre la suppression de son "*Imperium*", Yockey a été victime d'une campagne de diffamation ; il risquait également d'être assassiné, et sa fin énigmatique a résolu le problème. Il n'est pas nécessaire d'être prophète pour prédire que la réédition actuelle de son œuvre aura les mêmes conséquences.

Comment supporter les sottises cyniques ou ignorantes des libéraux quand ils gémissent sur la "liberté d'expression" et le "droit à la dissidence" et serrent le poing contre le "conformisme" et tous ses tours de passe-passe quand on sait que ces paralytiques moraux à l'éthique pervertie ne revendiquent leurs libertés particulières que pour ceux qui oeuvrent à la destruction de l'Occident ? On a déjà vu l'attitude qu'ils adoptent lorsque ceux qui se consacrent à la défense de l'Occident ont besoin de leur aide.

Un vieux journaliste plein de bon sens a chuchoté à l'une des sœurs de Yockey qui, silencieuse et en pleurs, s'enfonçait dans sa solitude. "Votre frère est un martyr ; le premier d'une longue liste... si nous voulons reprendre notre pays à ceux qui nous l'ont volé".

L'épilogue surprenant de l'affaire Yockey survient quelques semaines après sa mort. Soudainement, inexplicablement, l'homme qui avait été chargé de la mission de placer Yockey dans un asile d'aliénés, le procureur des, démissionne, abandonne sa femme et ses enfants et entre dans un monastère.

Admettons qu'au moins un serviteur dévoué de la Démocratie ait une conscience, même s'il l'a exprimée un peu tard.

Permettez-moi de vous exposer mes idées de manière à ce qu'il n'y ait pas de malentendu. Je suis favorable à la survie de notre organisme culturel occidental. J'aime ceux qui luttent pour l'intégrité de l'Occident, quels qu'ils soient. Et autant je crains et me méfie des ennemis extérieurs de l'Occident, autant je méprise encore plus les ennemis intérieurs et les lâches qui les aident... et je déteste leur doctrine putride qui baptise notre dégradation continue comme inévitable.

De plus, je crois que l'Occident peut survivre. Tout dépend de la foi : la foi en notre avenir, la foi en notre supériorité et en notre survie. Le scepticisme, la sophistication, le cosmopolitisme et le cynisme ont détruit l'ancienne foi, qui n'a pas été remplacée par une nouvelle. Mais la foi est et sera toujours 'ingrédient essentiel de toute force historique. Seule une foi unificatrice peut fournir le motif commun de survie - la conviction juste et profonde de notre droit à la vie - et illuminer le pouvoir intolérant qui peut nettoyer et racheter notre environnement en décomposition et en putréfaction. Tout simplement, l'impératif d'inspirer la foi est la question cruciale de notre époque.

Et quand je dis "survivre", c'est exactement ce que je veux dire. Car nous sommes allés si loin, nos philosophies, nos libertés et nos modules culturels sont tellement pervertis ou érodés, que la simple survie est tout ce qui est possible. Je veux dire que ceux qui doivent sauver l'Occident doivent réaliser, dès le départ, ce qui peut être sauvé, que beaucoup devra être sacrifié et que la structure qui en résultera sera différente de celles du passé. Ceux qui nous ont précédés ont laissé les denses "vents du changement" ronger l'ancienne vie, et de nombreuses tares sont apparues, qui ne peuvent être entièrement éliminées. C'est une chose de se battre pour un idéal réalisable,, et une autre de se sacrifier pour une cause perdue. Il faut une philosophie de l'histoire pour déterminer ce qui est réalisable et ce qui est perdu à jamais.

Et si notre tâche est de reconstruire, nous ne devons pas perdre de vue la réalité, car nous ne pouvons pas construire tant que nous n'avons pas capturé. Le pouvoir politique est le critère essentiel, pas les vœux pieux ou les charlatans, et pour atteindre l'objectif du pouvoir politique, tout le reste doit être sacrifié temporairement. Faire autrement, c'est s'assurer la défaite. Quiconque se trouve à bord d'un navire menacé de sombrer dans une tempête peut être contraint de jeter par-dessus bord tout ce qu'il possède si cela est nécessaire à la survie commune. Ou, pour utiliser une autre image : ceux qui conduisent l'Occident vers le Styx et l'éloignent des ténèbres doivent d'abord franchir les portes de l'enfer.

Le problème pratique de la reconquête du pouvoir politique est double. D'une part, est-il possible de formuler une éthique et une foi qui, en elles-mêmes, offrent au moins autant d'attrait populaire que le mensonge peint par Marx ? D'autre part, comment ceux qui dirigeraient naturellement un tel mouvement peuvent-ils rivaliser avec le satanisme opératif léniniste surdéveloppé dans la jungle sauvage de la lutte politique ? Est-ce nécessaire ? Après tout, la conspiration à laquelle nous sommes confrontés est le monstre hideux développé après quatre millénaires d'expérience dans l'imposture et la tromperie, à tel point que, en fait, son principal allié a toujours été l'aveuglement obtus de ceux dont il fait sa proie. Pour un Occidental, "combat" signifie balles, armées et navires de guerre. Mais pour notre ennemi, les guerres internationales n'ont guère de sens ; "combattre", pour lui, ce n'est pas la guerre, c'est la politique, et c'est en fonction de cette conception qu'il a affûté ses armes dans ce domaine de la décision ultime. Les soldats n'ont jamais été de bons politiciens et, de par la nature même de leurs fonctions respectives, le soldat doit toujours perdre face au politicien.

Enfin, en formulant cette doctrine, nous devons nous demander si elle sera en mesure d'éradiquer les maux sociopolitiques de notre époque et de conduire l'humanité vers un monde meilleur.

C'est à cette aune, et à aucune autre, qu'il faut juger l'œuvre de Francis Parker Yockey.

Abandonner la recherche d'un tel concept éthique, c'est abandonner l'histoire comme le font les nihilistes intellectuels et spirituels : les libéraux et les beatniks. Abandonner la recherche, c'est donner carte blanche à l'ennemi pour contrôler nos vies, nos âmes, nos destins.

L'échec de cette philosophie ne peut être attribué uniquement aux parasites qui vivent parmi nous. Ce n'est pas non plus uniquement la faute de l'ennemi caméléon de l'Occident (le fauteur de culture, pour reprendre l'expression pertinente de Yockey) qui poursuit impitoyablement tous ceux qui osent s'élever contre notre décadence et notre dégénérescence rapides ; en fait, c'est surtout la faute des milliers de personnes qui savent ce qui est en jeu et qui n'ont pas le courage moral d'identifier le fauteur de culture et de le combattre ; ou, pire encore, qui ont réussi, par une auto-persuasion diligente, à se convaincre que la bataille pour la survie contre un ennemi qui n'exige rien de moins qu'une capitulation totale peut être menée, et gagnée, par des sociétés exonérées d'impôts, des paroles mesurées et "modérées" et la répression des "extrémistes". Ces combattants exquis pullulent sur les groupes anticommunistes comme des fourmis sur du sucre. Avec des proclamations anticommunistes stridentes, ils corrompent leurs consciences pour qu'elles végètent en paix, et vont parfois jusqu'à accompagner moralement la crucifixion des rares personnes qui ont du courage moral. L'Amérique compte trop d'anticommunistes de ce type et trop peu de vrais patriotes.

Il y a beaucoup de choses dans "Imperium" qui peuvent facilement être mal interprétées. Il y a des choses avec lesquelles tout le monde sera d'accord. Et il y a quelque chose avec lequel tout le monde sera en désaccord. C'est la caractéristique de tout début véritablement vital et révolutionnaire.

Le jugement critique de Yockey sur le darwinisme est un exemple de la première possibilité, et il faut garder à l'esprit qu'il se réfère au darwinisme journalistique, et non à la théorie de l'évolution. Il en va de même pour l'utilisation du mot "race". Il aurait été utile de clarifier les concepts si un autre mot, qui pourrait être "noblesse", avait été utilisé pour décrire ceux qui ressentent l'Impératif du Temps, car l'interprétation génétique de la race est nécessaire, utile et valide, si nous voulons envisager nos problèmes avec clarté et précision. En outre, Yockey cite des tests de valeur douteuse lorsqu'il affirme que les enfants d'immigrants américains ont des mesures anthropologiques complètement différentes de celles de leurs parents. Il y a sans aucun doute une part de vérité dans cette affirmation ; il existe des différences somatiques causées par le régime alimentaire et le climat, mais de telles conclusions peuvent nous conduire dans le domaine du lysenkisme si nous ne faisons pas preuve d'une grande prudence. Trofim Lysenko est le charlatan et grand prêtre communiste russe qui a "prouvé" par un tour de passe-passe que c'est l'environnement, et non le patrimoine génétique, qui crée l'homme. Cette théorie est l'erreur fondamentale sur laquelle repose toute la théorie communiste de l'homme, même si peu de gens s'en rendent compte. Mais l'hérédité est une question de gènes et les gènes ne changent jamais, sauf par mutation, à moins que des gènes d'un type (race) ne se mélangent à des gènes d'un autre type (race). L'un des meilleurs livres sur ce sujet est "Evolution, Marxist Biology and the Social Scene" du Dr Conway Zirkle. L'évolution, la biologie et l'héritage génétique doivent être traités comme des faits réels, et toute théorie tournée vers l'avenir doit en tenir compte.

L'utilisation par Yockey du mot "autorité" peut être une source de malentendus. Il convient de garder à l'esprit que l'individu jouissait d'une liberté bien plus grande sous les monarques européens que dans l'Amérique d'aujourd'hui. Les sceptiques devraient se familiariser avec Edmund Burke, Thomas Carlyle, Herbert Spencer et le récent ouvrage d'Otto von Habsburg intitulé "L'ordre social de demain". Il est clair que par "autorité", Yockey n'entend pas une sorte de collectivisme de type marxiste.

Certains lecteurs ont soulevé la question de l'anti-russisme apparent de Yockey, et il convient de clarifier ce point. Dans ses œuvres ultérieures, Yockey a clarifié ses opinions sur la Russie ; en effet, certains de ses geôliers l'ont qualifié d'"antiaméricain et pro-russe" lors de son procès à San Francisco. Bien qu'une telle insulte ait été proférée à l'intention de lecteurs de journaux crédules, elle indique que certains de ses écrits ultérieurs pourraient être interprétés à tort comme étant pro-russes, tout comme "Imperium" témoigne d'une attitude anti-russe. Naturellement, Yockey n'était ni pro-russe ni anti-russe ; ce qui le préoccupait, c'était la santé et la continuité de l'Occident, et sa vision du reste du monde était toujours subjective par rapport à ce qu'il considérait comme conforme aux intérêts supérieurs de l'Occident à ce moment-là.

Les accusations d'"antisémitisme" - à moins que l'on ne considère comme tel le simple fait d'être ouvert d'esprit sur la question juive - méritent la même interprétation. Le fait qu'il ait été arrêté au domicile d'un ami juif - même si cet ami l'a désavoué par la suite - est suffisamment instructif.

Des dizaines de pensées et de concepts brillants exposés dans "Imperium" pourraient être commentés, comme, par exemple, sa relégation de l'économie à son niveau organique légitime, c'est-à-dire au système digestif. Son plaidoyer en faveur de l'unification européenne, bien avant que cette idée n'ait progressé, en est un exemple significatif. C'est peut-être une preuve de son affirmation que les choses qui sont considérées comme des "extrémismes" aujourd'hui sont les dogmes de demain ; le génie vit dans l'avenir, comme il le dit, et alors qu'il était autrefois considéré comme simplement un peu "étrange" par ses contemporains, et évité ou toléré (sauf, bien sûr, s'il encourait la juste colère de l'Église, auquel cas les choses pouvaient devenir très désagréables pour lui), le freudisme moderne le déclare aujourd'hui malade mental et indigne des anciennes protections de la loi ; et c'est certainement une indication du "progrès" que nous avons fait en mille ans.

Il convient de noter l'importance du pseudonyme choisi par Yockey pour désigner l'auteur d'"Imperium", Ulick Varange. Ulick est un nom irlandais, dérivé du danois, qui signifie "récompense de l'esprit". Varange fait naturellement référence aux Varangiens, ces bandes de héros nordiques qui, sous la direction de Rurik et à l'invitation des Slaves, ont civilisé la Russie au IXe siècle, construit l'État impérial russe et formé l'élégante et talentueuse aristocratie russe jusqu'à ce qu'ils soient massacrés par les Bolcheviks, en même temps que vingt millions d'autres Chrétiens et Musulmans. Le nom, tiré des extrémités occidentales et orientales de l'Europe, signifie donc une Europe unie "des promontoires rocheux de la Galway à l'Oural", comme il l'a lui-même préconisé. Le nom de famille, Varange, signifie enfin l'origine occidentale de la Russie historique.

"Imperium" n'est pas - pour citer à nouveau l'auteur - un livre, au sens où il présenterait un argument. Il est prophétique, il est l'œuvre d'un voyant intuitif. C'est pourquoi vous ne trouverez ni bibliographie ni notes de bas de page dans "Imperium", bien que l'auteur soit manifestement un lecteur invétéré. En effet, Yockey pensait-il à lui-même et prédisait-il sa propre fin lorsqu'il affirmait que les prophètes d'une nouvelle ère mouraient souvent de façon non naturelle ? Il dévoile cette pensée à deux reprises : d'abord dans le chapitre sur "L'articulation d'une culture", puis dans "Le génie".

Un autre fait intéressant et mystérieux concernant le manuscrit qu'il a achevé à Brittas Bay, et que vous tenez maintenant dans vos mains, est qu'il possède une clé qui permet de déchiffrer le nom de l'auteur si l'on découvre le code secret. Ainsi, la question de l'authenticité qui se pose toujours à propos d'une grande œuvre après la mort de l'auteur ne pourra jamais se poser avec "Imperium".

Il est important de rechercher les origines de la philosophie de Yockey, car nous sommes tous obligés de construire sur ce que ceux qui nous ont précédés ont fait, et de voir clairement que le passé permet de mieux comprendre le présent. Avec plus d'exagération que d'exactitude, Yockey affirme : "Il n'y a rien d'original dans le contenu de ce livre".

La connaissance d'Oswald Spengler est fondamentale pour comprendre Yockey ; en effet, on peut dire qu'Imperium est en fait une suite au monumental Déclin de l'Occident de Spengler. Spengler, bien sûr, est persona non grata pour les "intellectuels" à la mode pour des raisons qui sont évidentes pour les lecteurs de Decadence, de sorte que cette résurrection de son influence - une résurrection inévitable, pourrais-je ajouter - ne pouvait que choquer les esprits tendres des beatniks, des libéraux et des communistes qui ont tété à la mamelle sèche du conformisme historique pendant si longtemps. Ces enfants intellectuels sont toujours prêts à nous assurer que Spengler est "dépassé", une de leurs armes sémantiques préférées, utilisée couramment lorsqu'ils veulent éviter les discussions sur les alternatives et les faits.

Mais Oswald Spengler, "le philosophe du XXe siècle", comme l'appelle Yockey en compagnie de Gregor Mendel, Thomas Malthus et Charles Darwin, nous a montré le modèle du monde d'hier et sa forme dans l'avenir, pour le meilleur ou pour le pire. Chacun de ces géants est fondamental dans son propre domaine d'étude, et étudier l'histoire et rejeter Spengler est aussi stupide que d'étudier les maladies et rejeter la théorie des germes, ou d'étudier les mathématiques et rejeter les nombres. Les pitoyables nihilistes intellectuels, matérialistes, égalitaristes et "bien-pensants" peuvent aboyer, aboyer sur les talons de Spengler jusqu'à ce qu'ils soient enroués, mais l'Histoire ne les entend pas.

"C'est ainsi que Spengler commence "Décadence" et poursuit avec deux volumes denses d'excursions délicieuses et profondes dans l'histoire du monde, la guerre, la philosophie, la poésie, la musique, l'art, la politique, la religion et même les mathématiques.

La meilleure synthèse de Spengler - si tant est qu'une telle chose puisse être conçue - a peut-être été réalisée par Egon Friedell dans son "Histoire culturelle de l'ère moderne", un ouvrage en trois volumes dont, soit dit en passant, Yockey était un grand admirateur. Friedell dit, en mentionnant d'éminents penseurs :

Enfin, et avec une profonde admiration, nous arrivons au nom d'Oswald Spengler, peut-être le plus puissant et le plus intense à être apparu sur le sol allemand depuis Nietzsche. Il faut remonter aux plus hauts sommets de la littérature mondiale pour trouver des œuvres d'un talent aussi brillant et exubérant, d'une perspicacité psychologique aussi triomphante et d'une cadence aussi personnelle, suggestive et rythmée que son "Déclin de l'Occident". Ce que Spengler nous donne dans ses deux volumes, c'est "l'esquisse d'une morphologie de l'histoire". Il voit, au lieu de l'"image monotone de l'histoire mondiale dans un concept linéaire", le "phénomène d'une pluralité de grandes cultures". "Chaque culture a ses propres possibilités d'expression qui grandissent, mûrissent, se décomposent et ne reviennent jamais. Il n'y a pas une seule sculpture, une seule peinture, une seule mathématique, une seule physique, mais plusieurs, chacune différente des autres dans son essence la plus profonde, chacune limitée dans sa durée et autonome, tout comme chaque espèce de plante a son bourgeon ou son fruit particulier, son type spécial de croissance et de mort. Ces cultures, essences vitales sublimées, poussent avec la même absence de finalité que les fleurs dans les champs". Les cultures sont des organismes, et l'histoire culturelle est leur biographie. Spengler présente neuf de ces cultures, la babylonienne, l'égyptienne, l'indienne, la chinoise, la classique, l'arabe, la mexicaine, l'occidentale et la russe, et jette la lumière sur chacune d'entre elles à tour de rôle ; naturellement, la lumière n'est pas également brillante dans chaque cas, et, bien sûr, les comptes rendus que nous en faisons sont très inégaux. Mais dans le cours de l'évolution de ces Cultures, certains parallèles prévalent, ce qui conduit Spengler à présenter la conception des phénomènes "contemporains", c'est-à-dire des faits historiques qui "chacun dans sa propre Culture, se succèdent dans les mêmes positions relatives et, par conséquent, ont une signification exactement correspondante". "Contemporains", par exemple, sont l'essor du ionien et du baroque ; Polignot et Rembrandt, Polyclite et Bach, Socrate et Voltaire sont "contemporains". Mais à l'intérieur même de la Culture individuelle, il y a aussi une congruence naturellement complète de toutes ses expressions vitales et dans chacune des étapes de son évolution. Ainsi, par exemple, il existe une profonde relation de forme entre la Polis classique et la géométrie euclidienne, entre la perspective spatiale de la peinture à l'huile occidentale et la conquête de l'espace par les trains, les téléphones et les armes à longue portée. C'est à l'aide de ces principes et d'autres similaires que Spengler parvient à ses découvertes les plus intéressantes et les plus surprenantes. Le "brun protestant" des peintres hollandais et l'"air de la plaine" athée de l'école de Manet, la "route" comme symbole primitif de l'âme égyptienne et la "plaine" comme leitmotiv de la conception russe du monde, la culture "magique" des Arabes et la culture "faustienne" de l'Occident, la "seconde religiosité" dans laquelle les vieilles cultures font revivre les images de leur jeunesse, et le "fellahdom" dans lequel l'homme émerge à nouveau de l'Histoire, ce sont là, et bien d'autres encore, d'inoubliables lueurs de génie qui illuminent, pour un instant, de vastes étendues nocturnes, d'incomparables découvertes et allusions d'une intelligence dotée d'une vision véritablement créatrice d'analogies. Que les cimmériens de l'érudition n'aient opposé à une telle oeuvre que stagnation et morne incompréhension ne saurait surprendre quiconque connaît les mœurs et la mentalité de la république de l'érudition".

Spengler a publié "Décadence" en juillet 1918, et nous nageons encore dans les premières vagues de cet événement titanesque. Car "Le déclin de l'Occident" était aussi révolutionnaire pour l'étude de l'histoire en 1918 que la théorie de l'hélicoptère de Copernic l'était pour l'étude de l'astronomie en 1543.

On peut se demander quelle est la cause principale de la réticence à accepter Spengler, hormis le fait qu'il constitue un obstacle à la victoire totale de l'intellectuel libéral-marxiste. Je pense que les principales difficultés sont au nombre de deux : la nécessité de reconnaître la nature essentiellement étrangère de toute âme culturelle et la nécessité apparente de nous réconcilier avec le triste fait que notre propre organisme occidental doit également mourir comme tous ceux qui l'ont précédé.

Paradoxalement, le problème fondamental de la deuxième objection réside précisément dans l'âme de Faust de l'Occident, définie par Spengler lui-même : "L'âme de Faust, dont le premier symbole est l'espace pur et illimité", disait-il ; et c'est vrai, car nous avons besoin, au plus profond de notre être, de la tendance perpétuelle vers l'infini. L'idée d'un progrès illimité découle de cette réalité spirituelle ; c'est un concept qui est profondément et inextricablement inculqué à tout homme occidental. Ainsi, la pensée de la mort inévitable provoque un rejet fondamental et s'appelle le pessimisme.

En ce qui concerne la première objection, nous pouvons dire que la reconnaissance de la nature essentiellement étrangère de chaque âme culturelle, il s'ensuit que si chaque culture a sa propre vitalité intérieure, elle ne sera pas influencée par l'esprit d'une autre. Cela s'oppose également aux convictions les plus profondes de l'homme occidental qui, pendant plus de cinq cents ans, a catéchisé d'autres hommes de toutes les parties du monde dans le vain espoir de les faire ressembler à sa propre image révérée.

Ce blocage psychologique est très profond en Occident, si profond qu'une telle erreur apparaît dans toutes les strates philosophiques, et certainement pas seulement chez les adeptes de la variété gauchiste. Citez n'importe quel philosophe, économiste ou ecclésiastique de l'histoire occidentale, à l'exception de Hegel[1] (oui, y compris Spengler lui-même), et vous pouvez être sûr de trouver un homme qui a essayé d'établir des lois universelles pour la conduite humaine ; quelqu'un qui, en d'autres termes, n'a pas distingué les différences essentielles entre les races. (Que ferait, exemple, Lord Keynes de sa théorie "universelle" de l'épargne supplémentaire s'il essayait de l'appliquer au Ghana ou à Haïti ? L'Église catholique romaine en est un exemple typique. Les Occidentaux traditionalistes parlent de l'Église comme d'un rempart de l'Occident. Malheureusement, le compliment n'est pas réciproque. La Sainte Église catholique romaine n'est pas une Église universelle - une Église pour tous les hommes - qui considère tous les hommes, où qu'ils soient et quels qu'ils soient, comme des âmes humaines égales dont les corps devraient être amenés dans l'étreinte sacrée de la Cité du Vatican. Elle est la première à rejeter la suggestion impie qu'elle doit une allégeance radicale à l'Occident. Les démonstrations scientifiques et philosophiques selon lesquelles les hommes et les

---

[1] Extraits de l'intéressante "Introduction à la philosophie de l'histoire" de Georg Wilhelm Friedrich Hegel :
"La particularité africaine est difficile à comprendre, pour la simple raison qu'en l'abordant, nous devons abandonner le principe qui accompagne toutes nos idées : la catégorie de l'Universalité.... Un autre fait caractéristique du Noir est l'esclavage..... Aussi mauvais qu'il puisse nous paraître, il est encore pire dans son pays, car il y existe un esclavage aussi absolu, sinon plus ; car tel est le principe essentiel de l'esclavage, que l'homme n'a pas encore accédé au concept de sa propre liberté et que, par conséquent, il se réduit à une simple Chose : un objet sans valeur. Chez les Nègres, les sentiments moraux sont très faibles, voire inexistants. Les parents vendent leurs enfants, et les enfants vendent leurs parents lorsque l'occasion se présente.... La polygamie chez les Nègres a souvent pour but de posséder de nombreux enfants afin de les vendre plus tard. Il s'ensuit que le manque de maîtrise de soi caractérise le caractère du Noir. Ils sont incapables de se développer ou de se cultiver et, tels que nous les voyons aujourd'hui, ils ont toujours été.... À ce stade, nous quittons l'Afrique pour ne plus jamais en parler. En effet, l'Afrique n'est pas une partie historique du monde, elle n'a pas de mouvements ou d'évolutions à présenter.

cultures sont néanmoins différents sur de nombreux points fondamentaux et qu'il est malsain - antithétique - de les mélanger peuvent être sûres de rencontrer le même accueil inhospitalier que celui que l'Église a réservé à Copernic et à Galilée. En avril 1962, trois catholiques de la Nouvelle-Orléans ont été excommuniés pour avoir osé défendre cette vérité hérétique.[2]

Que doivent penser les millions de personnes - catholiques et non catholiques - qui ont l'habitude de considérer Rome comme un rempart contre cette conspiration immonde et dégénérée (les catholiques décents ne devraient pas être surpris ou trop mortifiés ; les sectes protestantes ont également été infiltrées ou capturées par le faussaire de la culture il y a de nombreuses années). Mais si les religions égalitaires doivent converger, le parti communiste devra lui aussi faire des compromis ; ayant fait faillite intellectuellement, le prix ne sera pas trop élevé pour lui. Une lettre anonyme, prétendument écrite par un membre du Parti communiste, a été publiée dans le "*Truth Seeker*" en mai 1963 (un journal libre-penseur et véritablement anticommuniste). En voici un extrait :

"Le Parti a dénaturé son athéisme pendant plusieurs années et maintenant nous l'abandonnons complètement. L'athéisme divise les masses et offense les bonnes personnes religieuses qui travaillent étroitement avec nous au sein du Parti. Les athées fanatiques qui insistent pour prêcher leurs idées sont expulsés... Il est stupide de confondre les problèmes politiques que nous rencontrons avec les questions religieuses. D'autre part, c'est par le biais des églises.... que le Parti progresse le plus à l'heure actuelle Je m'attends à voir une convergence complète entre l'Église catholique et le Parti communiste au cours des cinquante prochaines années.... Un avant-goût de cette situation est clairement visible sur le site Poland. Avez-vous entendu parler de "Pax" ? Il s'agit d'une organisation laïque polonaise dirigée par des prêtres communistes... tolérée par les deux camps, le parti et l'Église.... Vous pouvez probablement

---

[2] Dans son dernier ouvrage, "Histoire du peuple d'Israël", Ernst Renan écrivait que "le socialisme nous entraînera, avec la complicité du catholicisme, dans un nouvel âge des ténèbres". Et il y a, en effet, d'horribles rumeurs dans l'air concernant l'hostilité traditionnelle de l'Église à l'égard du communisme. Le 7 mars 1963, le pape a été vu en train de serrer la main d'Alexei Adzheubi, un représentant officiel du bolchevisme, qui a jusqu'à présent assassiné au moins cinquante millions de patriotes en Russie, en Chine et dans de nombreux autres pays.

encore voir le jour où la dictature du prolétariat sera proclamée par le Pape !

Un point crucial dans le traitement de ce sujet est la croissance et maintenant la suprématie totale de l'idée occidentale de la technique. Le monde entier de la science est le reflet de l'homme occidental, et nous avons vu la technique occidentale conquérir le monde. Nous voyons notre technique appropriée à divers degrés et de diverses manières par toutes les cultures simiesques de la planète qui ont réussi à dépasser leur stade arboricole.

Les Noirs de l'âge de pierre de l'Afrique actuelle, d'Haïti, de la Nouvelle-Guinée et du sud des Philippines sont fascinés par les horloges, les radios et même les bougies. Lorsqu'une municipalité américaine veut se débarrasser de ses vieux tramways, elle les vend aux Amérindiens du Mexique. Les Arabes sémites roulent en Cadillac et utilisent des fusils fabriqués en Belgique, achetés avec l'or des redevances pétrolières de Wall Street, Dallas ou Londres. Les Chinois orientaux ont bien appris et sont censés pouvoir faire exploser une bombe atomique à tout moment. Et même les Russes semi-occidentaux, depuis l'époque de Pierre le Grand et même de Rurik, ont construit leurs navires, leurs canons et leurs fusées avec l'aide d'ingénieurs européens. Mais l'appropriation massive des techniques occidentales a-t-elle un effet sur l'âme interne et distinctive de la culture qui se l'approprie ? La réponse est non, et nous ne devrions pas permettre à notre orgueil démesuré de penser le contraire.

L'autre cause du rejet de Spengler réside dans la difficulté de se réconcilier avec l'apparente nécessité de la mort de l'Occident en tant qu'organisme culturel.

Mais il n'est pas nécessaire, à mon avis, de procéder à une telle réconciliation. Car si une culture est un organisme, c'est un organisme très particulier ; et même si nous acceptons l'analogie, nous pouvons rechercher intelligemment la possibilité de prolonger ou de renouveler sa vie.

Yockey rejette cette hypothèse et, en tant que spenglerien convaincu, prévoit la fin de l'Occident. Mais on peut soutenir que l'introduction du concept organique dans la philosophie et la théorie historique, ajoutée à la maîtrise sans précédent de la Nature à laquelle l'Occident est parvenu, et les possibilités infinies de celle-ci pour l'avenir, permettent de supposer que l'organisme occidental ne doit pas nécessairement subir le même sort que les autres cultures qui l'ont précédé et qui ne possédaient pas ses connaissances. En d'autres termes, nous avons maintenant le bon concept, grâce à Spengler, pour la première fois dans l'histoire, nous avons identifié la pathologie de la Culture, grâce à Yockey. De plus, la technique occidentale a créé des moyens physiques uniques à appliquer au problème.

En approfondissant un peu cet examen, nous pouvons dire que la culture occidentale surpasse toutes les autres cultures apparues dans l'histoire dans les aspects suivants :

(1) L'obsession des faits historiques.

(2) Le développement du concept organique de la culture et la reconnaissance de sa pathologie.

(3) Le développement de la science et de la haute technologie. La maîtrise du microcosme et du temps, du macrocosme et de l'espace. Passons maintenant à la dernière phase - jusqu'à présent - et, selon Spengler, "inévitable" d'une Culture : la phase impérialiste. C'est d'abord dans ce domaine que la théorie spenglérienne, appliquée à "l'aventure de la prédiction de l'histoire", semble vaciller, car l'Occident est en retard dans son itinéraire. Yockey le raconte et l'attribue à l'influence retardatrice de l'Argent. C'est probablement vrai. La question est la suivante : si l'argent peut perturber le cycle, d'autres éléments ne peuvent-ils pas le perturber également ? Il convient de souligner ici un autre facteur sans équivalent dans la situation occidentale. Le cas de la surproduction est un fait de la vie quotidienne que presque tous les secteurs de l'opinion politique ne veulent pas reconnaître. Il s'agit pourtant d'un choix fondamental pour l'humanité, aux implications diffuses. Jusqu'à présent, l'esclavage était nécessaire pour maintenir un niveau de vie élevé (et, bien sûr, l'esclavage a toujours été justifié par la religion et le droit lorsqu'il s'avérait économiquement souhaitable).) Puis vinrent les conquêtes étrangères dont le but est l'exploitation. Ce n'est plus le cas aujourd'hui. Le principal problème économique de l'Occident est d'écouler ses excédents de production, et non de nourrir et d'abriter ses masses (cette vérité élémentaire est connue de tout "travailleur" autoproclamé, mais a échappé aux théoriciens et aux économistes de, de droite comme de gauche). La surproduction et la technologie semblent donc avoir supprimé l'impératif économique de l'impérialisme. Enfin, la bombe atomique et ses descendants encore plus terribles ont infiniment diminué l'usage de la guerre comme instrument de politique nationale. De ce point de vue, l'impérialisme en tant que politique du profit est aussi mort que la traite des esclaves et le cuirassé. Et si l'impérialisme ne doit pas être mené comme une politique délibérée de profit, de quel point de vue doit-il être mené ? Ferveur religieuse ? Enthousiasme populaire pour le capitalisme ? Non, pour l'Occident aussi, le temps des croisades est révolu. Nous ne verrons plus l'Occident partir à la conquête du monde autrement que par Wall Street et les Peace Corps... à moins que le besoin de placer nos produits ne puisse être satisfait que par "la guerre, solution de lâche aux problèmes de la paix".

Maintenant, si l'on devait objecter que les considérations ci-dessus ont un parfum d'aspect causal de l'histoire - contre lequel Yockey invective - et affirment que la dernière phase de notre Culture est soumise à des phénomènes purement spirituels, j'oserais suggérer la possibilité d'une erreur de calcul de Spengler provenant d'une fausse interprétation de ses propres données et théories qui, examinées d'un point de vue légèrement différent, non seulement clarifient le sens de la théorie à la lumière des faits actuels, mais la confirment complètement. L'espace nous permet ici une très légère esquisse, au risque de n'être comprise que par ceux qui sont initiés aux mystères du spenglérisme.

La méthode de Spengler consistait à montrer la corrélation de tous les aspects de l'histoire d'un organisme culturel. Comme le suggère déjà le texte de Friedell cité plus haut, Spengler a établi des analogies à partir d'éléments apparemment divers d'une culture, dont chacun reçoit une forme et une signification grâce au "zeitgeist" (esprit du temps), qui est la création de l'âme culturelle dans son destin particulier. C'est pourquoi, dans sa recherche du passé, il a vu comme étape culminante ce qui s'exprime spirituellement comme l'universalisme. Dans le domaine de la religion, une "seconde religiosité" se développe, qui commence comme un conglomérat de sectes et de cultes que personne ne prend au sérieux mais auxquels tout le monde s'identifie (c'est ce que nous avons aujourd'hui). On l'appelle le "social gospel". Il s'appelle "évangile social" et se manifeste de mille manières, profanes et sacrées. Ce n'est pas une vraie religion, mais du culturalisme). Cette anarchie finit par se stabiliser sous la forme une religion authentique et généralement acceptée... et nous en sommes encore à quelque 200 ans de cela. Dans le domaine de l'économie, il y a les grandes entreprises et le pouvoir croissant de l'argent, qui, de toute façon, est finalement maîtrisé par la force de la politique. Dans le domaine de l'art, l'esprit du temps s'exprime par l'importation de formes artistiques exotiques et par des tentatives absurdes dépourvues de toute signification, si ce n'est celle d'une dégénérescence naturelle des formes indigènes. Enfin, dans la perspective extérieure, il y a l'impérialisme, l'expansion militaire. Nous voyons bien que tout cela est en train de se réaliser, sauf la dernière étape. Pourquoi ? Tout simplement parce que la soumission de la technologie au service de l'Occident et la domination de l'économie en Occident ont sublimé cette étape de l'universalisme spirituel de l'impérialisme militariste en d'autres formes d'expansion. En effet, jamais auparavant il n'y a eu une armée aussi agressive d'expansionnistes désarmés et d'impérialistes pacifistes. Les fanatiques du gouvernement mondial pullulent en Occident. Ces personnes, et d'autres, défendent fermement les Nations unies - un anachronisme qui ne peut être efficace par rapport aux objectifs qu'il prétend épouser - et pourtant, le soutien à ce dangereux fossile est une question de moralité personnelle pour des millions de personnes. L'esprit du temps se reflète toujours dans les définitions, et c'est donc l'insulte suprême pour un homme blanc d'aujourd'hui que d'être traité d'"isolationniste" ou de "nationaliste". Les Blancs doivent tous être des "libre-échangistes", des "internationalistes" et des "cosmopolites", et nous admirons le citoyen du monde, quel qu'il soit. Nos yeux sont intensément tournés vers l'extérieur de nos frontières ; nous avons découvert qu'il est beaucoup plus facile de résoudre les problèmes des étrangers que les nôtres. Les peuples non occidentaux ne sont pas aussi éclairés que nous, et nous l'excusons avec véhémence, en utilisant un double modèle chrétien nouvellement découvert qui constitue une marque de supériorité morale moderne, comme le fait d'appartenir au Classical Book Club ou de contribuer au Negro College Fund. Qu'est-ce qui a causé plus de souffrance, demande Nietzsche, que les folies des compatissants ? Il est bon que les personnes de couleur soient nationalistes ; en fait, nous les encourageons à l'être et nous prenons les obligations d'Israël avec le sentiment chaleureux de faire une bonne action. Nous sommes heureux lorsque les personnes de couleur et les Juifs affichent leur "fierté raciale", le péché mortel et le tabou de notre environnement puritain. (Soit dit en passant, comment se fait-il qu'à notre époque lumineuse, toutes les questions, sauf une, peuvent être discutées ? L'athéisme est désormais un sujet ennuyeux. Le marxisme est encore plus ennuyeux, après cent ans de popularité. Une nouvelle étape nous a fait passer du simple sexe au sadisme et à la perversion ; même le Marquis de Sade perd de sa couleur. Quel sujet de conversation étincelant reste à discuter depuis que les égalitaristes ont apporté les bénédictions de la démocratie ? Un seul sujet ne peut être abordé dans une assemblée éduquée : la race).

Les héros de Wall Street récoltent la meilleure moisson de ce type d'"impérialisme", et aujourd'hui, petits et grands investisseurs s'intéressent aux investissements étrangers qui bénéficient d'avantages fiscaux par rapport aux investissements nationaux (le favoritisme fiscal : le critère ultime de notre démocratie) - ou prônent l'"aide étrangère", sans oublier de stipuler, bien sûr, qu'une partie de cette astuce d'élimination de notre production excédentaire doit être allouée à leurs propres produits. L'expression ultime de cet impérialisme militant au pistolet à billes est le désopilant mais profondément symbolique "Peace Corps"[3], véritable expression de l'air du temps. Voici le véritable symbole d'aujourd'hui : une création typiquement américaine d'une stupidité abyssale avec de bonnes intentions et l'incapacité d'apprécier les sentiments d'autrui couplée à une cupidité éclairée.

Non, nous n'avons pas besoin de l'impérialisme tant que nous aurons des dirigeants comme Mennen Williams et Adlai Stevenson, des sages comme Eleanor Roosevelt et Arnold Toynbee et des altruistes comme Herbert Lehman, James Warburg et Douglas Dillon pour résoudre nos problèmes.

Pour continuer ce tour d'horizon de la viabilité de Spengler aujourd'hui, il est important d'évoquer une question dont on n'entend pas souvent parler, grâce aux chantres de la liberté et de la démocratie. Les néo-spenglériens conscients de l'aspect racial de l'histoire (appelons-les "racistes" pour les désigner) soutiennent que la phase "finale" d'une Culture - la phase impérialiste - n'est la dernière que parce que l'organisme culturel détruit son corps et tue son âme à travers ce processus.

Bien sûr, si nous voulons établir des analogies entre les cultures et les organismes, nous devons admettre que l'âme de l'organisme ne meurt que parce

---

[3] Ici, la préface fait un jeu de mots intraduisible. "Peace Corps" - Peace Corps, entité philanthropique-mercantiliste inventée par le président Kennedy, le transforme en "Peace Corpse", ce qui signifie "cadavre de la paix". (N. du T.)

que le corps meurt. L'âme peut être malade - l'âme occidentale est aujourd'hui malade, peut-être mortellement - mais elle ne peut mourir que si l'organisme lui-même meurt. Et c'est précisément ce qui est arrivé à toutes les cultures antérieures, rappellent les racistes : la mort de l'organisme est l'aboutissement naturel du processus suicidaire de l'impérialisme.

Un mot sur l'aspect racial de l'histoire avant de poursuivre. Bien sûr, l'histoire est écrite du point de vue marxiste de l'économie, du progrès linéaire et de la lutte des classes, et Yockey réfute bien cette triple erreur. Avant la Première Guerre mondiale, l'histoire était généralement écrite d'un point de vue racial. L'histoire était considérée comme le récit dramatique des mouvements, des luttes et des développements des races, ce qui est effectivement le cas. La suppression du point de vue racial a atteint son apogée vers 1960 (ce n'est pas une coïncidence si le pouvoir du faussaire de la culture, dans tous les autres domaines, y compris la politique, a commencé à montrer des signes - même faibles - d'affaiblissement à cette époque également).

La principale raison pour laquelle les Blancs ont plus en plus tendance à traiter les races de manière objective est peut-être, paradoxalement, qu'ils ont été contraints de les traiter de manière subjective. Il n'est pas difficile d'entretenir un mythe dans l'ignorance. L'égalité des Noirs, ou même leur suprématie, par exemple, est plus facile à accepter s'il n'y a pas de Noirs pour détruire le concept. En un mot, l'internationalisme, dans la pratique, se métamorphose rapidement en racisme.

Pour passer de l'expérience aux sujets académiques, combien d'Américains ou d'Anglais connaissent le fait stupéfiant et élémentaire qu'ils sont - au sens historique - germaniques ; qu'ils font partie, qu'ils le veuillent ou non, de cette grande famille teutono-celtique qui - des millénaires avant l'aube de Rome et même de la Grèce - était une tribu unique avec une langue unique ? Combien de personnes par ailleurs intelligentes et bien intentionnées, qui ont jusqu'à présent jugé leur patriotisme en fonction du degré de haine qu'elles éprouvaient pour leurs frères continentaux, savent que les ancêtres de la grande famille teutono-celtique étaient les mêmes Aryens qui ont soumis l'Inde et l'ont civilisée, parlant la langue sanskrite et instituant le système des castes qui, soit dit en passant, n'était à l'origine qu'un système de ségrégation raciale doté d'une signification religieuse dont la fonction était de l'entretenir ? Ou qu'avant cela, il y avait les Sumériens et les Perses, et que le nom moderne de Perse - Iran - n'est qu'une corruption d'Aryen ?

La Grèce et Rome ont également été créées par cette grande race de conquérants porteurs de culture. Partout où elle est passée dans le monde, une civilisation différente a été créée, chacune ayant ses caractères distinctifs parce qu'elle s'est développée en fonction des conditions de l'environnement, tout en conservant toujours des traces indiscutables de son origine aryenne.

Il y a des civilisations dont on ne sait pas grand-chose en ce qui concerne les éléments raciaux. Tout ce que l'on sait avec certitude des Égyptiens, c'est qu'ils étaient caucasiens et que, comme tous les propriétaires d'esclaves, ils ont mélangé leur sang avec celui de leurs esclaves noirs. Quant aux prétendues civilisations amérindiennes, nous savons aujourd'hui avec certitude que la civilisation a été superposée aux sauvages indiens par une souche raciale blanche. Dans ses ouvrages populaires "Kon-Tiki" et "Aku-Aku", Thor Heyerdahl révèle clairement la perspective raciste interdite, bien qu'un million de personnes connaissant l'aventure décrite dans ces livres ignorent totalement le profond message racial qu'il y a écrit (il est vraiment triste qu'un remarquable homme de science, pour révéler une simple vérité, doive risquer sa vie et ensuite écrire un récit d'aventure en code qui, une fois déchiffré, montre un fait interdit).

Dans "Kon-Tiki", Heyerdahl écrit : "...Il n'y a pas une seule trace de développement progressif dans les hautes civilisations qui s'étendaient autrefois du Mexique au Pérou. Plus l'archéologue creuse, plus la culture s'élève, jusqu'à ce qu'il atteigne un point précis où les anciennes civilisations émergent clairement, sans aucun fondement, au milieu des cultures primitives". Toutes les merveilles de l'Amérique centrale et du Sud avant l'arrivée des Espagnols ont été soudainement apportées par une race de conquistadors blancs et, lorsqu'ils ont lentement mélangé leur sang à celui de la population indigène, la civilisation a commencé à dégénérer. La véritable raison pour laquelle Cortés a si facilement vaincu les Aztèques est que Montezuma croyait que les Espagnols étaient les "barbus à la peau claire, venus de l'Est" qui, selon la prophétie de Quetzalcoatl, "reviendraient" ; et les Incas du Pérou avaient la même légende. Le nom "Inca", par contre, est le nom de l'aristocratie péruvienne uniquement. Les Incas étaient blancs et leurs princesses très belles, à tel point que de nombreux officiers espagnols les ont épousées et emmenées en Espagne. Un simple coup d'œil aux "Incas" actuels du Pérou suffit à montrer qu'ils n'ont pas été les créateurs de la grande culture péruvienne.

L'un des meilleurs livres sur ce sujet est "Conquest by Man" de Paul Hermann, un ouvrage extrêmement précieux publié par Harper.

Une origine encore plus nébuleuse peut être attribuée à la civilisation chinoise. Il suffit de dire qu'il existe de nombreuses indications de mouvements primitifs de Blancs en Chine du Nord et qu'il y a une forte ressemblance entre la civilisation chinoise primitive et celle de Babylone. Gengis Khan, un Mongol, venait d'une tribu appelée "les hommes aux yeux gris", selon le biographe Harold Lamb, et avait les cheveux roux et les yeux gris. Les Chinois ont montré qu'ils avaient la capacité de maintenir une civilisation, mais nous ne pouvons pas prouver qu'ils aient été capables d'en créer une.

La suppression, la déformation, la condamnation et l'opposition intenses à l'aspect racial de l'histoire ont fait des ravages. Non seulement nous avons beaucoup à apprendre (la surface de la préhistoire a été à peine effleurée et ne sera jamais qu'effleurée si les scientifiques persistent à perdre leur temps dans des projets bien financés dans le soi-disant "berceau de la civilisation" au Moyen-Orient), mais les résultats de la perversion historique ont été abondants et satisfaisants dans le domaine social. Elle a permis au falsificateur de convaincre l'Europe que tout ce qu'elle possède, elle doit aux Grecs, aux Romains et à une obscure tribu de vagabonds que certains clercs lunatiques appellent "le peuple élu de Dieu".[4] Dans "The Testimony of the Sword", Geoffrey Bibby rend compte des résultats de ses recherches archéologiques sur les origines de l'Europe, en Europe même et non dans l'étrange Orient. Des résultats qui surprendront ceux qui ont grandi en croyant que leurs ancêtres étaient des sauvages vêtus de peaux de bêtes, qui ne sont devenus civilisés que lorsqu'ils ont été contraints de reconnaître la supériorité de Rome. En réalité, l'Occident se doit pratiquement tout à lui-même, y compris Noël et Pâques (fêtes teutonnes célébrant à l'origine le solstice d'hiver et l'arrivée du printemps, cette dernière fête étant dédiée à la déesse Eostre)[5], ainsi que le droit, l'éthique et les blousons. Le monde porte des pantalons et des chaussures en cuir, et non des sandales et des toges. Des robes très semblables à celles vendues aujourd'hui chez Sears & Roebuck ont été découvertes en Europe il y a trois mille

---

[4] Ou, comme le dit Samuel Hoffenstein dans ce couplet décousu : "Il est étrange que Dieu ait choisi les Juifs.

[5] Pâques est "Easter", faisant précisément allusion à la déesse Eostre.

ans.

La culture occidentale est née il y a plusieurs millénaires. Elle a commencé de manière autochtone et s'est développée jusqu'au point actuel où elle est au bord de l'anéantissement physique et spirituel uniquement parce qu'elle a cessé de croire en elle-même. C'est la leçon que nous devons retenir.

De plus, il existe une corrélation trop parfaite pour être une coïncidence : dans tous les cas connus de mort ou de paralysie d'une culture, il y a eu simultanément une tentative avortée de digérer un nombre significatif d'étrangers culturels et raciaux dans l'organisme. Dans le cas de Rome et de la Grèce, la mort est survenue à la suite de l'impérialisme et de l'inévitable désordre provoqué par l'assujettissement à la métropole de peuples et de races en tant qu'esclaves, avec des religions exotiques, des philosophies différentes ; en un mot, d'abord la sophistication culturelle, puis l'anarchie culturelle. Dans le cas de la Perse, de l'Inde et des civilisations amérindiennes, une race de conquérants a imposé sa civilisation à une masse d'indigènes ; la région a prospéré pendant un certain temps, puis la culture s'est éteinte ou, dans le cas de l'Amérique, était sur le point de s'éteindre, car les descendants des conquérants sont devenus mous, obèses et libéraux et ont pris de plus en plus le sang et les coutumes de la population soumise. Dans le cas de l'Égypte, le sang étranger a été importé au cours de plusieurs siècles avec la capture d'esclaves noirs. Il s'en est suivi un inévitable mélange racial qui a donné naissance à l'Égypte que nous connaissons aujourd'hui.

C'est la véritable raison qui entraîne la décadence et la destruction "inévitables" d'un organisme culturel. C'est parce qu'à un certain moment, une culture développe un "mauvais cas" d'universalisme. D'un point de vue pathologique, s'il n'est pas sublimé en toute sécurité dans les canaux par un traitement approprié, il causera inévitablement la mort de l'organisme par l'absorption de microbes étrangers.

C'est donc le sous-produit naturel de l'universalisme qui tue l'organisme ; la mort de l'organisme, en soi, n'est ni naturelle ni nécessaire !

Cette conclusion est le fruit d'une synthèse des approches spenglérienne et raciste. L'une tempère l'autre ; ensemble, elles peuvent développer une théorie de l'histoire complète et pleine d'espoir qui a une signification profonde pour les Occidentaux d'aujourd'hui. Il faut à tout prix éviter la phase impérialiste de notre développement et se prémunir contre la digestion de corps étrangers que nous avons déjà partiellement absorbés. L'Occident ne doit pas nécessairement mourir s'il apprend à sublimer le stade "universel" actuel de l'Occident en quelque chose de plus constructif qui non satisfasse l'aspiration "inévitable" de l'Occident à l'expansion et à l'universalisme, mais qui, en même temps, lui fournisse une base pour un développement ultérieur.

De quoi s'agit-il ?

En éclairant faiblement l'épave de sept cultures, nous pouvons maintenant déceler une faible lueur d'espoir qui nous donne à nous, hommes de l'Ouest, des raisons de croire que le destin de notre culture peut être réalisé par une voie entièrement nouvelle. Cette lueur d'espoir jaillit des prises de conscience qui ont amené l'Occident à sa position de supériorité incontestée sur toutes les autres cultures. Car l'Occident s'est lancé dans la plus grande aventure de toute l'histoire : la conquête de l'espace, la tentative de placer l'univers sous le contrôle de la race. Cet impératif n'a pas besoin de plus de justification que celle donnée par M. Edmund Hillary lorsqu'on lui a demandé pourquoi il voulait escalader le mont Everest : "Parce que c'est là". Telle est la réalité primitive de l'âme de Faust de l'Occident, qui échappe à la logique des rationalistes.

Un objectif peut-il être à la fois si totalement stimulant, insolent et impossible que celui-ci, et pourtant si métaphysiquement nécessaire aux besoins spirituels de notre culture ? De plus, un objectif peut-il être aussi parfaitement adapté à la situation physique dans laquelle nous nous trouvons ?

Le destin a fourni à l'Occident tous les moyens de survie. À ce stade de l'histoire, notre technologie, la surproduction industrielle et l'"explosion démographique" ont atteint leur apogée, car nous réalisons que l'Occident a enfin les moyens de concrétiser l'impératif poétique de la pulsion faustienne de l'infini, et qu'il en a même l'inexcusable nécessité.

Car il est certain que, sans tenir compte de tous les arguments contraires, l'homme occidental doit conquérir l'Espace ou mourir en essayant. L'élan vers l'infini et le grand espace n'est plus limité par les frontières terrestres. Aujourd'hui, en effet, l'infini est à notre portée.

Ce que je suggère, c'est que l'homme blanc a enfin rompu ses liens avec la Terre. J'affirme le simple fait que, si l'on exclut les calamités causées par la destruction universelle, physique ou biologique, nous nous dirigeons maintenant vers les étoiles et qu'aucune puissance au ciel ou sur terre ne peut nous arrêter. Les jours à venir verront cette course vers l'espace amplifiée mille fois... un million de fois. Toutes les limites aux possibilités d'expansion ont disparu. L'expansion géographique sur Terre est inutile et, pire encore, suicidaire. La frontière est de retour[6]... une frontière qui ne pourra jamais disparaître. Et avec cette Frontière viennent des opportunités littéralement illimitées non seulement pour l'expansion physique, mais aussi pour l'exploitation économique... et pour que l'Âme de l'Homme Faustien trouve sa véritable expression.

Naturellement, l'homme ne peut pas conquérir le ciel. Il ne peut pas modifier le système solaire, changer l'orbite des planètes, ajouter des billions de kilomètres carrés de terre à la surface de la Terre, rapprocher d'autres planètes du Soleil vital pour les adapter à la colonisation, ranimer le Soleil lorsqu'il commence à faiblir, ni réaliser la plus noble des impossibilités : élever l'espèce humaine par une mécanique biologique délibérée : élever l'espèce humaine par une mécanique biologique délibérée[7] ; car, en essayant de conquérir la Nature, nous devons échouer ; c'est l'éternelle tragédie de l'âme faustienne, dit Spengler dans "*L'homme et la technique*". Mais - et c'est là l'essentiel - nous pouvons essayer. Et nous le ferons. La fin ultime n'a pas d'importance ; le temps n'a pas de fin ; seul le but compte.

En même temps, il y a un grave danger que, notre attention étant fixée sur les étoiles, nous succombions aux pressions subtiles du faussaire de la culture et ignorions nos problèmes domestiques. Le défi de l'infini est incroyablement excitant, mais le problème banal de la qualité de la vie des hommes et de leur environnement est plus important. Notre aventure vers l'infini sera très courte si nous revenons sur une Terre peuplée d'une espèce humaine en voie de dégénérescence accélérée ; à des nuits grouillantes de sauvages dépravés et sans race, avec seulement quelques portes verrouillées entre la jungle et le laboratoire jusqu'à l'aube ; à une tyrannie exercée sur notre gouvernement par des minorités prédatrices et organisées ; à des systèmes fiscaux absurdes conçus pour maintenir des programmes de "Welfare"

---

[6] Le mot "frontière" n'a pas la même signification pour les Américains que pour les Européens. La "Frontière" était le no man's land entre les premiers colons yankees et les Indiens.

[7] Dans "Nature and the Faerie of Man", le biologiste Garrett Hardin, de l'Université de Californie, a fait ce que peu d'universitaires peuvent faire : écrire un livre aussi beau que profond. Mais hélas, les mots ne sont que des mots ; seule la politique, rappelons-le toujours, est l'art du possible.

dont le but délibéré est de faire proliférer les inférieurs aux dépens des hommes productifs et créatifs ; à une saleté organisée qui s'appelle littérature ; à la syphilis éthique d'Hollywood, aux mensonges systématiques qui se font passer pour de l'érudition, à la propagande officielle et journalistique dont le seul but est de perpétuer la décadence culturelle à la servitude d'un système économique conçu pour extirper le mérite individuel et la responsabilité personnelle ; à une philosophie libérale et à une religion malade - parfaite pour les esclaves - qui combattent férocement tous les efforts créatifs des âmes nobles, révélant que sa plus haute aspiration est l'implantation d'un désir de mort subconscient dans notre peuple ; à une hypocrisie lâche qui rend impossible de parler des vrais problèmes.... et tout cela pour consolider la suprématie totale du faussaire de la culture, qui se nourrit et s'engraisse dans ces conditions.

Oswald Spengler ne doit donc pas être considéré comme le prophète de la chute inévitable, mais comme un contestataire, un voyant qui - comme tous les créateurs - n'a pas pu voir les conséquences finales de sa création. C'est ainsi que l'importance de Spengler devient la mesure de l'avenir - et tous les hommes qui ne sont pas sous l'emprise du destructeur doivent accepter cet enseignement historique comme un impératif catégorique. Ce que nous faisons de cet impératif - que nous ayons ou non le courage de construire sur la structure qu'il a conçue - ne dépend que de nous. Nous devons espérer que d'autres hommes comme Yockey viendront ajouter quelque chose de plus au concept qu'il a créé, car le développement de l'organisme culturel occidental n'est pas en train de s'achever, mais seulement de commencer sa vie.

Que signifie "Imperium" ? Tout simplement ceci. Que maintenant, pour la première fois, les soldats enrôlés au service de l'Occident possèdent une théorie profonde pour les inspirer et les guider. L'"Imperium", après avoir surmonté toutes les tentatives de ses ennemis de le supprimer et de le détruire - comme cela a toujours été le cas dans tous les progrès constructifs de l'histoire de l'homme - s'avère être le seul fondement qui puisse être utilisé pour l'expulsion des ennemis intérieurs, la reconquête de l'Âme de l'Occident et la préparation de la voie de l'avenir.

Malgré les opinions contradictoires que "Imperium" suscitera, une chose est sûre : voici un livre fondamentalement différent de tous les autres, comme l'affirme l'auteur dès la première page. Qu'il marque ou non un tournant dans l'histoire, comme le prétend l'auteur, il contient une grande quantité de réflexions fructueuses et de nouveaux concepts dont toute personne intellectuellement libre sera reconnaissante. Il brise le carcan de l'intellectualisme stérile actuel qui nous confronte à mille tours futiles de "haut académisme" et fournit au lecteur des idées qui l'enrichiront, lui et notre culture. Que les prophéties apocalyptiques se réalisent ou non, qu'une alternative plus constructive à l'histoire s'impose ou non, que l'Occident touche à sa fin, non pas avec fracas mais lentement, seul le passage du temps nous le dira ; mais aucun homme intelligent n'ignorera "Imperium".

D'un certain point de vue, "Imperium" est similaire à "Das Kapital", car Karl Marx a donné au conspirateur faussaire de la culture le masque idéologique nécessaire pour dissimuler sa mission de destruction totale et impitoyable. Il a créé une théorie de l'homme infidèle et invalide, enveloppée d'égalité putride, d'hypocrisie larmoyante, de douleurs et de maux de l'altruisme aveugle et de la "science" économique. Il a ainsi fait frémir les rationalistes avec une vérité totalement spécieuse et plausible, quelque chose dont leurs âmes culpabilisées aux cheveux gris avaient désespérément besoin après avoir tué Dieu.

Francis Parker Yockey a accompli un travail similaire pour ceux qui sont dotés d'un esprit constructif et qui ont le courage intellectuel et moral d'affronter la réalité, de rechercher la vérité et de l'exprimer.

Voici pourquoi, bien que les plans de Yockey pour l'Occident ne soient peut-être pas parfaits, ils contiennent une force atomique. Si un seul lecteur de ce livre est incité à prendre l'initiative, et si d'autres peuvent voir le monde un peu plus clairement qu'ils ne le font actuellement - et si, en conséquence, ils peuvent faire la distinction entre leurs vrais amis et leurs vrais ennemis et reconnaître la nécessité d'un leadership et d'une action coordonnée - alors la vie de souffrance et de persécution de Yockey et sa réalisation monumentale n'auront pas été dépensées en vain, tout compte fait.

Et quel que soit le cours que prendra le destin à partir de ce jour, deux questions m'intrigueront toujours.

Premièrement : la réédition de ce livre est-elle en soi une preuve concrète de la réalisation de sa prophétie ?

Et enfin - vous devez me croire sur parole et ne plus me poser de questions - il me semble très étrange que deux hommes, dont aucun n'est censé croire au "Destin" ou à la "Justice éternelle", que ces deux réalistes païens et amers, ces deux rationalistes, si vous voulez, soient les seuls à avoir eu assez de foi pour faire en sorte que "Imperium" ne tombe pas dans l'oubli et qu'il se retrouve entre vos mains, chers lecteurs.

W. A. CARTO

PROLOGUE

Ce livre est différent de tous les autres. Tout d'abord, il ne peut être considéré comme un livre que dans son aspect formel. En réalité, il s'agit d'une tranche de vie en action. C'est un tournant dans l'histoire de l'Europe, un des derniers tournants, mais un tournant authentique. Il n'y a rien d'original dans le contenu de ce livre, seul le livre lui-même est original. La manie de l'originalité est une manifestation de la décadence, et la décadence de l'Europe, c'est la suprématie du Barbare.

Ce livre est le premier d'une série d'ouvrages : La littérature politique de l'Europe. Autrefois, tous les traités politiques de ce type s'adressaient à une seule nation d'Europe. Ce livre marque, entre autres, la fin de la Renaissance. Il ne la provoque pas - seul le cours de l'histoire, et non des livres, peut provoquer un événement d'une telle ampleur - il ne fait que sonner le glas de ses funérailles. Ainsi l'aspect impératif de la Vie retourne à sa source originelle, la volonté de puissance. Désormais, il n'y aura plus de polémique sur l'action en termes de pensée abstraite.

Cet ouvrage s'adresse à l'ensemble de l'Europe, et en particulier à sa strate culturelle. Il appelle l'Europe à un combat historique qui dure depuis deux siècles. L'Europe y prendra part, en tant qu'acteur ou en tant que butin de puissances extérieures. Si elle veut agir, et non pas simplement subir dans cette série de guerres gigantesques, elle doit être intégrée et il n'y a qu'une seule façon pour que cela se produise. La culture occidentale est malade, et la prolongation de cette maladie représente la prolongation des conditions "chinoises" en Europe.

Le mot Europe change de sens : il désigne désormais la civilisation occidentale, l'unité organique qui a créé, comme phases de sa vie, les idées-nations de l'Espagne, de l'Italie, de la France, de l'Angleterre et de l'Allemagne. Ces nations précédentes sont toutes mortes ; l'ère du nationalisme politique est révolue. Cela n'est pas dû à une nécessité logique, mais au processus organique de l'histoire occidentale. Cette nécessité organique est la source de notre impératif et de l'intégration de l'Europe. L'expression du processus organique est que ses alternatives sont de faire ce qui est nécessaire ou de tomber malade et de mourir.

Le chaos actuel - 1948 - est dû à la tentative d'empêcher l'intégration de l'Europe. En conséquence, l'Europe est dans un bourbier, et des forces extérieures à l'Europe se débarrassent des anciennes nations européennes comme s'il s'agissait de leurs colonies. Ce livre contient les fondements précis et organiques de l'âme occidentale, et en particulier son impératif au stade actuel. Ou bien l'Europe sera pleinement intégrée, ou bien elle disparaîtra de la scène historique, ses peuples seront dispersés, ses efforts et ses cerveaux resteront à jamais à la disposition des forces extra-européennes. Ce constat n'est pas formulé en formules abstraites et en théories intellectualisées, mais de manière organique et historique. Les conclusions ne sont donc pas arbitraires, elles ne sont pas une question de choix ou de rejet, elles sont absolument contraignantes pour les esprits qui veulent prendre part aux problèmes. Le véritable auteur est l'Esprit du Temps, et ses commandements ne souffrent aucune discussion, et sa sanction est la force écrasante de l'histoire, apportant avec elle la défaite, l'humiliation, la mort et le chaos.

Je voudrais dénoncer ici, pour commencer, les projets misérables d'esprits attardés visant à "unifier" l'Europe en une zone économique pour la défense de l'impérialisme contre les forces extra-européennes et pour son exploitation au profit de ces dernières. L'intégration de l'Europe n'est pas une question de projet, mais d'expression. Il suffit de la reconnaître, et la perpétuation de la pensée économique du 19ème siècle s'en révèle totalement incapable. Ce n'est ni le commerce, ni la banque, ni l'importation, ni l'exportation, mais l'héroïsme seul qui peut libérer l'âme intégrée de l'Europe qui se cache sous les oripeaux financiers des retardataires, l'étatisme mesquin des partis politiques et les forces d'occupation des puissances extra-européennes.

L'intégration impérative de l'Europe prend la forme de l'unité du Peuple, de la Race, de la Nation, de l'État, de la Société, de la Volonté - et naturellement aussi de l'économie. L'unité spirituelle de l'Europe est là, sa libération permettra automatiquement le plein épanouissement des autres phases de l'unité organique, qui découlent toutes de l'esprit.

Ce livre est donc le renouvellement d'une déclaration de guerre. Il demande aux traîtres à l'Europe, aux misérables politiciens dont la fonction dépend de leur obéissance continue aux forces extra-européennes : "Vous pensiez que tout était fini ?

Pensez-vous que votre misère et votre honte resteront à l'abri sur une scène mondiale où les héros sont passés ? Dans la guerre que vous avez déclenchée, vous avez appris aux hommes à mourir, puis vous avez libéré un esprit qui vous submergera, l'esprit d'héroïsme et de discipline. Il n'y a pas d'argent qui puisse acheter cet esprit, qui peut vaincre l'argent.

Ce livre, en somme, est le premier coup de feu dans la gigantesque guerre de libération de l'Europe. Le premier ennemi est le traître qui, à l'intérieur de l'Europe, rend possible son exploitation et sa soumission aux forces extérieures. Il est le symbole du Chaos et de la Mort. Entre lui et l'esprit du XXe siècle, il y a une guerre sans merci.

ULICK VARANGE
Brittas Bay, 30 janvier 1948

I - LÀ TOUR DE GUET HISTORIQUE DU 20EME SIECLE

> *"Ainsi, de même que nous ne faisons que répéter l'histoire, de même nous ne faisons que la réciter ; en fait, au sens le plus large, toute notre vie spirituelle est construite sur elle. Car, à bien considérer les choses, qu'est-ce que la connaissance, sinon une expérience enregistrée et un produit de l'histoire, dont le raisonnement et la croyance, non moins que l'action et la passion, sont des matériaux essentiels ?*
>
> CARLYLE

> *"La vie de l'individu n'a d'importance que pour lui-même ; la question est de savoir s'il veut échapper à l'histoire ou donner sa vie pour elle. L'histoire ne se préoccupe pas de la logique humaine".*
>
> SPENGLER

Perspective

I

Au loin, dans les ténèbres extérieures où aucun vent ne souffle, aucune lumière ne brille et aucun son ne se fait entendre, on peut apercevoir cette terre ronde. Dans les régions astrales, la lumière appartient à l'âme ; l'obscurité est donc totale, à l'exception de cette étoile particulière, et seule une partie de celle-ci brille. À cette distance, on peut avoir une vue parfaitement claire de ce qui se passe sur la terre. Si l'on se rapproche, les contingents deviennent visibles ; si l'on se rapproche encore, on aperçoit déjà les courants migratoires. Mais il y a un point focal à partir duquel la lumière rayonne dans toutes les directions. C'est la péninsule européenne en forme de liège. C'est dans ce petit appendice de la grande masse terrestre de la planète que l'on observe la plus grande intensité de mouvement. On y voit - ici, loin dans les espaces sidéraux, l'âme et ses émanations sont visibles - une concentration d'idées, d'énergie, d'ambition, de projets, d'expansibilité, de volonté créatrice. En survolant l'Europe, nous pouvons voir ce qui n'avait jamais été clairement visible auparavant : la présence d'un organisme purement spirituel. En y regardant de plus près, on s'aperçoit que le flux de lumière ne s'écoule pas de la surface de l'Europe vers le ciel nocturne, mais vers le bas et à partir de l'organisme invisible. Il s'agit d'une découverte d'une importance profonde et révolutionnaire, qui ne nous a été accordée qu'en raison de notre détachement complet des événements terrestres dans le vide extérieur, où l'esprit est invisible et où la matière n'est visible qu'en raison de la lumière qui procède de l'esprit.

D'autres découvertes suivent : de l'autre côté se trouvent deux îles, petites par rapport à la masse terrestre. La lumière pâle diffusée sur des parties isolées de ces deux îles est - comme on peut le voir ci-dessous - un reflet de l'autre côté.

Quel est ce phénomène supra-terrestre, pourquoi se produit-il au-dessus de l'Europe en particulier, et quelle est la relation entre ce phénomène et le matériel humain sous lequel il se développe ? Ce dernier est moulé dans des structures pyramidales complexes. Des rangs se forment. Par des canaux d'une complexité labyrinthique, les mouvements circulent. Les gens se comportent les uns envers les autres dans une relation définie de commandement et d'obéissance, confuse, tourbillonnante comme l'eau dans les ruisseaux, les courants dans l'océan, les troupeaux dans les vastes plaines. C'est donc l'esprit-organisme qui forme et marque la population de la péninsule dans ses formes organiques complexes. À quoi pouvons-nous comparer cet être, que nous ne pouvions pas voir lorsque nous étions sur Terre ? Maintenant, il est seul.

Mais ici, dans l'espace, nous avons la liberté du temps et de l'espace. Nous sommes autorisés à contempler cent générations de la même manière que le terrien contemple un insecte. Dans notre recherche de quelque chose de semblable à l'organisme spirituel que nous avons vu, nous remontons deux cents générations. La boule terrestre est la même, mais dans une obscurité presque totale. Les choses sont presque indiscernables ; la matière n'est pas passée par le calme de l'esprit et n'est pas compréhensible. Un regard vers l'arrière révèle la continuation du vide. Nous laissons passer, l'espace d'un instant, quelques générations, et l'esprit commence à se faire sentir. Une lumière faible mais prometteuse apparaît en Afrique du Nord-Est. Puis une autre, à mille kilomètres au nord-est, en Mésopotamie. Elles prennent des noms : Égypte, Babylone. Nous sommes en l'an trois mille avant Jésus-Christ. Elles s'intensifient et la première chose claire dans chaque cas s'avère être les armées qui marchent contre les peuples extérieurs, considérés comme les barbares. Ces organismes spirituels ne se mélangent pas : leurs hautes frontières sont abruptes et claires ; chaque être a sa propre nuance, qui lui est propre. Chaque organisme capture le matériel humain existant à l'intérieur de ses frontières et l'incorpore à son service. Il leur inculque d'abord une idée commune du monde, puis il purifie ce concept en nations, chaque nation englobant une idée distincte de l'organisme supérieur. Une noblesse et un clergé apparaissent pour étoffer les différents aspects de l'idée. Les populations sont stratifiées et spécialisées, et les êtres humains vivent leur vie et leur destin d'une manière totalement subordonnée à l'organisme supérieur. Il lie les hommes aux idées. Seule une petite couche spirituelle de chaque population humaine est adaptée à ce type de contrainte, mais ceux qui en font partie restent au service de l'idée une fois qu'ils l'ont ressentie. Ils vivront et mourront par elle, et détermineront au fil du temps le destin du peuple dont ils sont issus. Ces idées - qui ne sont pas de simples abstractions, des rangées de concepts, mais des besoins indicibles de l'être et de la pensée - sont la technique par laquelle ces êtres supérieurs utilisent les êtres humains à leurs fins. Religions d'une grande complexité de sentiments et d'exposés raisonnés, formes architecturales conçues dans l'esprit de cette religion et mises à son service, poésie lyrique, art pictural, sculpture, musique, ordres de noblesse, ordres cléricaux, habitations stylisées, coutumes et vêtements sophistiqués, systèmes philosophiques et mathématiques, de la connaissance, de la Nature, des méthodes techniques prodigieuses, des batailles gigantesques, des armées immenses, des guerres prolongées, des économies énergiques pour maintenir toute cette structure multifaciale, des gouvernements organisés de façon complexe pour instiller l'ordre dans les nations créées par l'être le plus élevé agissant sur les différents types de groupes humains....telles sont quelques-unes des formes qui apparaissent dans ces deux régions. Chaque forme en Égypte diffère de la forme correspondante à Babylone. Si l'on adopte une idée, ce n'est qu'en apparence ; en réalité, on la comprend mal, on la réforme et on l'adapte à son propre esprit.

Mais le moi supérieur approche d'une crise. Il s'est épuisé dans ce processus de transformation de la Terre. Il tremble, il semble s'affaiblir, il palpite - le chaos et l'anarchie menacent ses actualisations terrestres - les forces de l'extérieur s'allient pour frapper et anéantir ses grandes créations. Mais elle s'éveille et réalise le plus grand de ses efforts, non plus dans la création de choses intérieures, d'arts, de philosophie, de théories vitales, mais dans la formation de l'appareil purement extérieur du pouvoir : des gouvernements stricts, des armées gigantesques, des industries pour les entretenir, des flottes de guerre, des systèmes juridiques pour organiser et ordonner les conquêtes. Elle s'étend dans des régions jamais explorées ni connues, unifie ses diverses nations en une seule, qui donne son nom aux autres et les entraîne dans le dernier grand effort d'expansion.

Le même grand rythme est observable dans chacune d'entre elles. Au fur et à mesure de la contemplation, les deux lumières perdent l'intensité de leurs teintes splendides. Elles s'éteignent lentement, laissant dans l'esprit des hommes un halo de mémoire et de légende, avec leurs dernières grandes créations au premier plan du vaste panorama : l'Imperium.

En dehors de ces deux zones, le reste de la terre est inchangé. Les tribus humaines ne se distinguent des hordes animales que par une culture primitive et une économie plus complexe. En dehors de cela, leurs formes d'existence sont dépourvues de toute signification. Les cultures primitives sont la seule chose qui existe au-dessus du niveau économique, qui attribue un sens symbolique aux événements naturels et au comportement humain. Mais il n'y a rien dans ces mouvements qui ressemble aux Hautes Cultures qui ont totalement transformé l'aspect des paysages égyptiens et babyloniens pendant près de quarante générations, du début jusqu'à l'effondrement final.

Le temps physique s'écoule et les siècles passent dans l'obscurité. Puis, comme en Égypte et à Babylone, mais avec une teinte différente et accompagnée d'une musique différente, une lumière apparaît au-dessus du Punjab. Elle devient brillante et constante. La même santé des formes et des événements significatifs agit comme elle l'a fait dans les deux organismes précédents. Ses créations sont toutes individuelles au plus haut point, aussi différentes de leurs deux prédécesseurs que ceux-ci l'étaient l'un de l'autre, mais elles suivent les mêmes rythmes grandioses. La même pompe multicolore de nobles et de moines, de temples et d'écoles, de nations et de villes, d'arts et de philosophies, d'armées et de sciences, de littératures et de guerres, défile sous nos yeux.

II

Avant que cette haute culture ne soit pleinement établie, une autre avait commencé à s'actualiser dans la vallée du Hwang-Ho en Chine. Quelques siècles plus tard, vers 1100 avant J.-C., la culture classique apparaît sur les rives de la mer Égée. Ces deux cultures sont marquées par leur individualité, leur façon de colorer et d'influencer leurs créations matérielles, mais elles sont soumises à la même morphologie que les autres que nous avons observées.

Lorsque cette culture classique s'achève, vers l'époque du Christ, une autre apparaît dans un paysage subjugué par la culture classique dans sa dernière phase d'expansion : l'Arabie. Le fait qu'elle soit apparue à cet endroit précis rend son parcours inhabituel. Ses formes sont intérieurement aussi pures que celles de toutes les autres cultures ; intérieurement, il n'emprunte pas plus que les autres, mais il était inévitable que la contiguïté matérielle du cadre, la succession temporelle et le contact avec les populations civilisées de l'organisme antérieur influencent le nouveau dans le sens de l'incorporation de la richesse des créations classiques. Mais il n'a été subjugué par elles que superficiellement, car c'est dans ces vieilles bouteilles qu'il a versé son nouveau vin. Dans sa dernière phase d'expansion, cette culture a embrassé la culture européenne en Espagne en tant que califat occidental. Son espace vital, la forme de sa fin, sa dernière grande crise : tout cela a suivi la même régularité organique que les autres.

Quelque cinq siècles plus tard, les manifestations familières d'une autre haute culture apparaissent dans les régions reculées du Mexique et du Pérou. Elles connaîtront le sort le plus tragique de toutes celles que nous avons vues. Vers l'an 1000, la culture européenne est née et, dès sa naissance, elle se distingue de toutes les autres par l'intensité extraordinaire de son expression, par sa formidable impulsion, tant dans le domaine spirituel que dans le domaine physique. Son stade initial était plusieurs fois plus grand que celui de ses prédécesseurs, et à partir de cette base, vers le milieu de sa vie, il entre dans une ère de découverte, atteignant les frontières du globe, et faisant du monde l'objet de sa politique. Ses représentants espagnols, les deux bandes armées de Cortés et de Pizarro, découvrent les civilisations du Mexique et du Pérou, alors au dernier échelon du raffinement de leur vie matérielle. Les deux grands empires du Mexique et du Pérou, avec leurs formes sociales, leur organisation politico-économique, leurs transports, leurs communications, leur vie civique, développés jusqu'à leurs dernières limites par leurs âmes particulières, ont fait passer les envahisseurs espagnols pour de simples et naïfs barbares. L'acte final de ce drame culturel est sa destruction en quelques années par les envahisseurs d'un autre monde. Ce dénouement est révélateur du peu de cas que l'Esprit du Monde fait des valeurs et des sentiments humains.

Quel devin aurait osé prédire au dernier empereur aztèque, entouré du faste d'un contenu historique mondial, revêtu de toute sa puissance, qu'en peu de temps la jungle reconquerrait ses villes et ses palais, que les armées et les systèmes de contrôle de son grand empire disparaîtraient devant l'assaut de quelques centaines de barbares ?

L'âme de chaque culture porte la marque de l'individualité ; elle ne prend rien aux autres et ne leur donne rien. Quiconque se trouve à ses frontières est l'ennemi, qu'il s'agisse de peuples primitifs ou de peuples cultivés. Ce sont tous des barbares, des païens par rapport à leur propre culture, et il ne peut y avoir de compréhension entre eux. Nous avons vu les peuples occidentaux prouver la valeur de la culture européenne par leurs croisades contre les Sarrasins, les Maures et les Turcs, hautement civilisés. Nous avons vu les peuples germaniques à l'est et leurs frères wisigoths au sud repousser les barbares slaves et les civilisés maures hors de leurs terres pendant des siècles. Nous avons vu comment les flottes et les armées occidentales ont fait du monde entier un objet de butin pour l'Occident. Telles étaient les relations de l'Occident avec le monde extérieur.

C'est au sein de cette culture qu'est né le christianisme gothique, les symboles transcendants de l'Empire et de la papauté, les cathédrales gothiques, la découverte des secrets du monde de l'âme et de la nature dans les cellules des monastères. L'âme de la culture a façonné les nations de l'Occident pour qu'elles s'expriment. Elle a donné à chacune d'elles son individualité et, à la fin, chaque concept était une culture en soi, au lieu d'être un simple organe d'une culture. Les villes sont nées des villages de l'époque gothique, et c'est de ces villes qu'est né l'intellect. Le vieux problème de la relation entre la raison et la foi, le dilemme central de la scolastique primitive, est lentement tranché dans ces villes en faveur de la suprématie de la raison. La noblesse de l'époque gothique, les maîtres de la terre qui n'avaient d'autre supérieur que celui qu'ils reconnaissaient volontairement, deviennent soumis à une idée : l'État. La vie s'extériorise peu à peu : les problèmes politiques deviennent les problèmes essentiels. De nouvelles ressources économiques sont développées pour soutenir les conflits politiques ; l'ancienne économie agricole se métamorphose en économie industrielle. Au bout de ce chemin apparaît une idée fantomatique et terrifiante : l'argent.

D'autres cultures ont également vu ce phénomène apparaître sur la même scène et prendre des dimensions similaires. Sa lente montée en puissance se poursuit pari passu avec l'affirmation progressive de la Raison contre la Foi. Il atteint son apogée avec l'âge du nationalisme, lorsque les composantes de la culture s'entre-déchirent, alors même que les dangers extérieurs se font menaçants. À son apogée, l'argent, allié au rationalisme, lutte pour la suprématie dans la vie de la culture avec les forces de l'État et de la tradition, de la société et de la religion. Lors de notre brève visite dans l'espace interstellaire, nous nous sommes trouvés dans une position d'objectivité absolue qui nous a permis de contempler ce grand drame qui s'est joué sept fois dans sept grandes cultures, et nous avons vu comment chacune d'entre elles a surmonté la dernière grande crise qui a duré deux siècles. La civilisation mexico-péruvienne a surmonté sa crise interne pour tomber aux mains des bandits de la mer bleue.

La grande crise de l'Occident s'est nécessairement établie avec la Révolution française et les phénomènes qui en ont découlé. Napoléon était le symbole du passage de la Culture à la Civilisation : la Civilisation, la vie du matériel, de l'extérieur, du pouvoir, des économies gigantesques, des armées et des flottes, des grands nombres et des techniques colossales, sur la Culture, la vie intérieure de la Politique et de l'Économie par des formes et un symbolisme stricts, un contrôle strict de l'animal de proie existant dans l'homme, le sentiment de l'unité culturelle. C'est la victoire du rationalisme, de l'argent et de la grande ville sur les traditions de la religion et de l'autorité, de l'intellect sur l'instinct.

Nous avons vu tout cela dans les hautes cultures précédentes alors qu'elles approchaient de la dernière phase de leur vie. Dans chaque cas, la crise a été résolue par la renaissance des anciennes forces de la religion et de l'autorité, leur victoire sur le rationalisme et l'argent, et l'union finale des nations dans un imperium. La crise biséculaire dans la vie du grand organisme se manifeste par des guerres et des révolutions gigantesques. Toute l'énergie culturelle qui avait été dépensée dans les créations internes de la pensée, de la religion, de la philosophie, de la science, des formes d'art, de la grande littérature, est maintenant utilisée dans la vie externe de l'économie, de la guerre, de la technique, de la politique. Le symbolisme du pouvoir atteint son point culminant dans cette dernière phase.

Mais en ce moment, nous sommes soudainement de retour à la surface de la Terre. L'ancienne objectivité ne nous est plus accessible et nous devons participer au grand drame culturel, que cela nous plaise ou non. Notre seul choix est de participer en tant que sujet ou en tant qu'objet. La sagesse qui nous vient de la connaissance de la nature organique d'une grande culture nous donne la clé des événements qui se déroulent sous nos yeux. Nous pouvons l'appliquer et notre action prendra alors tout son sens, se séparant de la politique opportuniste et dépassée de la stupidité qui tenterait de faire reculer la Civilisation Occidentale parce que certaines têtes vides sont incapables de s'adapter à de nouvelles idées.

III

Avec la connaissance de la nature organique d'une grande culture, nous avons réussi à nous libérer des scories du matérialisme qui nous empêchaient jusqu'à présent de jeter un regard clair sur l'énigme de l'Histoire. Cette connaissance est simple, mais profonde, et donc accessible à un petit nombre. Dans son sillage courent toutes les conséquences de la nécessaire vision historique des temps à venir. Une culture étant organique, elle a une individualité et une âme, de sorte qu'elle ne peut être profondément influencée par des forces extérieures, quelles qu'elles soient. Elle a un destin, comme tous les organismes. Elle a une période de gestation et une période de naissance. Elle a une croissance, une maturité, un accomplissement, un déclin, une mort. Parce qu'elle a une âme, toutes ses manifestations seront marquées du même sceau spirituel, de même que la vie de chaque homme est la création de sa propre individualité. C'est justement parce qu'elle a une âme que cette Culture particulière ne pourra pas revivre une fois morte. Comme les nations qu'elle crée pour exprimer les phases de sa propre vie, elle n'existe qu'une fois. Il n'y aura jamais d'autre culture indienne, d'autre culture aztèque-maya, d'autre culture classique ou d'autre culture occidentale, pas plus qu'il n'y aura jamais de deuxième nation spartiate, romaine, française ou anglaise. Parce qu'une culture est organique, elle a sa propre sphère de vie. Nous avons déjà envisagé cette durée de vie : elle dure environ trente-cinq générations à son apogée, ou environ quarante-cinq depuis sa première apparition sur sa scène naturelle jusqu'à sa disparition. Comme la durée de vie des organismes, elle n'est pas rigide. La durée de vie d'un homme est d'environ soixante-dix ans, mais ce terme n'est pas rigide.

Les Hautes Cultures appartiennent au sommet de la hiérarchie organique : plante, animal, homme. Elles se distinguent des autres organismes par le fait qu'elles sont invisibles, c'est-à-dire qu'elles ne reflètent pas la lumière. En cela, elles ressemblent à l'âme humaine. Le corps d'une grande culture est formé par les flux de population dans son propre paysage. Ils lui fournissent la matière à travers laquelle elle actualisera ses possibilités. L'esprit qui anime ces populations montre la phase vitale de la Culture, que ce soit dans sa jeunesse, dans sa maturité ou dans ses dernières réalisations. Comme dans la vie d'un homme, une Culture a des âges, qui se succèdent avec une fatalité rythmique. Ils sont déterminés par sa propre loi organique, comme la sénilité d'un homme est déterminée par sa conception. C'est cette qualité de direction que nous appelons le Destin. Le destin est le sceau de tous les êtres vivants. La pensée du Destin est le type de pensée qui comprend le vivant, et c'est le seul qui puisse le faire. L'autre méthode de la pensée humaine est celle de la causalité. Cette méthode est intérieurement obligatoire lorsqu'elle traite des problèmes inorganiques de la technique, de la mécanique, de l'ingénierie, de la philosophie naturelle systématique. Mais c'est là qu'elle trouve les limites de son efficacité, et elle est grotesque lorsqu'elle s'applique à la vie. Elle nous dirait que la jeunesse est la cause de la maturité, la maturité la cause de la vieillesse, le bourgeon la cause de la fleur, et la chenille la cause du papillon.

L'idée de destin est le motif central de la pensée organique. Si quelqu'un pense qu'il s'agit simplement d'une causalité invisible, il ne comprend pas de quoi il s'agit. L'idée de causalité est le motif central de la pensée systématique, ou inorganique. C'est la pensée scientifique. Elle veut soumettre les choses pour les comprendre ; elle veut tout étiqueter, tout classer, puis unir les phénomènes par la classification et la relation de cause à effet. Kant est le sommet de ce type de pensée, et à cette partie de la philosophie occidentale appartiennent également Hume, Bacon, Schopenhauer, Hamilton, Spencer, Mill, Bentham, Locke, Holbach, Descartes. À la partie organique appartiennent Machiavel, Vico, Montaigne, Leibnitz, Lichtenberg, Pascal, Hobbes, Goethe, Hegel, Carlyle, Nietzsche et Spengler, le philosophe des vingtième et vingt-et-unième siècles. La pensée scientifique atteint le sommet de sa puissance dans le domaine de la matière, qui possède une extension, mais pas de direction. Les événements matériels peuvent être contrôlés, sont réversibles, produisent des résultats identiques dans des conditions identiques, sont répétables, peuvent être classifiés et compréhensibles malgré leur dépendance à l'égard d'une nécessité aprioristique et mécanique, en d'autres termes, la causalité.

La pensée scientifique n'a aucun pouvoir dans le domaine de la Vie, car ses événements sont incontrôlables, irréversibles, irrépétables, uniques, inclassables, ne peuvent être traités rationnellement et ne sont soumis à aucune nécessité externe et mécanique. Chaque organisme est quelque chose d'inédit, qui obéit à une nécessité interne, qui disparaît pour ne plus réapparaître. Chaque organisme est un ensemble de possibilités dans un certain cadre, et sa vie est le processus d'actualisation de ces possibilités. La technique de réflexion sur le destin consiste simplement à vivre au sein d'autres organismes afin de comprendre leurs conditions de vie et leurs besoins. On peut alors percevoir ce qui doit arriver.

Le mot Sino est un mot inorganique. Il s'agit d'une tentative de soumettre la Vie à une nécessité extérieure ; il a une origine religieuse, et la religion provient du mode de pensée causal. Il n'y a pas de science sans religion qui la précède. La science ne fait que convertir la causalité sacrée de la religion en une nécessité profane et mécanique.

La fatalité n'est pas synonyme de destin, elle en est le contraire. Sino attribue la nécessité aux incidents de la vie, mais le destin est la nécessité interne de l'organisme. Un incident peut supprimer une vie, et donc mettre fin à son destin, mais cet événement vient de l'extérieur de l'organisme, il n'a donc rien à voir avec son destin.

Chaque événement est un incident, imprévisible et incalculable, mais la progression intime d'une vie est régie par le Destin, elle se réalise à travers les événements, elle est aidée ou entravée par eux, elle les surmonte ou y succombe. Le destin de tout enfant qui naît est d'atteindre la vieillesse ; un incident peut intervenir sous la forme d'une maladie ou d'un accident et contrarier ce destin. Ces incidents extérieurs - qui peuvent élever un homme au sommet malgré ses erreurs, ou le plonger dans la défaite malgré son efficacité et sa maîtrise de l'Idée de son temps - ne signifient rien pour la pensée du Destin.

Le destin est inhérent à l'organisme, il l'oblige à exprimer ses possibilités. L'Incident est extérieur à l'organisme, il est aveugle, ignorant par nécessité, mais peut néanmoins jouer un grand rôle dans l'actualisation d'un organisme, en lui facilitant la tâche ou en lui imposant de grands obstacles. Ce que l'on appelle la chance, la bonne étoile, la fée, la providence exprime la frustration et la peur des hommes face au mystère, à l'inconnu permanent.

Le concept de destin et celui de causalité sont cependant liés l'un à l'autre par leur origine commune : tous deux sont des produits de la vie. Même le penseur ou le scientifique le plus inorganique, le matérialiste le plus grossier est soumis à son propre destin, à sa propre âme, à son propre caractère, à sa propre sphère vitale, et en dehors de cette toile du Destin, le vol libre et délié de sa fantaisie causale ne peut pas le libérer. Le destin est la vie, mais la causalité n'est qu'une méthode de pensée par laquelle une certaine forme de vie, à savoir l'homme-culture, essaie de soumettre tout ce qui l'entoure à sa compréhension. Ainsi s'établit entre eux un ordre de classement : le concept de Destin occupe inconditionnellement la première place, puisque toute vie lui est soumise, tandis que le concept de Causalité n'est que l'expression d'une partie des possibilités de la Vie.

Leurs différences peuvent également être exprimées de cette manière : La pensée causale est capable de comprendre pourquoi la matière non vivante avec laquelle elle opère ne lui oppose aucune résistance, mais se soumet à toutes les conditions qui lui sont imposées, n'ayant aucune contrainte interne propre. Cependant, lorsque la Causalité cherche à soumettre la Vie, la matière elle-même est active, agit de manière indépendante, ne s'immobilise pas pour être classée ou systématisée. Le concept de Destin permet de comprendre pourquoi chacun d'entre nous est dirigé par le Destin, ressent un besoin intérieur d'être lui-même et peut, par transfert de sentiments vécus intérieurement, vivre d'autres formes de vie, d'autres individuations. Le concept de Destin accompagne son sujet ; la causalité reste immobile et ne peut aboutir à des conclusions satisfaisantes qu'avec des sujets également immobiles. Même les systématiciens les plus fervents sont soumis au Destin et, sans s'en rendre compte, appliquent le concept de Destin dans leur vie quotidienne et dans leurs relations avec d'autres êtres humains. Le rationaliste le plus forcené applique inconsciemment une partie de la sagesse psychologique de l'abbé Galiani ou de Rochefoucauld, même s'il n'a jamais entendu parler de ces voyants de l'âme.

2. Les deux côtés de l'histoire

La différence radicale entre les méthodes de pensée humaine représentées par les idées standard de Destin, d'une part, et de Causalité, d'autre part, a été fortement accentuée par le fait que l'une d'entre elles n'est adaptée qu'à la compréhension de l'Histoire. L'histoire est le registre des destins accomplis : des cultures, des nations, des religions, des philosophies, des sciences, des mathématiques, des formes d'art, des grands hommes. Seul le sentiment d'*empathie*[8] permet d'extraire, des simples vestiges qui subsistent, la connaissance et la compréhension de ces âmes qui ont existé. La causalité, dans ce cas, ne nous est d'aucune utilité, car à chaque seconde qui passe, un nouveau fait est jeté dans l'étang de la Vie, et à partir du point d'impact, des cercles changeants de plus en plus larges s'écoulent. La véritable compréhension d'un organisme, qu'il s'agisse d'une Haute Culture, d'une nation ou d'un homme, consiste à contempler, derrière et sous les faits de cette existence, l'âme qui s'exprime à travers les événements, extérieurs et souvent opposés à eux. Ce n'est qu'ainsi que l'on peut dissocier ce qui est important de ce qui ne l'est pas.

Ainsi, ce qui a une qualité de destin doit être considéré comme important, tandis que ce qui est accessoire est ce qui n'a aucun rapport avec le destin. Le destin de Napoléon a voulu que Carnot soit ministre de la Guerre, car un autre homme n'aurait probablement pas remarqué le plan de Napoléon d'envahir l'Italie par les collines ligures, ce plan étant enterré dans les archives du ministère. Le destin de la France a voulu que l'auteur du plan soit à la fois un homme d'action et un théoricien. Il est donc évident que le sens de ce qu'est le Destin et de ce qu'est l'Incident a un contenu hautement subjectif, et qu'un discernement plus profond peut voir des traces de Destin là où un discernement plus superficiel ne voit que de l'Incident.

---

[8] *Empathie*, terme utilisé comme équivalent intraduisible de l'allemand Einfühlung. Il est centré sur le mot apathie, mais est également utilisé en référence à l'expérience esthétique. Un exemple évident d'empathie est celui de l'acteur ou du chanteur qui ressent ce qu'il interprète. L'empathie peut également être le sentiment de l'observateur qui, par introspection, s'identifie à ce qu'il observe (Encyclopedia Britannica, Vol. VIII, p. 342).

Ainsi, les gens diffèrent également dans leur capacité à comprendre l'histoire. Il existe un sens de l'histoire qui peut voir derrière la surface de l'histoire jusqu'à l'âme qui la détermine. L'histoire, vue à travers le sens historique d'un être humain, a en elle-même un aspect subjectif. C'est le premier aspect de l'histoire.

L'autre aspect de l'histoire, l'aspect objectif, ne peut pas non plus être établi de manière rigide, même s'il semble en être autrement à première vue. L'écriture d'une histoire purement objective est le but de la méthode référentielle ou narrative de présentation de l'histoire. Cependant, elle sélectionne et organise inévitablement les faits et, dans ce processus, l'intuition poétique, le sens historique et l'art de l'auteur entrent en jeu. Si ces qualités sont absentes, le produit n'est pas un écrit historique, mais un livre de dates, qui n'échappe pas non plus à la sélection.

Ce n'est pas non plus de l'histoire. La méthode génétique d'écriture de l'histoire s'attache à présenter les événements en toute impartialité. C'est la méthode narrative, à laquelle se superpose une sorte de philosophie causale, évolutive ou organique, qui permet de tracer le suivant à partir du précédent. L'objectivité ne peut être atteinte de cette manière parce que les faits survivants peuvent être trop peu nombreux ou trop peu nombreux et que, dans les deux cas, il faut recourir à des artifices pour combler les lacunes ou sélectionner les faits. L'impartialité n'est pas non plus possible. C'est le sens historique qui décide de l'importance des événements, des idées et des grands hommes du passé. Pendant des siècles, Brutus et Pompée ont été considérés comme plus importants que César. Vers 1800, Vulpio était considéré comme un plus grand poète que Goethe. Mengs, que nous avons oublié, était autrefois considéré comme l'un des plus grands peintres du monde. Shakespeare, pendant plus de cent ans après sa mort, a été jugé inférieur à plus d'un de ses contemporains. El Greco était un parfait inconnu il y a 75 ans. Cicéron et Caton, jusqu'à un certain temps après la Première Guerre mondiale, avaient la réputation d'être de grands hommes, plutôt que de féroces retardateurs de culture. Jeanne d'Arc ne figure pas dans la liste de Chastellain, établie à la mort de Charles VII, des chefs d'armée qui ont combattu l'Angleterre. Enfin, m'adressant aux lecteurs de l'an 2050, je dois dire que le Héros et le Philosophe de la période 1900 - 1950 étaient invisibles à leurs contemporains dans les dimensions historiques qu'ils verront.

La culture classique a considéré l'époque de Wincklemann d'une certaine manière, l'époque de Nietzsche d'une autre, et les vingtième et vingt-et-unième siècles d'une autre encore. De même, l'Angleterre élisabéthaine s'est satisfaite de la dramatisation shakespearienne du César de Plutarque, tandis que l'Angleterre fin de siècle a eu besoin de Shaw pour dramatiser le César de Mommsen. Guillaume Tell, Marie Stuard, Götz von Berlichengen, Florian Geyer et toutes leurs vies devraient être écrits différemment aujourd'hui, parce que nous voyons ces périodes historiques sous un angle différent.

Qu'est-ce que l'histoire ? L'histoire est la relation entre le passé et le présent. Comme le présent est en constante évolution, l'histoire doit l'être aussi. Chaque époque a sa propre histoire, que l'esprit de l'époque crée pour satisfaire son âme. Avec le passage de cette époque, qui ne reviendra jamais, l'image de cette histoire particulière disparaît. De ce point de vue, toute tentative d'écrire l'histoire "telle qu'elle s'est réellement passée" manque de maturité historique, et la croyance en des modules objectifs de présentation de l'histoire est une tromperie sur soi-même, car ce qui viendra ensuite sera l'esprit de l'époque. L'assentiment général des contemporains à une certaine vision de l'histoire ne rend pas cette vision objective, mais lui accorde seulement le rang - le plus élevé qu'elle puisse avoir - d'expression exacte de l'esprit de l'époque, fidèle à cette époque et à cette âme. Il n'est pas possible d'atteindre un plus haut degré de vérité. Quiconque se targue d'être "moderne" doit se rappeler qu'il se serait senti tout aussi moderne dans l'Europe de Charles Quint, et qu'il est destiné à devenir aussi "démodé" pour les hommes de l'année 2050 que le sont pour lui les hommes de l'année 1850. Une vision journalistique de l'histoire confère à son détenteur l'empreinte d'un manque de sens historique. Il devrait donc s'abstenir de parler des problèmes historiques, qu'ils appartiennent au passé ou qu'ils soient en cours d'évolution.

3. La relativité de l'histoire

L'histoire doit toujours avoir son aspect subjectif et son aspect objectif. Mais le facteur déterminant n'est jamais l'un ou l'autre, mais simplement la relation entre les deux. Chacun des deux aspects peut être arbitraire, mais la relation n'est pas arbitraire, elle est l'expression de l'esprit du temps, et donc vraie, historiquement parlant. Chacune des huit cultures qui nous ont brillamment précédés avait son propre rapport à l'histoire d'une manière générale, et ce rapport s'est développé dans une certaine direction tout au long de la vie de la culture. Il suffit de mentionner la culture classique. Tacite, Plutarque, Tite-Live, Suétone, étaient considérés par les Romains penseurs de l'histoire. Pour nous, ce ne sont que des conteurs, totalement dépourvus de sens historique. Ce n'est pas un reproche à leur égard, mais cela nous apprend quelque chose sur nous-mêmes. Notre vision de l'histoire est aussi intense, véhémente, expérimentée et étendue que le moule de notre âme occidentale. S'il y avait eu dix millénaires d'histoire au lieu de cinq, nous serions obligés de nous orienter vers les dix au lieu des cinq.

Les cultures ne diffèrent pas les unes des autres uniquement dans leur sens historique, mais les différents âges du développement de la culture sont également distinguables. Bien que toutes les tendances existent à toutes les époques, il est juste de dire qu'une certaine tendance vitale domine chaque époque. Ainsi, dans toutes les Cultures, le sentiment religieux est prédominant dans la première grande phase vitale, qui dure environ cinq siècles, et est ensuite remplacé par une spiritualité critique, qui durera un peu moins longtemps, à laquelle succédera la vision historique, qui se fondra à nouveau progressivement dans la résurrection finale de la religion. Les trois tendances vitales sont successivement le sacré, le profane et le sceptique.

Ils mettent en parallèle les phases politiques du féodalisme, correspondant à la religion, de l'État absolu et de la démocratie, correspondant au début et à la fin de la philosophie critique, et de la résurgence de l'autorité et du césarisme, les doubles du scepticisme et de la renaissance de la religion.

L'évolution intraculturelle de l'idée de science, ou de philosophie naturelle, va de la théologie à la manipulation simple et pragmatique de la nature, en passant par les sciences physiques et la biologie, la correspondance scientifique du scepticisme et la résurgence de l'autorité.

L'époque qui succède à l'âge de la démocratie ne peut voir ses prédécesseurs que sous leur aspect purement historique. C'est seulement ainsi qu'elle peut se sentir liée à eux. Cela aussi, comme on le voit, a son aspect impératif. L'homme d'une Culture est toujours une unité, et le seul fait qu'une tendance vitale prédomine ne peut détruire cette unité organique.

À toutes les époques, les individus se distinguent les uns des autres par le développement variable de leur sens historique. Pensez à la différence d'horizon historique entre Frédéric II et l'un de ses courtisans siciliens, entre Cesare Borgia et l'un de ses courtisans, entre Napoléon et Nelson, entre Mussolini et son assassin. Une unité politique gardée par un homme sans horizon historique, un opportuniste, doit payer cette faute par l'effusion de son sang.

De même que la culture occidentale possède l'âme la plus intensément historique, elle forme aussi les hommes qui ont le plus grand sens de l'histoire. C'est une culture qui a toujours été consciente de sa propre histoire. À chaque carrefour historique, il y a toujours eu de nombreuses personnes qui connaissaient la signification du moment. Les deux parties, dans toute opposition occidentale, se sont toujours senties responsables de la décision de l'avenir. C'est pourquoi les Occidentaux ont ressenti le besoin de disposer d'une image historique pour penser et agir. Le fait que la culture change continuellement signifie que l'histoire change aussi continuellement. L'histoire est la réinterprétation permanente du passé. Ainsi, l'histoire est toujours "vraie" car, à chaque époque, la perspective et les valeurs historiques dominantes sont l'expression de l'âme de chacun. Les alternatives, pour l'histoire, ne sont pas vraies ou fausses, mais efficaces ou inefficaces. La vérité, au sens religieux, philosophique et mathématique, c'est-à-dire une valeur hors du temps, éternellement valable, dissociée des conditions de la vie, n'appartient pas à l'histoire. L'Histoire qui est vraie est celle qui est efficace dans l'esprit des hommes importants.

Le sens historique très raffiné est caractéristique de deux groupes : les écrivains de l'histoire et les auteurs de l'histoire. Entre ces deux groupes, il existe également une hiérarchie. Ceux qui écrivent l'histoire élaborent la tâche de décrire pour l'époque leur vision nécessaire du passé. Cette vision, cette image, claire et articulée, devient alors effective dans les pensées et les actions des principaux auteurs de l'histoire de l'époque. Cette époque, comme toutes les autres, a sa propre image historique, et ne peut en choisir une parmi un certain nombre d'options. Ce qui est décisif dans notre vision de l'histoire, c'est l'esprit de l'époque. Notre époque est extérieure, pragmatique, sceptique, historique. Elle n'est pas animée par de grands sentiments religieux ou critiques. Ce qui pour nos ancêtres culturels était un objet de joie, de tristesse, de passion, de nécessité, est pour nous un objet de respect et de connaissance. Le centre de gravité de notre époque est la politique.

Le sentiment historique pur est un proche parent de la pensée politique. La pensée historique cherche toujours à savoir ce qui a été, et non à prouver quelque chose. La pensée politique a pour tâche principale de découvrir les faits et les possibilités, puis de les modifier par l'action. Les deux sont des réalismes indivisibles. Ni l'une ni l'autre ne commence par un programme qu'elle souhaite démontrer.

Notre époque est la première de l'histoire occidentale où la soumission absolue aux faits a triomphé de toutes les autres attitudes spirituelles. C'est le corollaire naturel d'une époque historique, où les méthodes critiques ont épuisé leurs possibilités. Dans le domaine de la pensée, c'est la pensée historique qui triomphe ; dans le domaine de l'action, c'est la politique qui occupe le devant de la scène. Nous suivons les faits aussi loin qu'ils nous mènent, même si nous devons abandonner des schémas, des idéologies, des fantasmes spirituels, des préjugés chéris. Les époques précédentes de l'histoire occidentale ont façonné leur histoire en fonction de leur esprit ; nous faisons de même, mais nos vues n'ont pas d'attaches éthiques ou critiques. Au contraire, notre impératif éthique découle de notre perspective historique et non l'inverse.

Notre vision historique n'est pas plus arbitraire que celle de n'importe quelle autre époque occidentale. Elle s'impose à nous ; chaque homme aura cette perspective et son degré d'importance dépendra de l'intérêt qu'il pourra y porter et maintenir. Lorsqu'un homme est un représentant efficace de son époque, il a cette image particulière de l'Histoire et aucune autre. Ce n'est pas qu'il doive l'avoir ; le croire, c'est passer à côté de l'essentiel. Il l'aura dans ses sentiments et dans son évaluation inconsciente des événements, même si ce n'est pas dans ses idées articulées et verbales.

4. La signification des faits

Le fait que la vision historique d'un homme soit formulée à la fois intellectuellement et effectivement dans son subconscient, dans sa manière inconsciente d'agir, de penser et d'évaluer, est simplement fonction de sa personnalité générale. Certains hommes ressentent plus que d'autres le besoin intérieur de penser de manière abstraite.

Il ne faut pas croire que le sens des faits, le sens historique, dispense de la pensée créative. Le développement du sens des faits consiste principalement à voir ce qui est, sans préjugés éthiques ou critiques de ce qui devrait ou ne devrait pas être, de ce qui pourrait ou ne pourrait pas être.

Les faits essentiels sont les données de l'histoire. Un fait capital est un événement qui s'est produit. Le fait que personne ne le connaisse ou qu'il ait disparu sans laisser de traces n'a aucune influence sur sa qualité de fait. Il est évident que la pensée créative est insérée dans le processus d'interprétation des données de l'histoire, et un moment de réflexion nous permet également de voir que le processus de mise en évidence des données de l'histoire est un processus créatif.

Les faits physiques, tels que la résistance, l'acidité, sont accessibles à tous. Les faits vitaux ne sont pas accessibles à un homme qui a une vision rigide de l'histoire, qui sait que le but de tout ce qui a précédé était de rendre cette époque possible, qui sait que le seul sens de l'histoire est le "Progrès". Les vestiges de l'éthique sociale, des notions historiques préconçues, des dogmes utilitaires, ferment à leurs victimes toute participation intime à la vie des 20ème et 21ème siècles.

Le siècle actuel a désormais la possibilité de rassembler les faits perdus des époques et des cultures précédentes. Il ne s'agit pas de minuscules données accessoires, mais des grandes lignes du développement organique nécessaire qui a dû avoir lieu. Grâce à notre connaissance des cultures passées et de leurs structures, nous pouvons déduire la signification des événements omis à partir de ce qui a survécu dans des cultures analogues. Et ce qui est le plus important pour nous, qui vivons aujourd'hui, c'est que nous pouvons compléter ce qui reste à faire pour la réalisation de notre propre culture. Cela peut se faire de la même manière qu'un paléontologue peut reconstruire grossièrement un organisme complet à partir d'un seul os du squelette. Le processus est légitime et digne de confiance dans les deux cas, car la vie a des modèles dans lesquels elle actualise ses individus uniques. À partir d'une œuvre littéraire anonyme, un penseur créatif peut fournir une reconstruction générale de l'auteur inconnu. Ne peut-on pas décrire très bien le portrait de l'âme de l'auteur inconnu de "Das Buchlein vom vollkommenen Leben" ? De même, la période "Croisades" d'une culture peut être reconstituée si l'on connaît sa phase "Réforme" ou "Lumières".

Le domaine de la pensée s'intéresse aux étapes inconnues des cultures passées et à l'avenir de la nôtre, mais l'action ne s'intéresse qu'au passé en tant que clé des résultats efficaces. Ainsi, la plus grande importance de l'écriture sur l'histoire et de la réflexion sur l'histoire est qu'elles servent toutes deux à une action efficace.

Le sens des faits n'est efficace que lorsque les dogmes, les idées socio-éthiques et les pièges critiques sont mis de côté. Pour le sens des faits, il est important que des centaines de millions de personnes dans une certaine région croient en la vérité des doctrines confucéennes, mais cela n'a aucun sens que ces doctrines soient vraies ou non... même si pour la religion, les idéologies progressistes et le journalisme, la vérité ou la fausseté du confucianisme est importante.

Pour celui qui écrira l'histoire du XXIe siècle, la chose la plus importante concernant les cellules, les ondes éther, les bacilles, les électrons et les rayons cosmiques de notre époque sera que nous y avons cru. Toutes ces notions que nous considérons comme des faits s'effaceront devant le fait que, au XXIe siècle, elles constituent l'image d'un certain type de culture humaine. C'est ainsi que nous considérons les théories de la nature d'Aristarque et de Démocrite dans la culture classique.

De même, les faits ont un contenu subjectif et objectif. Et là encore, c'est la relation entre l'homme et le phénomène qui détermine la forme du fait. Chaque culture a, à sa manière, ses propres faits, qui découlent de ses propres problèmes. La nature du fait dépend de l'homme qui vit le phénomène : s'il appartient à une Haute Culture, à quelle Culture, à quelle époque, à quelle nation, à quelle strate spirituelle, à quelle strate sociale.

Les faits de la Seconde Guerre mondiale en cette année 1948 sont une chose dans l'esprit de la couche culturelle de l'Europe, et quelque chose de totalement différent dans l'esprit des troupeaux de lecteurs de journaux. En l'an 2000, le point de vue de la couche culturelle actuelle sera devenu celui de la majorité, et à ce moment-là, de nombreux faits concernant la guerre elle-même, qui ne sont aujourd'hui connus que d'une minorité, seront connus d'un grand nombre de penseurs indépendants. En effet, l'une des caractéristiques des faits essentiels est que la distance - en particulier la distance temporelle - fait apparaître plus clairement leurs caractéristiques. Nous en savons plus sur l'histoire impériale romaine que Tacite, plus sur l'histoire napoléonienne que Napoléon lui-même, beaucoup plus sur la Première Guerre mondiale que n'en savait sur ses créateurs et ses participants, et les hommes de l'Occident de l'année 2050 connaîtront notre époque d'une manière que nous ne pourrons jamais apprendre à connaître. Pour Brutus, son ascendance mythologique était un fait, mais pour nous, le fait le plus important est qu'il y croyait.

Ainsi, le sens des faits, condition sine qua non de la vision historique du XXe siècle, apparaît comme une forme de poésie de la Vie. Il est à l'opposé de l'intelligence prosaïque et obscure de la perspective matérialiste selon laquelle les faits doivent se soumettre à une idéologie du "progrès" pour être reconnus dignes d'intérêt. Cette perspective a absolument exclu ses victimes de la perception de la beauté et de la puissance des faits historiques, ainsi que de la compréhension de leur signification. Le XXIe siècle, dont les hommes seront nés à une époque où cette vision historique est évidente, trouvera fantastique, s'il en tient compte, qu'à une époque antérieure, les hommes aient cru que toute l'histoire précédente n'avait été faite que pour "tendre" vers eux. Et pourtant, c'était aussi la vision du XIXe siècle : des cultures entières, égales à la nôtre à tous égards par la naissance et la spiritualité, vivaient et mouraient simplement pour que le philistinisme des idéologues du "progrès" puisse écrire leurs exploits sur le mur, quelques notions ou artifices techniques.

5. La mort de la vision linéaire de l'histoire

I

La vie est un combat permanent entre les jeunes et les vieux, les anciens et les nouveaux, l'innovation et la tradition. Regardez Galilée, Giordano Bruno, Servetus, Copernic, Gauss. Ils représentent tous l'avenir et pourtant, ils ont tous été vaincus, d'une manière ou d'une autre, de leur vivant, par le passé qui trônait. Copernic n'a pas voulu publier ses découvertes de son vivant, de peur d'être brûlé comme hérétique. Gauss a vu sa découverte libératrice de la géométrie non euclidienne révélée après sa mort, en raison de la peur que lui inspirait de son vivant la clameur des Béotiens. Il ne devrait donc surprendre personne que les matérialistes persécutent par la calomnie, par la conspiration du silence, par en supprimant l'accès à la publicité, ou en provoquant le suicide, comme dans le cas de Haushofer, ceux qui pensent en termes du vingtième siècle et qui rejettent spécifiquement les méthodes et les conclusions du matérialisme du dix-neuvième siècle.

La vision historique du vingtième siècle doit passer sur les ruines du schéma linéaire qui voulait voir l'histoire comme une progression de l'"Ancien" au "Médiéval" jusqu'au "Moderne". Et je dis ruines, car ce schéma s'est effondré il y a plusieurs décennies, même si ces ruines sont vigoureusement défendues. Parmi elles se cachent les matérialistes, les habitants posthumes du XIXe siècle, les philistins du "progrès", les socio-éthiciens, les retraités de la philosophie critique, les idéologues de tout poil.

Ils ont tous en commun le rationalisme. Ils considèrent comme un dogme de foi que l'histoire est raisonnable, qu'ils sont eux-mêmes raisonnables et que, par conséquent, l'histoire a fait et continuera à faire ce qu'ils pensent qu'elle doit faire. L'origine de cette vision de l'histoire en trois étapes se trouve chez Saint Joachim de Floris, un fanatique religieux gothique, qui a proposé ces trois étapes comme une progression mystique. La grossièreté croissante de l'intellect sans âme a transformé cette progression en une progression matérialiste-utilitaire. Depuis deux siècles, chaque génération se considère comme l'aboutissement des efforts précédents du monde. Cela montre que le matérialisme est aussi une foi, une caricature grossière de l'ancienne religion. Il est en train d'être supplanté, il a déjà été supplanté, non pas parce qu'il est faux - car une Foi ne peut jamais être endommagée par une réfutation - mais parce que l'Esprit du Temps est dépourvu de matérialisme.

Le schéma linéaire était plus ou moins satisfaisant pour l'homme occidental tant qu'il ne connaissait rien de l'histoire en dehors de la Bible, des auteurs classiques et des chroniques de l'Occident. Et encore, ce schéma ne l'aurait pas satisfait si la philosophie de l'histoire n'avait pas été une matière négligée. Néanmoins, il y a environ un siècle, une véritable furie a été déclenchée par la recherche archéologique, y compris les fouilles et le déchiffrement des inscriptions originales en Égypte, à Babylone, en Grèce, en Crète, en Chine et en Inde. Elle se poursuit encore aujourd'hui, notamment au Mexique et au Pérou. Le résultat de ces recherches a été de montrer à la civilisation occidentale, historiquement consciente, qu'elle n'était pas unique dans sa grandeur historique, mais qu'elle appartenait à un groupe de hautes cultures, de structure similaire, et d'une élaboration et d'une splendeur égales. La culture occidentale est la première à avoir possédé l'impulsion historique intense ainsi que la situation géographique idéale pour développer une archéologie parfaite, qui inclut maintenant parmi ses objectifs l'ensemble du monde historique, tout comme la politique occidentale embrassait autrefois la surface entière du globe.

Les résultats de cette science archéologique profonde ont bouleversé l'ancien schéma linéaire de l'histoire, qui était totalement incapable de s'adapter aux nouveaux faits. Les cultures égyptienne, babylonienne, classique et occidentale ayant des points communs géographiques, mais non historiques, il était possible de falsifier les choses en les présentant de manière à convaincre ceux qui y croyaient déjà. Mais avec l'ouverture de l'histoire des cultures réalisées en Inde, en Chine, en Arabie, au Mexique, au Pérou, une telle vision ne pouvait plus convaincre même les croyants.

En outre, l'esprit matérialiste, qui avait transmis l'"influence" des cultures précédentes aux cultures suivantes, a disparu, et la nouvelle vision psychologique de la vie a reconnu la primauté de l'âme et la superficialité de nombreux facteurs externes.

Le nouveau concept de l'histoire est à nouveau contemporain de la formidable explosion de l'activité archéologique qui a détruit l'ancien schéma linéaire. Le nouveau point de vue est devenu une nécessité de l'âme de la civilisation occidentale en même temps que l'activité de recherche de l'histoire, même s'il n'a été qu'à moitié articulé jusqu'à la Première Guerre mondiale. Ce désir intense de sonder le passé était l'expression d'un sentiment extra-personnel que l'énigme de l'histoire n'avait rien à voir avec l'ancienne approche linéaire, qu'elle devait être déchiffrée et que totalité des faits devait être prise en considération. Au fur et à mesure que de nouveaux faits s'accumulaient, les historiens supérieurs élargissaient leurs vues, mais jusqu'à la fin du XIXe siècle, aucun historien ou philosophe n'a traité les cultures comme des organismes distincts, avec une existence parallèle, une indépendance et une égalité spirituelle. L'idée même d'"histoire culturelle" a été un précurseur de cette vision et une condition préalable au développement de la vision historique du XXe siècle. Le rejet de l'idée selon laquelle l'histoire n'est qu'un registre de royaumes et de batailles, de traités et de dates, marque une époque. Le sentiment s'est répandu qu'une "histoire universelle" était impérative, la combinaison de l'histoire de la politique, du droit, de la religion, des coutumes, de la société, du commerce, de l'art, de la philosophie, de la guerre, de l'érotisme, de la littérature, dans une grande synthèse. Schiller fut l'un des premiers à exprimer ce besoin général, même si Voltaire et Winckelmann avaient déjà écrit des histoires spécifiques dans ce sens.

Hegel, sur une base spirituelle, et Comte et Buckle, sur une base matérialiste, ont développé l'idée d'une histoire totale, c' d'une histoire culturelle. Burckhardt a non seulement présenté un exemple parfait d'histoire culturelle dans son livre sur la Renaissance italienne, mais il a également développé une philosophie de l'histoire écrite qui fait référence à la vision du 20e siècle. Taine, Lamprecht, Breysig, Nietzsche, Meray, sont les pierres angulaires de la rupture avec la vision linéaire de l'histoire. En leur temps, seuls Nietzsche, et dans une moindre mesure Burckhardt et Bachofen, ont compris l'idée du 20ème siècle de l'unité d'une Culture. Mais deux générations plus tard, l'idée de l'unité d'une Grande Culture est générale dans la plus haute strate spirituelle de l'Europe, et est devenue une condition préalable à la connaissance historique et à la connaissance politique.

Cette vision linéaire de l'histoire n'était-elle qu'une division arbitraire des matériaux historiques à des fins de manipulation et de référence, sans aucune prétention à une signification philosophique, ou s'agissait-il plutôt d'une tentative de philosophie de l'histoire ? Ses prétentions à cette dernière hypothèse ne tiennent pas si l'on considère que, depuis des générations, le point de départ de l'époque "moderne" a été modifié de siècle en siècle avec une totale liberté. Chaque auteur a formulé différemment le sens et les dates des trois étapes, et les diverses approches s'excluent mutuellement. Mais s'ils ne voulaient pas dire la même chose, pourquoi la même terminologie ?

Il ne s'agissait donc pas d'une philosophie de l'histoire, mais simplement d'un ensemble de trois noms qui ont été conservés en raison d'une sorte de magie supposée leur être inhérente. Ce n'était pas non plus une méthode satisfaisante de classification des faits historiques à des fins de référence, puisqu'elle ne traitait pas de la Chine et de l'Inde, et qu'elle traitait les Babyloniens et les Égyptiens, à tous égards égaux aux Classiques et à nous, comme s'ils n'étaient que de simples épisodes, constituant ensemble un simple prélude à la Culture Classique. À cause de cette perspective historique grotesque, un millénaire en Égypte n'était qu'une note de bas de page, alors que dix ans de notre propre siècle méritaient un volume.

II

La base de cette vision linéaire était un égocentrisme culturel, ou en d'autres termes l'hypothèse inconsciente que la culture occidentale était le centre de toute signification dans l'histoire de l'humanité, et que les cultures précédentes n'étaient importantes que dans la mesure où elles "contribuaient" à notre culture mais n'avaient pas d'importance propre. C'est pourquoi les cultures qui vivaient dans des régions éloignées de l'Europe sont à peine mentionnées. Ce que l'on entendait par ces fameux "apports", c'était quelques ressources techniques antérieures aux cultures égyptienne et babylonienne. Les apports de la culture classique sont également pris en compte alors que la culture arabe est presque totalement ignorée, pour des raisons géographiques. Pourtant, l'architecture, la religion, la philosophie, la science, la musique, la poésie lyrique, les coutumes, l'érotisme, la politique, la finance, l'économie de l'Occident sont totalement indépendantes de leurs formes correspondantes dans la culture classique. C'est le caractère archéologique de l'âme occidentale, sa nature intensément historique, qui l'incite à vénérer ce que la simple géographie lui indique comme un ancêtre spirituel.

Et pourtant, qui croit - qui pourrait croire - que la Rome d'Hildebrand, d'Alexandre VI, de Charles Quint ou de Mussolini avait une quelconque continuité avec la Rome de Flaminius, de Sulla ou de César ? Toute cette sympathie occidentale pour les classiques, avec ses deux points culminants dans la Renaissance italienne et, surtout, dans le mouvement Winckelmann, n'était rien d'autre qu'une pose romantico-littéraire. Si l'on avait connu moins Rome et plus La Mecque, le titre de Napoléon aurait été Calife au lieu de Premier Consul, mais rien n'aurait changé en profondeur. Attribuer des significations magiques aux mots et aux noms est tout à fait nécessaire et légitime en religion, en philosophie, en science et en critique, mais cela n'a pas sa place dans une perspective historique.

Même à la Renaissance italienne, Francesco Pico écrivait contre la manie des classiques : "Qui craindra de confronter Platon à Augustin, Aristote à Thomas, Albert et Scot ? Le mouvement de Savonarole avait également une signification culturelle et religieuse : les œuvres classiques étaient brûlées sur le bûcher. Toute la tendance classique de la Renaissance italienne a été excessivement exagérée : elle était littéraire, académique, cultivée dans quelques cercles fermés qui, de plus, n'étaient pas les leaders de la pensée ou de l'action.

Pourtant, ce mouvement a été décrit comme le "lien" entre deux cultures qui n'ont rien en commun afin de créer une esquisse historique consistant essentiellement en une ligne droite, plutôt qu'un développement pur, spirituellement parallèle et indépendant des Hautes Cultures.

Pour la perspective religieuse, avec ses branches, la philosophie et la critique, le "philistinisme de progrès" et l'éthique sociale, les faits ne comptent que comme des preuves et n'ont pas d'autre signification. Pour la perspective historique, les faits sont le matériau recherché, et même les doctrines, les dogmes et les vérités sont traités comme de simples faits. Les époques occidentales antérieures étaient donc satisfaites du schéma linéaire, malgré son indépendance totale par rapport aux faits historiques. Pour le XXe siècle, cependant, dont le centre de gravité est la politique, l'histoire n'est pas un simple instrument permettant de prouver ou d'illustrer un dogme ou une théorie socio-éthique "progressiste", mais la source de notre perspective historique effective.

Ainsi, en obéissant implicitement à l'Esprit du Siècle, les esprits directeurs du vingtième siècle rejettent la théorie linéaire de l'histoire, désuète et anti-factuelle. Au lieu de cela, l'Esprit du Temps montre la véritable structure de l'histoire humaine, l'histoire de huit Hautes Cultures, chacune étant un organisme avec sa propre individualité et son propre destin. L'ancien moule de la philosophie de l'histoire forçait les faits à prouver certaines théories religieuses, éthiques ou critiques ; la perspective du vingtième siècle tire sa philosophie de l'histoire des faits.

La perspective du vingtième siècle n'est pas subjective parce qu'elle part des faits ; elle obéit simplement à l'impératif intérieur de sa propre âme historique en cherchant sa définition dans l'Histoire. Notre vision est particulière parce qu'elle donne la priorité aux faits ; une autre classe d'hommes, en dehors de la culture occidentale, ou en dessous d'elle, ne pourra jamais la comprendre, pas plus qu'elle ne peut comprendre les hautes mathématiques occidentales, la technique occidentale, notre haute physique, notre chimie, l'architecture gothique ou l'art de la fugue musicale. Ce tableau historique, absolument obligatoire, obligatoire pour les dirigeants de la pensée active de la civilisation occidentale, ne l'est pas pour les masses qui se pressent dans les rues des capitales de l'Occident. La relativité historique est, comme la relativité physique, l'apanage de quelques esprits dominants. L'histoire ne se vit pas, ne se fait pas, dans les rues, mais dans les hauteurs. Le nombre d'hommes, dans la civilisation occidentale, qui ont compris la véritable signification de la Seconde Guerre mondiale, est réduit à quelques milliers. La philosophie occidentale, depuis l'époque d'Anselme, a toujours été ésotérique. Mais le nombre de personnes pour lesquelles les décisions de ces quelques personnes seront décisives ne se compte pas en centaines, mais en centaines de millions.

Le fait que le vingtième siècle considère tous les événements humains antérieurs comme de simples introductions et préparations à notre propre histoire occidentale est, pour ainsi dire, une immense naïveté. Des évolutions qui ont demandé autant de temps que notre millénaire d'histoire occidentale sont réduites à de simples événements occasionnels ; les hommes de ces autres cultures sont traités comme s'ils étaient des enfants, essayant vaguement d'adhérer à telle ou telle de nos idées spécifiquement occidentales. Mais dans chacune de ces Cultures précédentes, le stade atteint et dépassé est celui du 19ème et du 20ème siècle : science libre, éthique sociale, démocratie, matérialisme, athéisme, rationalisme, lutte des classes, argent, nationalisme, guerres d'anéantissement. Conditions de vie hautement artificielles, sophistication mégalopolitaine, désintégration sociale, divorce, dégénérescence des arts anciens en simples déformations, ils présentaient tous ces symptômes familiers.

Le vaste ensemble de connaissances historiques que le vingtième siècle doit prendre en compte - connaissances mises au jour par l'âge historique qui a succédé à l'âge de la Critique - ne peut tolérer le placement arbitraire des faits dans l'Histoire selon un schéma préconçu à trois étapes magiques, qui doivent rester trois même si personne ne peut découvrir où l'une commence et où l'autre finit, et dont la troisième étape a été indéfiniment prolongée depuis que le professeur Horn de Leyden a annoncé en 1667 sa découverte du "Moyen Age".

La première formulation de la perspective historique du XXe siècle n'est apparue qu'avec la Première Guerre mondiale. Auparavant, seul Breysig avait définitivement rompu avec le schéma linéaire, mais ses premiers travaux ne couvraient qu'une partie de l'histoire de l'humanité. Il restait à Spengler, le philosophe de l'époque, à présenter la conception complète de la structure de l'histoire. Il a lui-même été le premier à reconnaître la nature extra-personnelle de son travail, lorsqu'il a déclaré qu'une idée historiquement essentielle n'est que dans un sens limité la propriété de celui qui a eu la chance de la concevoir. Il devait articuler ce que tous les autres cherchaient à tâtons. La vision des autres était limitée par tel ou tel horizon de spécialiste, et ses projets étaient par conséquent incomplets, unilatéraux, disproportionnés. Comme toutes les productions du génie, l'œuvre de Spengler paraît parfaitement évidente à ceux qui viennent après lui, et d'ailleurs, elle a été conçue pour ceux qui allaient venir, et non pour ses contemporains. Le génie se projette toujours dans l'Avenir, c'est dans sa nature même, et cela explique le sort habituel de toutes les œuvres de génie, aussi bien politiques et économiques qu'artistiques et philosophiques, de n'être comprises dans leur grandeur et leur simplicité que par les successeurs de leurs créateurs.

6. La structure de l'histoire

I

L'une des hypothèses inconscientes du schéma linéaire était l'idée de l'unicité de la civilisation. Le concept de "civilisation" était utilisé comme si toute forme de Vie hautement symbolique, où et quand elle apparaissait, était en réalité une manifestation de la même chose : la "civilisation". La "civilisation" en dehors de l'Occident était imparfaite, elle essayait d'imiter, maladroitement, celle de l'Occident. Cette "civilisation" était quelque chose que les âges passés avaient stupidement laissé se perdre, mais qui, d'une manière ou d'une autre, a été retrouvée et "transmise" à l'avenir.

C'était le rationalisme : il supposait que les hommes faisaient leur propre histoire et que tout ce qui arrivait était imputable à l'excellence ou à l'erreur humaine.

Mais pour l'apogée du discernement historique et de la créativité factuelle historique consciente qu'est le vingtième siècle, l'Histoire est le compte rendu de la vie de huit Hautes Cultures, chacune étant un organisme marqué par le principe d'individualité, c'est-à-dire les membres d'une forme vitale. Le type de Haute Culture est une forme vitale au sommet de la hiérarchie organique dont les plantes, les animaux et l'homme sont les membres les plus bas. Chacune des cultures que nous avons vues est un membre de ce genre supérieur, un individu. Appartenant à un genre, elles ont des caractéristiques communes dans leurs coutumes générales, leurs besoins vitaux, leurs techniques d'expression, leur relation au territoire et aux flux de population, et leur portée vitale.

Les différences entre les cultures se situent au niveau de leurs âmes, de leurs individualités, et donc, malgré leur structure similaire, leurs créations sont différentes au plus haut point. Dans la hiérarchie organique, le principe d'individualité se manifeste à un niveau de concentration croissant, depuis les plantes et les animaux jusqu'à l'homme. Les cultures sont encore plus individualisées que les hommes, et leurs créations sont donc moins susceptibles d'être assimilées par d'autres cultures.

Avec la mort de l'ère du matérialisme, l'Occident sait à nouveau que le développement d'un organisme est manifestation d'une âme. La matière n'est que l'enveloppe, le véhicule de l'expression de l'esprit. Cette sagesse ancienne et universelle est la source première de la libération de notre perspective historique de l'obscurité et de l'oppression du Mécanisme. Les événements d'une vie humaine sont l'expression de l'âme de cet être humain dans ses étapes successives de développement. Un événement extérieur identique est une expérience différente pour chaque être humain : une expérience est une relation entre une âme et un événement extérieur. Il n'y a donc pas deux personnes qui peuvent avoir la même expérience, car le même événement est complètement différent pour chaque âme différente.

De même, les réactions de chaque âme culturelle à un territoire, à des flux de population, à des événements et à des mouvements en dehors de la zone culturelle sont propres à chaque culture. Les expériences religieuses de chaque culture sont uniques : chaque culture a son propre système intransmissible d'expérience et de description du Divin, et ce style religieux se poursuit tout au long de la sphère de vie de la culture, et détermine complètement la philosophie, la science et aussi les phénomènes antireligieux de cette culture. Chaque culture a sa propre espèce d'athéisme, aussi unique que sa religion. La philosophie et la science de chaque culture ne deviennent jamais indépendantes du style religieux de la culture ; même le matérialisme n'est qu'une caricature impie des sentiments religieux fondamentaux de la culture.

Le choix des formes artistiques et leur contenu sont propres à chaque culture. Ainsi, la culture occidentale est la première à inventer la peinture à l'huile, et aussi la première à donner la primauté à la musique. Le sentiment numérique de la culture développe dans chacune d'elles ses propres mathématiques, qui décrivent son propre monde numérique, qui est intérieurement non transférable, même si certains développements extérieurs peuvent être partiellement assimilés, puis intérieurement transformés par d'autres cultures. L'idée d'État est tout aussi individuelle, tout comme l'idée de Nation et le style de l'Imperium final, l'ultime création politique de la Culture.

Chaque culture a son propre style technique - faible et grossier dans le classique et le mexico-péruvien, colossal et avancé dans le nôtre -, son propre rapport à l'économie, son propre style historique ou son tempo organique.

Chaque culture a une morale de base différente, qui influence sa structure sociale, ses sentiments et ses manières, l'intensité de ses impératifs internes et, par conséquent, le style éthique de ses grands hommes. Cette morale de base détermine le style de la vie publique pendant la dernière grande phase de la vie de la culture : la civilisation.

Non seulement les cultures se distinguent les unes des autres par une représentation très développée du principe d'individualité, mais chaque époque d'une culture a sa propre empreinte, qui est influencée par la précédente et qui influencera la suivante. Ces différences apparaissent plus grandes aux hommes appartenant à la même culture que celles qui existent entre une culture et une autre. C'est l'illusion d'optique d'une plus grande taille provoquée par le voisinage. Pour nous, la différence entre 1850 et 1950 est immense ; pour les historiens de l'an 2150, elle le sera beaucoup moins. Avant de nous plonger dans l'étude historique, nous avons le sentiment que les années 1300 et 1400 étaient spirituellement très semblables, mais en fait, il s'est produit au cours de ce siècle des événements spirituels aussi décisifs que ceux qui se sont déroulés entre 1850 et 1950.

Ici aussi, le schéma linéaire a profondément déformé l'histoire : il a dit "Ancien" et a cru décrire une chose, une spiritualité générale. Mais l'Égypte et Babylone avaient leurs propres phénomènes qui correspondent à nos croisades, à notre religion gothique, au Saint Empire romain, à la papauté, au féodalisme, à la scolastique, à la réforme, à l'État absolutiste, aux Lumières, à la démocratie, au matérialisme, à la lutte des classes, au nationalisme et aux guerres d'anéantissement. Il en a été de même pour les autres cultures : chinoise, hindoue, arabe,, classique et mexicaine[9]. La quantité d'informations disponibles concernant ces cultures est très différente, mais ce que nous avons est suffisant pour décrire la structure de l'histoire. Entre une époque de l'histoire égyptienne et la suivante, il y avait autant de différence qu'entre 1700, la période de nos guerres de succession espagnoles, et 1800, avec nos guerres napoléoniennes. Cette illusion d'optique sur les distances trouve une analogie dans le monde spatial : une chaîne de montagnes lointaine semble uniforme ; plus proche, elle est perçue comme abrupte.

L'idée que la "civilisation" était une chose déterminée, plutôt qu'une phase organique et vitale d'une culture, faisait partie de l'idéologie du "progrès". Cette religion profane, avec son mélange particulier de Raison et de Foi, répondait à une certaine demande interne du 19ème siècle. La recherche ultérieure découvrira probablement le même phénomène dans d'autres cultures. Il semble que ce soit un besoin organique du rationalisme de sentir que "les choses vont de mieux en mieux". Ainsi, le "progrès" était une progression morale continue de "l'humanité", un mouvement vers une "civilisation" plus grande et meilleure. L'idéologie était formulée avec de légères différences par chaque matérialiste, mais il n'était pas permis de contester que le "progrès" était un fait. Quiconque en doutait était qualifié de "pessimiste". L'idéal d'un "progrès" continu est nécessairement inaccessible, car s'il pouvait être atteint, le "progrès" s'arrêterait, ce qui est impensable.

Une telle image convenait à l'âge de la critique, mais dans un âge historique, elle n'est rien de plus qu'un autre sujet d'intérêt, en tant qu'expression d'une certaine étape dans la vie d'une culture donnée. Elle se situe au même niveau que l'image de la catastrophe mondiale imminente du milieu du XIVe siècle, l'obsession des sorcières du XVIe siècle ou le culte de la Raison du XVIIIe siècle. Toutes ces perspectives n'ont qu'une signification historique aujourd'hui. Tout ce qui nous intéresse, c'est qu'on y ait cru autrefois. Mais essayer de faire entrer l'idéologie "progressiste" démodée dans le vingtième siècle est une tentative ridicule ; celui qui ne penserait qu'à elle se découvrirait une médiocrité anachronique.

---

[9] L'auteur qualifie également de mexicaine, ou mexico-péruvienne, la culture qui a vécu jusqu'à l'arrivée des Espagnols du Rio Grande à la Terre de Feu. Il est important de noter que l'unité interne de cette culture n'a été démontrée scientifiquement que vingt ans après la publication d'Imperium.

II

Le mot histoire a été utilisé pour couvrir tous les événements humains, aussi bien ceux qui manifestent le développement d'une culture que ceux qui se situent en dehors de toute culture. Mais ces deux types d'événements n'ont rien en commun. L'homme en tant qu'espèce est une forme vitale, l'homme de la Culture en est une autre. Par conséquent, le mot histoire désigne des choses différentes dans les deux cas.

En quoi l'homme en tant qu'espèce se distingue-t-il des autres formes de vie, telles que les plantes et les animaux ? Tout simplement par la possession d'une âme humaine. Cette âme façonne pour l'homme un monde différent de celui des autres formes de vie. Le monde de l'homme est un monde de symboles. Les choses qui, pour les animaux, manquent de sens et de mystère, ont pour l'homme une signification symbolique. En dehors d'une grande culture, ce besoin de symboliser se manifeste par la formation d'une culture primitive. Ces cultures ont une religion animiste, une éthique du tabou et du totem, et des formes socio-politiques du même niveau. Ces cultures ne constituent pas une unité, c'est-à-dire qu'aucun symbole primaire unique n'est actualisé dans toutes les formes de culture. Ces cultures ne sont que des sommes, des collections de motifs et de tendances.

L'homme primitif n'existe nulle part sans une culture primitive de ce type. L'homme en tant qu'animal pur n'existe pas. Tous les animaux ont une existence purement économique et reproductive : la totalité de leur vie individuelle consiste à se nourrir et à se reproduire, leur vie n'a pas de superstructure spirituelle au-dessus de ce plan.

Cependant, la vie de l'homme primitif et celle de l'habitant d'une région où se développe une grande culture sont deux choses incommensurables. La différence est si grande qu'elle devient une différence de qualité et non de degré. Devant l'histoire de l'Homme-Culture, l'homme primitif semble simplement zoologique. L'histoire que Stanley a rencontrée dans ses explorations africaines était d'un certain type, et Stanley lui-même représentait l'autre type. L'histoire des habitants des lacs de l'ancienne Suisse, des Chinois d'aujourd'hui, des Arabes, des Bochimans, des Hindous d'aujourd'hui, des Amérindiens, des Lapons, des Mongols et des innombrables autres tribus, races et peuples qui ne font pas partie de notre civilisation occidentale est tout aussi zoologique.

L'animal ne s'intéresse qu'à l'économie, l'homme primitif voit des significations cachées dans le monde, mais l'homme-culture considère ses grands symboles comme le contenu de la vie. Une Haute Culture remodèle entièrement les pratiques économiques des populations sur lesquelles elle pose ses griffes ; elle réduit l'économie au bas de la pyramide de la vie. Pour une Grande Culture, l'économie a la même signification que la fonction alimentaire pour l'individu. Au-dessus de l'économie se trouvent toutes les manifestations de la vie de la Grande Culture : architecture, religion, philosophie, art, science, technologie, éducation, politique, érotisme, construction de villes, impérialisme, société. La signification d'un individu est le reflet de son lien personnel avec les symboles de la culture. Cette évaluation même est produite par la culture. Pour une perspective anti-culturelle telle que la curieuse "interprétation matérialiste de l'histoire", tout prolétaire a plus de valeur que Calderon, car il n'était pas un travailleur manuel et n'a donc rien fait de concret dans un monde dont tout le sens est économique.

La différence entre l'histoire de l'homme en tant qu'espèce et l'histoire de l'homme au service d'une grande culture est que la première est dépourvue de grande signification et que seule la seconde est le véhicule d'une grande signification. Dans la haute histoire, les hommes risquent tout et meurent pour une Idée ; pour les hommes primitifs, il n'y a pas d'idées extra-personnelles de cette force, mais seulement des querelles personnelles, une ambition grossière pour le butin ou un pouvoir sans forme. Ce serait donc une erreur de considérer la différence comme purement quantitative. L'exemple de Gengis Khan nous montre que les événements qu'il a déclenchés étaient d'une ampleur considérable, mais qu'ils n'avaient pas de sens sur le plan culturel. Il n'y avait pas d'Idée dans cette avalanche de disciples d'un aventurier. Ses conquêtes ont été fatales à des centaines de milliers de personnes ; l'empire qu'il a érigé a duré quelques générations, mais il est resté là, il n'a rien représenté, il n'a rien représenté au-delà de lui-même. En revanche, l'empire napoléonien, aussi bref qu'il ait été, était chargé d'une signification symbolique qui perdure dans l'esprit des Occidentaux et qui, comme nous le verrons, est porteuse de l'avenir de l'Occident. Les Hautes Cultures créent les plus grandes guerres, mais leur signification n'est pas simplement qu'elles provoquent des torrents de sang, mais que ces hommes tombent dans une lutte d'idées. Après que une Grande Culture se soit réalisée, les populations de l'espace qu'elle occupait retournent à leur condition primitive, comme nous le montrent les exemples de l'Inde, de la Chine, de l'Islam et de l'Égypte. Les grandes métropoles se vident, les barbares venus de l'extérieur les pillent, et les survivants retournent à leur condition primitive d'hommes de clan ou de tribus, ou simplement de nomades. Lorsque les événements extérieurs ne détruisent pas complètement les vestiges, le système de castes de la dernière étape subsiste indéfiniment, comme en Inde ou en Chine, mais ce n'est que le résidu du squelette de la Culture antérieure, qui, comme tout être vivant, disparaît pour ne plus revenir. La mémoire de la culture perdure, mais l'attitude des populations survivantes à l'égard de ses réalisations est entièrement primitive, statique, purement personnelle.

Les villes mondiales abandonnées reviennent dans les paysages qu'elles dominaient autrefois. Des métropoles autrefois fières comme Berlin, Londres et New York ont disparu, englouties par la végétation de la jungle ou les sables de la plaine. Tel fut le destin de Louxor, Thèbes, Babylone, Pataliputra, Samarra, Uximal, Texcoco, Tenochtitlan. Dans des cas plus récents, même les noms des grandes villes ont disparu, et nous nous y référons par le nom des villages voisins. Mais le fait que la ville soit morte, qu'elle soit habitée par quelques clans qui campent dans les espaces libres, se battent dans les rues et s'abritent dans les structures abandonnées, ou que du sable soit entassé sur les vestiges qui s'écroulent, n'est pas un détail important.

7. Pessimisme

I

C'est un phénomène remarquablement curieux qui s'est produit lorsque la perspective historique organiquement nécessaire, remplaçant les perspectives religieuses et critico-philosophiques des époques occidentales précédentes, est apparue au début du vingtième siècle. Elle a été accueillie par les penseurs d'avant-hier avec un cri de "pessimisme". Avec ce mot, on pensait apparemment pouvoir évoquer l'esprit de l'époque à venir et insuffler une nouvelle vie à l'esprit mort d'une époque déjà révolue. Pour la pensée abstraite et inorganique, ce tour de passe-

passe n'était pas digne d'intérêt, puisqu'elle considérait l'Histoire comme le champ d'action où l'on pouvait faire ce que l'on voulait pour forcer le Passé à danser sur sa propre musique.

Le mot pessimisme était un mot polémique : il décrivait une attitude de désespoir général, censée colorer les opinions et les affirmations de fait. Celui qui utilisait sérieusement ce mot faisait preuve d'une philosophie de l'histoire du monde à la mode électorale. Il est évident qu'un fait affirmé doit être examiné indépendamment de l'attitude de son auteur. Toute la clameur sur le pessimisme est donc un argument ad hominem, et donc sans valeur. Les faits ne sont pas pessimistes ou optimistes, ne portent pas de jugement et ne sont pas absurdes. Un optimiste peut mentionner un fait, un fou peut mentionner un fait, un pessimiste aussi. La description de l'homme qui a affirmé le fait laisse ouverte la question de savoir si le fait est juste ou faux. Son caractère purement ad hominem a été la première faiblesse de la perspective "pessimiste" dans la vision historique du 20ème siècle.

Le pessimisme ne décrit qu'une attitude, et non des faits, et est donc entièrement subjectif. L'attitude envers la vie que Nietzsche a continuellement élaborée en tant que "pessimisme" décrivait à son tour Nietzsche comme un pessimiste, et les deux étaient sans aucun doute corrects. Si quelqu'un pense que mes projets sont voués à l'échec, je le considère comme un pessimiste. Inversement, si je pense que ses aspirations n'aboutiront à rien, il pense que c'est moi le pessimiste. Nous avons tous les deux raison.

Les idéologues "progressistes", suffisants, isolés de tout contact avec la Réalité dans la sécurité de leur armure mentale, ont été extrêmement offensés quand on a suggéré que leur Foi particulière avait aussi une portée vitale qui, comme toutes les visions du monde qui avaient préexisté, n'était que la simple description d'une âme particulière d'une certaine époque, et était donc destinée à mourir. Dire que la religion du "Progrès" s'éteint avec l'âge dont elle satisfait les exigences intérieures revient à nier la véracité de cette religion qui prétend être une description universelle de toute l'histoire de l'humanité. "Le pire, c'est que la perspective historique du vingtième siècle a été formulée d'une manière si strictement factuelle qu'elle s'imposait à la mentalité du vingtième siècle. Cela a eu pour conséquence que des revendications ont dû être formulées à son encontre, car aucun autre type de discussion n'était possible. Le simple mot "pessimisme" était censé étrangler la perspective historique du XXe siècle.

Il serait erroné d'attribuer cela à la malveillance des "religieux du progrès". Aucune époque ne se soumet tranquillement à l'esprit de l'ère à venir.

Les religieux de la sorcellerie n'étaient certainement pas avec les premiers matérialistes qui osaient nier l'existence des sorcières. Le conflit entre l'Établi et le Venu se poursuit continuellement, et le Venu l'emporte toujours. Et ce n'est pas parce qu'il est vrai et que l'Établi est faux, mais parce que les deux étaient le stade vital d'un organisme, d'une Culture. La vérité et la fausseté ont aussi peu à voir dans ce processus que dans la transformation de l'enfant en jeune, du jeune en homme, de l'homme en vieillard. Le petit-fils n'est pas plus vrai que le grand-père, mais il l'emportera grâce à l'avantage organique dont il dispose. De même, l'attitude historique du vingtième siècle supplante la religion matérialiste du dix-neuvième siècle. Le matérialisme, le rationalisme, le "progrès" sont épuisés, mais l'attitude historique du vingtième siècle est pleine de vigueur et de promesses, elle aspire à s'adapter à ses grandes tâches factuelles afin de créer ses grands faits. C'est cette nécessité organique qui lui donne son caractère obligatoire. Dans cette époque gigantesque, où il y a des nations qui sont des puissances mondiales dans une décennie et des colonies dans la suivante, personne ne peut consciemment maintenir, même devant elle, la prétention superficielle et puérile que sous tous ces cataclysmes il y a un sens de "progrès moral" permanent de "l'Humanité".

Certains hommes ont été rationnels pendant de courtes périodes : c'est la somme des apparitions de la Raison dans l'Histoire. Mais ces hommes n'ont jamais fait l'Histoire, car l'Histoire est irrationnelle. L'affirmation selon laquelle la raison est le sens de l'histoire est une affirmation irrationnelle, puisque la raison est un produit de l'histoire.

Lorsque le culte de la Raison fut institué comme religion dans la France révolutionnaire - comme une nouvelle Foi - une fille de joie fut couronnée Déesse Raison. Même le Rationalisme porte en lui le sein de la Vie : il est irrationnel.

La signification du mot pessimisme doit être analysée plus en détail. Comme nous l'avons vu, le mot est subjectif et peut donc s'appliquer à n'importe qui, s'il a conviction que quelque chose est condamné. Supposons que je dise : l'Empire romain a connu un déclin interne et, en l'espace de quelques siècles, l'idée romaine a complètement disparu.

Est-ce du pessimisme ? Mon grand-père est mort, suis-je pessimiste pour le dire ? Je mourrai un jour. Pessimisme ? Tout ce qui vit doit mourir. Pessimisme ? À la vie correspond la mort. Pessimisme Connaît-on un exemple d'individu qui ait évolué entièrement en dehors de la séquence organique de la forme vitale à laquelle il appartient, et qui soit resté constamment à un stade vital pendant des périodes si longues qu'elles justifient la conclusion qu'il s'agissait d'un cas de vie sans mort ? Un exemple pourrait être celui d'un homme ayant vécu - non pas cent ans, car nous pensons tous qu'un tel homme finira par mourir - mais deux ou trois cents ans, et toujours à un stade vital, disons l'âge biologique de soixante-cinq ans.

Nous ne connaissons pas un tel homme, une telle forme vitale. Les dénigreurs du "pessimisme" diront que c'est du "pessimisme", sans doute. Nous devrions continuer à prétendre que nous ne mourrons jamais, car admettre la mort, c'est du pessimisme.

L'histoire révèle sept grandes cultures qui nous ont précédés.

Leurs périodes de gestation ont été morphologiquement identiques, de même que leurs douleurs de naissance, leurs premières activités vitales, leur croissance, leurs périodes de maturité, leurs grandes crises de Civilisation, leurs dernières formes vitales, le relâchement progressif, et l'arrivée, pour chacun d'eux, d'un moment où l'on peut dire, en regardant le paysage où le grand Être s'est réalisé, qu'il n'existe plus, qu'il est mort. Cette prise de conscience fait très mal aux dénigreurs du "pessimisme", et je ne connais pas de remède à leur douleur. Ces sept Cultures sont mortes ; il aurait été beaucoup plus curieux qu'elles vivent éternellement.

II

Mais notre Civilisation est une étape d'une Grande Culture, la Culture de l'Occident, et son millénaire historique nous montre qu'elle est un organisme individuel appartenant à la forme vitale d'une Grande Culture. Son millénaire historique nous montre qu'elle est un organisme individuel appartenant à la forme vitale d'une Grande Culture. Ceux qui réfléchissent aux faits peuvent-ils prétendre qu'elle appartient à une forme vitale mais qu'elle n'a pas de sphère vitale ?

La question peut maintenant être posée : comment peut-on être pessimiste en disant que si sept grandes cultures se sont réalisées, la huitième peut l'être aussi ? Si c'est du pessimisme, alors quiconque admet sa propre mortalité est inévitablement un "pessimiste" - l'alternative au pessimisme est donc l'idiotie.

Néanmoins, le pessimisme est une attitude, et si quelqu'un dit qu'admettre le fait que la Vie se réalise dans la Mort est du pessimisme, il nous montre quelque chose de lui-même. Il nous montre sa propre peur lâche de la mort, son manque total d'héroïsme, de respect pour les mystères de l'Être et du Devenir, son vain matérialisme. Nous ne devons jamais oublier que ce sont ces mêmes personnes qui écrivent et lisent, dans leurs livres et dans leur presse périodique, une littérature sur la prolongation indéfinie de la sphère vitale de l'espèce humaine. Cela nous montre quelque chose d'autre à leur sujet. Comme ils aiment jongler avec les statistiques des compagnies d'assurance de manière à penser qu'ils vivent plus longtemps ! Telle est leur conception de la vie : la meilleure vie est la plus longue. Pour cette mentalité, une vie courte et héroïque est triste et peu inspirante. L'héroïsme en général n'est donc que folie, puisque la vie indéfiniment prolongée est le but du "Progrès".

La forme occidentale de l'idée de l'immortalité de l'âme s'est formée et développée à l'époque de la religion gothique. Avec l'ère du matérialisme, cette idée a été caricaturée avec l'immortalité du corps. Le médecin est devenu le prêtre de la nouvelle religion, et une certaine littérature le glorifie comme l'ultime spécimen humain, puisqu'il sauve des vies. Pourtant, même si elle choque ces personnes, la Mort continue d'accompagner la Vie. Les guerres du XXe siècle ont coûté plus de vies que celles du XIXe siècle. Les générations continuent leur procession vers la tombe, et même le matérialiste le plus lâche, qui ne peut jamais admettre que tous les êtres vivants mourront, suit le chemin que les matérialistes ont suivi dans les huit cultures.

Pour les personnes qui vivent dans la peur indicible de la mort personnelle, il est naturel que l'idée de la disparition d'une âme extrapersonnelle soit horrible et effrayante. Les matérialistes n'ont jamais respecté les faits ; ce qui n'était pas mesurable par leurs poids et mesures n'existait pas. Les faits historiques n'ont en soi aucun intérêt pour un point de vue rationaliste, qui part d'un principe critique et non de faits, et il était difficile d'espérer qu'un point de vue historique basé sur cinq millénaires d'histoire plutôt que sur de simples futilités philosophiques les convaincrait.

Il est curieux de constater que les lamentateurs du pessimisme, qui niaient la mort de la culture, niaient également la nature organique d'une culture. En d'autres termes, ils niaient aussi qu'elle vivait. Leur matérialisme les incitait à la seconde attitude, leur lâcheté à la première. Le plus important de toutes leurs attitudes est qu'ils n'ont pas saisi l'idée cruciale de la perspective du vingtième siècle. Les centaines de volumes qu'ils ont écrits contre elle - tous répétant le mot magique de "pessimisme" - le démontrent clairement. À chaque page, il y a une incompréhension fondamentale de la grande thèse. Par leur incompréhension, ils ont apporté une nouvelle preuve de l'accord de perspective, car la vision d'une époque ne reflète que l'âme de cette époque, et la perspective du vingtième siècle ne pouvait s'adapter à leur vision du dix-neuvième siècle, déjà dépassée.

Un grand fait historique aurait dû les consoler : la mort de cette Culture, qui n'était pas vivante, et qui ne mourrait jamais, selon eux, n'aurait dû rien signifier pour eux en particulier. Tout d'abord, une culture ne naît ni ne meurt en quelques années ; ces processus se mesurent en générations et en siècles. Ainsi, aucun homme ne peut voir naître ou mourir une Culture, et aucun matérialiste ne sera jamais contraint de faire l'expérience douloureuse de contempler sa mort. De plus, la vie des gens ordinaires, sur le plan de la vie quotidienne, est peu affectée par la présence de la Culture ou de la Civilisation, pendant sa mort ou après sa mort ; la vie des gens ordinaires, dans ses fondements rigides, est simplement la vie. Les grandes multitudes disparaissent, car elles n'existaient que pour accomplir les dernières grandes tâches de la Civilisation ; les conditions artificielles de la vie disparaissent également, les grandes guerres cessent, les grandes exigences cessent. Le Pacifisme organique - et non le Pacifisme idéologique, qui provoque des guerres - est la condition finale d'une Culture.

Eh bien, les matérialistes font exclusivement partie des gens ordinaires, que peuvent-ils faire des grandes choses comme l'héroïsme, les grandes guerres et l'impérialisme ? La fin d'une culture devrait donc leur plaire. En fait, toute leur terreur reposait sur une illusion. Il serait aussi insensé pour quiconque de s'inquiéter aujourd'hui des événements de l'an 2300 qu'il l'aurait été pour Frédéric le Grand de s'inquiéter des événements de l'an 1900. Il ne pouvait pas exactement imaginer ces événements, puisqu'il ne pouvait pas les planifier, et il aurait donc été absurde pour lui de les craindre. Il s'agissait d'affaires qui d'autres personnes. Les exigences d'aujourd'hui - duo Goethe - sont notre devoir immédiat. Ceux d'entre nous qui vivent aujourd'hui en Europe ont une tâche certaine qui leur est imposée par la situation, l'époque et leur propre impératif intérieur.

Le plus que nous puissions faire pour contribuer à façonner l'avenir lointain est d'aider à donner à cette époque la forme forte et virile dont elle a besoin. La génération qui suivra la suivante aura également sa propre tâche, et la seule façon pour nous d'être efficaces en son temps est de nous conduire maintenant de telle manière que nos actions et notre exemple nous survivront.

Pour un matérialiste, c'est du pessimisme.

III

Nombreux sont les intellectuels qui s'attardent sur le titre des ouvrages fondamentaux d'une époque historique : ils justifient leur accusation de pessimisme à l'égard de la vision du monde du XXe siècle par le titre du premier livre qui l'a décrite dans son intégralité : Le déclin de l'Occident. La décadence sonnait définitivement pessimiste pour ces messieurs et ils n'avaient pas besoin de plus. Dans son essai "Pessimisme ?" (1921), Spengler mentionne que certains ont confondu le naufrage d'une culture avec le naufrage d'un navire, alors que, appliquée à la culture, l'idée d'une catastrophe n'est pas contenue dans le mot. Il explique également que le titre a été choisi en 1911, lorsqu'il a déclaré que "l'optimisme superficiel de l'ère darwinienne plane sur le monde occidental euro-américain". Il prépare le livre, dans lequel il prédit la thèse d'une ère de guerres d'anéantissement pour le futur immédiat, pour l'ère à venir, et choisit le titre pour contredire l'optimisme ambiant. En 1921, écrit-il, il aurait choisi un titre qui aurait contredit le pessimisme tout aussi vain qui régnait alors.

Si le pessimisme se définit comme "ne plus rien voir à faire", il n'affecte pas une philosophie qui expose tâche après tâche ce qui reste à faire dans la civilisation occidentale. Outre la politique et l'économie, auxquelles cet ouvrage est consacré, la physique, la chimie et la technologie occidentale ont leurs sommets derrière elles, de même que l'archéologie et la philosophie historique. La formulation d'un système juridique libéré de la philologie et du conceptualisme est également une nécessité.

L'économie nationale doit être profondément réfléchie et organisée dans l'esprit du vingtième siècle et, surtout, l'éducation doit être créée, dans le sens grandiose de former consciemment les générations à venir, à la lumière de la nécessité historique de notre avenir, pour les grandes tâches vitales de la civilisation.

Le cri du "pessimisme" s'éteint : la vision historique du XXe siècle regarde de son sommet, vers ses horizons historiques uniques et vastes, les parcours de vie de huit grandes cultures réalisées, et regarde même avec arrogance et confiance vers l'avenir de sa propre culture, qui doit encore être réalisée.

Les lecteurs de 1950 ont oublié, et ceux de 2050 n'auront sans doute aucun moyen de savoir qu'avant que n'apparaisse la vision de l'Histoire du vingtième siècle, l'histoire à faire était considérée comme une tabula rasa sur laquelle l'homme pouvait écrire ce qu'il voulait. C'était naturellement l'attitude instinctive de celui qui était plus qu'un simple homme d'action, il devait tout savoir pour accomplir la plus futile des bagatelles, mais même lui devait maintenir la prétention que l'Avenir était carte blanche.

Personne ne pense de cette manière durant la seconde moitié du vingtième siècle ; les bêlements des rationalistes et les pleurnicheries des matérialistes perdent de leur intensité. Même eux parlent désormais d'histoire au lieu de leurs vieilles vulgarités. Même leur presse alimente leurs hordes avec une vision historique. L'histoire commence en 1870 et se termine après la prochaine guerre ; chaque compétition est décrite comme la dernière. Cette image historique a servi à plus d'une génération et son existence dans le journalisme matérialiste est un signe de l'attitude de plus en plus historique de notre époque. Après la Première Guerre mondiale, une "Société des Nations" a été créée pour instaurer la "paix mondiale" et un nombre considérable de personnes dans la civilisation occidentale l'ont prise au sérieux. En l'espace d'une génération, une deuxième "Société" a été fondée après la Seconde Guerre mondiale, mais cette fois, en raison de la victoire intime de la perspective mondiale du XXe siècle qui s'était produite en Occident, presque personne ne considérait la "Société" - l'ONU - comme autre chose qu'un lieu de préparation diplomatique à la guerre entre les deux puissances restantes. On est loin de l'époque du "Progrès".

Les tirs se sont retournés contre les négateurs du "pessimisme". En fait, ils ne sont que les représentants de l'esprit d'une époque à jamais révolue. Ils sont donc anachroniques dans cette époque, et dans la mesure où ils tentent d'intervenir dans leur Vie, ils doivent lutter contre toutes ses tendances d'expression. Ils ne peuvent que nier l'Avenir en tentant vainement de faire revivre le Passé, n'est-ce pas là un pessimisme ?

Le dernier mot peut maintenant être dit sur le pessimisme et l'optimisme, car les deux sont inséparables en tant que concepts. Si le pessimisme est le désespoir, l'optimisme est la lâcheté et la stupidité. Est-il nécessaire de choisir entre les deux ? Tous deux sont des maladies jumelles de l'âme. Entre les deux, il y a le réalisme, qui veut savoir ce qui est, ce qu'il faut faire, comment on peut le faire. Le réalisme est une pensée historique, et c'est aussi une pensée politique. Le réalisme ne regarde pas le monde avec un principe préconçu auquel les choses doivent se soumettre ; c'est précisément cette stupidité docile qui engendre à la fois le pessimisme et l'optimisme. S'il semble que les choses ne vont pas bien se passer, le déclarer est du pessimisme. L'optimisme continue à prétendre que tout ira bien, même si le cours entier de l'histoire prouve le contraire. De ces deux maladies, l'optimisme est plus dangereux pour l'âme, car il est plus aveugle. Le pessimisme, qui n'est pas effrayé par l'affirmation du désagréable, est au moins capable de voir, et peut provoquer l'éclosion d'instincts sains.

Tout capitaine doit se préparer à la victoire comme à la défaite et, tactiquement, la deuxième partie de son plan est la plus importante, et aucun capitaine ne manquerait de prévoir les mesures à prendre en cas de défaite parce que quelqu'un lui a dit un jour que c'était du pessimisme. Allons plus loin. Une centaine d'Américains étaient encerclés en 1836, à Alamo, par des troupes mexicaines de plus de vingt mille hommes. Était-ce du pessimisme de leur part que de se rendre compte que leur position était sans espoir ? Mais il s'est passé quelque chose que les matérialistes - les vrais pessimistes - ne pourront jamais comprendre. Les membres de la petite garnison n'ont pas laissé la situation manifestement désespérée affecter leur conduite personnelle : chaque homme a choisi de se battre plutôt que de se rendre. Ils pensent davantage à ce qu'il reste à faire qu'à leur anéantissement final.

C'était également l'attitude des pilotes kamikazes qui, au cours de la Seconde Guerre mondiale, ont fait s'écraser leurs avions chargés d'explosifs sur des navires de guerre ennemis. Une telle attitude est non seulement complètement en dehors de tout schéma stupide d'optimisme et de pessimisme, mais elle est aussi l'essence même de l'héroïsme. La peur de la mort n'empêche pas le héros de faire ce qui doit être fait. Le vingtième siècle adopte à nouveau cette attitude héroïque et pense à son œuvre, et non à la fin ultime de la vie dans la mort. Il a encore moins peur de la mort, qu'il s'agisse de la mort individuelle ou de la réalisation de la Civilisation au sein de laquelle nous devons actualiser nos possibilités qui tentent de nier la Mort d'une manière ou d'une autre. Il veut vivre la vie, et non ramper devant la mort. L'optimisme et le pessimisme sont pour les lâches, les faibles stupides et imbéciles, incapables d'apprécier le mystère, la puissance et la beauté de la Vie. Ils reculent devant l'énergie et le renoncement, et fuient la brutalité des faits en rêvant de l'immortalité du corps et de la perpétuation indéfinie de la vision du monde du XIXe siècle.

À l'heure où j'écris - 1948 - ces lâches pessimistes règnent sur la civilisation occidentale submergée, amenée par des forces extra-européennes. Ils prétendent que tout va bien, maintenant que l'Europe est le butin des puissances extérieures, rabaissée au même niveau que l'Inde et la Chine. Mais l'esprit du XXe siècle, qu'ils détestent parce qu'il est jeune et plein de vie, les emportera un jour dans les poubelles de l'histoire, où ils sont depuis longtemps relégués. Leur attitude est de ne rien faire. Et ils ont encore l'audace de qualifier de "pessimistes" les représentants de l'esprit du 20ème siècle. Les matérialistes et les libéraux parlent de "retour en arrière" vers de meilleures conditions - toujours en arrière. Le nouvel esprit commande : en avant vers la plus grande de toutes nos époques.

Cette époque et son esprit ne reculeront pas devant la tâche de construire l'Empire de l'Occident, même si on leur dit que les forces extérieures sont trop fortes, qu'ils ne réussiront jamais. Elle préférera mourir debout plutôt que de vivre à genoux, comme les matérialistes et autres lâches qui servent actuellement les étrangers dans leur grande tâche de dépouillement et de destruction de la civilisation occidentale.

Le grand impératif éthique de cette époque est la fidélité individuelle à soi-même, tant pour la civilisation que pour ses dirigeants. Pour cet impératif, une situation défavorable ne peut jamais entraîner une adaptation de soi aux exigences de l'étranger, simplement pour vivre dans une paix d'esclave. On s'affirme, déterminé à la victoire personnelle, si faibles que soient les chances de victoire. La promesse de succès est avec l'homme qui veut mourir fièrement s'il n'est plus possible de vivre fièrement.

8. La crise de civilisation

I

Toutes les cultures ont atteint un point de leur développement où leurs possibilités de culture - au sens le plus étroit du terme - ont été satisfaites. Les orientations vitales de la religion, de la philosophie et des arts étaient pleinement exprimées et définitivement formées. La Contre-Réforme a été la période de formation définitive des potentialités religieuses formatrices de l'Occident, et à partir de ce moment-là, la religion a été sur la défensive face aux tendances profanes, qui se sont progressivement développées et se sont finalement affirmées avec l'avènement du XIXe siècle. Kant est le point culminant des possibilités occidentales en matière de philosophie inorganique, comme l'était son contemporain Goethe en matière de philosophie organique. Mozart est le plus haut sommet de la musique, l'art que la culture occidentale a choisi comme le plus parfait pour son âme.

Naturellement, la culture a toujours eu une vie intérieure et extérieure ; la politique et la guerre ont toujours existé, car elles sont inséparables de la vie de l'homme-culture. Mais dans les premiers siècles de la culture - vers 1400 - la religion a dominé toute la vie culturelle. L'architecture gothique, la sculpture gothique, la peinture sur verre et les fresques étaient des arts au service de l'expression religieuse, et ces siècles peuvent être appelés l'âge de la religion. Cette période a donné naissance à de nouvelles tendances, moins ésotériques, qui se reflètent également dans le développement plus important du commerce et de la production économique. Les nouvelles tendances sont plus urbaines ; elles s'adaptent davantage au monde extérieur, mais restent avant tout intérieures. Les arts passent sous la tutelle des "Grands Maîtres" et s'émancipent de la religion. La maturité de la culture se reflète dans le développement à cette époque de son art le plus grand et le plus raffiné. En Occident, c'est la musique ; dans la culture classique, c'est la sculpture.

La Réforme et la Contre-Réforme s'éloignent toutes deux de l'âge de la religion. La philosophie est devenue indépendante de la théologie et les sciences naturelles ont remis en question les dogmes de la foi. L'attitude fondamentale à l'égard du monde reste sacrée, mais l'avant-plan éclairé s'élargit constamment. Cette période est le baroque dans notre culture et s'étend de 1500 à 1800 ; c'est la période ionienne de la culture classique. Au cours de ces siècles, la politique reflète la phase strictement formative de la culture. La lutte pour le pouvoir politique se déroulait strictement dans les limites imposées par l'âme de la culture. Les armées étaient petites et professionnelles ; la guerre était une affaire noble ; les traités de paix étaient conclus par la négociation et le compromis ; l'honneur était présent dans chaque décision politique ou guerrière.

Le baroque tardif a donné naissance au siècle des "Lumières". La raison est devenue toute puissante et il est devenu aussi inconcevable de défier sa grandeur que de défier Dieu à l'époque gothique. Les philosophes anglais, à partir de Locke, et les encyclopédistes français qui adoptent leurs idées, sont les gardiens de l'esprit de l'époque.

En 1800, la tendance à l'extériorisation l'emporte complètement sur l'ancienne culture ésotérique et intériorisée. La "Nature" et la "Raison" sont les nouveaux dieux ; le monde extérieur est considéré comme essentiel. Après avoir examiné sa propre âme et exprimé ses possibilités de formation jusqu'à la limite dans le monde intérieur de la religion, de la philosophie et de l'art, l'homme-culture trouve maintenant son impératif dans l'asservissement du monde extérieur.

Le grand symbole de cette transition dans notre culture est Napoléon ; dans la culture classique, c'était Alexandre. Tous deux représentaient la victoire de la civilisation sur la culture.

La civilisation est, d'une part, la négation de la culture et, d'autre part, sa suite. Elle est organiquement nécessaire et toutes les cultures sont passées par ce stade. Le présent ouvrage traite, du début à la fin, des problèmes de la Civilisation en général, et de notre problème immédiat pour la période 1950-2000 en particulier. Il n'est donc pas nécessaire d'aller au-delà d'une simple présentation de la signification de la phase de Civilisation dans l'organisme.

Le triomphe de la Raison a un immense effet libérateur sur la population de la Culture. Les sentiments qui, au début, ne s'exprimaient que sous des formes strictes, que ce soit dans l'art, la guerre, la politique de cabinet ou la philosophie, se donnent maintenant libre cours, de plus en plus indépendamment des liens de la Culture....

Rousseau, par exemple, prônait la suppression de toute Culture, et la descente de l'Homme-Culture au plan purement animal de l'économie et de la reproduction. L'art se sépare de plus en plus du monde des formes strictes, de Beethoven à nos jours. L'idéal du Beau se transforme finalement en idéal du Laid. La philosophie devient une pure éthique sociale, quand ce n'est pas une métaphysique brute et grossière du matérialisme. L'économie, qui n'était que le fondement du grand édifice, devient le foyer d'une immense énergie. Elle succombe aussi à la Raison, et sur ce terrain, la Raison formule la mesure quantitative de la valeur, l'Argent.

La raison appliquée à la politique a produit la démocratie ; appliquée à la guerre, elle a engendré l'armée de masse qui a remplacé les professionnels, et la dictée au lieu du traité. L'autorité et la dignité de l'État absolu sont ressenties comme une tyrannie par les nouvelles tendances vitales et, dans les grandes batailles, les forces de l'argent, de l'économie et de la démocratie l'emportent sur l'État. Sa direction publique et responsable est remplacée par le pouvoir privé et irresponsable de groupes, de classes et d'individus anonymes, dont les intérêts sont servis par les parlements.

La psychologie des monarques est remplacée par la psychologie des masses et des foules, nouvelle base du pouvoir de l'homme ambitieux.

La production, la technologie, le commerce, la puissance publique et, surtout, la densité de population augmentent de façon fantastique. Ces chiffres sont le résultat de l'énorme tâche finale de la Culture, à savoir l'assujettissement du monde connu à son propre domaine. Il s'agit d'un espace où il y avait 80 millions d'habitants et où il y en a aujourd'hui 260 millions.

Le grand dénominateur commun des idées de la Civilisation est la mobilisation. Les masses de la Culture et les masses conquérantes, la terre elle-même et le pouvoir des idéaux intellectuels : tous sont mobilisés.

II

Du point de vue de la vie entière de l'organisme, cette époque est une crise, car l'idée même de la culture est attaquée, et les gardiens de cette culture doivent mener une bataille de plus de deux siècles contre des attaques internes, dans une guerre de classe. Dans la partie inférieure de la culture, dans l'esprit des intellectuels, l'idée s'éveille que cette culture est une chose à sacrifier, que l'homme un animal qui a été corrompu par le développement de son âme. Des philosophies apparaissent qui nient l'existence de tout sauf de la matière ; la vie est définie comme un processus physico-chimique ; ses besoins jumeaux sont économiques et reproductifs ; tout ce qui dépasse ce niveau est un péché. La doctrine, selon laquelle la vie n'est rien d'autre que de l'économie, émane des leaders de l'économie et de la lutte des classes. La doctrine selon laquelle la vie n'est rien d'autre que la reproduction émane de "psychologues" partiaux.

Mais la force d'un organisme, même en crise, est trop grande pour que quelques intellectuels et leurs masses puissent le détruire, et il continue son chemin. La civilisation occidentale, la tendance expansionniste a atteint un point, autour de l'année 1900, où 18/20 parties de la surface du globe étaient politiquement contrôlées à partir des capitales occidentales. Cela a encore aggravé la crise, car cette volonté de puissance de l'Occident a progressivement réveillé les masses endormies du monde extérieur, qui ne s'étaient jamais engagées dans une politique active.

Avant que la guerre de classe interne ne soit terminée, la guerre raciale externe a commencé. Guerres d'anéantissement et guerres mondiales, tensions internes permanentes sous forme de guerres de classes incessantes, ne voyant dans les guerres extérieures qu'un moyen d'exagérer leurs exigences, révolte des masses de couleur contre la civilisation occidentale : telles sont les formes prises par cette terrible crise du vingtième siècle.

Nous sommes au sommet de cette longue crise, dans la période 1950-2000, et c'est peut-être au cours de ces années que la question de savoir si l'Occident doit réaliser sa dernière phase vitale sera tranchée pour toujours. La fière civilisation qui, en 1900, possédait 18/20 parties de la surface du globe, a atteint en 1945, après la suicidaire Seconde Guerre mondiale, un point où elle ne contrôlait plus aucun territoire dans le monde entier. Le pouvoir mondial pour toutes les questions importantes était décidé dans deux capitales étrangères, Washington et Moscou. Les questions secondaires d'administration provinciale étaient laissées aux anciennes nations - aujourd'hui colonies - de l'Occident, mais pour les questions de pouvoir, les régimes basés en Russie et en Amérique décidaient de tout. Là où le contrôle formel est laissé à l'Europe, comme en Palestine, le contrôle réel est conservé par Washington. Les rations alimentaires, la politique syndicale, les dirigeants et les tâches des anciennes nations occidentales ont été décidés en dehors de l'Europe.

En 1900, le système étatique européen a réagi à l'unisson lorsque la volonté négative de l'Asie a pensé, par le biais de la révolte des Boxers, à chasser l'impérialisme occidental de Chine. Les armées des principaux États occidentaux sont intervenues et ont écrasé la révolte. Moins d'un siècle plus tard, des armées extra-européennes, composées de Noirs, de Mongols, de Turcs, de Kirghizes, d'Américains, d'Arméniens, de coloniaux et d'Asiatiques de toutes zones, se trouvaient sur le site et circulaient librement en Europe. Comment cela a-t-il pu se produire ?

Évidemment, à cause de la division interne de l'Occident. Cette division n'était pas matérielle - le matériel ne peut pas diviser les hommes si leurs esprits sont d'accord - non, c'était une division spirituelle qui a jeté l'Europe dans la poussière. La moitié de l'Europe avait une attitude à l'égard de la vie, une évaluation de la vie entièrement différente de l'autre moitié. Les deux attitudes représentaient respectivement la perspective du dix-neuvième siècle et celle du vingtième siècle. La division persiste, et la nourriture que mange un homme de la civilisation occidentale dépend de la décision de quelqu'un à Moscou ou à Washington. Lorsque la division spirituelle de l'Europe prendra fin, les puissances extra-européennes seront incapables de contrôler les peuples européens au caractère bien trempé.

Le premier pas à faire dans le domaine de l'action est donc la liquidation de la division spirituelle de l'Europe. Il n'y a qu'une seule base sur laquelle cela peut se faire ; il n'y a qu'un seul Avenir, l'Avenir organique. Les seuls changements qui peuvent être apportés à une Culture sont ceux qui sont rendus nécessaires par son époque vitale. La perspective du vingtième siècle est synonyme de l'avenir de l'Occident ; la perpétuation de la perspective du dix-neuvième siècle signifie la continuation de la domination de l'Occident par les déformateurs de la Culture et les barbares. L'objet du présent ouvrage consiste à présenter les fondements de la perspective du XXe siècle qui sont nécessaires comme cadre de discernement et d'action profonde. Il y a d'abord l'Idée ; non pas un idéal que l'on peut résumer par un mot d'ordre, ou que l'on peut expliquer à un étranger, mais un sentiment vivant, palpitant, non exprimable par des mots, qui existe déjà chez tous les Occidentaux, articulé chez le plus petit nombre, intuitif chez le plus grand nombre. Cette Idée, dans sa grandeur sans mots, dans son impératif irrésistible, doit être ressentie, et donc seuls les Occidentaux peuvent l'assimiler. L'étranger ne pourra jamais la comprendre, tout comme il a toujours été incapable de comprendre les créations et les codes occidentaux. Lors de son défilé de victoire à Moscou en 1945, le barbare a fait défiler ses prisonniers occidentaux asservis devant la foule hurlante, les obligeant à traîner derrière eux leurs drapeaux nationaux dans la poussière. Si un Occidental croit que le barbare fait des distinctions aimables et subtiles entre les anciennes nations de l'Occident, il montre qu'il est incapable de comprendre les sentiments des peuples extérieurs à une grande culture, à l'égard de cette culture. Demain, les esclaves captifs offerts aux instincts d'anéantissement de la population moscovite pourront être extraits de Paris, de Londres ou de Madrid, comme ils l'ont été jadis de Berlin. La poursuite de la division spirituelle de l'Occident rend cela non seulement possible mais absolument inévitable. Mais des forces extérieures travaillent à la poursuite de la division de l'Occident ; de plus, elles sont aidées par les éléments les moins dignes d'intérêt en Europe, et c'est pourquoi je m'adresse aux seuls qui comptent : les Occidentaux qui peuvent sentir l'Impératif du Futur à l'œuvre en eux. Il est nécessaire que leur vision du monde soit fondamentalement la même, et nous savons, à cette époque historique, que la spiritualité prédominante d'une époque est fonction de son âme, ce qui laisse relativement peu de latitude dans sa nécessaire formulation. C'est pourquoi le présent ouvrage ne contient pas d'arguments, mais des commandements de l'Esprit du temps. Ces pensées et ces valeurs nous sont nécessaires. Elles ne sont pas personnelles, mais extra-personnelles et impératives pour les hommes qui veulent faire quelque chose de leur vie.

Notre mission est dictée par le fait que le sol de notre civilisation est occupé par l'étranger. Notre impératif intérieur et notre vision de la vie sont déterminés pour nous par l'époque. Une partie de la perspective de toute époque consiste simplement en la négation de la perspective de l'époque précédente. Chaque époque doit affirmer son esprit nouveau contre son prédécesseur, qui continuerait, même au stade de la rigidité cadavérique, à dominer la scène spirituelle de la culture. En s'établissant, le nouvel esprit doit nier l'ancien esprit hostile. En substance, notre perspective du vingtième siècle est donc la négation du matérialisme du dix-neuvième siècle.

Après avoir détruit cette vieille routine, il construit sur elle sa propre vision du monde et de la vie.

Comme nous écrivons pour ceux dont la vision du monde pénètre les fondements mêmes, l'aspect préliminaire et l'aspect négatif doivent être tout aussi profonds. La vision du monde de millions de personnes est la tâche du journalisme, mais ceux qui pensent de manière indépendante ressentent le besoin intérieur d'une image globale et complète. Les fondements de l'ancienne perspective étaient le rationalisme et le matérialisme. Tous deux seront examinés en détail dans cet ouvrage, mais nous nous proposons de n'aborder ici que trois systèmes de pensée, le darwinisme, le marxisme et le freudisme, produits de la pensée matérialiste, qui ont tous été des foyers de grandes énergies spirituelles au dix-neuvième siècle et qui, continuant à être en vogue au début du vingtième siècle, ont contribué de façon notable à amener l'Europe dans le chaos actuel.

9. Le darwinisme

I

La métaphysique des nations est l'une des découvertes les plus fructueuses du XXe siècle. Lorsque l'énigme de l'histoire a été déchiffrée, il est apparu clairement que les nations sont des manifestations différentes de l'âme des grandes cultures. Elles n'existent que dans les cultures, ont leur sphère vitale à des fins politiques et possèdent - par rapport aux autres nations de la culture - leur individualité. Chaque grande nation naît avec une Idée, une mission vitale, et l'histoire de la nation est l'actualisation de cette Idée. Cette Idée, nous le répétons, doit être ressentie et ne peut être définie directement. Chaque Idée, pour l'actualisation de laquelle une nation donnée a été choisie par la Culture, est aussi une étape dans le développement de la Culture. Ainsi, l'histoire occidentale présente, au cours des derniers siècles, une période espagnole, une période française, une période anglaise. Elles correspondent au baroque, au rococo et au début de la civilisation. Ces nations ont dû leur suprématie spirituelle et politique durant ces années uniquement au fait qu'elles étaient les gardiennes de l'Esprit du Temps. Avec la disparition de l'époque, ces gardiens de l'Esprit de l'époque ont perdu leur position spirituelle dominante dans la Culture.

Le début de la civilisation a été la période anglaise de l'Occident, et toute la pensée et l'activité de l'ensemble de la civilisation ont été calquées sur le modèle anglais. Toutes les nations se sont engagées dans un impérialisme économique à l'anglaise. Tous les penseurs sont devenus anglais, intellectuellement. Les systèmes de pensée anglais dominaient l'Occident, des systèmes qui reflétaient l'âme anglaise, les conditions de vie anglaises et les conditions matérielles anglaises. Au premier rang de ces systèmes figure le darwinisme, qui est devenu populaire et donc politiquement efficace. Darwin lui-même était un disciple de Malthus, et son système repose sur le malthusianisme. Malthus enseignait que l'augmentation de la population tend à dépasser l'augmentation de l'offre alimentaire, que cela représente un danger économique et que le contrôle de cette augmentation de la population est la seule chose qui puisse empêcher la destruction d'une nation, et que même les guerres, les conditions de vie insalubres et la pauvreté sont utiles à cette fin. Le malthusianisme considère expressément que la prise en charge des pauvres, des personnes âgées et des orphelins est une erreur.

Un mot sur cette curieuse philosophie : tout d'abord, elle n'a aucune correspondance avec les faits et n'est donc pas valable pour le vingtième siècle. Sur le plan statistique, elle n'a aucun fondement ; sur le plan spirituel, elle témoigne d'une incompréhension totale du facteur premier du Destin, de l'Homme et de l'Histoire, à savoir que l'âme est primordiale et que la matière est gouvernée par les conditions de l'âme. Chaque homme est le poète de sa propre histoire et chaque nation de la sienne. L'augmentation de la population est l'indice de la présence d'une tâche vitale ; le déclin de la population conduit à l'insignifiance. Cette philosophie légitimerait l'existence d'un homme selon qu'il est né ou non dans une région propice à l'alimentation (!). Ses dons, sa mission dans la vie, son destin, son âme, ne sont pas pris en considération. C'est un exemple de la grande tendance philosophique du matérialisme : l'animalisation de l'Homme-Culture.

Le malthusianisme enseignait que l'obtention de nourriture pour les masses imposait une lutte continue pour l'existence entre les hommes. Cette "lutte pour l'existence" allait devenir une idée obsessionnelle du darwinisme. D'autres idées capitales du darwinisme se trouvent chez Schopenhauer, Erasmus Darwin, Henry

Bates et Herbert Spencer. Schopenhauer, en 1835, a proposé une image de la nature qui contenait la lutte pour l'autoconservation, l'intellect humain comme une arme dans la lutte, et l'amour sexuel comme une sélection inconsciente en fonction de l'intérêt de l'espèce. Au XVIIIe siècle, Erasmus Darwin avait postulé que l'adaptation, l'hérédité, la lutte et l'autoprotection étaient les principes de l'évolution. Avant Darwin, Bates avait formulé la théorie du mimétisme, Spencer la théorie de l'hérédité et la puissante affirmation tautologique de la "survie du plus apte" pour décrire les résultats de la "lutte".

Il ne s'agit là que de l'avant-plan, car en réalité le chemin à rebours de Darwin à Calvin est évident : le calvinisme est une interprétation religieuse de l'idée de la "survie du plus apte", et appelle les aptes les "élus". Le darwinisme transforme ce processus électif en un processus mécanique profane, à l'adresse, au lieu d'un processus théologique religieux : la sélection par la nature, au lieu du choix par Dieu. Ce processus est purement anglais, car la religion nationale de l'Angleterre était une adaptation du calvinisme.

L'idée de base des darwinistes - l'évolution - est aussi peu originale que les autres théories particulières du système. L'évolution est la grande idée centrale de la philosophie du 19ème siècle. Elle domine tous les grands penseurs et tous les systèmes : Schopenhauer, Proudhon, Marx, Wagner, Nietzsche, Mill, Ibsen, Shaw. Ces penseurs diffèrent dans leurs explications du but et de la technique de l'évolution ; aucun d'entre eux ne remet en question l'idée centrale elle-même. Pour certains d'entre eux, elle est organique, pour d'autres purement mécanique.

Le système de Darwin comporte deux aspects, dont un seul est traité ici, car un seul était politiquement efficace. Il s'agit du darwinisme en tant que philosophie populaire. En tant que disposition scientifique, il avait des qualités considérables et personne n'y a prêté attention lorsqu'il est devenu une vision journalistique du monde. De ce point de vue, il a atteint une grande popularité et s'est imposé comme un élément de l'image du monde de l'époque.

Le système montre qu'il est un produit de l'ère de la critique dans ses hypothèses téléologiques. L'évolution a un but ; ce but est de produire l'homme, l'homme civilisé, l'homme anglais et, en fin de compte, l'homme darwinien. Elle est anthropomorphique ; le "but de l'évolution" n'est pas de produire des bacilles, mais l'humanité. C'est un capitalisme de libre-échange, dans le sens où la lutte est économique, chacun pour soi et la concurrence décide des meilleures formes de vie. Elle est graduelle et parlementaire, parce que le "progrès" continu et l'adaptation excluent les révolutions et les catastrophes. Elle est utilitaire, car chaque changement dans une espèce donnée a son utilité matérielle. L'âme humaine elle-même - appelée "cerveau" au XIXe siècle - n'est rien d'autre que l'outil par lequel un certain type de singe s'est perfectionné pour devenir homme, surpassant les autres singes. Téléologie encore : l'homme est devenu homme pour devenir homme. C'est ordonné, la sélection naturelle se déroule selon les règles de l'élevage artificiel pratiqué dans les fermes anglaises.

II

En tant que vision du monde, le darwinisme ne peut évidemment pas être réfuté, car la foi est, a toujours été et sera toujours plus forte que les faits. Il n'est pas non plus important de le réfuter en tant qu'image du monde, car il n'a plus d'influence que sur les penseurs d'avant-hier. En revanche, en tant qu'image des faits, elle est grotesque, depuis ses premières hypothèses jusqu'à ses dernières conclusions.

Tout d'abord, cette "lutte pour l'existence" n'existe pas dans la nature ; cette vieille idée malthusienne n'a fait que projeter le capitalisme sur le monde animal. De telles luttes pour l'existence, lorsqu'elles ont lieu, sont une exception ; la règle de la nature est l'abondance. Les herbivores mangent beaucoup de plantes et les carnivores mangent beaucoup d'herbivores. Chez ces derniers, il est très rare que de tels "combats" aient lieu, car seul le carnivore est spirituellement équipé pour la guerre. Un lion qui mange un zèbre au petit déjeuner n'évoque pas un "combat" entre deux espèces, sauf si l'on veut bien le voir ainsi. Et même dans ce cas, il faut admettre qu'il n'est pas physiquement, mécaniquement, nécessaire pour les carnivores de tuer d'autres animaux. Ils pourraient aussi manger des plantes, mais c'est une exigence de leur âme animale de vivre comme ils vivent, et donc, même si nous devions appeler leurs vies des luttes, elles ne seraient pas imposées par la "Nature", mais par l'âme. Il ne s'agit donc pas d'une "lutte pour l'existence", mais d'un besoin spirituel, d'un besoin d'être soi-même, de maintenir sa propre identité.

La mentalité capitaliste, engagée dans une compétition pour s'enrichir, a naturellement dépeint le monde animal comme engagé dans une compétition économique intense. Le malthusianisme et le darwinisme sont tous deux des conceptions capitalistes, car ils placent l'économie au centre de la vie et la considèrent comme le sens de la vie.

La sélection naturelle est le nom donné au processus par lequel les "inaptes" périssent pour laisser la place aux "aptes". L'adaptation est le nom donné au processus par lequel une espèce se modifie progressivement pour devenir plus apte à combattre. L'hérédité est le moyen par lequel ces adaptations sont apportées à l'espèce.

En tant qu'image factuelle, elle est plus facile à réfuter, et les penseurs biologiques factuels, tant mécanistes que vitalistes, tels que Louis Agassiz, Du Bois-Reymond, Reinke et Driesch, l'ont rejetée dès le départ. La réfutation la plus simple est la paléontologie. Les gisements fossiles - trouvés en divers endroits de la Terre - devraient généralement représenter les possibilités. Pourtant, ils ne nous montrent que des formes d'espèces stables ; ils ne nous montrent pas de types transitoires qui montrent qu'une espèce "évolue" vers quelque chose d'autre. Puis, dans une nouvelle pile de fossiles, une nouvelle espèce apparaît, dans sa forme définitive, qui reste stable. Les espèces que nous connaissons aujourd'hui sont toutes stables depuis quelques siècles, et nous n'avons pas encore observé le cas d'une espèce qui "s'adapte" pour modifier son anatomie ou sa physiologie, dont l'"adaptation" se traduit ensuite par une plus grande "aptitude" à la "lutte pour l'existence", transmise ensuite par hérédité, avec pour résultat une nouvelle espèce.

Les darwinistes ne peuvent pas surmonter ces faits au motif qu'ils se sont déroulés sur de longues périodes, car la paléontologie n'a jamais découvert de types intermédiaires, mais seulement des espèces distinctes. Les animaux primitifs dont les espèces se sont éteintes ne sont pas non plus plus simples que les animaux actuels, alors que l'évolution était censée aller de formes de vie simples à des formes de vie plus complètes. Il s'agissait d'un anthropomorphisme grossier : l'homme est complexe, les autres animaux sont simples, ils doivent donc tendre vers lui, puisqu'il est biologiquement "plus élevé".

Qualifier l'homme-culture d'animal "élevé" ou évolué, c'est encore le qualifier d'animal. L'homme-culture est un monde différent, spirituellement parlant, des autres animaux, et ne peut être compris en y faisant allusion dans un schéma matérialiste artificiel.

Si cette image des faits était correcte, les espèces devraient être fluides aujourd'hui. Elles devraient muter de l'une à l'autre. Mais ce n'est évidemment pas le cas. En fait, il ne devrait pas y avoir d'espèces, mais une masse d'individus, engagés dans une course pour atteindre... l'homme. Mais la "lutte", répétons-le, n'est pas convaincante. Les formes "inférieures", plus simples, - moins adaptées ? - n'ont pas péri, n'ont pas succombé au principe de l'évolution darwinienne, elles continuent sous la même forme qu'elles ont eue, comme diraient les darwinistes, pendant des millions d'années. Pourquoi n'ont-elles pas "évolué" vers quelque chose de "supérieur" ?

L'analogie darwinienne entre la sélection artificielle et la sélection naturelle est également en contradiction avec les faits. Les produits de la sélection artificielle tels que les coqs, les chiens de course, les chats d'ornement, les chevaux de course et les canaris chanteurs seraient certainement désavantagés par rapport aux variétés naturelles. La sélection artificielle n'a donc pu produire que des formes de vie moins adaptées.

La sélection sexuelle darwinienne n'est pas non plus en accord avec les faits. La femelle ne choisit pas toujours l'individu le meilleur et le plus fort comme partenaire, ni dans l'espèce humaine, ni dans aucune autre.

L'aspect utilitaire de l'image est également totalement subjectif - anglais, capitaliste, parlementaire - car l'utilité d'un organe dépend de l'usage auquel il est destiné. Une espèce sans mains n'a pas besoin de mains. Une main à évolution lente serait un véritable handicap pendant les "millions d'années" nécessaires à son perfectionnement. D'ailleurs, comment ce processus a-t-il commencé ? Pour qu'un organe soit utile, il doit être prêt ; pendant qu'il est préparé, il est inutile, mais s'il est inutile, il n'est pas darwinien, car le darwinisme dit que l'évolution est utilitaire.

En fait, toutes les techniques de l'évolution darwinienne sont simplement tautologiques. Ainsi, au sein d'une espèce, ce sont les individus qui ont une prédisposition à s'adapter qui s'adaptent. L'adaptation présuppose l'adaptation.

Le processus de sélection concerne les spécimens qui possèdent des aptitudes définies qui les rendent dignes d'être sélectionnés, en d'autres termes, ils ont déjà été sélectionnés. La sélection présuppose la sélection.

Le problème de l'hérédité dans l'image darwinienne est traité comme la découverte de l'interdépendance des espèces. Après avoir supposé leur interdépendance, il constate qu'elles sont interdépendantes et démontre ainsi cette interdépendance. L'hérédité présuppose l'hérédité.

L'utilité d'un organe est une façon de dire qu'il fonctionne pour ces espèces. L'utilité suppose donc l'existence de l'espèce qui possède l'organe, mais sans cet organe. Or, les faits ne nous ont jamais montré le cas d'une espèce acquérant un nouvel organe qui lui semblait nécessaire. Une forme vitale a besoin d'un certain organe, parce qu'elle en a besoin. L'organe est utile parce qu'il est utile.

La doctrine naïve et tautologique de l'utilité ne s'est jamais posée la question de l'utilité pour quoi ? L'utilité n'est pas une chose simple, elle est relative à ce qui existe. Ainsi, ce sont les exigences internes d'une forme de vie qui déterminent ce qu'elle aimerait avoir, ce qui lui serait utile. L'âme du lion et sa puissance vont de pair. La main de l'homme et son cerveau vont également de pair. Personne ne peut dire que la force du lion est la cause de son mode de vie, ni que la main de l'homme est responsable de ses réalisations techniques. Dans les deux cas, c'est l'âme qui est l'élément principal.

La primauté du spirituel renverse le matérialisme darwinien dans la doctrine de l'utilité. Un manque peut être utile : l'absence d'un sens développe les autres ; la faiblesse physique développe l'intelligence. Chez l'homme comme chez l'animal, l'absence d'un organe stimule les autres à développer une activité compensatoire ; ceci est souvent observé en endocrinologie notamment.

III

Le comique total du darwinisme et, en général, du matérialisme de tout le dix-neuvième siècle, est le produit d'une idée fondamentale ; une idée qui n'est pas factuelle en ce siècle, même si elle était un fait primordial il y a un siècle. Cette idée était que la vie est façonnée par l'extérieur. Cette idée a donné naissance à la sociologie de "l'environnement" en tant que déterminant de l'âme humaine. Plus tard, elle a engendré la doctrine de l'"hérédité" en tant que facteur tout aussi déterminant. Pourtant, dans un sens purement factuel, qu'est-ce que la vie ? La vie est l'actualisation du possible. Le possible devient réel au milieu des faits extérieurs, qui n'affectent que le chemin précis par lequel le possible devient réel, mais ne peuvent pas affecter la force intérieure qui s'exprime à travers les faits extérieurs et, si nécessaire, en opposition à ceux-ci.

Ni l'"hérédité" ni l'"environnement" ne déterminent ces possibilités intérieures. Ils n'affectent que le cadre dans lequel s'exprimera quelque chose d'entièrement nouveau, un individu, une âme singulière.

Le mot évolution décrit au 20ème siècle le processus de maturation et de réalisation d'un organisme ou d'une espèce. Ce processus n'est pas du tout la procédure de "causes" mécaniquement utiles sur des matériaux informes, plastiques, protoplasmiques, avec des résultats purement accidentels. Ses travaux sur les plantes ont conduit De Vries à développer sa théorie de la mutation de l'origine des espèces, et les faits de la paléontologie la renforcent au point de montrer l'apparition soudaine de nouvelles espèces. Le 20ème siècle trouve tout à fait inutile de formuler une mythologie, qu'il s'agisse de cosmogonie ou de biologie. Les origines seront toujours cachées à nos yeux, et un point de vue historique s'intéresse au développement du processus, et non à son mystérieux commencement. Ce début, tel qu'il est présenté par la mythologie scientifique et par la mythologie religieuse, n'a d'intérêt historique que pour notre époque. Ce que nous constatons, c'est qu'autrefois, ces images du monde étaient réelles et vivantes.

Quelle est l'histoire réelle de la vie telle que la conçoit notre époque ? Il existe différentes espèces vitales, classées en fonction de leur contenu spirituel croissant, des plantes aux animaux, en passant par l'homme, l'Homme-Culture et les Grandes Cultures. Certaines espèces, comme le montrent les fossiles, existaient déjà dans les premières périodes de la Terre sous leur forme actuelle, tandis que d'autres espèces sont apparues et ont disparu.

Une espèce apparaît soudainement, aussi bien dans les découvertes archéologiques que dans les laboratoires expérimentaux. La mutation est une description légitime du processus, si cette idée est libérée de toute cause d'utilité mécanique, car de telles idées ne sont que des imaginations, alors que les mutations sont un fait. Chaque espèce a également un destin et une énergie vitale donnée, pour ainsi dire. Certaines sont stables et fermes ; d'autres ont été faibles, ont eu tendance à se diviser en variétés très différentes et ont perdu leur unité. Elles ont aussi une portée vitale, car beaucoup ont disparu. Tout ce processus n'est pas totalement indépendant des âges géologiques, ni des phénomènes astraux. Certaines espèces survivent cependant d'une époque terrestre à l'autre, de même que certains penseurs du XIXe siècle, ou plus exactement leurs idées, ont survécu jusqu'au XXe siècle.

Les darwinistes ont également proposé une explication de la métaphysique de leur évolution. Roux, par exemple, soutient que "ceux qui sont adaptés à l'objet" survivent, tandis que "ceux qui ne sont pas adaptés" à l'objet meurent. Le processus est cependant purement mécanique, et il s'agit donc d'une question d'aptitude à un objet sans objet. Nägeli enseignait qu'un organisme se perfectionne parce qu'il contient en lui-même le "principe de perfection", tout comme le médecin de Molière expliquait que la potion soporifique l'était en raison d'une qualité soporifique inhérente à elle-même. Weismann a nié l'héritage des caractéristiques acquises, mais au lieu d'utiliser cette négation pour réfuter le darwinisme, comme il le fait manifestement - si chaque individu doit recommencer, comment l'espèce peut-elle "évoluer" ?- il prétend soutenir l'image darwinienne en disant que le plasma des embryons contient des tendances latentes vers des qualités utiles. Mais ce n'est plus du darwinisme, car l'espèce n'évolue pas si elle fait simplement ce qu'elle doit faire.

Ces explications tautologiques n'ont convaincu que les personnes qui croyaient déjà. L'époque était évolutionniste et matérialiste. Le darwinisme a combiné ces deux qualités en une doctrine biologico-religieuse qui répondait à l'impératif capitaliste de l'époque. Toute expérience, tout fait nouveau prouvait la véracité du darwinisme ; il n'aurait pas été autorisé autrement.

Le vingtième siècle ne considère pas la vie comme un accident, un terrain de jeu pour des causes extérieures. Il observe que les formes vitales naissent soudainement et que le développement ou l'évolution qui s'ensuit n'est que l'actualisation de ce qui est déjà possible. La vie est l'épanouissement d'une âme, d'une individualité. Toute explication que l'on donne sur la manière dont la vie a commencé ne sert qu'à révéler la structure de sa âme. Une explication matérialiste révèle un matérialiste. De même, l'attribution d'un "but" à la vie dans son ensemble transcende la connaissance et entre dans le domaine de la foi. La vie dans son ensemble, chaque grande forme vitale, chaque espèce, chaque variété, chaque individu, a, malgré tout, un Destin, une direction intérieure, un impératif "sans paroles". Ce Destin est le fait principal de l'Histoire. L'histoire est la relation des destins réalisés ou contrariés.

Toute tentative de transformer l'homme en animal et les animaux en automates n'est que du matérialisme et, en tant que tel, un produit d'un certain type d'âme, d'une certaine époque. Le vingtième siècle n'est pas une telle époque et considère la réalité intérieure de l'âme humaine comme le déterminant de l'histoire humaine, et la réalité intérieure de l'âme de la grande culture comme le déterminant de l'histoire de cette culture. L'âme exploite les circonstances extérieures ; ce ne sont pas elles qui la forment.

N'étant pas capitaliste, le vingtième siècle n'envisage pas non plus de lutte pour l'existence dans le monde, ni entre les hommes, ni entre les animaux. Il envisage une lutte pour le pouvoir, une lutte qui n'a rien à voir avec des raisons économiques bon marché. C'est une lutte pour la domination du monde que les 20e et 21e siècles voient. Ce n'est pas qu'il n'y ait pas assez de nourriture pour les populations humaines du monde ; il y a de la nourriture en abondance. La question est celle du pouvoir et, pour trancher cette question, la nourriture, les vies humaines, le matériel et tout ce qui est à la disposition des participants entreront en jeu en tant qu'armes et non en tant que prix. La question ne sera jamais tranchée au sens où un procès peut l'être. Les lecteurs de l'année 2050 souriront lorsqu'ils liront que, pendant un certain temps, la croyance que la Première Guerre mondiale était la "dernière guerre" était largement répandue dans la civilisation occidentale. De même, la Seconde Guerre mondiale était considérée comme la "dernière", alors que tout le monde se préparait activement à la Troisième. Il s'agissait d'un idéalisme pacifiste, fondé sur des vœux pieux plus que sur des faits.

Le darwinisme était l'animalisation de l'homme-culture par la biologie ; l'âme humaine était considérée comme une simple technique supérieure de lutte contre les autres animaux. Nous en arrivons maintenant au marxisme, l'animalisation de l'homme par l'économie, l'âme humaine n'étant qu'un simple reflet de la nourriture, des vêtements et du logement.

10. Le marxisme

I

Bien que l'Angleterre ait été la nation qui a actualisé les idées de la première phase de la civilisation occidentale - la période 1750-1950 - c'est-à-dire le rationalisme, le matérialisme, le capitalisme, ces idées auraient été actualisées autrement, même si l'Angleterre avait été détruite par une catastrophe extérieure. Pour l'Angleterre, cependant, ces idées étaient instinctives. C'étaient des idées sans mots, au-delà des définitions, évidentes. Pour les autres nations d'Europe, c'étaient des choses auxquelles il fallait s'adapter.

Le capitalisme n'est pas un système économique, mais une vision du monde, ou plutôt une partie d'une vision du monde complète. C'est une façon de penser, de sentir et de vivre, et pas seulement une technique de planification économique que tout le monde peut comprendre. Elle est avant tout éthique et sociale, et seulement en second lieu économique. L'économie d'une nation est le reflet de l'âme nationale, tout comme la façon dont un homme gagne sa vie est une expression subordonnée de sa personnalité. Le capitalisme est une expression de l'individualisme comme principe de vie, l'idée du chacun pour soi. Il faut comprendre que ce sentiment n'est pas universel-humain, mais seulement un certain stade d'une certaine Culture ; un stade qui a essentiellement péri avec la Première Guerre mondiale, 1914-1919.

Le socialisme est également un principe socio-éthique, et non un programme économique. Il est l'antithèse de l'individualisme qui a produit le capitalisme. Son idée évidente et instinctive est : chaque homme pour tous.

Pour l'individualisme en tant que principe vital, il est évident que chaque homme, en cherchant son propre intérêt, travaille pour le bien de tous. Pour le socialisme comme principe vital, il est tout aussi évident que l'homme qui ne cherche que son propre intérêt travaille ipso facto contre le bien de tous.

Le XIXe siècle a été l'ère de l'individualisme ; les XXe et XXIe siècles sont l'ère du socialisme. Celui qui croit qu'il s'agit d'un conflit idéologique n'a rien compris. L'idéologie elle-même signifie : rationalisation du monde en action. C'était la préoccupation de la première phase de la civilisation occidentale, 1750-1900, mais elle n'intéresse plus sérieusement les hommes ambitieux. Les programmes ne sont que des idéaux, ils sont inorganiques, rationalisés, tout le monde peut les comprendre. Mais nous sommes à l'ère de la lutte pour le pouvoir. Chaque participant veut le pouvoir de s'actualiser, d'actualiser son idée intérieure, son âme. 1900 ne pouvait pas comprendre ce que Goethe voulait dire lorsqu'il écrivait : "Dans la vie, c'est la vie elle-même qui compte, et non un résultat de la vie". Le temps est révolu où les hommes mouraient pour un programme abstrait visant à "améliorer" le monde. Mais les hommes voudront toujours mourir pour être eux-mêmes. C'est la différence entre un idéal et une idée.

Le marxisme est un idéal. Il ne tient pas compte des idées vivantes, mais voit le monde comme quelque chose qui peut être planifié sur papier et ensuite mis en œuvre. Marx n'a pas compris le socialisme ou le capitalisme comme des visions éthiques du monde. Sa compréhension des deux était purement économique, et c'est pourquoi il les a mal compris.

L'explication du sens de l'histoire par le marxisme était ridiculement simple, et c'est dans cette simplicité que résident son attrait et sa force. Toute l'histoire du monde n'a été que l'enregistrement de la lutte des classes. La religion, la philosophie, la science, la technologie, la musique, la peinture, la poésie, la noblesse, le clergé, L'empereur, les États pontificaux, la guerre et la politique n'ont été que des reflets de l'économie. Non pas l'économie en général, mais la "lutte" des "classes". Le plus frappant dans ce tableau idéologique, c'est qu'il a été présenté sérieusement, et il est également curieux qu'il ait été pris au sérieux.

Le vingtième siècle n'a pas jugé nécessaire de contredire cette image historique en tant que vision du monde. Elle a été supplantée et rejointe par Rousseau. Les fondements du marxisme doivent cependant être mis à nu, car l'ensemble de la tendance qui l'a produit est du type que cette époque est obligée de rejeter comme prémisse de sa propre existence.

Étranger à la philosophie occidentale, Marx n'a pas pu assimiler le premier philosophe de son temps, Hegel, et a emprunté la méthode de ce dernier pour formuler sa propre image. Il a appliqué cette méthode au capitalisme en tant que forme économique, afin de décrire une image de l'avenir selon ses propres sentiments et instincts. Ces instincts étaient négatifs à l'égard de l'ensemble de la civilisation occidentale. Il appartenait aux combattants de classe, qui apparaissent à l'étape correspondante de chaque culture, en guise de protestation contre elle. La force motrice de la lutte des classes est le désir d'anéantir une culture.

Les fondements éthiques et sociaux du marxisme sont capitalistes. Il s'agit, une fois de plus, de la vieille "lutte" malthusienne.

Alors que pour Hegel, l'État était une Idée, un organisme dont les parties étaient en harmonie, pour Malthus et Marx, il n'y avait pas d'État, mais seulement une masse d'individus, de groupes et de classes préoccupés par leur propre intérêt. En termes capitalistes, tout est économie. L'intérêt personnel est synonyme d'économie. Marx n'était pas en désaccord, sur ce plan, avec les théoriciens du capitalisme opposés à la lutte des classes, Mill, Ricardo, Paley, Spencer, Smith. Pour eux tous, la vie était économie et non culture. Pour eux aussi, c'était la guerre du groupe contre le groupe, de la classe contre la classe, de l'individu contre l'individu, qu'ils l'aient avoué expressément ou non. Ils croyaient tous au libre-échange et ne voulaient pas d'une "ingérence de l'État" dans les affaires économiques. Aucun d'entre eux ne considérait la société ou l'État comme un organisme. Les penseurs capitalistes ne voyaient aucun crime dans la destruction de groupes et d'individus par d'autres groupes et individus, tant que cela n'enfreignait pas le code pénal. En bref, ils pensaient que le bien commun était servi en agissant de la sorte. Le marxisme est également capitaliste en cela. Son éthique a superposé la loi mosaïque de la vengeance et l'idée que le concurrent est moralement mauvais et économiquement nuisible.

Le concurrent de la "classe ouvrière" étant la "bourgeoisie", et la "victoire de la classe ouvrière" étant le seul but de toute l'histoire du monde, le marxisme, étant une philosophie du "Progrès", s'alignait naturellement sur le "bon" ouvrier contre le "mauvais" bourgeois. Le besoin de penser les choses comme s'améliorant continuellement - un phénomène spirituel qui accompagne tous les matérialismes - était aussi indispensable au marxisme qu'au darwinisme et, en général, à tout le philistinisme du 19ème siècle.

Fourier, Cabet, Saint-Simon, Comte, Proudhon, Owen, tous ont modelé des utopies comme le marxisme, mais ils ont oublié de les rendre inévitables, et ils ont aussi omis de faire de la Haine le centre du système. Ils ont utilisé la Raison, mais le marxisme est une nouvelle preuve que la Haine est plus efficace. Même dans ce cas, l'une des anciennes utopies (celle de Marx fut la dernière en Europe, suivie seulement par celle d'Edward Bellamy en Amérique) aurait pu jouer le rôle du marxisme, mais elles provenaient de pays à plus faible potentiel industriel, et Marx avait donc une supériorité "capitaliste" sur eux.

II

Dans le schéma marxiste, l'histoire n'a pratiquement pas progressé jusqu'à l'apparition de la culture occidentale, et son rythme s'est accéléré à l'infini, précisément avec l'apparition du marxisme. La guerre des classes qui dure depuis cinq mille ans est sur le point de s'achever, et l'histoire va donc se terminer. La "victoire" du "prolétariat" consiste à abolir les classes, mais aussi à instaurer une dictature. Une dictature du prolétariat implique que quelqu'un subisse cette dictature, mais c'est là un des mystères du marxisme, qui empêche les discours des disciples de se décomposer.

Lorsque le marxisme est apparu, il n'y avait plus que deux "classes", le prolétariat et la bourgeoisie. Naturellement, elles devaient se combattre à mort, puisque la bourgeoisie s'appropriait la quasi-totalité des produits du système économique, alors qu'elle n'avait droit à rien. En revanche, c'est précisément le prolétaire qui ne reçoit rien et qui a droit à tout. Cette réduction des classes à deux était inévitable : toute l'histoire n'avait existé que pour aboutir à cette dichotomie qui serait finalement liquidée par la dictature du prolétariat. Le capitalisme est le nom donné au système économique dans lequel les mauvais s'approprient tout et ne laissent rien aux bons. Le capitalisme a créé le prolétariat par nécessité mécanique, et mécaniquement aussi, le prolétariat était prédestiné à écraser son créateur. Ce qui devait être la forme de l'Avenir n'était pas inclus dans le système. Les deux slogans "expropriation des expropriateurs" et "dictature du prolétariat" sont censés le définir.

En fait, il ne s'agissait pas, même en théorie, d'un plan pour l'avenir, mais simplement d'un fondement théorique de la guerre des classes, lui donnant un exposé raisonné d'un point de vue historique, éthique et politico-économique. La preuve en est que dans la préface de la deuxième édition russe du Manifeste communiste, Marx et Engels avancent la thèse que le communisme peut se faire directement, en passant en Russie de la paysannerie à la dictature du prolétariat, en se passant de la longue période de domination bourgeoise qui avait été absolument nécessaire en Europe.

La partie importante du marxisme était son exigence d'une lutte des classes active, constante et pratique. Les ouvriers d'usine ont été choisis comme instruments de cette lutte pour des raisons évidentes : ils étaient concentrés, ils étaient maltraités ; ils pouvaient donc être agités et organisés en un mouvement révolutionnaire pour mettre en pratique les objectifs entièrement négatifs du talk-shop de Marx.

Pour cette raison pratique, la haine s'infiltre dans une image de l'histoire et de la vie, et c'est pour cette raison que les "bourgeois" - simples pièces mécaniques d'une évolution mécanique, selon Marx - se voient attribuer tous les maux. La haine est utile pour fomenter une guerre qui ne se produirait pas d'elle-même, et pour augmenter la haine, Marx aimait les grèves perdues, qui créaient plus de haine que les grèves gagnées.

C'est uniquement pour servir cet objectif d'action que les propositions absurdes sur le travail et la plus-value existent. Marx a compris le journalisme et n'a donc eu aucun scrupule à dire que le travailleur manuel est la seule personne qui travaille, qui génère des valeurs économiques. Pour cette théorie, l'inventeur, découvreur, l'entrepreneur sont des parasites économiques. En réalité, le type de travail manuel n'est qu'une fonction de création de valeur, après celles de l'organisateur, du gestionnaire, de l'inventeur. Une grande importance théorique a été accordée au fait qu'une grève pouvait paralyser une entreprise. Mais, comme le disait le philosophe, même un mouton peut faire la même chose s'il tombe dans la machine. Le marxisme, dans son zèle simplificateur, a nié toute valeur, même subsidiaire, au travail des créateurs. Il n'a aucune valeur ; seul le travail manuel a de la valeur. Marx avait compris l'utilité de la propagande bien avant que l'on entende parler de Lord Northcliffe sur[10]. La propagande de masse, pour être efficace, doit être simple, et dans l'application de cette règle, Marx a mérité un prix : toute l'histoire est une lutte des classes ; toute la vie est une lutte des classes ; ils ont la richesse ; prenons-la. Le marxisme attribue les instincts capitalistes aux classes supérieures et les instincts socialistes aux classes inférieures. C'était tout à fait gratuit, car le marxisme faisait précisément appel aux instincts capitalistes qui avaient accumulé toutes les richesses, et les classes inférieures étaient invitées à les leur prendre. C'est cela le capitalisme. Les syndicats sont purement capitalistes et se distinguent des patrons par le fait qu'ils vendent une autre sorte de marchandise. Au lieu d'une marchandise,

---

[10] Alfred Harmsworth, vicomte Northcliffe, fondateur du journalisme populaire moderne et rédacteur en chef du Times, Londres.

ils vendent du travail humain. Le syndicalisme n'est qu'une réalisation de l'économie capitaliste, mais il n'a rien à voir avec le socialisme, car il ne se préoccupe que de son propre intérêt. Il exalte l'intérêt économique des travailleurs manuels contre l'intérêt économique de l'employeur et du chef d'entreprise. C'est tout simplement Malthus avec une nouvelle entreprise. Il s'agit toujours de la vieille "lutte pour l'existence", homme contre homme, groupe contre groupe, classe contre classe, tous contre l'État.

Or, l'instinct du socialisme exclut absolument toute espèce de lutte entre les parties constitutives de l'organisme. Il est aussi hostile aux mauvais traitements infligés aux travailleurs manuels par leurs employeurs qu'au sabotage de la société par les "combattants de classe". Le capitalisme se convainc que la "lutte pour l'existence" est organiquement nécessaire. Le socialisme sait que cette "lutte" est inutile et pathologique.

Entre le capitalisme et le socialisme, il n'y a pas de relation de vrai et de faux. Tous deux sont des instincts et ont le même rang historique, mais l'un appartient au passé, et l'autre à l'avenir. Le capitalisme est un produit du rationalisme et du matérialisme, et a été la force directrice du dix-neuvième siècle. Le socialisme est la forme d'une époque d'impérialisme politique, d'autorité, de philosophie historique, d'impératif politique extra-personnel.

Ce n'est pas du tout une question de terminologie ou d'idéaux, mais de sentiment et d'instinct. Dès que nous commençons à penser qu'une "classe" a des responsabilités envers une autre classe, nous commençons à penser socialiste, quel que soit le nom que nous donnons à notre façon de penser. Nous pouvons l'appeler bouddhisme, cela n'a pas d'importance pour l'histoire, mais nous penserons ainsi. Si nous utilisons la terminologie du capitalisme et la pratique du socialisme, cela ne fait pas de mal, car ce sont la pratique et l'action qui comptent dans la vie, pas les mots et les noms. La seule distinction entre les types de socialisme est entre efficace et déficient, faible et fort, timide et audacieux. Un socialisme fort, audacieux et efficace, cependant, n'utilisera guère une terminologie dérivée d'un type de pensée antithétique, car une vie forte, élevée et complète associe les mots aux actes.

III

Le marxisme a trahi ses origines capitalistes avec son idée de "classes", son concept de travail et son obsession de l'économie. Marx est juif et, en tant que tel, a été imprégné dans sa jeunesse de l'idée de l'Ancien Testament selon laquelle le travail est une malédiction jetée sur l'homme en conséquence du péché. Le libre-échange, ou capitalisme pur, attribuait la même valeur au travail, le considérant comme une chose dont nous devons nous libérer comme condition préalable à la jouissance de la vie. En Angleterre, terre classique du capitalisme, les idées de travail et de richesse étaient les pôles centraux de l'évaluation sociale. Les riches ne devaient pas travailler, les "classes moyennes" devaient travailler mais n'étaient pas pauvres, les pauvres devaient travailler pour joindre les deux bouts d'une semaine à l'autre. Thorstein Veblen, dans sa "Théorie de la classe oisive", a décrit l'attitude à l'égard du travail dans la vie des nations du 19e siècle et ses implications.

L'atmosphère de l'utopie marxiste se concrétise dans le fait que la nécessité pour les prolétaires de travailler disparaîtra avec leur "victoire". Après l'"expropriation", le prolétariat peut maintenant prendre sa retraite, en ayant ses anciens employeurs comme serviteurs.

L'attitude à l'égard du travail n'est pas humainement universelle, mais elle est liée à l'existence du capitalisme anglais. Il n'y a jamais eu auparavant dans la culture occidentale de sentiment dominant que le travail devait être méprisé ; en fait, après la Réforme, les principaux théologiens ont adopté une attitude positive à l'égard du travail, le décrivant comme l'une des valeurs les plus élevées, si ce n'est la plus élevée. C'est de cette époque que vient l'idée que travailler, c'est prier. Cet esprit est à nouveau prédominant, et l'instinct socialiste considère le travail d'un homme, non pas comme une malédiction qui lui est jetée, quelque chose de détestable dont l'argent peut le délivrer, mais comme le contenu de sa vie, l'aspect terrestre de sa mission dans le monde. L'évaluation marxiste du travail est totalement opposée à l'évaluation socialiste.

Parallèlement, le concept marxiste de "classe" n'a rien à voir avec le socialisme. L'articulation de la société dans la culture occidentale s'est d'abord faite dans des états[11]. Ces États étaient à l'origine spirituels. Comme le disait Freidank, à l'époque gothique : *God Halla shapen lives three, Boor and Knight and Priest they be.*[12]

Il ne s'agissait pas de classes, mais de rangs organiques. Après la Révolution française est apparue l'idée que l'articulation de la société était le reflet de la situation de l'accumulation de l'argent. Le terme de classe a été utilisé pour décrire une strate économique de la société. Ce terme était définitif pour Marx, car la vie pour lui était simplement de l'économie, précisément parce qu'il était aussi saturé qu'il l'était par la perspective capitaliste, ou vision du monde.

Mais pour le socialisme, la possession d'argent n'est pas le déterminant du rang dans la société, pas plus qu'elle ne l'est dans une armée. Le rang social, dans le socialisme, ne dépend pas de l'argent, mais de l'autorité. Le socialisme ne connaît donc pas de "classes" au sens marxiste-capitaliste. Il voit le centre de la vie dans la politique, d'où son esprit militaire bien défini. Au lieu des "classes", expression de la richesse, il a le rang, concomitant de l'autorité.

Le marxisme est également obsédé par l'économie, comme son milieu anglais contemporain. Il commence et finit par l'économie, concentrant son attention sur la minuscule péninsule européenne, ignorant le passé et le présent du reste du monde. Il voulait simplement contrecarrer le cours de l'histoire occidentale, et il a choisi la lutte des classes comme outil pour y parvenir.

Il y avait déjà des guerres de classes avant le marxisme, mais cette "philosophie" a inventé la théorie selon laquelle il n'y avait rien d'autre dans le monde. L'envie existait déjà dans les couches inférieures avant le marxisme, mais cette envie a été dotée d'une base éthique qui fait d'elle seule une bonne chose, et de tout le reste une mauvaise chose. La richesse était qualifiée d'immorale et de criminelle ; ses détenteurs, de grands criminels. La lutte des classes était une compétition, et plus encore : c'était une bataille du Bien contre le Mal, et de ce fait, plus brutale et plus illimitée que toute autre guerre. Certains penseurs occidentaux, comme Sorel, ne pouvaient accepter l'idée que la lutte des classes devait dépasser toutes les limites de l'honneur et de la conscience ; la conception de Sorel de la lutte des classes

---

[11] Le mot États est utilisé dans toutes les nations occidentales pour désigner l'État commun, la noblesse et le clergé.

[12] Dieu a façonné trois vies, celle du rustique, celle du gentilhomme et celle du prêtre (N.).

était similaire à celle de la guerre entre nations, avec la protection des non-combattants, les règles de la guerre, le traitement honorable des prisonniers. Le marxisme considère l'adversaire comme un criminel de guerre de classe ; ne pouvant être assimilé au nouveau système, il doit être exterminé, asservi, persécuté, écrasé.

Le concept marxiste de lutte des classes a donc largement dépassé la politique. La politique est simplement l'activité du pouvoir, et non l'activité de la vengeance, de l'envie, de la haine ou de la "justice". Une fois de plus, nous voyons qu'elle n'a aucun lien avec le socialisme, qui est profondément politique et considère l'adversaire vaincu comme un membre du nouvel organisme plus vaste, avec les mêmes droits et les mêmes possibilités que ceux qui en faisaient déjà partie.

Un autre lien entre le marxisme et le capitalisme réside dans la tendance à moraliser la politique, en faisant de l'adversaire une personne maléfique.

Enfin, le marxisme se distingue du socialisme en ce qu'il est une religion, alors que le socialisme est un principe d'organisation politique. Le marxisme a sa Bible, ses saints, ses apôtres, ses tribunaux pour juger les hérétiques, son orthodoxie et son hétérodoxie, ses dogmes et son exégèse, ses écritures sacrées et ses schismes. Le socialisme passe outre à tout cela ; ce qui l'intéresse, c'est de s'assurer la coopération d'hommes ayant les mêmes instincts. L'idéologie n'a que peu d'importance pour le socialisme et, dans les décennies à venir, elle en aura de moins en moins.

Alors que le socialisme crée la forme de l'avenir, le marxisme glisse dans le passé avec les autres résidus du matérialisme. La mission de l'homme en Occident n'est pas de s'enrichir par la lutte des classes, mais d'actualiser son impératif éthique, politique et culturel.

11. Le freudisme

I

Comme le darwinisme et le marxisme, le freudisme n'a pas de signification culturelle, mais anti-culturelle. Tous trois sont des produits de l'aspect négatif de la crise de la civilisation ; l'aspect qui ruine les anciennes valeurs spirituelles, sociales, éthiques et philosophiques et les remplace par un matérialisme grossier. Le principe de la critique a été le nouveau dieu auquel toutes les anciennes valeurs de la culture occidentale ont été offertes. L'esprit du XIXe siècle est celui de l'iconoclasme. Presque tous les penseurs importants avaient leur centre de gravité du côté du nihilisme : Schopenhauer, Hebbel, Proudhon, Engels, Marx, Wagner, Darwin, Dühring, Strauss, Ibsen, Nietzsche, Strindberg, Shaw. Certains d'entre eux étaient aussi, de l'autre côté de leur être, des hérauts de l'Avenir, de l'esprit du 20ème siècle. La tendance dominante était cependant matérialiste, biologique, économique, scientifique, contre l'âme de l'Homme-Culture et le sens - jusqu'alors - reconnu de sa vie. D'une manière différente, mais dans la même tradition, le système freudien est à l'œuvre. Il s'attaque à l'âme de l'homme-culture, non pas de manière indirecte, par le biais de l'économie ou de la biologie, mais de manière frontale. La "science" de la psychologie est choisie comme véhicule négatif des impulsions les plus élevées de l'âme. Du côté du créateur de la psychanalyse, cet assaut était conscient. Freud parlait de Copernic, de Darwin et de lui-même comme des trois grands insulteurs de l'humanité. Sa doctrine mettait en accusation le fait de sa judéité, et dans son essai sur La résistance à la psychanalyse, il disait que ce n' pas un hasard si un juif avait créé ce système, et que les juifs y étaient facilement "convertis", car ils connaissaient le sort de l'isolement dans l'opposition. Par rapport à la civilisation occidentale, Freud était spirituellement isolé et n'avait d'autre recours que l'opposition.

Le freudisme est un autre produit du rationalisme. Il applique le rationalisme à l'âme et découvre que l'âme est purement mécanique. L'âme peut être comprise et les phénomènes spirituels sont tous des manifestations de la pulsion sexuelle. Il s'agit là d'une autre de ces simplifications merveilleuses et grandioses qui garantissent la popularité de n'importe quelle doctrine à l'ère du journalisme de masse. Le darwinisme était l'opinion populaire selon laquelle le sens de la vie du monde était que tout tendait à devenir animal-homme, et que l'animal-homme tendait à devenir darwinien. Marxisme : le sens de toute vie humaine est que le plus bas doit devenir le plus haut. Le freudisme : le sens de la vie humaine est la sexualité. Les trois sont nihilistes. L'homme-culture est l'ennemi spirituel. Il faut l'éliminer en l'animalisant, en rendant purement biologique, en le rendant économique, en le sexualisant, en le diabolisant.

Pour le darwinisme, une cathédrale gothique est un produit de l'évolution mécanique ; pour Marx, c'est un piège de la bourgeoisie pour tromper le prolétariat ; pour Freud, c'est une preuve de sexualité glacée.

Réfuter le freudisme est une entreprise aussi inutile qu'impossible. Si tout est sexe, une réfutation du freudisme devrait également avoir un sens sexuel. Le vingtième siècle ne considère pas les phénomènes historiques en se demandant s'ils sont vrais ou faux. Pour sa pensée historique, une cathédrale gothique est l'expression d'une culture occidentale jeune et éveillée, intensément religieuse. Dans son besoin d'expression, cette nouvelle perspective doit rejeter la tyrannie matérialiste de l'ancienne perspective qui l'a précédée. Elle doit aussi se libérer du freudisme.

La dernière grande tentative d'animalisation de l'homme utilise également les méthodes du rationalisme critique. L'âme est mécanique : elle consiste en une simple impulsion : l'impulsion sexuelle. Toute la vie de l'âme est le processus de cet instinct mal dirigé, déformé, auto-dirigé. Car il est élémentaire pour cette "science" que l'instinct ne puisse pas fonctionner correctement. Décrire les fonctions mécaniques de l'âme revient à décrire des maladies. Les différents processus sont la névrose, l'inversion, les complexes, le refoulement, la sublimation, le transfert, la perversion. Tous sont anormaux, malsains, mal orientés, contre nature. L'un des véritables dogmes du système affirme que chaque personne est un névrosé, et chaque névrosé un pervers ou un inverti. Cela s'applique non seulement à la culture humaine, mais aussi à l'homme primitif.

Freud va ici plus loin que Rousseau, qui, au début de la première phase de la civilisation occidentale, affirmait la pureté, la simplicité et la bonté du sauvage, par opposition au mal et à la perversion de la culture humaine. Freud a élargi l'attaque : l'ennemi est l'espèce humaine tout entière. Même si nous ne devions pas déduire de tous les autres phénomènes que la première phase de la civilisation du matérialisme et du rationalisme est déjà passée, nous pourrions le faire à partir de ce seul système, car un nihilisme aussi complet ne peut évidemment pas être surpassé par l'expression d'un sentiment anti-culturel dans ses plus grandes limites.

Le freudisme, plutôt qu'une psychologie, doit être qualifié de patho-psychologie, puisque tout son arsenal terminologique ne décrit que des aberrations de l'instinct sexuel. La notion de santé est complètement dissociée de la vie de l'âme. Le freudisme est la messe noire de la science occidentale.

L'interprétation des rêves fait partie de la structure du système. Les rêves décrivent le fonctionnement purement mécanique de l'"esprit" (puisque l'âme n'existe pas). Mais ils ne sont pas clairement décrits, car un rituel élaboré est nécessaire pour parvenir à la signification réelle. "Censure de la conscience" - le nouveau nom donné à la raison morale de Kant - "symbolisme", "compulsion de répétition"... tels sont les mots kabbalistiques à invoquer. La forme originelle de la doctrine précisait que tous les rêves étaient des désirs.

La psychanalyse expliquait que le rêve de la mort d'un être cher était motivé par une haine latente des parents, symptôme du complexe d'Œdipe quasi universel. Le dogme était rigide : si le rêve consistait en la mort d'un chien ou d'un chat domestique, cet animal devenait le centre du complexe d'Œdipe. Si l'acteur rêve qu'il va oublier ce qu'il doit réciter en public, c'est qu'il désire profondément se trouver dans une situation compromettante. Afin d'attirer davantage de convertis, y compris de confession plus faible, la doctrine a été légèrement modifiée et d'autres interprétations des rêves ont été admises, comme celle de la "répétition-compulsion", lorsque de tels rêves de peur se répètent régulièrement.

Le monde des rêves reflète naturellement la sexualité universelle de l'âme. Tout objet apparaissant dans un rêve peut être un symbole sexuel. L'instinct sexuel "refoulé" apparaît dans les rêves, symbolisant, transférant, sublimant, inversant et dirigeant toute l'échelle de la terminologie mécanique.

Chaque personne est névrosée dans sa vie adulte, et ce n'est pas un hasard, tous une fois que la névrose est apparue dans l'enfance. Les expériences de l'enfance déterminent - de manière mécanique, puisque tout le processus est anti-spirituel - quelles névroses particulières accompagneront la personne en question au cours de sa vie. Il n'y a rien à faire pour éviter cela, sauf à se mettre entre les mains d'un freudien. L'un d'entre eux prétendait que 98 % des êtres humains devaient être soumis au traitement des psychiatres. Il s'agissait de la deuxième phase de développement du système, car au départ, ce chiffre aurait été de 100 %, mais comme pour la secte des Mormons, la pureté originelle de la doctrine a dû admettre certaines exceptions pour des raisons tactiques.

L'homme ordinaire qui vaque à ses occupations représente une comédie aux yeux d'un observateur curieux ; il semble faire ce qu'il fait en réalité. Cependant, le freudisme nous dit qu'il ne le fait qu'en apparence, car il pense tranquillement à des questions sexuelles, et tout ce que nous pouvons voir, ce sont les résultats de sa fantaisie sexuelle qui se manifestent à travers les filtres mécaniques de la censure de la conscience, de la sublimation, du transfert, et ainsi de suite. Si l'on désire, craint, désire, rêve, pense abstraitement, enquête, se sent inspiré, ambitionne, repousse, révère, on ne fait qu'exprimer ses instincts sexuels. L'art est évidemment du sexe, tout comme la religion, l'économie, la pensée abstraite, la technologie, la guerre, l'État et la politique.

II

Freud a ainsi gagné, avec son cousin Marx, l'Ordre de la Simplicité. C'était la décoration convoitée à l'époque des masses. Avec la disparition de l'ère de la critique, elle est tombée en discrédit, car la nouvelle perspective ne cherche pas à faire entrer toutes les données de la connaissance, de l'expérience et de l'intuition dans un moule préfabriqué, mais à voir ce qui était, ce qui est, ce qui devrait être. Au-dessus du portail de la nouvelle perspective se trouve l'aphorisme de Leibnitz : "Le présent est chargé du passé et enceint de l'avenir". L'enfant est le père de l'homme ; c'est une vieille sagesse qui décrit le développement de l'organisme humain de l'enfance à la maturité, chaque étape se rapportant à l'arrière et à l'avant parce que l'âme elle-même parle à chaque instant. Le freudisme caricature cette profonde vision organique par un artifice mécanique par lequel l'enfance détermine la forme de la maturité, et transforme l'ensemble du développement organique en un processus causal, et ce qui est pire, en un processus diabolique et malade.

Dans la mesure où il peut être considéré comme occidental, le freudisme est soumis à la spiritualité prédominante de l'Occident. Son mécanicisme et son matérialisme reflètent la perspective du 19e siècle. Ses références à l'inconscient, à l'instinct, à la pulsion, etc. reflètent le fait que le freudisme est apparu au moment de la transition de la civilisation occidentale, lorsque le rationalisme avait déjà épuisé ses possibilités et que l'irrationnel réapparaissait en tant que tel. Ce n'est pas du tout dans la terminologie ou dans le traitement des éléments nouveaux et irrationnels de la doctrine que le freudisme a préfiguré le nouvel esprit, mais simplement dans le fait que les éléments irrationnels sont apparus. Ce n'est qu'en cela que la nouvelle structure peut anticiper quelque chose, se projeter dans l'avenir ; pour le reste, elle appartient au passé malthusien-darwinien-marxiste. Le freudisme n'était qu'une idéologie, une partie de l'attaque générale rationaliste-matérialiste contre l'Homme-Culture.

Les éléments irrationnels que le système reconnaît sont strictement subordonnés au rationalisme supérieur de l'adepte, qui peut s'en débarrasser, le névrosé revenant alors à la lumière du jour. Ils sont encore plus malades que le reste du complexe mental. Elles sont peut-être irrationnelles, mais elles ont une explication, un traitement et une guérison rationnelle.

Le freudisme apparaît donc comme la dernière religions matérialistes. La psychanalyse, comme le marxisme, est une secte : elle a sa confession auriculaire, ses dogmes et ses symboles, ses versions doctrinales ésotériques et exotériques, ses convertis et ses apostats, ses prêtres et ses scolastiques, un rituel complet d'exorcisme et une liturgie. Des schismes apparaissent, conduisant à la formation de nouvelles sectes, chacune prétendant être porteuse de la vraie doctrine. Elle est occulte et payante, avec son interprétation des rêves, démoniaque avec son culte du sexe. Son image du monde est celle d'une humanité névrosée, tordue et pervertie dans le carcan de la civilisation occidentale, vers laquelle le nouveau prêtre de la psychanalyse tend la main libératrice de l'évangile anti-occidental de Freud.

La haine qui était l'essence du marxisme est présente dans cette nouvelle religion. Dans les deux cas, il s'agit de la haine de l'intrus envers tout ce qui l'entoure, qui lui est complètement étranger et que, faute de pouvoir le changer, il doit détruire.

L'attitude du vingtième siècle à l'égard du sujet du freudisme est inhérente à l'esprit de cette époque. Son centre est dans l'action : les tâches extérieures font appel à l'âme occidentale. Les meilleurs entendront cet appel, laissant les sans-âmes s'occuper à dessiner des images de l'âme à la manière de Freud.

Il en a toujours été ainsi de la psychologie scientifique : elle n'a jamais attiré les meilleurs esprits, quelle que soit la culture. Tout repose sur l'hypothèse qu'il est possible, par la pensée, d'établir la forme de ce qui pense... une proposition extrêmement douteuse. S'il était possible de décrire l'âme en termes rationnels - condition sine qua non d'une science de la psychologie - il n'y aurait pas besoin d'une telle science. La raison est une partie, ou plutôt une fonction partielle, de l'âme. Chaque image de l'âme ne décrit que l'âme de son auteur et de ses semblables. Un sataniste voit les choses à la manière de Freud, mais il ne peut pas comprendre celui qui voit les choses autrement. Cela explique la bassesse des tentatives freudiennes de diabolisation, de sexualisation, de mécanisation et de destruction de tous les grands hommes de l'Occident. Ils ne pouvaient pas comprendre la grandeur parce qu'ils n'en avaient pas l'expérience intérieure.

L'âme ne peut être définie, elle est l'élément des éléments. Toute image d'elle, tout système psychologique, n'en est qu'un produit et ne va pas plus loin qu'un autoportrait. Comme nous comprenons bien aujourd'hui que la Vie est plus importante que les résultats de la Vie !

Dans toutes les civilisations, les systèmes psychologiques utilisent la terminologie des sciences matérielles de la physique et de la mécanique. Ils reflètent ainsi l'esprit des sciences naturelles et s'inscrivent parmi elles comme un produit de l'époque. Mais ils ne peuvent atteindre le rang le plus élevé auquel ils aspirent, à savoir la systématisation de l'âme. Le freudisme vient à peine de s'imposer comme la nouvelle Église psychanalytique que déjà le développement progressif de la civilisation occidentale l'a rendu obsolète.

La psychologie du vingtième siècle est adaptée à une vie d'action : pour cette époque, la psychologie est soit pratique, soit sans valeur. La psychologie des foules, des armées, du commandement, de l'obéissance, de la loyauté : voilà la psychologie qui a de la valeur à notre époque. Elle ne peut être obtenue par des méthodes "psychométriques" et une terminologie absconse, mais par l'expérience humaine, la sienne et celle des autres. Le XXe siècle considère Montaigne comme un psychologue, mais Freud simplement comme le représentant de l'obsession du XIXe siècle pour les sorcières, dans les jeunes années de la culture occidentale, comme une forme déguisée du culte du sexe.

La psychologie humaine s'apprend en vivant et en agissant, et non en contrôlant les réactions ou en observant les chiens et les souris. Les mémoires d'un homme d'action, d'un aventurier, d'un explorateur, d'un soldat, d'un homme d'État, contiennent la psychologie de la classe d'intérêt de l'époque, à la fois littéralement et entre les lignes. Chaque période est un condensé de la psychologie de la propagande de masse, supérieur à n'importe quel traité sur le sujet. Il existe une psychologie des nations, des professions, des cultures, des époques successives d'une culture, de la jeunesse à la sénilité. La psychologie est l'un des aspects de l'art du possible et, à ce titre, elle est l'une des études préférées de l'époque.

La grande réserve de la psychologie, c'est l'histoire. Elle ne contient pas de modèles à utiliser, car la vie ne se répète pas, elle n'arrive qu'une fois, mais elle nous montre par des exemples comment développer nos potentialités en étant fidèles à nous-mêmes, et en n'acceptant aucun compromis avec ce qui est manifestement étranger à notre façon d'être.

Pour ce concept de psychologie, aucun matérialisme ne peut être considéré comme psychologique. Rousseau, Darwin, Marx et Freud sont d'accord sur ce point. Ils ont compris d'autres choses, peut-être, mais ils n'ont pas compris l'âme humaine, et en particulier l'âme de l'Homme-Culture. Leurs systèmes ne sont que des curiosités historiques pour le vingtième siècle, à moins qu'ils ne prétendent être des descriptions correctes de la réalité. Quiconque "croit" à de telles fantaisies désuètes se définit comme ridicule, posthume, inefficace et superflu. Aucun dirigeant des prochaines décennies ne sera darwiniste, marxiste ou freudien.

12. La perspective techno-scientifique globale

I

La science est la recherche de la connaissance exacte des phénomènes. En découvrant les interrelations entre les phénomènes, c'est-à-dire en observant les conditions de leur apparition, il estime les avoir expliqués. Ce type de mentalité apparaît dans une Grande Culture après l'achèvement de la pensée créatrice religieuse et le début de son extériorisation. Dans notre culture, ce type de pensée n'a commencé à s'affirmer que vers le milieu du XVIIe siècle ; dans la culture classique, au Ve siècle avant J.-C. La principale caractéristique de la pensée scientifique primitive, du point de vue historique, consiste à se passer d'accompagnements théologiques et philosophiques ; à la rigueur, elle se sert de la philosophie et de la théologie pour décorer l'arrière-plan, qui ne l'intéresse pas. Elle est donc matérialiste dans son essence, en ce sens que son attention n'est attirée que par les phénomènes, et non par les réalités ultimes. Dans une ère religieuse, les phénomènes sont sans importance par rapport aux grandes vérités spirituelles ; dans une ère scientifique, c'est l'inverse.

La technique est l'utilisation du macrocosme. Elle accompagne toujours une science dans son plein épanouissement, mais cela ne signifie pas que toute science s'accompagne d'une activité technique, car les sciences de la culture classique et de la culture mexicaine n'étaient pas du tout ce que nous appellerions la perfection technique, Dans la première étape du début de la civilisation, la science prédomine et précède la technique dans toutes ses manifestations, mais avec l'arrivée du XXe siècle, la pensée technique a commencé à s'émanciper de cette dépendance et, de nos jours, la science est au service de la technique, et non l'inverse, comme par le passé.

À l'ère du matérialisme, c'est-à-dire à l'ère de l'antimétaphysique, il était naturel qu'un mode de pensée antimétaphysique, tel que la science, devienne une religion populaire. La religion est une nécessité pour la culture humaine, qui construira sa religion sur l'économie, la biologie ou la nature, si l'esprit de l'époque exclut la vraie religion. La science était la religion prédominante aux 18e et 19e siècles. S'il était permis de douter des vérités des sectes chrétiennes, personne n'était autorisé à douter de Newton, de Leibnitz et de Descartes. Lorsque le grand Goethe a contesté la théorie newtonienne de la lumière, il a été accusé d'être un fou et un hérétique. La science était la religion suprême du 19e siècle, et toutes les autres religions, comme le darwinisme et le marxisme référaient aux dogmes scientifiques pour fonder leurs propres vérités. Le terme "anti-scientifique" est devenu une insulte. Après des débuts timides, la science est finalement allée plus loin et a présenté ses résultats, non pas comme un simple arrangement et une classification, mais comme les véritables explications de la nature et de la vie. Avec cette étape, est devenu une vision du monde, c'est-à-dire une vaste philosophie, avec une métaphysique, une logique et une éthique pour ses croyants.

Toute science est une réexposition profane des dogmes précédents d'une période religieuse. La même âme culturelle qui a formé les grandes religions refaçonne son monde à l'étape suivante, et cette continuité est donc absolument inévitable. La science occidentale en tant que vision du monde n'est que la religion occidentale présentée comme profane et non sacrée, naturelle et non surnaturelle, découvrable et non révélée.

Comme la religion occidentale, la science est définitivement sacerdotale. Le sage est le prêtre, l'éducateur le frère laïc, et un grand systématiseur est canonisé, comme ce fut le cas pour Newton et Planck. Toute forme de pensée occidentale est ésotérique, et ses doctrines scientifiques ne font pas exception. La population était tenue au courant des "progrès de la science" par une littérature populaire qui faisait sourire les grands prêtres scientifiques.

Au XIXe siècle, la science a enrichi l'idée de "Progrès" et lui a donné un cachet particulier. Le contenu du "Progrès" doit être technique. Le "progrès" devait consister en une conduite plus rapide et une exploitation plus large du monde matériel, à l'infini. Cela montrait déjà la prédominance future de la technique sur la science. Le "progrès" ne consisterait plus seulement en un surcroît de connaissances, mais aussi en un surcroît de technologie. Toute vision occidentale du monde recherche l'universalité et pense que la solution aux problèmes sociaux ne doit pas être recherchée dans la politique ou l'économie, mais dans la science. On promettait des inventions qui rendraient la guerre trop horrible pour que les hommes s'y engagent, et donc que les hommes cessent de se battre. Cette franchise était le produit naturel d'une époque qui était forte en sciences naturelles, mais faible en psychologie. La solution au problème de la pauvreté était le machinisme et encore le machinisme. Les horribles conditions qui avaient surgi dans une civilisation mécanisée devaient être soulagées par davantage de machines. Le problème de la sénescence devait être résolu par le "rajeunissement". La mort ne devait être qu'un produit de la pathologie, et non de la sénilité. Si toutes les maladies étaient vaincues, il n'y aurait plus de raison de mourir.

Les problèmes raciaux devaient être résolus par l'"eugénisme". La naissance ne devait plus être laissée au destin. Les prêtres scientifiques doivent trancher des questions telles que la filiation et la naissance. Dans la nouvelle technocratie, les événements extérieurs ou incontrôlés ne doivent plus exister. Le temps est "maîtrisé", toutes les forces naturelles sont placées sous un contrôle absolu. Il n'y aurait plus d'occasion de guerre, tout le monde tendrait à être un scientifique, personne ne chercherait le pouvoir. Les problèmes internationaux disparaîtraient, car le monde deviendrait une unité scientifique massive.

Le tableau est complet et, pour le matérialiste du dix-neuvième siècle, inspirant : toute la Vie, toute la Mort, toute la Nature, réduites à un ordre absolu, gardées par des théocrates scientifiques. Sur cette planète, tout fonctionnerait comme dans l'image des cieux que les astronomes scientifiques s'étaient dessinée ; une régularité sereine régnerait, mais cet ordre serait purement mécanique, sans but ni finalité.

L'homme ne serait scientifique que pour être scientifique.

II

Pourtant, un événement est venu modifier l'image et montrer qu'elle portait elle aussi l'empreinte de la Vie. Avant la première guerre mondiale, la désintégration des fondements physiques de la grande structure avait déjà commencé. La guerre mondiale marque une rupture dans le domaine de la science et dans tous les autres domaines de la vie occidentale. Un monde nouveau est né de cette guerre ; l'esprit du vingtième siècle a succédé à la vision mécanique de l'univers et à la conception du sens de la vie comme simple acquisition de richesses.

Avec une rapidité surprenante, compte tenu des décennies de son pouvoir et de sa suprématie, la vision mécanique a perdu de sa force et les esprits dominants ont abandonné les anciens articles évidents de la foi matérialiste.

Comme c'est souvent le cas pour les mouvements historiques, expressions d'une âme extra-personnelle, l'apogée de la puissance, des plus grandes victoires, est aussi le début de la chute rapide. Les gens superficiels confondent toujours la fin d'un mouvement avec le début de sa domination absolue. Ainsi, Wagner a été considéré par beaucoup comme le héraut d'une nouvelle musique alors que la génération suivante savait qu'il avait été le dernier musicien occidental. La mort de toute expression culturelle est un processus graduel ; cependant, il y a des tournants, et le déclin rapide de la science en tant que perspective mondiale commence avec la Première Guerre mondiale.

Le déclin de la science en tant que discipline mentale a précédé de loin la guerre mondiale. Avec la théorie de l'entropie (1850) et l'introduction de l'idée d'irréversibilité dans son tableau, la science s'est engagée sur la voie qui devait aboutir à la relativité physique et à l'admission franche de la subjectivité dans les concepts physiques. De l'entropie est née l'introduction des méthodes statistiques dans la science systématique, le début de l'abdication spirituelle. Les statistiques décrivaient la vie et le vivant ; la stricte tradition de la science occidentale avait existé dans l'exactitude de la description mathématique de la réalité, méprisant tout ce qui n'était pas susceptible d'une description exacte, comme la biologie. L'entrée des probabilités dans ce qui était auparavant une science exacte est un signe que l'observateur commence à s'étudier lui-même, sa propre forme en tant que conditionneur de l'ordre et de la description des phénomènes.

L'étape suivante a été la théorie de la radioactivité, qui contient également des éléments fortement subjectifs et nécessite le calcul des probabilités pour décrire ses résultats. L'image scientifique du monde est devenue de plus en plus raffinée et subjective. Des disciplines à l'origine distinctes se sont peu à peu rapprochées : mathématiques, physique, chimie, épistémologie, logique. Les idées organiques sont introduites, montrant une fois de plus que l'observateur a atteint le point où il étudie la forme de sa propre raison. Un élément chimique a désormais une portée vitale, et les événements précis de sa vie sont imprévisibles, indéterminés.

L'unité physique, l'"atome", dont on croyait fermement qu'elle était une réalité au 19e siècle, est devenue au 20e siècle un simple concept, dont la description des propriétés a été constamment modifiée pour soutenir et consolider les développements techniques. Au début, chaque nouvelle expérience prouvait simplement la "vérité" des théories existantes. C'était à l'époque de la suprématie de la science en tant que discipline sur la technique, sa fille adoptive. Mais avant le milieu du 20e siècle, chaque nouvelle expérience a conduit à une nouvelle hypothèse sur ce qu'on appelle la "structure atomique". Ce qui importait dans ce processus, ce n'était pas le château de cartes hypothétique qui était érigé par la suite, mais l'expérience qui avait précédé.

Personne ne se sentait gêné d'avoir deux théories inconciliables pour décrire la "structure" de l'"atome" ou la nature de la lumière. Il n'était plus possible de clarifier mathématiquement le sujet de toutes les sciences séparées. De vieux concepts tels que la masse, l'énergie, l'électricité, la chaleur, le rayonnement, se sont mélangés les uns aux autres, et il est devenu de plus en plus clair que ce qui était réellement à l'étude était la raison humaine, dans son aspect épistémologique, et l'âme occidentale dans son aspect scientifique.

Les théories scientifiques ont atteint un point où elles ne signifiaient rien de moins que l'effondrement absolu de la science en tant que discipline mentale. L'image de la Voie lactée s'est popularisée comme un ensemble de plus d'un million d'étoiles fixes, dont beaucoup ont un diamètre de plus de 93 000 000 miles[13] ; tout cela, non

---

[13] Un mile équivaut à 1,6093 kilomètre.

pas comme un centre cosmique stationnaire, mais en mouvement continu vers nulle part à une vitesse de 600 kilomètres par seconde. Le cosmos est fini, mais illimité ; illimité, mais limité. Cela exige à nouveau du vrai croyant la vieille foi gothique : Credo quia absurdum[14], mais la mécanique sans but ne peut évoquer ce genre de foi et les grands prêtres apostasient.

Dans l'autre sens, l'"atome" a des dimensions tout aussi fantastiques : son diamètre est d'un dix-millionième de millimètre, et la masse d'un atome d'hydrogène est à la masse d'un gramme d'eau ce qu'une carte postale est à la masse de la terre. Mais cet atome est constitué d'"électrons", dont l'ensemble forme une sorte de système solaire, dans lequel la distance entre les planètes est aussi grande, proportionnellement à leur masse, que dans notre système solaire. Le diamètre d'un électron est d'un trois milliardième de millimètre. Mais plus on l'étudie, plus il apparaît spirituel, car le noyau de l'atome n'est qu'une charge d'électricité, qui n'a ni poids, ni volume, ni inertie, ni aucune autre des propriétés classiques de la matière.

Dans sa dernière grande saga[15], la science a dissous ses propres fondements physiques et est passée du monde des sens au monde de l'âme. La notion de temps absolu disparaît, devenant une fonction de la position. La masse est devenue, spiritualisée en énergie. L'idée de simultanéité est abandonnée, le mouvement devient relatif, les parallèles se coupent, deux distances ne peuvent plus être déclarées absolument égales. Tout ce qui avait été décrit par le mot Réalité, ou qui s'était décrit lui-même avec ce mot, s'est dissous dans le dernier acte du drame de la science en tant que discipline mentale.

Les gardiens de la science en tant que discipline mentale ont abandonné, l'un après l'autre, les anciennes positions matérialistes. En dernier lieu, ils ont découvert que la science d'une certaine culture a pour but réel de décrire en termes scientifiques le monde de cette culture, un monde qui est la projection de l'âme de cette culture. La connaissance profonde a été réalisée par l'étude de la matière, en tant qu'enveloppe de l'âme. Décrire la matière, c'est se décrire soi-même, même si les équations mathématiques dissimulent le processus sous une apparente objectivité. Les mathématiques elles-mêmes ont succombé en tant que description

---

[14] Je crois parce que c'est absurde, une proposition des scolastiques.

[15] Saga, terme qui apparaît dans la littérature islandaise et qui désigne l'histoire d'une famille, d'un groupe de personnes ou d'institutions.

de la réalité : leurs fières équations ne sont rien d'autre que des tautologies. Une équation est une identité, une répétition, et sa "vérité" est le reflet de la logique de papier du principe d'identité. Mais n'est qu'une forme de notre pensée.

Le passage du matérialisme du XIXe siècle à la nouvelle spiritualité du XXe siècle n'a donc pas été une bataille, mais une évolution inévitable. Cette discipline mentale subtile et glaciale a retourné le couteau contre elle-même en raison d'un impératif intérieur de penser d'une nouvelle manière, une manière anti-matérialiste. La matière ne peut être expliquée de manière matérialiste. Toute sa signification est dérivée de l'âme.

III

De ce point de vue, le matérialisme apparaît comme une grande négation. Ce fut un grand effort spirituel pour nier l'esprit, et cette négation de l'esprit était elle-même l'expression d'une crise de l'esprit. C'était la crise de la Civilisation, la négation de la Culture par la Culture.

Pour les animaux, ce qui apparaît - la matière - est la Réalité. Mais pour l'homme primitif, et a fortiori pour l'homme-culture, le monde se divise en apparence et en réalité. Tout ce qui est visible et tangible est ressenti comme un symbole de quelque chose de plus élevé et d'invisible. Cette activité de symbolisation est ce qui distingue l'âme humaine des formes de vie moins complexes. L'homme possède un sens métaphysique qui est la marque de son humanité. Mais c'est précisément la réalité supérieure, le monde des symboles, du sens et de la finalité, que le matérialisme a totalement nié. Qu'était-ce donc, sinon la grande tentative d'animaliser l'homme en assimilant le monde de la matière à la Réalité ? Le matérialisme n'a pas été vaincu parce qu'il était faux ; il est simplement mort de vieillesse. Aujourd'hui encore, il n'est pas faux ; il tombe simplement dans l'oreille d'un sourd. Il est démodé et est devenu la vision du monde des ploucs.

Avec l'effondrement de sa réalité, la science occidentale en tant que discipline mentale a rempli sa mission. Son sous-produit, la science en tant que vision du monde, appartient à hier. Mais l'un des résultats de la Seconde Guerre mondiale a été l'apparition d'une nouvelle stupidité : le culte de la technologie en tant que philosophie de la vie et du monde.

La technique n'a, par essence, rien à voir avec la science en tant que discipline mentale. Elle n'a qu'un seul but : l'extraction de la puissance physique du monde extérieur. C'est en quelque sorte la politique de la nature, distincte de la politique humaine. Le fait que la technique s'appuie sur une hypothèse aujourd'hui et sur une autre demain montre que son but n'est pas la formation d'un système de connaissances, mais la soumission du monde extérieur à la volonté de l'homme occidental. Les hypothèses de provenance n'ont pas de réelle parenté avec leurs résultats, mais elles servent de point de départ à l'imagination des techniciens pour penser à de nouvelles possibilités d'expériences ultérieures afin d'extraire toujours plus de puissance. Certaines hypothèses sont bien sûr nécessaires ; ce qu'elles sont précisément est secondaire.

La technologie est encore plus incapable que la science de répondre au besoin d'une perspective globale pour notre époque. La puissance physique pour quoi faire ?

La même époque nous donne la réponse : le pouvoir physique pour les formalités politiques. La science joue désormais le rôle de fournisseur de terminologie et d'idées pour la technique. La Technique, à son tour, est au service de la Politique. Dès 1911, l'idée de l'"énergie atomique" est dans l'air, mais c'est l'esprit de guerre qui concrétise cette théorie, avec l'invention, en 1945, par un Occidental inconnu, d'un nouvel explosif puissant dont les effets dépendent de l'instabilité des "atomes".

La technique est pratique ; la politique est pratique au plus haut point. Elle ne s'intéresse pas le moins du monde au fait qu'un nouvel explosif fasse référence à des "atomes", des "électrons", des "rayons cosmiques " ou à des saints et des démons. L'esprit historique qui anime le véritable homme d'État ne peut pas prendre trop au sérieux la terminologie d'aujourd'hui lorsqu'il se souvient de la rapidité avec laquelle la terminologie d'hier a été abandonnée. Un projectile qui peut détruire une ville de 200 000 habitants en une seconde... c'est une réalité, et cela affecte la sphère des possibilités politiques.

C'est l'esprit de la politique qui détermine la forme de la guerre, et la forme de la guerre influence ensuite la conduite de la politique. Les armes, la tactique, la stratégie, l'exploitation de la victoire, tous ces facteurs sont déterminés par l'impératif politique de l'époque. Chaque époque façonne l'intégrité de son expression pour elle-même. Ainsi, pour le XVIIIe siècle, si riche en formes, la guerre est aussi une forme stricte, une séquence de position et de développement, comme la forme musicale contemporaine des variations sur un thème.

Une aberration s'est produite dans le monde occidental après l'utilisation initiale d'un nouvel explosif puissant en 1945. Il s'agissait essentiellement d'un résidu de la pensée matérialiste, mais cette aberration comportait également de vieilles idées mythologiques vivaces. Au milieu du 19e siècle, lorsque l'idée du chemin de fer a été lancée, les médecins ont déclaré qu'un mouvement aussi rapide produirait des troubles cérébraux et que la simple vue d'un train en marche endommagerait le cerveau du voyant ; en outre, le changement soudain de pression de l'air lors du passage dans les tunnels pourrait provoquer un évanouissement.

L'idée de la destruction de la planète n'était qu'une autre forme de l'idée ancienne, présente dans de nombreuses mythologies, occidentales et non occidentales, de la fin du monde, du Ragnarök, de la Götterdammerung, du cataclysme. La science a également adopté cette idée, en la présentant comme la deuxième loi de la thermodynamique. Les adorateurs de la technologie ont beaucoup fantasmé sur le nouvel explosif. Ils n'ont pas compris qu'ils n'étaient pas à la fin d'un processus, mais au début.

Nous sommes au début de l'ère de la politique absolue, et l'une de ses exigences est naturellement de disposer d'armes puissantes. Il est donc ordonné à la technique de s'efforcer d'obtenir des armes absolues. Mais elle ne les obtiendra jamais, et celui qui le croit n'est qu'un simple matérialiste, ce qui revient à dire, au XXe siècle, un provincial.

Le culte de la technologie est totalement inadapté à l'âme de l'Europe. L'impulsion formatrice de la vie humaine n'est jamais venue de la matière, ni aujourd'hui, ni jamais. Au contraire, la manière dont la matière est vécue et utilisée est l'expression de l'âme. La croyance candide des technologues qu'un explosif va refaire la civilisation occidentale depuis ses fondations est la quête ultime du matérialisme. Cette civilisation a fabriqué cet explosif et en fabriquera d'autres, mais les explosifs n'ont pas créé et ne détruiront pas la civilisation occidentale. La matière n'a pas créé la civilisation occidentale et ne peut pas la détruire.

C'est aussi du matérialisme que de confondre une civilisation avec des usines, des bâtiments et la collectivité des installations. La civilisation est une réalité supérieure, qui se manifeste par

des populations humaines, et à l'intérieur de celles-ci, à travers une certaine strate spirituelle qui donne corps, dans sa plus haute puissance, à l'Idée vivante de Culture. Cette Culture crée des religions, des formes d'architecture, des arts, des États, des Nations, des Races, des Peuples, des armées, des guerres, des poèmes, des philosophies, des sciences, des armes, des impératifs intérieurs, qui ne sont tous que des expressions de la Réalité la plus haute, et dont aucune ne peut la détruire.

L'attitude du vingtième siècle à l'égard de la science et de la technologie est claire. Il ne leur demande pas de fournir une perspective sur le monde - celle-ci provient d'autres sources - et il rejette positivement toute tentative d'extraire une religion ou une philosophie du matérialisme ou de l'atomolâtrie. Néanmoins, elles lui sont utiles, au service de sa volonté de puissance limitée. L'Idée est radicale, et pour l'actualiser, la supériorité en armements est essentielle pour compenser l'immense supériorité numérique des ennemis de l'Occident.

13. L'impératif de notre temps

I

En jetant un regard rétrospectif sur les événements du monde, l'homme occidental se comprend dans sa phase du vingtième siècle. Il voit où il est ; il voit aussi parce qu'il s'est senti obligé de s'orienter historiquement. Son instinct intérieur l'a empêché de falsifier l'histoire à la manière matérialiste en la soumettant à une quelconque idéologie. Il voit les époques des cultures précédentes auxquelles se rattache sa phase actuelle : la "période des États contestataires" dans la culture chinoise ; la transition vers le césarisme dans la culture romaine ; l'ère des "Hijksos" dans la culture égyptienne. Aucune de ces périodes n'a été marquée par l'épanouissement de l'art ou de la philosophie ; toutes avaient leur centre de gravité dans la politique et l'action. Ce sont des périodes où les grands espaces sont pensés dans les plus grands actes, dans une créativité extérieure de la plus grande ampleur possible. Les philosophes, leset les marchands d'art qui améliorent le monde descendent au niveau de la rue à ces époques, où l'impératif est l'action et non la pensée abstraite.

En raison de sa position historique, dans une civilisation qui entre dans sa deuxième phase, son âme a une certaine prédisposition organique, et les gardiens de l'Idée de cette époque penseront et sentiront nécessairement ainsi, et pas autrement. On peut certainement dire quelle est cette relation avec les différentes formes de pensée et d'action humaines et culturelles.

En ce qui concerne la religion, cette époque est à nouveau affirmative, à l'opposé de l'athéisme négatif du matérialisme. Tout homme d'action est en contact permanent avec l'imprévisible, l'impondérable, le mystère de la vie, ce qui exclut l'attitude de laboratoire. L'âge de l'action côtoie la mort et apprécie la vie en fonction de son attitude envers la mort. La vieille idée gothique de la religion est encore vivante chez nous ; c'est dans son dernier moment qu'un homme montre ce qu'il y a en lui dans toute sa pureté. S'il a vécu en misérable, il peut mourir en héros, et c'est ce dernier acte de sa vie qui crée l'image qui lui survivra dans l'esprit de ses descendants. Il ne nous est pas possible d'évaluer une vie en fonction de sa durée, comme le faisait le matérialisme, ni de croire en une quelconque doctrine de l'immortalité du corps.

Pour l'homme occidental, il n'y a pas de conflit entre sa tâche terrestre et sa relation avec Dieu. Au début d'une bataille, les soldats ont l'habitude de prier. La bataille est au premier plan, mais celui à qui s'adresse la prière est le transcendant, c'est Dieu. Notre impératif métaphysique doit se réaliser dans un certain cadre vital. Nous sommes nés dans une certaine culture, à un certain stade de son développement organique, nous possédons certains dons. Tout cela conditionne la mission terrestre que nous devons accomplir. La mission métaphysique échappe à tout conditionnement, car elle aurait été la même en tout temps et en tout lieu. La mission terrestre n'est que la forme de la mission supérieure, son véhicule organique.

Pour la philosophie, l'esprit du temps a sa propre attitude, différente de celle de tous les siècles précédents. Son grand principe d'organisation est la signification morphologique des systèmes et des événements. Il ne se fonde sur aucune méthode critique, car toutes les méthodes critiques ne font que refléter l'esprit dominant, qui a supplanté la critique. Le centre de sa vie mentale est l'histoire. Grâce à l'histoire, nous nous orientons, nous comprenons le sens des siècles précédents de notre propre culture ; nous réalisons, au-delà de tout système ou idéologie, la nature de ce que nous devons faire, nous voyons le sens de nos propres sentiments et impératifs intérieurs.

Les systèmes d'amélioration du monde, produits d'un mode de pensée dépassé, ne sont d'aucune utilité à notre époque.

Elle ne s'intéresse qu'à ce qui doit être fait, et à ce qui peut être fait, mais pas à ce qui doit être fait. Le monde de l'action a ses propres rythmes organiques, et les idéologies appartiennent au monde de la pensée. Les idées vivantes nous intéressent, les idéaux avortés non.

Face à l'art, l'époque ne peut avoir qu'une seule attitude. Au mieux, nos efforts artistiques sont secondaires ; au pire, l'art a dégénéré en effroi et en chaos. Le vacarme massif n'est pas de la musique ; les cauchemars picturaux ne sont même pas des dessins et n'ont rien à voir avec l'art de la peinture. L'obscénité et la laideur ne sont pas de la littérature ; la propagande matérialiste n'est pas du théâtre ; les mots incohérents et décousus, jetés en désordre et concertés sur le papier ne sont pas de la poésie lyrique. Quelles que soient les missions artistiques que l'époque doit accomplir, elles seront menées à bien par des individus isolés, agissant tranquillement dans le cadre des vieilles traditions occidentales, qui ne se préoccuperont pas du tout des théories de l'art-journalisme.

À l'ère de l'action et de l'organisation, la pensée juridique connaît un nouveau développement. Le droit occidental ne restera pas à l'écart de la politique, avec ses formes de pensée de l'histoire et de la psychologie. Il sera entièrement renouvelé par ces idées, et son vieux matérialisme, en droit public, commercial et surtout pénal, sera entièrement écarté.

La technologie, et son serviteur la science, sont de la plus haute importance pour la civilisation occidentale dans sa phase actuelle. La technologie doit fournir à la politique occidentale un poing solide pour les luttes à venir.

Dans la structure sociale de la civilisation occidentale sera insufflé le principe d'autorité, supplantant le principe de richesse. Ce point de vue n'est pas du tout hostile à la propriété privée ou au leadership individuel ; il relève du sentiment négatif de haine et d'envie qui sous-tend la lutte des classes. L'Idée du vingtième siècle abolit la lutte des classes ainsi que l'idée que l'économie est la force déterminante de nos vies.

Dans le nouvel édifice, l'économie occupe la place des fondations, et sa force spirituelle en est déduite. Les fondations ne sont pas la partie importante d'une structure, mais une partie strictement secondaire. Mais à l'ère de l'action, la force économique est indispensable aux unités politiques. L'économie peut être une source de force politique et peut parfois servir d'arme dans la lutte pour le pouvoir. Pour ces raisons, le vingtième siècle ne négligera pas le développement de l'aspect économique de la vie, mais lui donnera un nouvel élan à partir de l'idée désormais dominante de la politique. Au lieu que l'économie soit le champ de bataille sur lequel les individus se battent pour un butin privé, elle est désormais un aspect fort et important de l'organisme politique qui est le gardien du destin de tous.

La vision du vingtième siècle sur les différentes directions de la pensée et de l'action n'est pas arbitraire, pas plus que ne l'était celle des époques précédentes. Beaucoup des meilleurs esprits du XIXe siècle étaient de tendance nihiliste, sensualiste, rationaliste, matérialiste, parce que c'était une époque de crise dans la vie de la culture, et que ces idées étaient l'esprit du temps. En même temps, l'idée du nationalisme politique allait de soi pour l'époque, mais c'était aussi un produit de la grande crise, c'est-à-dire une forme de maladie aussi destructrice que nécessaire.

Chaque conjoncture d'un événement organique offre un choix et une alternative. Le choix est de faire ce qui est nécessaire ; l'alternative est le chaos. Cela n'a rien à voir avec la logique des manuels ; cette logique n'est qu'un des innombrables produits de la Vie, et la Vie inventera toujours autant de logiques qu'elle en aura besoin, mais elle - la Vie - obéira toujours à une seule logique, la logique organique. Celle-ci ne peut être décrite par aucun système, mais elle peut être comprise par la pensée du Destin, seule forme de pensée utile à l'action. La vie va de l'avant, ou elle ne va nulle part. S'opposer à l'esprit du temps, c'est vouloir le néant.

Dans le domaine de la théorie, cette époque a autant d'alternatives qu'il y a d'idéologues pour les imaginer. Dans les faits, elle n'a qu'un seul choix, qui lui a été tracé par la phase vitale de la civilisation et les circonstances extérieures dans lesquelles nous nous trouvons actuellement.

Nous savons que le passage d'une époque à l'autre est progressif, et nous savons aussi que même si elle s'est réalisée dans certaines directions, elle croit commencer dans d'autres. Ainsi, si la science en tant que discipline mentale a fait son temps, la science en tant que perspective populaire pour les fous et les stériles mentaux continue d'exister. Les meilleurs esprits ne sont plus concernés par le matérialisme, mais, à l'heure actuelle, ils n'occupent pas de postes de contrôle. L'Occident est dominé par le monde extérieur, lui-même contrôlé par des barbares et des déformateurs, au service desquels se trouvent les petits esprits d'Europe. Le matérialisme sert la grande cause de la destruction de l'Europe, et c'est pourquoi il est imposé à la population européenne par des forces extra-européennes.

Il y a deux façons de prendre conscience de notre grande tâche, de notre impératif éthique de nous réapproprier notre vie. D'abord, par notre sentiment intérieur, qui nous pousse à regarder les choses de cette façon, et d'aucune autre. Deuxièmement, par notre connaissance de l'histoire des sept grandes cultures précédentes, ont toutes traversé cette même crise, liquidant la longue crise de la civilisation précisément de la manière dont notre instinct nous dit qu'elle devrait être résolue.

II

Notre situation actuelle prend la forme d'une grande bataille ; une bataille qui nécessitera plus d'une guerre pour être résolue, mais qui peut aussi être résolue par un cataclysme soudain, totalement imprévisible pour nous, maintenant. À la surface de l'histoire, ce qui arrive est l'imprévu. Le mieux que l'être humain puisse faire est de se préparer intérieurement. En contradiction totale avec nos instincts, nos sentiments et nos idées, le XIXe siècle est assis sur le trône de l'Europe, regardant à l'écart, vêtu du linceul de la tombe et soutenu par des forces extra-européennes. Cela signifie que l'époque dans laquelle nous nous trouvons prend la forme d'un conflit profond et fondamental. Ces idées ne peuvent pas revivre ; leur suprématie signifie simplement l'étranglement des tendances jeunes et vivantes de la nouvelle Europe. Leur prédominance ne consiste qu'en une servitude forcée, un service de pure forme. Elles n'affectent pas la pensée de l'action, les rythmes organiques de l'époque ; elles ne sont que des instruments pour plier la volonté de l'Europe, la tenir entre les mains des pires éléments européens, qui occupent un pouvoir détenu par des baïonnettes extra-européennes.

Le conflit est très profond ; il affecte toutes les sphères de la vie. Deux idées s'opposent, non pas des concepts ou des abstractions, mais des idées qui étaient dans le sang des hommes avant d'être formulées par l'esprit des hommes. La résurgence de l'autorité s'oppose au pouvoir de l'argent ; l'ordre au chaos social ; la hiérarchie à l'égalité ; la stabilité socio-économique et politique à l'instabilité constante ; l'acceptation joyeuse des devoirs à la revendication gémissante des droits ; le socialisme au capitalisme, sur le plan éthique, économique et politique ; la résurrection de la religion au matérialisme ; la fécondité à la stérilité ; l'esprit d'héroïsme à l'esprit de commerce ; le principe de responsabilité au parlementarisme ; l'idée de la polarité de l'homme et de la femme au féminisme ; l'idée de la mission individuelle à l'idéal du "bonheur" ; la discipline à la coercition de la propagande ; les unités les plus élevées de la famille, de la société et de l'État à l'atomisme social ; le mariage à l'idéal communiste de l'amour libre ; l'autarcie économique au commerce vide de sens, considéré comme une fin en soi ; l'impératif interne au rationalisme.

Mais la plus importante de toutes les oppositions n'a pas encore été nommée ; le conflit qui résume tous les autres en lui-même. Il s'agit de la bataille de l'idée d'unité occidentale contre le nationalisme du XIXe siècle. C'est ici que s'affrontent les idées d'Empire et de petit étatisme, de grand espace et de provincialisme politique. Ici s'opposent la misérable collection des patriotes d'hier et les gardiens de l'Avenir. Les nationalistes d'hier ne sont que les marionnettes des forces extra-européennes qui dominent et divisent l'Europe. Pour les ennemis de l'Europe, il ne doit pas y avoir de rapprochement, de compréhension, d'union des anciennes unités de l'Europe en une nouvelle unité, capable de mener à bien la politique du XXe siècle.

Dans les sept Hautes Cultures précédentes, la période de la maladie nationaliste a été liquidée par le développement du sentiment de la totalité de la Civilisation. Les guerres n'ont pas manqué de l'accompagner, car le Passé a toujours combattu et combattra toujours l'Avenir. La vie est une guerre, et le désir créateur provoque l'opposition des esprits négatifs, dont l'existence est liée au passé dans lequel ils s'enfoncent. La division de la Civilisation a été, dans chaque cas, résolue par la réunion de la Civilisation, la réaffirmation de son exclusivité et de son unité anciennes et originelles. Dans tous les cas, le mini-étatisme a succombé et l'Empire est apparu. L'idée d'Empire était si forte qu'aucune force intérieure ne pouvait s'y opposer avec quelque chance de succès.

Le nationalisme lui-même, en Europe, est devenu la nouvelle idée de l'Empire après la Première Guerre mondiale, le début de notre époque. Dans tous les pays occidentaux, les "nationalistes" étaient ceux qui s'opposaient à une nouvelle guerre européenne et souhaitaient un règlement politique général en Europe pour éviter qu'elle ne sombre dans la poussière dans laquelle elle se débat aujourd'hui. Ils n'étaient donc pas des nationalistes, mais des impérialistes occidentaux. En revanche, les "internationalistes" sont ceux qui veulent provoquer des guerres entre les États européens d'hier, afin de saboter la création de l'Empire occidental. Ils le haïssaient parce que, d'une manière ou d'une autre, ils y étaient étrangers ; certains parce qu'ils étaient totalement étrangers à la culture occidentale, d'autres parce qu'ils étaient incurablement possédés par toute idéologie qui haïssait la forme nouvelle, vitale et masculine de l'Avenir, et préférait l'ancienne conception de la Vie consistant à courir après l'argent, à dépenser de l'argent, à haïr la vie forte et élevée, et à aimer la faiblesse, la stérilité et la stupidité.

C'est ainsi que les forces extra-européennes, alliées à des éléments traîtres à l'Europe, ont réussi à déclencher une Seconde Guerre mondiale qui a brisé, au moins superficiellement, le puissant développement de l'Empire occidental. Mais la défaite n'était, et n'aurait dû être, que superficielle, car l'impulsion décisive, comme ce siècle ne le sait que trop bien, vient de l'intérieur, de l'impératif intérieur, de l'âme. Faire échouer superficiellement l'actualisation d'une idée historiquement essentielle, c'est la renforcer. Son énergie, qui aurait été diffusée à l'extérieur dans l'expression de soi, est retirée à l'intérieur et concentrée sur la tâche essentielle de la libération spirituelle. Les matérialistes ne savent pas que ce qui ne détruit pas renforce, et ils ne peuvent pas détruire cette Idée. L'Idée utilise les hommes, mais les matérialistes ne peuvent pas utiliser l'Idée, ni lui nuire.

Tout ce travail n'est rien d'autre qu'une conception de l'Idée de cette époque, une représentation de ses fondements et de son universalité, et chaque racine spirituelle de celle-ci sera retracée jusqu'à ses origines et sa nécessité. Mais il faut mentionner ici que l'idée d'une Europe universelle, d'un Empire occidental, n'est pas nouvelle, mais constitue la première forme de notre Culture, comme elle l'a été pour les Cultures précédentes. Pendant les cinq premiers siècles de notre culture, il y avait un peuple universel d'Occident, dans lequel les différences locales comptaient très peu. Il y avait un empereur-roi universel, souvent contesté, mais jamais renié. Il y avait un style universel, le gothique, qui inspirait et façonnait toutes sortes d'art, du mobilier aux cathédrales. Il y avait un code de conduite universel, la chevalerie occidentale, avec ses impératifs d'honneur pour chaque situation. Il y avait une religion universelle et une Église universelle. Une langue universelle, le latin, et un droit universel, le droit romain.

La désintégration de cette unité a été lentement progressive à partir de 1250, mais n'a été pleinement réalisée, même à des fins politiques, qu'à l'âge du nationalisme politique, vers 1750, lorsque les Occidentaux, pour la première fois, se sont permis d'utiliser des barbares contre d'autres nations occidentales.

Aujourd'hui, alors que nous entrons dans la dernière phase de la civilisation, l'idée d'une Europe universelle, d'un Empire de l'Occident au XXe siècle apparaît à nouveau comme l'idée simple, grandiose et formatrice de l'époque. La manière dont la tâche se présente est politique. L'établissement de cet Empire est une question de pouvoir, car de puissantes forces extra-européennes s'y opposent, et ces forces ont divisé entre elles le sol de notre Culture.

III

L'Empire d'Occident est un développement auquel aucune force européenne interne n'a pu opposer qu'une faible résistance, mais son établissement est maintenant entravé par l'intervention décisive de forces extérieures à la vie occidentale. Il s'agit donc d'un combat politico-spirituel, dont le moteur est l'idée de l'unité de l'Occident. À l'heure actuelle, l'existence de l'Occident en liberté pour son auto-développement est fonction de la répartition du pouvoir dans le monde.

L'époque est politique à un degré et dans un sens qu'aucune autre époque en Occident n'a connu. C'est l'époque de la politique absolue, car toute la forme de notre vie est désormais fonction du pouvoir.

Pour être efficace, l'action doit s'inscrire dans un cadre spirituel. Comme l'a dit Goethe, "Une activité illimitée, dans quelque domaine que ce soit, conduit finalement à la faillite". Notre action ne doit pas être aveugle. Notre stock d'idées doit être tel que nous puissions l'utiliser à notre avantage. Il doit être libre de toute idéologie, de toute économie, de toute biologie, de toute morale. Elle découle directement du sens des faits dont notre époque se réclame.

Les universités et la plupart des livres proposent des méthodes démodées pour appréhender le paysage politique. On enseigne encore qu'il existe différentes "formes de gouvernement", qui peuvent être transposées d'une unité politique à l'autre. Il y a le républicanisme, la démocratie, la monarchie, etc. Certaines de ces "formes" sont présentées comme "bonnes", d'autres comme "mauvaises". Mieux vaut une Europe occupée par les barbares qu'un Empire occidental sous une "mauvaise" "forme de gouvernement". Il vaut mieux manger les rations que Moscou et Washington autorisent que d'avoir une Europe fière et libre avec un "mauvais" gouvernement.

C'est un véritable abîme de stupidité. Un tel niveau de bêtise ne peut être atteint que par des idéologues sans âme et sans intelligence.

Ce genre de chose est la "politique du livre", et son origine réside dans le fait que le mot politique a deux significations : il signifie l'activité du pouvoir, et il a également le sens dans le dictionnaire d'une branche de la philosophie. Si l'on entend par politique une branche de la philosophie, d'accord. Dans ce cas, il peut devenir ce que l'on veut : dans le monde de la philosophie, c'est la carte blanche qui règne. Mais le vrai sens du mot politique est l'activité du pouvoir, et en ce sens la vie des actes est elle-même politique. En ce sens, les actes dirigent la politique, et la réalisation des actes est la tâche de la politique. C'est le seul sens possible du mot pour le vingtième siècle, et ce moment le plus grave de notre vie culturelle exige la plus grande clarté d'esprit chez les hommes actifs afin qu'ils soient complètement libérés de toute trace d'idéologie, qu'elle vienne de la logique, de la philosophie ou de la morale.

Nous sommes donc confrontés à une vision de la politique qui répond aux exigences internes de l'époque de la politique absolue.

II - LÀ TOUR DE GUET POLITIQUE DU 20EME SIECLE

> "Les hommes sont écœurés par l'économie de l'argent. Ils espèrent trouver le salut ailleurs ou d'une autre manière, dans quelque chose de réel, d'honneur et de chevalerie, de noblesse intérieure, d'abnégation et de devoir".
>
> SPENGLER

> "Le temps de la petite politique est révolu ; le prochain siècle nous apportera la lutte pour la domination du monde : la ruée vers la grande politique".
>
> NIETZSCHE, 1885

1. Introduction

La répartition du pouvoir au cours des deux premières guerres mondiales a été grotesque. Dans les deux cas, le point de vue du 19e siècle a apparemment été victorieux. En apparence, il en a été ainsi, mais en réalité, une telle chose est impossible. En raison de la nature organique d'une culture, ainsi que des nations créées par elle, le passé ne peut pas triompher de l'avenir ; dans la vie organique, les alternatives sont toujours deux, et seulement deux : soit le développement en avant, soit la maladie et l'extinction.

La civilisation occidentale ne s'est pas éteinte avec ces formidables conflits, bien que son existence ait été, politiquement parlant, au plus bas.

La première des guerres mondiales a créé un monde nouveau. Les anciennes idées sur l'histoire, la politique, la guerre, les nations, l'économie, la société, la culture, l'art, l'éducation, l'éthique, ont été balayées. Les nouvelles idées sur toutes ces choses n'étaient cependant possédées que par les meilleurs cerveaux d'Europe, la petite couche porteuse de culture. Malheureusement, les dirigeants politiques de l'Europe au lendemain de la Première Guerre mondiale - à une exception près - n'appartenaient pas à cette strate.

Le deuxième de la série est né du fait que l'ensemble de l'Europe n'était pas encore sous l'empreinte de la nouvelle idée, de la perspective globale du 20ème siècle. La moitié de l'Europe était encore livrée au jeu démodé et fatal du miniestatisme. Les dirigeants responsables d'un tel état de fait représentaient ce que Goethe avait à l'esprit lorsqu'il disait : "La chose la plus terrible au monde, c'est l'ignorance en action". L'Europe n'a pas encore payé tout le prix de la malveillance et de la stupidité de ces dirigeants. Nietzsche avait souhaité que l'attitude menaçante de la Russie prenne une telle ampleur qu'elle oblige l'Europe à s'unir, à abandonner le triste jeu du nationalisme politique, du petit étatisme. C'est ce qui s'est produit, non seulement sur le plan politique, mais aussi sur le plan culturel ; la Russie s'est détachée de l'Europe et est retournée en Asie, d'où Pierre le Grand l'avait emmenée. Mais l'Europe a continué, se livrant au jeu répugnant des frontières et des coutumes, des petits plans, des petits projets, des petits secrets, même après avoir contemplé le spectacle de la révolution bolchevique. Nietzsche avait supposé dans sa pensée que des gens intelligents se retrouveraient à la tête de l'Europe ? mais il avait oublié de le souhaiter. Les lecteurs de l'an 2000 auront du mal à croire qu'en 1947, un candidat aux élections françaises a fondé son programme politique sur un plan visant à sécuriser la France face à l'Allemagne, ou qu'en 1947 également, l'Angleterre et la France ont signé à Dünkirchen un traité d'alliance contre l'Allemagne. L'Amérique et la Russie ont permis à ces deux puissances politiques d'hier de signer ce traité inoffensif, qui ne pouvait en rien affecter les plans des extra-européens de Moscou et de Washington, parce qu'il n'était pas tourné vers l'avenir, ni même vers le présent, mais seulement vers le passé. Est-il possible que les personnes qui ont préparé et signé ce traité aient été sous l'effet d'une hallucination collective, se croyant en 1750, en 1850 ou dans n'importe quel autre siècle ? Lorsque les hommes politiques tombent dans la confusion, leurs pays doivent en souffrir.

De telles choses n'auraient pas pu se produire, l'Europe n'aurait pas pu tomber si bas, si le nouveau concept de politique, le concept organiquement nécessaire, avait été clairement présent dans la strate dirigeante de chaque pays européen. Ce nouveau concept, qui devient automatiquement le point de vue de tous ceux qui le comprennent, est formulé ici pour la première fois dans son intégralité.

Le mot même de "politique" a fait l'objet, dans l'histoire récente, d'un profond malentendu. Il y a deux raisons à cela : d'abord, l'obsession économique des nations de notre civilisation au cours du XIXe siècle ; ensuite, l'influence déformante de la culture américaine dans certaines régions d'Europe. L'obsession économique a progressivement conduit à considérer que la politique était démodée, qu'elle ne faisait que refléter les réalités économiques antérieures et qu'elle finirait par disparaître. La guerre en est venue à être considérée comme un anachronisme.

En Amérique, en raison des conditions particulières qui y prévalent, uniques dans l'histoire occidentale, le mot "politique" en est venu à signifier l'adhésion à un groupe ou à une idée pour un motif louche ou sournois. Les hommes politiques américains s'accusaient continuellement de faire de la "politique". En réalité, cela signifie que la politique est considérée comme quelque chose d'inutile, de malhonnête, quelque chose qui peut et doit être supprimé. Telle était, en vérité, leur compréhension du mot.

Cette profonde ignorance de la politique en Europe est née de la période de paix extraordinairement longue entre les nations européennes, qui s'est déroulée entre 1871 et 1914. Cela semblait montrer que la guerre et la politique étaient terminées. L'idée était si profondément ancrée que 1914 ne semblait être que l'exception qui confirmait la règle. Dans les têtes faibles d'Europe et d'Amérique, il y avait également un besoin mental de considérer la guerre de 1914 comme la dernière guerre. L'année 1939 a également modifié ce point de vue. Il s'agissait à nouveau de la dernière guerre. Les personnes qui ont une telle vision des choses ne se sentent pas envahies par le besoin de considérer chaque guerre comme la dernière. Pour un idéologue, sa théorie est normative, ce sont les faits qui sont faux.

Le temps est venu de cesser de persister dans ce genre de tour de passe-passe mental. La politique n'est pas un sujet d'exercices logiques, mais un champ d'action pour l'Esprit du temps.

2. La nature de la politique

I

Tout d'abord, qu'est-ce que la politique ? C'est-à-dire la politique en tant que fait. La politique est une activité en relation avec le pouvoir.

La politique est un sujet en soi, le sujet du pouvoir. Il ne s'agit donc pas de morale, d'esthétique ou d'économie. La politique est un mode de pensée, comme le sont ces autres modes de pensée. Chacune de ces façons de penser isole une partie de la totalité du monde et la revendique pour elle-même. La morale fait la distinction entre le bien et le mal, l'esthétique entre le beau et le laid, l'économie entre l'utile et l'inutile (dans sa phase ultérieure purement commerciale, entre le rentable et le non rentable). La politique divise le monde entier en amis et en ennemis. Ils expriment le plus haut degré possible de connexion, mais aussi le plus haut degré possible de séparation.

La pensée politique est aussi différente de ces autres formes de pensée qu'elles le sont entre elles. Elle peut exister sans elles, et elles sans elle. L'ennemi peut être bon, il peut être beau, il peut être économiquement utile, les affaires avec lui peuvent être rentables... mais si son activité de pouvoir converge avec la mienne, il est mon ennemi. C'est avec lui que des conflits existentiels sont possibles. Mais l'esthétique, l'économie, la morale n'ont rien à voir avec l'existence, mais seulement avec des normes d'activité et de pensée dans le cadre d'une existence assurée.

Si, en tant que fait psychologique, l'ennemi est facilement représenté comme désagréable, nuisible et mauvais, cela est en tout cas subsidiaire à la politique et ne détruit pas l'indépendance de la pensée et de l'activité politiques. La disjonction politique, qui concerne l'existence, est la plus profonde de toutes les disjonctions et a donc tendance à rechercher toutes sortes de persuasions, de contraintes et de justifications pour poursuivre son activité. Ce phénomène est directement lié à la pureté de la pensée politique des dirigeants. Plus leurs concepts sont imprégnés d'idées morales, économiques ou autres, plus ils utiliseront la propagande pour atteindre leurs objectifs politiques. Il peut même arriver qu'ils ne soient pas conscients que leur activité est politique. De nombreux éléments suggèrent que Cromwell se considérait comme un "religieux" plutôt que comme un homme politique. On trouve une variante dans le journal français qui, en 1870, gratifiait l'esprit de guerre de ses lecteurs en espérant que les *poilus*[16] reviendraient de Prusse avec des wagons remplis de femmes blondes.

La propagande japonaise destinée à la population locale au cours de la Seconde Guerre mondiale, en revanche, mettait presque exclusivement l'accent sur la nature existentielle, c'est-à-dire purement politique, de la lutte. L'autre peut être laid, mauvais et nuisible et ne pas être un ennemi ; ou il peut être bon, beau et utile et être un ennemi.

---

[16] Les Poilus, nom populaire donné aux soldats français de la Première Guerre mondiale. (N. de la T.).

L'ami et l'ennemi sont des réalités concrètes. Ils ne sont pas figuratifs. Ils ne sont pas mélangés à des éléments moraux, esthétiques ou économiques. Ils ne décrivent pas une relation privée d'antipathie. L'antipathie n'est pas un élément nécessaire de la disjonction politique de l'ami et de l'ennemi. La haine est un phénomène privé. Si les hommes politiques inoculent à leur peuple la haine de l'ennemi, ils ne le font que pour leur donner un intérêt personnel dans la lutte publique, qu'ils ne ressentiraient pas autrement. Entre organismes extra-personnels, il n'y a pas de haine, même s'il peut y avoir des luttes existentielles. La disjonction amour-haine n'est pas politique et n'interfère à aucun moment avec la disjonction ami-ennemi. L'alliance n'est pas synonyme d'amour, tout comme la guerre n'est pas synonyme de haine. Une pensée claire dans le domaine de la politique exige au départ une forte faculté de dissociation des idées.

Le concept mondial du libéralisme, ici comme toujours et partout complètement émancipé de la réalité, prétendait que le concept d'ennemi décrivait soit un concurrent économique, soit un adversaire idéologique. Or, en économie, il n'y a pas d'ennemis, mais seulement des concurrents ; dans un monde purement moralisé (c'est-à-dire un monde où n'existent que des contrastes moraux), il ne pourrait y avoir d'ennemis, mais seulement des adversaires idéologiques. Le libéralisme, fort de la rare et longue paix de 1871-1914, a annoncé que la politique était atavique, le dilemme ami-ennemi rétrograde. Cela appartient naturellement à la politique en tant que branche de la philosophie. Dans ce domaine, aucune erreur n'est possible, aucune accumulation de faits ne peut prouver qu'une théorie est fausse, car les théories priment sur les faits, l'Histoire n'est pas l'arbitre en matière de perspective politique, la Raison décide de tout, et chacun décide pour lui-même de ce qui est raisonnable. Nous ne nous occupons que des faits, et la seule objection que nous ferons à une telle vision, en dernière analyse, c'est qu'elle n'est pas factuelle.

Ennemi ne signifie donc pas concurrent. Il ne désigne pas non plus l'adversaire en général. Il désigne encore moins une personne détestée en raison de sentiments d'antipathie personnelle. La langue latine avait deux mots : "hostis", pour l'ennemi public, "inimicus", pour l'ennemi privé. Nos langues occidentales ne font malheureusement pas cette distinction importante. Le grec, lui, la faisait et établissait même une distinction profonde entre deux types de guerres : celles que menait contre d'autres Grecs et celles qu'il menait contre des étrangers à la culture, les barbares. Dans le premier cas, l'"agon" était à l'origine un concours pour un prix dans les jeux publics, et l'adversaire était l'"antagoniste". Cette distinction a de la valeur pour nous, car en comparaison avec les guerres de cette époque, les guerres intra-européennes des huit cents années précédentes étaient agonales. Lorsque la politique nationaliste est devenue prédominante dans la culture classique, avec les guerres du Péloponnèse, la distinction grecque est tombée en désuétude. Les guerres des XVIIe et XVIIIe siècles en Europe occidentale ont pris l'allure de concours pour un prix : le prix était généralement une étendue de territoire, un trône, un titre. Les participants sont des dynasties et non des peuples. L'idée de détruire la dynastie adverse n'est pas présente, et ce n'est que dans de rares cas que l'éventualité d'un tel événement se présente. Ennemi, au sens politique, signifie donc ennemi public. Il s'agit d'une inimitié illimitée, qui se distingue de l'inimitié privée. La distinction public-privé ne peut se faire qu'en présence d'une unité supra-personnelle. Lorsque celle-ci existe, elle détermine qui est ami et qui est ennemi, car aucune personne privée ne peut faire une telle distinction. Il peut haïr ceux qui s'opposent à lui, qui ne lui plaisent pas ou qui lui font concurrence, mais en même temps il ne peut pas les traiter comme des ennemis au sens illimité du terme.

L'absence de deux mots pour distinguer l'ennemi public de l'privé a également contribué à la confusion dans l'interprétation du passage biblique bien connu (Matthieu, 5-44 ; Luc, 6-27) "Aimez vos ennemis". Les versions grecque et latine utilisent ces mots pour désigner un ennemi privé. Et c'est bien de cela qu'il s'agit. Il s'agit évidemment d'une recommandation de mettre de côté la haine et la malignité, mais il n'est pas nécessaire de haïr l'ennemi public. La haine ne fait pas partie de la pensée politique. Toute haine dirigée contre l'ennemi public n'est pas politique et témoigne toujours d'une faiblesse de la situation politique interne. Ce passage biblique n'évoque pas l'amour de l'ennemi public, et pendant les guerres contre les Sarrasins et les Turcs, aucun pontife, saint ou philosophe ne l'a interprété de la sorte. Il ne conseille certainement pas la trahison sur la base de l'amour de l'ennemi public.

II

Tout groupement humain non politique, quel qu'il soit, juridique, social, religieux, économique ou autre, devient finalement politique s'il crée une opposition suffisamment profonde pour placer les hommes en face les uns des autres en tant qu'ennemis. L'État, en tant qu'unité politique, exclut par nature ce type d'opposition. Si, cependant, une division suffisamment profonde se produit dans la sphère d'un État, avec suffisamment de force pour diviser la population en amis et en ennemis, c'est la preuve que cet État, au moins temporairement, n'existe pas en fait. Il n'est plus une unité politique, et si des forces sont générées que l'État ne peut plus contrôler pacifiquement, il a cessé d'exister. Si l'État doit recourir à la force, cela prouve en soi qu'il existe deux unités politiques, c'est-à-dire deux États au lieu d'un seul qui existait à l'origine.

Cela soulève la question de la signification de la politique intérieure. Dans la sphère d'un État, nous parlons de politique sociale, de politique judiciaire, de politique religieuse, de politique des partis, etc. Il est évident qu'il s'agit là d'un autre sens du mot, puisqu'il n'envisage pas la possibilité d'un dilemme ami-ennemi. Il s'agit d'une unité pacifiée. De tels aspects de la politique ne peuvent être qualifiés que de "secondaires". L'essence de l'État est qu'il exclut, dans son domaine, la possibilité de deux groupes amis-ennemis. Ainsi, les conflits qui se produisent à l'intérieur d'un État sont, par leur nature même, limités, alors que les conflits véritablement politiques sont illimités. Bien entendu, chacune de ces luttes internes limitées peut devenir le centre d'un véritable dilemme politique, si l'idée qui s'oppose à l'État est suffisamment forte et si les dirigeants de l'État ont perdu confiance en eux. Dans ce cas, l'État disparaît. C'est la logique organique qui régit tous les organismes, les plantes, les animaux, les hommes, les Grandes Cultures. Soit ils sont fidèles à eux-mêmes, soit ils tombent malades ou meurent. Le point de vue logique et rationnel qui croit que tout ce qui peut être programmé de manière convaincante dans un système peut ensuite s'adapter à un organisme ne peut pas s'appliquer à eux. La pensée rationnelle n'est qu'une des diverses créations de la vie organique et ne peut, parce qu'elle est subsidiaire, inclure le tout dans son champ de contemplation. Elle est illimitée et ne peut agir que d'une certaine manière et sur des sujets adaptés à ce traitement. L'organisme est le tout et ne peut confier ses secrets à une méthode qu'il développe à partir de sa propre capacité créatrice pour résoudre les problèmes non organiques qu'il doit surmonter.

Les politiques secondaires peuvent souvent déformer les politiques essentielles.

Par exemple, la politique féminine de jalousie mesquine et de haine personnelle qui régnait à la cour de Louis XV a contribué à consacrer une grande partie de l'énergie politique française à la lutte relativement importante contre Frédéric, et très peu à la lutte plus importante contre l'Angleterre au Canada, en Inde et dans les océans. La Pompadour n'aimait pas Frédéric le Grand, et la France a payé un Empire pour le punir. Lorsque l'hostilité privée exerce de tels effets sur les décisions publiques, on peut parler de distorsion politique. Lorsqu'un organisme est dominé ou influencé par les conseils ou la force d'une puissance étrangère à la loi de son propre développement, sa vie est déformée, dénaturée. La relation entre une inimitié privée et une politique publique qui est circonstanciellement fausse est la même que celle qui existe entre l'étatisme européen mesquin et la civilisation occidentale. Le jeu collectivement suicidaire des politiques nationalistes a déformé le destin de l'Occident après 1900 au profit de forces extra-européennes.

III

La nature concrète de la politique est mise en évidence par certains faits linguistiques qui apparaissent dans toutes les langues occidentales. Invariablement, les concepts, les idées et le vocabulaire d'un groupe politique sont polémiques, propagandistes. Les mots "État", "classe", "roi", "société" ont tous un contenu polémique et une signification entièrement différente pour leurs partisans et leurs opposants. Dictature, État de droit, prolétariat, bourgeoisie... ces mots n'ont d'autre sens que purement polémique et l'on ne sait ce qu'ils signifient que si l'on sait qui les utilise, et contre qui. Pendant la Seconde Guerre mondiale, par exemple, les termes liberté et démocratie ont été utilisés pour qualifier tous les membres de la coalition anti-européenne, sans aucun respect pour la sémantique. Le mot "dictature" a été utilisé par la coalition extra-européenne pour qualifier non seulement l'Europe, mais aussi tout autre pays qui refusait de rejoindre la coalition. De même, le mot "fasciste" est utilisé comme un simple terme offensant, sans aucune base descriptive, tout comme le mot "démocratie" est un mot élogieux mais non explicatif. Dans la presse américaine, par exemple, pendant les guerres de 1914 et de 1939, la Russie est présentée comme une "démocratie". La dynastie des Romanov et le régime bolchevique étaient également démocratiques. Cela était nécessaire pour préserver l'image homogène de ces guerres que la presse avait présentée à ses lecteurs : il s'agissait d'une guerre de la démocratie contre la dictature ; l'Europe était la dictature, donc tout ce qui combattait l'Europe était une démocratie. De même, Machiavel définissait tout État qui n'était pas une monarchie comme une république, une définition controversée qui a perduré jusqu'à aujourd'hui.

Pour Jack Cade, le mot noblesse était un terme de damnation ; pour ceux qui ont écrasé sa révolte, il représentait tout ce qui était bon. Dans un traité juridique, le combattant de classe Karl Renner qualifie de "tribut" le loyer payé par le locataire au propriétaire. Dans le même ordre d'idées, Ortega y Gasset appelle la renaissance de l'autorité de l'État, des idées d'ordre, de hiérarchie et de discipline, une révolution des masses. Et pour un vrai combattant de classe, tout péon a une valeur sociale, mais un haut employé est un "parasite".

À l'époque où le libéralisme dominait la civilisation occidentale et où l'État était théoriquement réduit au rôle de "gardien de nuit", le mot "politique" a changé de signification fondamentale. Alors qu'il décrivait auparavant les activités de pouvoir de l'État, il désigne désormais les efforts déployés par les particuliers et leurs organisations pour occuper des postes au sein du gouvernement afin de gagner leur vie ; en d'autres termes, la politique en est venue à signifier la politique des partis. Les lecteurs de l'année 2050 auront du mal à comprendre ces relations, car l'ère des partis aura été aussi oubliée que la guerre de l'opium l'est aujourd'hui.

Toutes les agences de l'État étaient déformées, malades, en crise, et cette introspection en était un grand symptôme. La politique intérieure était censée être l'élément principal.

Si la politique intérieure était vraiment essentielle, cela aurait dû signifier que des groupes amis-ennemis pouvaient naître d'une question de politique intérieure. Si cela devait se produire, le résultat serait, dans le cas extrême, une guerre civile, la politique intérieure était en fait toujours secondaire, limitée, privée, non publique. L'affirmation même que la politique intérieure pourrait être essentielle était polémique : ce que l'on voulait dire, c'est qu'elle devait être sérieuse. Les libéraux et les guerriers de classe, à l'époque comme aujourd'hui, parlaient de leurs espoirs et de leurs désirs comme s'il s'agissait de faits, de quasi-faits ou de faits potentiels. Le seul résultat de la concentration de l'énergie sur des problèmes internes était d'affaiblir l'État dans ses relations avec les autres États. La loi de tout organisme ne permet que deux alternatives : soit l'organisme est fidèle à lui-même, soit il tombe malade ou meurt. La nature, l'essence de l'État est la paix intérieure et la lutte extérieure. Si la paix intérieure est perturbée ou rompue, la lutte extérieure est compromise.

Les modes de pensée organiques et inorganiques ne se croisent pas : la logique ordinaire de l'école, la logique des manuels de philosophie nous disent qu'il n'y a aucune raison pour que l'État, la politique et la guerre aient existé ou existent. Il n'y a aucune raison logique pour que l'humanité ne soit pas organisée en société, ou en entreprise purement économique, ou en vaste club de lecture. Mais les organismes supérieurs des États, et les plus élevés de tous, les Grandes Cultures, ne permettent pas aux philosophes d'exister ; en effet, la simple existence de ce type de rationaliste, l'homme émancipé de la réalité, n'est que le symptôme d'une crise d'une grande Culture, et quand la crise passe, les rationalistes passent avec elle. Que les rationalistes ne soient pas en contact avec les forces invisibles et organiques de l'Histoire est prouvé par leurs prédictions des événements. Avant 1914, ils affirmaient universellement qu'une guerre européenne généralisée était impossible. Deux classes différentes de rationalistes en donnaient deux raisons différentes. Les guerriers de classe de l'internationale disaient que le socialisme international rendrait impossible la mobilisation des "travailleurs" d'un pays contre les "travailleurs" d'un autre. L'autre classe - dont le centre de gravité est également l'économie, puisque le rationalisme et le matérialisme sont indissolublement liés - disait qu'une guerre générale ne serait plus possible parce que la mobilisation produirait une telle dislocation de la vie économique des pays que la banqueroute se produirait en l'espace de quelques semaines.

3. La symbiose guerre-politique

I

Nous en sommes arrivés à la relation entre la guerre et la politique. Nous ne nous proposons pas de traiter de la métaphysique de la guerre, mais de développer une perspective pratique sur les possibilités et les besoins de la guerre en tant que base d'action.

Tout d'abord, une définition : la guerre est une lutte armée entre des unités politiques organisées. Il ne s'agit pas de méthodes de lutte, les armes n'étant qu'un moyen de tuer. Ce n'est pas non plus une question d'organisation militaire ; ces éléments ne sont pas déterminants pour la nature interne de la guerre. La guerre est la plus haute expression possible du dilemme ami/ennemi. Elle donne sa signification pratique au mot "ennemi". L'ennemi est celui contre lequel nous faisons la guerre ou nous nous préparons à la faire. S'il ne s'agit pas d'une question de guerre, il ne s'agit pas d'un ennemi. Il peut s'agir d'un simple adversaire dans la course au prix, d'une personne sans principes, d'un simple opposant idéologique, d'un concurrent, de quelqu'un que nous trouvons détestable pour des raisons d'antipathie. Dès lors qu'il devient un ennemi, la possibilité, ou le fait, de la lutte armée, de la guerre, entre en jeu. La guerre n'est pas un "agon" et, par conséquent, les luttes armées entre les États de la culture occidentale jusqu'au milieu du XVIIIe siècle n'étaient pas des guerres au sens de ce mot au XIXe siècle ; elles étaient limitées dans leur objectif et leur étendue et par rapport à l'adversaire, elles n'étaient pas existentielles. Elles n'étaient donc pas politiques au sens du terme au XXe siècle ; elles n'étaient pas menées contre des ennemis au sens où nous l'entendons. Malheureusement, nos langues occidentales n'ont pas la précision que le grec avait à cet égard pour distinguer les luttes intra-hellénistiques, "agon", avec l'adversaire "antagoniste", d'une part, et les luttes contre les peuples non culturels, d'autre part, dans lesquelles l'adversaire, c'est-à-dire le Perse, était l'ennemi. Ainsi, les croisades étaient des guerres au sens le plus illimité du terme : le but spirituel profond était l'affirmation de la supériorité culturelle et de la vraie foi contre les païens. L'adversaire était un ennemi, dont l'unité ne devait pas perdurer s'il pouvait être vaincu. Cela n'excluait naturellement pas la magnanimité personnelle à l'égard des soldats ennemis, en raison de l'impératif intérieur d'honneur et de chevalerie.

L'honneur, dans les croisades, a empêché la mesquinerie personnelle, mais il n'a pas exclu la destruction totale de l'unité organisée de l'ennemi. Dans les luttes intra-européennes, l'honneur a empêché d'imposer à l'adversaire vaincu des conditions de paix trop dures, et il n'est venu à l'idée de personne de refuser à l'adversaire le droit d'exister en tant qu'unité organisée.

Au cours de l'histoire de notre culture, du pape Grégoire VII à Napoléon, la lutte contre un membre de la culture était limitée, mais lorsqu'elle était menée contre l'étranger, contre le non-membre de la culture, il s'agissait alors d'une véritable guerre illimitée.

Les guerres avant, après et en dehors d'une culture sont illimitées. Elles sont une expression plus pure du barbare en l'homme, parce qu'elles ne sont pas hautement symboliques. Elles sont spirituelles, car tout ce qui est humain est spirituel. L'esprit est essentiel, radical dans l'homme ; le matériel est le véhicule du développement spirituel. L'homme trouve une signification symbolique dans ce qu'il trouve autour de lui ; son expérience de ces symboles, ses actions et son organisation en fonction de ceux-ci, c'est ce qui fait de lui un homme, même s'il porte aussi en lui des instincts animaux. Naturellement, son âme, avec son symbolisme transformateur, change complètement l'expression de ces instincts, qui deviennent le service de l'âme et de son symbolisme. L'homme ne tue pas, comme le tigre, pour se procurer de la nourriture, il tue par nécessité spirituelle. Même les guerres développées entièrement en dehors d'une Grande Culture ne sont pas purement animales, entièrement dépourvues de contenu symbolique. Avec l'homme, ce serait impossible ; seul quelque chose de spirituel peut amener les masses sur le champ de bataille. Mais le symbolisme d'une Haute Culture est un grand symbolisme ; il unit le Passé, le Présent et l'Avenir et la totalité des choses, les fusionnant en un magnifique exploit dont on verra plus tard qu'il est devenu lui aussi un symbole. Comparés à ces grandes significations, à ce grand destin extra-personnel, les phénomènes humains extra-culturels semblent simplement zoologiques. Ainsi, en raison de leur faible contenu symbolique et de leur faible puissance spirituelle, ces guerres ne peuvent jamais approcher l'intensité, l'échelle ou la durée des guerres liées à une Haute Culture. La défaite est beaucoup plus facilement acceptée parce que seules les âmes de ceux qui sont touchés sont impliquées. Dans les guerres culturelles, en revanche, l'âme de la culture est présente, prêtant sa force invisible mais invincible à ceux qui sont à son service, et la lutte peut être soutenue pendant des années contre des adversaires numériquement très supérieurs. Quelques défaites et Gengis Khan aurait disparu. Mais il n'en aurait pas été de même pour Frédéric le Grand ou George Washington, parce qu'ils se sentaient porteurs d'une Idée, de l'Avenir.

On ne peut parler d'inimitié que s'il existe une possibilité de guerre. Une possibilité en fait, et non une simple éventualité. Il n'est pas non plus nécessaire que cette possibilité soit quotidienne et imminente. Il n'est pas non plus nécessaire que la porte des négociations soit fermée avant la possibilité d'une guerre pour que l'on puisse parler d'inimitié réelle.

Même dans les États en guerre, la vie n'est pas un bain de sang quotidien. La guerre est la plus grande intensification possible de la politique, mais il doit y avoir quelque chose de moins intense : la période de récupération, de négociation, de gouvernance, de préparation. Sans la paix, il n'y aurait pas de guerre et - ce à quoi les pacifistes n'ont jamais pensé - sans la guerre, il n'y aurait pas de paix dans le sens béat, rêveur et saccharine qu'ils donnent à ce mot. Toute l'énergie véhémente que la guerre consacre aux querelles supra-personnelles s'écoulerait dans des discordes domestiques d'un genre ou d'un autre, et la liste des victimes ne serait guère plus longue.

La relation entre la guerre et la politique est claire. Clausewitz, dans un passage généralement mal cité, a appelé la guerre "la continuation des relations politiques par d'autres moyens". Et nous disons généralement mal cité, car cela ne signifie pas que la lutte militaire est la continuation de la politique, car ce n'est pas le cas. La lutte a sa propre grammaire, sa propre tactique et sa propre stratégie. Elle a ses règles organiques et ses impératifs. Mais la guerre n'a pas de motivation propre, elle est fournie par la politique. Telle est l'intensité de la lutte politique, c' de l'inimitié, qu'est la guerre.

C'est en tenant compte de cette interrelation qu'un diplomate anglais a déclaré qu'un homme politique était mieux formé au combat qu'un soldat, parce que le premier combattait continuellement et le second seulement occasionnellement. On peut également noter que les soldats professionnels ont tendance à transformer une guerre en "agon" avant que cela n'arrive aux soldats politiques. Nous n'utilisons l'expression "soldat politique" que de manière ad hoc, pour désigner quelqu'un qui se bat par conviction plutôt que par profession.

Clausewitz a exprimé dans le même chapitre une description de la relation entre la politique et la guerre qui est valable en ce siècle : "Puisque la guerre appartient à la politique, elle s'adapte à son caractère. Lorsque la politique devient grande et puissante, il en va de même pour la guerre, qui peut alors s'élever jusqu'aux hauteurs où atteint sa forme absolue".

La guerre présuppose la politique, tout comme la politique présuppose la guerre.

La guerre détermine l'ennemi et le moment d'entrer en guerre. Ce ne sont pas des problèmes pour le soldat. Les armées doivent être prêtes à combattre n'importe quelle unité politique.

La guerre et la politique ne peuvent être définies en termes de finalité ou d'objectif mutuel. Il n'y a pas de sens organique à dire que la guerre est le but de la politique, ou la politique de la guerre. Ce n'est d'ailleurs pas possible. Chacun est la condition préalable de l'autre ; l'un ne peut exister sans l'autre. Une certaine politique peut aspirer à une certaine guerre, naturellement, mais aucune politique ne peut aspirer à la guerre en général.

L'éventualité de la guerre est ce qui donne à la pensée politique la marque qui la différencie des autres formes de pensée, telles que la pensée économique, morale, scientifique ou esthétique.

II

Si le dilemme ami-ennemi est l'essence de la pensée et de l'action politiques, cela signifie-t-il qu'il n'y a rien d'autre entre les deux concepts ? Non, la neutralité existe en tant que fait. Elle a ses propres règles et conditions d'existence. La culture occidentale a créé, dans le cadre de son droit international, une loi régissant la neutralité. La formulation de règles pour les neutres montre que ce qui est décisif, c'est le conflit, le dilemme ami-ennemi. Le problème d'un neutre est de savoir comment rester en dehors de la guerre ; le problème des autres n'est pas de savoir comment tenir le neutre à l'écart. Toute la pratique du droit de la neutralité dépendait de l'identité des belligérants. Si les grandes puissances sont en guerre, les neutres n'ont pratiquement aucun droit. Si les belligérants étaient de petites puissances et que les grandes puissances restaient neutres, les neutres avaient de nombreux droits.

Mais le point essentiel est que la neutralité en tant que politique entre dans le domaine des possibilités pratiques de la guerre et de la politique active. Un pays qui adopterait la neutralité comme mode d'existence cesserait d'exister en tant qu'unité politique. Il pourrait continuer à exister économiquement, socialement, culturellement, mais politiquement, il ne pourrait pas exister s'il était toujours neutre. Renoncer à la guerre, c'est renoncer au droit d'avoir un ennemi. Lorsqu'une puissance s'engage à faire la guerre dans une certaine éventualité, elle n'a pas adopté une neutralité totale. Ainsi, la neutralité de la Belgique au XIXe siècle n'était qu'un mot, et non un fait, car elle entretenait une armée, une représentation diplomatique à l'étranger, et concluait des accords militaires avec la France et l'Angleterre contre l'Allemagne. À partir du moment où un pays entretient une armée, il ne peut pas dire que sa politique nationale de base est la neutralité. Une armée est un instrument de politique, même s'il ne s'agit que d'une politique d'autodéfense. La politique et la neutralité s'excluent mutuellement, tout comme la neutralité et la continuité de l'existence s'excluent mutuellement. Nous avons ici un autre exemple du caractère polémique de tout langage politique : la neutralité a été utilisée comme un mot polémique par certains petits pays d'Europe. En effet, pour la seule raison de leur existence, ils ont servi les desseins politiques d'une moitié de l'Europe contre une autre moitié. Cette position, qui consiste à s'engager par sa seule existence dans un camp adverse, est qualifiée par ces pays de "neutralité". Ils savaient que leur politique compliquerait la guerre ; ils savaient de quel côté ils se trouveraient, et lorsque la guerre est survenue, ils ont proclamé haut et fort que leur "neutralité" avait été violée.

Renoncer à la politique - ce que signifie la neutralité totale - c'est renoncer à l'existence en tant qu'unité. Dans de nombreux cas, il dépend de la sagesse et de la volonté de la culture de s'unir à un autre pouvoir, en renonçant à une existence vide en tant qu'unité, une existence sans sens et sans avenir.

Outre la neutralité comme fait précaire pendant la guerre et la neutralité comme fraude polémique, il y a la neutralité qui découle de la poursuite réussie d'une guerre. C'est ce qui ressemble le plus à la vraie neutralité, car cela signifie que les puissances dans ce cas ont disparu des calculs des autres puissances, à moins que le pays en question ne soit attrayant comme butin ou comme champ de bataille. Dans ce cas, il doit choisir lui-même au profit de laquelle des deux parties belligérantes il abandonnera son indépendance. S'il ne le fait pas, le choix sera fait par d'autres en son nom. Une puissance qui, en raison de sa faiblesse économique, de sa petite taille ou de son âge avancé, n'est pas en mesure de faire la guerre, a renoncé à la guerre et est devenue neutre. Le fait qu'elle soit autorisée à poursuivre une existence posthume dépend entièrement de l'attrait de ses domaines. Pour les besoins de la haute politique, il n'est plus un facteur politique, mais un facteur neutre.

Le développement de techniques de guerre colossales a permis de constater que peu de puissances sont capables de résister ou de soutenir une guerre. Cela a conduit les rationalistes et les libéraux, confondant comme toujours leurs désirs avec la réalité, à annoncer que le monde devenait pacifique. Plus de guerres ni de politique - ils parlent de "politique de puissance", comme on parle d'esthétique du beau, d'économie de l'utile, de morale du bien, de religion de piété ou de droit - le monde est devenu neutre, les occasions de guerre disparaissent, les puissances politiques n'ont plus les moyens de se faire la guerre, etc. Ce n'est pas la guerre ou la politique qui disparaît, c'est la diminution du nombre de prétendants.

Un monde pacifique serait un monde où la politique n'existerait pas. Ce serait un monde dans lequel aucune différence humaine ne pourrait surgir qui opposerait les hommes les uns aux autres en tant qu'ennemis. Dans un monde purement économique, les hommes s'affronteraient, mais seulement en tant que concurrents. Si la morale était présente, les partisans des différentes théories s'affronteraient également, mais seulement dans des discussions orales. Les adeptes de l'une ou l'autre religion s'opposeraient également, mais uniquement par la propagande de leurs croyances respectives. Ce devrait être un monde dans lequel personne ne serait prêt à tuer ou, mieux encore, un monde si languissant, amorphe et terne que personne ne pourrait prendre quoi que ce soit au sérieux au point de tuer ou de risquer sa vie.

La seule conclusion qui s'impose est qu'un rationaliste, un libéral ou un pacifiste qui croit que la guerre peut disparaître ne comprend pas ce que signifie le mot guerre, sa coexistence réciproque avec la politique ou la nature de la politique en tant que disposition des hommes contre d'autres hommes en tant qu'ennemis. En d'autres termes, et pour le dire le plus simplement possible, ces personnes ne savent pas de quoi elles parlent. Ils veulent abolir la guerre par la politique, voire par la guerre. Si la guerre disparaissait et que la politique demeurait, alors ils aboliraient la politique par la guerre, ou peut-être par la politique. Confondre la virtuosité verbale avec la pensée politique, la logique avec les besoins spirituels, l'accident avec l'histoire. Quant aux forces supra-personnelles, elles n'existent pas, car on ne peut les voir, les peser et les mesurer.

III

Puisque la symbiose de la guerre et de la politique forme une catégorie de pensée propre, indépendante des autres modes de pensée, il s'ensuit qu'une guerre ne pourrait pas être menée avec une motivation purement non politique. Si une différence religieuse, un contraste économique, une disjonction idéologique devaient atteindre le degré d'intensité des sentiments qui fait que les hommes s'affrontent en ennemis, alors ils deviendraient politiques, et les unités formées seraient des unités politiques et seraient guidées par une manière politique de manœuvrer, de penser et d'évaluer, et non par une manière religieuse, économique ou toute autre manière de penser. L'économie pure ne pourrait pas déclencher une guerre, car toute guerre est antiéconomique. La religion pure ne pourrait pas déclencher une guerre, ni l'idéologie pure, parce que la guerre ne peut pas répandre la religion, elle ne peut pas convertir, mais peut seulement augmenter ou diminuer le pouvoir. Certes, des motifs autres que strictement politiques peuvent provoquer une guerre, mais la guerre les emporte avec elle, les englobe, et ces motifs disparaissent en elle. Le christianisme occidental a motivé des guerres, comme les croisades, mais ces guerres n'ont pas libéré les forces morales auxquelles le christianisme accorde une valeur positive. L'économie a motivé les guerres, mais le résultat immédiat de la guerre n'a jamais été le gain matériel.

C'est pourquoi les libéraux et les rationalistes se sont confortablement convaincus, avant 1914, que la guerre avait disparu parce qu'elle ne présentait aucune perspective de profit. Ils vivaient dans leur monde privé d'abstractions, où l'économie était le seul mobile du comportement humain, et où les forces invisibles et supra-personnelles n'existaient pas. Et 1914 ne leur a pas fait changer de théorie ; non, quand les faits et la théorie s'opposent, ce sont les faits qui doivent être révisés. 1914 leur a fait rectifier leur théorie : la Première Guerre mondiale a été une preuve supplémentaire de leur point de vue, car elle a montré qu'il était économiquement nécessaire que la guerre disparaisse. Ces gens ne savaient pas que la nécessité économique des êtres humains n'est jamais prise en compte par les forces supra-personnelles. Apparemment, ils n'ont pas compris la phrase de l'un des participants les plus éminents aux négociations d'avant-guerre de juillet 1914, dans laquelle il déclarait que tous les hommes d'État auxquels il était fait allusion se contentaient de pour se précipiter dans la guerre. Un simple regard sur les faits montre que les organismes supra-personnels ne font pas d'économie au sens où nous l'entendons, précisément parce qu'ils sont purement spirituels. Lorsque les populations d'une Culture se nourrissent elles-mêmes - c'est cela et rien d'autre qui constitue l'économie - elles nourrissent l'organisme le plus élevé, car les populations sont ses cellules. Ces cellules sont à l'âme supra-personnelle ce que les cellules d'un corps sont à l'âme humaine.

Une guerre fondée sur des motifs purement religieux, économiques ou autres serait aussi insensée qu'impossible. Des contrastes religieux naissent les catégories de pensée du croyant et du non-croyant ; des contrastes économiques, celles du partenaire et du concurrent ; des contrastes idéologiques, celles de l'accord et du désaccord. Ce n'est que des contrastes politiques que naissent les groupes amis-ennemis, et ce n'est que de l'inimitié que peut naître une guerre. L'inimitié peut naître ailleurs - la haine personnelle du favori d'un dirigeant a même provoqué l'inimitié entre des États occidentaux - mais lorsqu'il s'agit d'inimitié, elle est déjà politique. Bien que l'inimitié puisse avoir pour origine un contraste religieux, lorsqu'elle conduit à la guerre, on se battra contre les croyants ou on acceptera l'aide des non-croyants. La guerre de Trente Ans en est un exemple. Même si l'économie est à l'origine de l'inimitié, une fois qu'elle atteint l'intensité de l'inimitié, on se bat sans se soucier des conséquences économiques du combat, mais seulement des conséquences politiques.

D'autres catégories de pensée prétendent qu'elles devraient le monopole de la pensée, que le politique devrait leur être soumis. Le concept de politique du 20e siècle se contente de constater que ce n'est pas le cas. D'un point de vue esthétique, la guerre et la politique peuvent être laides ; d'un point de vue économique, elles peuvent être coûteuses ; d'un point de vue moral, elles peuvent être mauvaises ; d'un point de vue religieux, elles peuvent être un péché. Ces points de vue sont toutefois neutres du point de vue politique, qui tente d'abord de fixer les faits, puis de les changer, mais ne prétend jamais les évaluer selon un système de valeurs non politiques. Certains hommes politiques le font, c'est vrai. Les hommes politiques anglais en particulier, après Cromwell, se sont sentis obligés de présenter chacune de leurs guerres comme quelque chose de directement lié christianisme ; même une guerre qui a planté le marteau et la faucille au cœur de l'Europe était une guerre pour le christianisme. Mais cela n'a pas d'incidence sur ce que je dis ici, car de telles choses n'affectent que le vocabulaire, mais pas les faits ou l'action. L'utilisation d'une terminologie ou d'une propagande politique ne peut pas dépolitiser la politique, pas plus que l'utilisation d'une terminologie pacifiste ne peut "débelliciser" la guerre.

Les hommes politiques ne sont généralement pas plus purs dans leurs pensées que les autres hommes. Même un saint commet des péchés, même un savant a ses superstitions privées, l'homme le plus spirituel a ses défauts mécanistes, même un libéral peut avoir ses petits traits d'instinct animal qui, lorsqu'ils se déchaînent, peuvent provoquer une guerre sanglante, à l'issue de laquelle il peut chercher à exterminer les êtres humains qui formaient la population de l'ennemi vaincu.

De même qu'une guerre ne peut être purement économique, religieuse ou morale, il s'ensuit qu'une guerre ne peut être justifiée politiquement par aucune autre catégorie. Les philosophes scolastiques ont présenté les conditions éthico-religieuses d'une guerre juste. Saint Thomas d'Aquin les a formulées d'une manière conforme à la pensée éthico-religieuse. Cependant, d'un point de vue politique, le critère de justification est complètement différent. Naturellement, il est clair que le mot justification est inapproprié, car ce mot appartient à l'origine à la pensée morale et non à la pensée politique. Il ne faut donc pas interpréter comme une invasion du domaine de la morale l'emploi du mot justification dans ce cas, car ce qu'il signifie, c'est l'opportunité, la convenance, l'avantage, et ils sont certainement contenus dans le sens secondaire du mot justification. Or, dans ce sens pratique et politique, quelles sont les guerres justifiées ? La politique est une activité liée au pouvoir. Les unités engagées dans la politique peuvent gagner du pouvoir ou le perdre. L'instinct et la compréhension les poussent à chercher à accroître leur pouvoir. La guerre est la méthode la plus intense pour tenter d'accroître le pouvoir. Par conséquent, une guerre à l'issue de laquelle la possibilité d'accroître le pouvoir n'est pas prévisible n'est pas politiquement justifiable. C'est ce que le mot succès signifie dans ce cas : que l'augmentation du pouvoir est le résultat de la guerre. Lorsqu'une diminution du pouvoir est le résultat de la guerre, la guerre n'a pas réussi.

IV

Les mots défaite et victoire peuvent avoir deux significations : militaire et politique. Bien que les armées sur le champ de bataille puissent être du côté des vainqueurs, il est possible que l'unité à laquelle elles sont censées appartenir sorte de la guerre avec moins de pouvoir qu'elle n'en avait au moment où elle y est entrée. Je dis "censée appartenir" pour la raison que lorsqu'une unité politique se trouve dans une situation où même une victoire militaire signifie une défaite politique, elle n'est pas, dans la réalité politique, une unité indépendante. Ainsi, s'il n'y avait que deux puissances dans le monde, celle qui remporte la victoire militaire dans une guerre remporterait nécessairement aussi la victoire politique. Il n'y a pas d'alternative. Mais s'il y avait plus de deux puissances engagées dans une guerre, et qu'une victoire militaire était remportée, une ou plusieurs puissances devraient avoir remporté la victoire politique, c'est-à-dire avoir accru leur pouvoir. Ainsi, si une puissance, bien qu'elle ait été du côté des vainqueurs sur le plan militaire, se révèle moins puissante à la fin de la guerre, c'est qu'elle s'est en fait battue pour la victoire politique d'une autre puissance. En d'autres termes, elle n'était pas une unité indépendante, mais était au service d'une autre unité.

Pour parler de manière spécifique, plutôt qu'en termes généraux : après la Première Guerre mondiale, l'Angleterre, bien qu'elle ait été du côté des vainqueurs sur le plan militaire, était plus faible sur le plan politique, c'est-à-dire qu'elle avait moins de pouvoir après la guerre qu'avant. Lors de la guerre de Succession d'Espagne, la France est sortie de la guerre plus faible qu'elle n'y était entrée, bien qu'elle ait remporté la victoire militaire.

Mais entre les deux sens des mots victoire et défaite, il y a un ordre : le sens politique est premier, car la guerre elle-même est subsidiaire à la politique. Tout homme politique préfère une défaite militaire doublée d'une victoire politique à l'inverse. Malgré la défaite militaire de la France lors des guerres napoléoniennes, Talleyrand a négocié une victoire politique pour la France au Congrès de Vienne. Dire qu'une unité a remporté une victoire militaire tout en subissant une défaite politique est une autre façon de dire que l'adversaire militaire n'était pas le véritable ennemi. Un véritable ennemi est celui que l'on peut vaincre et qui permet d'accroître sa propre puissance.

C'est à l'homme politique de déterminer contre qui il doit se battre, et s'il choisit comme ennemi une unité aux dépens de laquelle il ne pourrait pas gagner, même dans l'éventualité d'une victoire militaire, c'est que cet homme politique était incapable. Il a pu être simplement stupide ; il a pu poursuivre une politique parasitaire privée, utilisant la vie de ses compatriotes pour la réalisation de ses antipathies personnelles, comme le Graf Brühl dans la guerre de Sept Ans ; il a pu être un déformateur culturel représentant une force extérieure n'appartenant pas à la Nation, ni même à la Culture.

Un tel homme politique peut aussi être un traître qui se vend pour des considérations économiques privées, comme les Polonais qui ont disparu lors de la déclaration de guerre de 1939 et dont on n'a plus jamais entendu parler.

Mais si l'on met de côté la question de savoir pourquoi un homme politique choisit comme ennemi une unité qui n'était pas un véritable ennemi, il n'en reste pas moins que, ce faisant, il abdique la souveraineté de son État en la mettant au service d'un autre État.

Un exemple classique de cette situation dans l'histoire récente est, bien sûr, la participation de la Grande-Bretagne à la Seconde Guerre mondiale. L'Angleterre était du côté des vainqueurs sur le plan militaire, mais a subi une défaite totale sur le plan politique. Dès le début de la guerre, un député britannique a pu déclarer que l'Angleterre était apparemment une dépendance de l'Amérique. À la fin de la guerre, la puissance et le prestige de l'Angleterre avaient tellement diminué qu'elle a dû abandonner l'Empire. Les vainqueurs sont des puissances non européennes. L'Angleterre a participé à la Seconde Guerre mondiale et a donné sa vie et ses efforts pour la victoire politique des autres. Ce n'était pas la première fois dans l'histoire, et ce ne sera pas la dernière, mais en raison de son ampleur, elle restera à jamais un exemple classique.

Une petite île de quelque 242 000 kilomètres carrés, avec une population de seulement 40 000 000 d'habitants, contrôlait, en 1900, 17/20 de la surface de la terre. Cela comprenait toutes les mers, dont l'Angleterre était le maître incontesté, en ce sens qu'elle pouvait en interdire le transit à toute autre puissance. En moins de 25 ans, soit après la Première Guerre mondiale (1914-1918), l'Angleterre a perdu sa suprématie navale, sa puissance commerciale et sa position d'arbitre en Europe, en ce sens qu'elle pouvait empêcher toute puissance de prendre la prééminence. En moins de 50 ans, soit après la Seconde Guerre mondiale, 1939-1945, tout a été perdu, l'Empire mais aussi l'indépendance de la patrie. La leçon à tirer est qu'une structure construite au fil de siècles de guerres, de bains de sang et de la haute tradition politique consistant à toujours choisir comme ennemi celui dont la défaite augmenterait l'Empire britannique peut être perdue en une ou deux guerres contre une puissance qui n'était pas un véritable ennemi.

En 1939, il ne pouvait y avoir de divergence d'opinion entre les penseurs politiques sur le fait que la Grande-Bretagne ne pouvait pas avoir d'ennemi en Europe, puisque les puissances extra-européennes, le Japon, la Russie et l'Amérique étaient devenues décisives dans la politique mondiale. Mais en 1946, pouvait y avoir de différence d'opinion à cet égard entre les êtres humains partout dans le monde, qu'ils soient ou non capables de pensée politique. Sauf toujours pour les libéraux, bien sûr, qui évoluent dans les théories et non dans les faits. En effet, même après cette guerre désastreuse, les libéraux, les déformateurs culturels et les personnes stupides en Angleterre ont continué à se réjouir de la "victoire" de l'Angleterre. D'un point de vue politique, le fait le plus encourageant pour l'avenir de l'Angleterre dans la période d'après-guerre a été le retrait des forces d'occupation extra-européennes de l'île. Ainsi, nous avons vu une fois de plus la nature existentielle des alternatives organiques : une unité politique peut combattre un ennemi réel, sinon elle perdra. De même, une unité politique qui ne combat pas un ennemi réel est au service d'une autre puissance... il n'y a pas de juste milieu. Si une unité ne se bat pas pour elle-même, elle se bat contre elle-même. La formulation la plus large de ce raisonnement est la suivante : un organisme doit être fidèle à sa propre loi interne d'existence, sinon il se dégrade et périt. La loi interne d'un organisme politique est qu'il doit accroître son propre pouvoir ; c'est la seule façon dont il peut se comporter face au pouvoir. S'il tente d'accroître le pouvoir d'un autre organisme, il se nuit à lui-même ; s'il tente simplement d'empêcher un autre organisme d'accroître son pouvoir, il se nuit à lui-même ; s'il consacre toute son existence à bloquer un autre organisme, indépendamment de son propre succès dans cet objectif négatif, il se détruira lui-même.

La France, à partir de 1871, est un exemple de ce dernier cas. L'idée même de l'existence de la France en tant qu'État était de bloquer et de frustrer un État voisin. Le slogan qui inspirait cette idée était Révanche. Cette idée a été suivie pendant des décennies et, ce faisant, la puissance française a été détruite. Une telle politique n'aurait pas pu naître dans un organisme sain.

4. Les lois de la totalité et de la souveraineté

Les lois organiques de souveraineté et de totalité se réfèrent à toutes les unités politiques sans exception. Elles décrivent toute unité, quelle que soit sa provenance, qui atteint le degré d'intensité d'expression dans lequel elle participe à un dilemme ami-ennemi. La totalité se réfère à la fois aux décisions au sein de l'organisme et aux personnes au sein de l'organisme lui-même. Toute décision au sein de l'organisme est soumise à une détermination politique, car toute décision est potentiellement politique. Chaque personne dans l'organisme est existentiellement contenue dans cet organisme. À chaque moment important, la souveraineté dicte à l'organisme la décision à prendre. Ces deux lois sont existentielles, comme toutes les conditions organiques : soit l'organisme leur est fidèle, soit il est confronté à la maladie et à la mort. Ces lois seront expliquées.

Premièrement, la loi de la totalité : tout contraste, opposition ou hostilité entre des groupes au sein d'un organisme peut devenir de nature politique s'il atteint le point où un groupe ou une unité estime qu'un autre groupe, une autre classe ou une autre strate est un véritable ennemi. L'émergence d'une telle unité au sein d'un organisme peut entraîner une guerre civile ou une crise grave au sein de l'organisme, qui l'expose à des dommages ou à l'extinction de l'extérieur. Par conséquent, tout organisme, du fait de son existence, a pour caractéristique d'assumer le pouvoir sur la détermination de toutes les décisions. Cela ne signifie pas qu'il planifie toute la vie de la population : économique, sociale, religieuse, éducative, juridique, technique, récréative. Cela signifie simplement que toutes ces choses sont soumises à la détermination politique. Beaucoup de ces choses sont neutres pour certains États, mais présentent un intérêt pour d'autres. Mais toutes les agences interviendront lorsqu'un groupe national deviendra le centre d'un dilemme ami-ennemi. Cela s'applique à tous les types d'unités politiques, quelle que soit la manière dont elles formulent leur constitution écrite, si tant est qu'elles en aient une.

La loi de Totalité affecte les individus en les intégrant existentiellement dans la vie de l'organisme. La politique inscrit la vie de chaque individu dans l'unité politique en question. Elle exige, du fait même de son existence, que tous les individus se mettent au service de son développement, même au péril de leur vie. D'autres groupes peuvent exiger un tribut, une participation régulière à des réunions, un investissement en temps dans des projets de groupe.

Mais s'ils exigent - et cette loi organique de la totalité est si fondamentale - que le membre expose sa vie au profit du groupe, alors ils deviennent politiques. Le professeur français de droit public Haurion disait que le propre d'une unité politique est d'intégrer entièrement l'individu, alors que les groupes non politiques ne l'intègrent que partiellement.

Il s'agit, en d'autres termes, de la loi de la totalité. La pierre de touche pour déterminer si un groupe est politique ou non est de savoir s'il exige ou non un serment existentiel.

Si un groupe exige un tel serment de ses membres, il est politique. Cette loi de Totalité, il n'est pas nécessaire de le préciser, n'est en rien dérivée du service militaire obligatoire. Le service militaire obligatoire ne dure que quelques siècles dans une grande culture, alors que la loi de la totalité décrit cette même culture lorsqu'elle est constituée en organisme politique et, pendant la période de concentration de la politique dans les États-cultures, définit chaque État individuel. Comme toutes les lois organiques, elle est existentielle : si une force interne peut la remettre en cause, l'organisme est malade ; si la remise en cause réussit, l'organisme est en crise grave et peut être anéanti. Dans tous les cas, son unité sera temporairement en suspens, avec la possibilité d'être divisée entre des puissances extérieures.

La loi de souveraineté est la nécessité interne de l'existence organique qui fixe les décisions à chaque moment important pour l'organisme, empêchant tout groupe interne de prendre les décisions. Un moment important est celui qui affecte l'organisme dans son ensemble, sa position dans le monde, son développement, le choix de ses alliés et de ses ennemis, la décision de la guerre et de la paix, sa paix intérieure, son droit interne inaliénable de régler ses différends. Si l'un de ces éléments peut être contesté, c'est que l'organisme est malade. Dans un organisme sain, cette souveraineté est absolument incontestée et peut le rester pendant des siècles. Mais une nouvelle époque, avec des intérêts renouvelés, peut faire apparaître des contrastes que les dirigeants ne comprennent pas ; ils peuvent se tromper et être contraints d'agir de manière défensive dans le cadre d'une guerre civile. La remise en cause de la souveraineté de l'agence a été le premier symptôme de la crise. Si le corps survit à la crise, les nouveaux dirigeants du même corps seront les foyers de la même souveraineté.

Or, il vient d'être fait allusion à un fait important : ce ne sont pas les gouvernants qui sont souverains au sens de cette loi. Leurs pouvoirs procèdent en effet de leur position symbolique de représentation. Si une strate représente et agit dans l'esprit du temps, une révolution contre elle est impossible. Un organisme fidèle à lui-même ne peut être malade ou en crise.

La loi de souveraineté n'implique pas que tous les aspects de la vie interne de l'organisme soient dominés en permanence par le politique, ni que tout soit organisé, ni qu'un système de gouvernement centralisé apparaisse toujours et détruise toutes les formes d'organisation non étatique. La perspective développée ici est purement factuelle, et la loi de souveraineté décrit tous les organismes ; il s'agit d'une formulation en mots d'une caractéristique quintessentielle d'un organisme politique.

La totalité de l'organisation - l'"État total" - est une phase d'organisations politiques à certains moments et dans certaines circonstances. Certains États sont neutres en matière religieuse, d'autres promulguent une religion officielle. Au XIXe siècle, certains États sont plus ou moins neutres sur le plan économique, d'autres interviennent dans la vie économique. La terminologie utilisée pour décrire cette intervention diffère selon les États et le degré d'intervention dépend des besoins de l'agence. Ainsi, un organisme disposant de ressources économiques relativement abondantes interviendra moins qu'un organisme devant tenir compte des moindres détails matériels et de main-d'œuvre. Mais cela ne change rien au fait que tous les États sont intervenus dans l'économie au cours du 20e siècle.

La loi de souveraineté est indépendante du fait que, dans un organisme donné, une force interne, par exemple la religion ou l'économie, peut être plus forte que le gouvernement. Une telle chose peut se produire et se produit souvent. Si cette force interne n'est pas encore assez forte pour entraver le gouvernement, elle n'est pas encore politique ; si elle est seulement assez forte pour entraver le gouvernement, mais pas assez pour déclencher une guerre, alors l'organisme politique n'existe pas. Si personne ne peut déterminer s'il y a inimitié ou guerre, il n'y a pas de politique. Cela signifie que les autres unités qui conservent leur caractère politique peuvent ignorer l'unité malade dans l'élaboration de leurs combinaisons politiques ou l'attaquer avec un bon avantage initial.

Ainsi, la loi de souveraineté est également existentielle. Elle décrit un organisme sain, en voie de réalisation. Lorsque cette loi ne prévaut pas, l'organisme est - par rapport à d'autres organismes de même nature - en attente de, et si une telle condition persiste, l'organisme politique disparaîtra. Le meilleur exemple d'un cas où la loi de souveraineté a montré son aspect existentiel est celui de la Pologne anarchique du XVIIIe siècle. La faiblesse et l'infirmité de l'organisme ont conduit à ses partages répétés.

5. L'État pluraliste

Dans la civilisation occidentale du XIXe siècle, la neutralité relative des différents États, et donc la faiblesse apparente de ces derniers à l'égard des unités économiques internes et de leurs tactiques, par exemple les syndicats et leurs grèves, a conduit les libéraux et les intellectuels à proclamer - un peu prématurément, comme il s'avérera - que l'État était mort.

"Ce colosse est mort", annoncent les syndicalistes français et italiens. Ils sont entendus par d'autres rationalistes, et Otto von Gierke apparaît avec sa doctrine de "l'égalité essentielle de tous les groupes humains". Il s'agit bien sûr d'une manière de nier la primauté de l'État, donc d'une polémique et non d'un fait. Les intellectuels voulaient la mort de l'État et l'annonçaient comme un fait. Cette doctrine est devenue la doctrine de "l'État pluraliste". Elle tire ses fondements philosophiques et sa théologie politique du pragmatisme, une philosophie de la matérialisation du spirituel développée en Amérique. Le pragmatisme qualifie la recherche d'une unité ultime, dans tous les domaines, y compris celui de l'étude de la nature, de superstition, de résidu de la scolastique. Ainsi, plus de Cosmos, et naturellement plus d'État. Ce point de vue a été particulièrement adopté par les membres de la Seconde Internationale, de tendance libérale. Ses deux pôles de pensée sont l'individu à une extrémité et l'humanité à l'autre. Elle voyait l'"individu" vivant dans la "société" comme membre de nombreuses organisations : une entreprise économique, un ménage, une église, un Turnverein[17], un syndicat, une nation, un État, mais aucune de ces organisations n'avait de souveraineté sur les autres, et toutes étaient politiquement neutres. Le prolétariat combattant des communistes est devenu, dans

---

[17] Turnverein", en allemand "société de gymnastique".

un tel État pluraliste, un syndicat ou un parti politiquement neutre. Toutes les organisations auraient des prétentions sur l'individu, qui serait lié à une "pluralité d'obligations et de loyautés". Les organisations auraient des relations et des intérêts mutuels, mais elles ne seraient pas soumises à l'État, qui ne serait qu'une organisation parmi d'autres, pas même un primus inter pares.

Un tel État pluraliste n'est évidemment pas un organisme politique. Si un danger extérieur menaçait un tel État, soit il succomberait immédiatement, soit il se battrait, auquel cas il deviendrait immédiatement un organisme politique, et le "pluralisme" disparaîtrait. Un tel pluralisme n'est pas politiquement réalisable. Il y a toujours la possibilité d'un danger extérieur, d'une catastrophe naturelle interne, comme la sécheresse, la famine, un tremblement de terre, qui rendra la centralisation impérative, ou bien l'émergence d'un groupe avec des instincts politiques qui cherche le pouvoir total sur les autres groupes et qui ne possède pas l'intelligence suffisante pour comprendre la théorie raffinée de l'État "pluraliste". L'Amérique, avant 1914, était plus ou moins dans cette situation, et de 1921 à 1933, elle a repris son pluralisme. Cet "État pluraliste" a pris fin en 1933, lorsqu'un groupe a émergé et s'est emparé de tous les pouvoirs.

Les théories politiques telles que "l'État pluraliste", la "dictature du prolétariat", le "Rechstaat"[18], le "check and balance of powers" ont une signification politique, pour autant qu'elles jouissent d'une relative popularité. Cette signification est double : d'une part, toutes ces théories sont impératives et polémiques et, en appelant à un changement de la forme interne de l'État, elles démontrent, par le simple fait de leur existence, que l'État contre lequel elles luttent est malade ; d'autre part, elles représentent un moyen d'affaiblir l'État, en créant de véritables contrastes, atteignant finalement l'intensité d'une disjonction amis-ennemis, c'est-à-dire d'une guerre civile.

Le XIXe siècle a connu l'apogée de l'utilisation des théories comme technique politique. Il sera aussi difficile pour le XXIe siècle de comprendre l'idée de la "dictature du prolétariat" que pour nous de comprendre comment les théories de Rousseau ont pu être au centre de tant de passions politiques. La formidable crise qui survient dans toutes les grandes cultures lorsqu'elles entrent dans leur dernière grande phase, la Civilisation, l'extériorisation de l'âme de la Culture, est aussi

---

[18] Rechstaat", en allemand pour "État de droit".

l'époque de la naissance du Rationalisme. Comme l'a dit Napoléon à l'adresse, "l'intellect, en France, marche sur les trottoirs". L'intellect, la faculté extériorisée, analysante et disséquante de l'âme, s'applique également à la politique. Les résultats sont une accumulation de théories, le déclin de l'autorité interne de tous les États et la contestation de cette autorité dans tous les États.

6. Une loi de constance du pouvoir inter-organique

On a vu que les théories sont une technique pour affaiblir l'État en essayant de créer une disjonction amis-ennemis à la base de la théorie. Cette technique s'applique non seulement aux groupes internes qui aspirent à une réelle importance politique, mais aussi aux autres États. Il n'est même pas nécessaire que l'autre État intervienne pour tirer profit de l'activité des groupes théorisants d'un autre État. Nous avons vu qu'un État qui lutte contre une puissance qui n'est pas un véritable ennemi lutte par conséquent pour une troisième puissance. Ce n'est qu'un exemple d'une loi plus large, qui s'appelle la loi de constance de la puissance inter-organique. Elle peut être formulée comme suit : À une époque donnée, la puissance d'un système d'États est constante, et si une unité organique diminue sa puissance, une autre unité, ou d'autres unités, augmentent leur puissance dans la même proportion.

Si l'homme d'État, dont dépend le destin d'un État, se déplace avec la conscience sûre de la maîtrise que lui confère le sentiment des lois organiques, il ne peut jamais choisir comme ennemi de son État une puissance que celui-ci ne peut vaincre, car une telle puissance ne serait pas un véritable ennemi. Il saurait, ne serait-ce qu'inconsciemment, que la puissance que son propre État perdrait dans une guerre qu'il ne pourrait pas gagner, serait simplement transférée à une autre puissance ; soit à celle qu'il aurait choisie par erreur comme ennemie, soit à une troisième puissance. L'un des nombreux phénomènes qui illustrent la loi de la constance du pouvoir inter-organique est celui d'un État donné déchiré de l'intérieur par des groupes qui utilisent des théories pour créer des contrastes internes. Un point est atteint - proche de la guerre civile, qui dissout l'organisme, au moins temporairement - dans ce processus où le pouvoir externe de l'organisme sera diminué. Le pouvoir perdu passera à un autre État ou à d'autres États.

Les circonstances de la situation globale déterminent qu'une autre puissance sera le bénéficiaire de ce pouvoir accru. Même la théorie particulière utilisée par le groupe agitateur joue un certain rôle, car certaines théories sont détenues par certaines puissances. La France a possédé les théories de la "démocratie" et de l'"égalité" sous leurs nombreuses formes du milieu du XIXe siècle jusqu'à la Première Guerre mondiale. La Russie s'est approprié la théorie de la "dictature du prolétariat" en 1917.

En réalité, il n'existe pas d'"association politique" ou de "société politique" ; il ne peut y avoir qu'une unité politique, un organisme politique. Si un groupe a une signification politique réelle, démontrée par sa capacité à déterminer une inimitié réelle, avec l'actualisation ou la possibilité d'une guerre, une telle unité politique devient décisive, et, même si elle a commencé comme une association intellectuelle libre, elle est devenue une unité politique, et a complètement perdu tout caractère "social" ou "associatif" qu'elle aurait pu avoir. Il ne s'agit pas d'une simple distinction de mots, car le politique est une catégorie de pensée à part entière. Faire de la politique n'est pas la même chose que faire société, car une société ne comporte pas de risque de mort. Une société ne peut pas non plus devenir politique en se désignant comme telle. La véritable pensée politique, provoquée par la présence d'un organisme politique, ne se développera en lui que s'il acquiert une véritable unité politique, ce qui ne peut se faire qu'en étant le foyer d'une opposition d'inimitié avec sa possibilité de guerre. Le fait qu'un groupe dans une "élection" vote en tant qu'unité ne lui confère pas de signification politique ; en général, l'"élection" elle-même n'a aucune signification politique.

7. La loi de constance du pouvoir intra-organique

Dans l'affaire des "élections" qui fut en vogue pendant près de deux siècles au cours de la vie de la civilisation occidentale, tant en Europe que dans les régions spirituellement dominées par elle, une loi importante des corps politiques est enseignée.

Dans des conditions "démocratiques" - l'origine et la signification historique de la "démocratie" sont traitées ailleurs - se produit le phénomène politique interne connu sous le nom d'"élections". C'est la théorie de la "démocratie", apparue vers 1750, selon laquelle le pouvoir "absolu" du monarque, ou de l'aristocratie dépendant de conditions locales, devait être brisé, et ce pouvoir transféré au "peuple". Cette utilisation du mot "peuple" démontre à nouveau le caractère nécessairement polémique de tous les mots utilisés politiquement. Peuple est tout simplement une négation ; il s'agit de nier l'appartenance de la dynastie, ou dans son cas de l'aristocratie, au "peuple". Il s'agissait donc de nier l'existence politique du monarque ou de l'aristocratie ; en d'autres termes, le mot les définissait implicitement comme l'ennemi, au sens politique du terme. C'est la première fois dans l'histoire occidentale qu'une théorie intellectualisée devient le centre des événements politiques. Là où le monarque ou l'aristocratie étaient stupides ou incapables, là où ils regardaient en arrière au lieu de s'adapter au nouveau siècle, ils étaient renversés. Lorsqu'ils ont eux-mêmes repris les théories et les ont interprétées officiellement, ils ont conservé leur pouvoir et leur commandement.

La technique de transfert de ce pouvoir "absolu" au "peuple" consistait en des plébiscites, ou "élections". La proposition théorique était de donner le pouvoir à des millions d'êtres humains, à chacun sa millionième fraction du pouvoir politique total existant. C'était si radicalement impossible que même les intellectuels ont dû s'en rendre compte. La formule adoptée a donc été celle des "élections", par lesquelles chaque individu du corps politique pouvait "élire" son propre "représentant". Si le représentant faisait quelque chose, il devenait convenu, par une fiction satisfaisante, que chaque petit individu "représenté" l'avait fait lui-même. En peu de temps, il est devenu évident pour les hommes intéressés par le pouvoir - que ce soit pour eux-mêmes ou pour réaliser leurs idées - que si, avant ces "élections", on s'efforçait d'influencer les esprits de la population votante, on serait "élu". Plus les moyens de persuasion de la masse des électeurs étaient importants, plus son "élection" ultérieure était certaine. Les moyens de persuasion étaient ceux dont on disposait : rhétorique, argent, presse à imprimer. Comme les élections étaient importantes et que beaucoup de pouvoir en dépendait, seuls ceux qui possédaient les moyens de persuasion correspondants pouvaient les contrôler. L'art oratoire entre en jeu, la presse s'impose comme maîtresse du pays et le pouvoir de l'argent couronne le tout. Un monarque ne peut être acheté ; quel genre de pot-de-vin pourrait le tenter ? Il ne pouvait pas être soumis à la pression de l'usurier, il ne pouvait pas être poursuivi. Mais les politiciens des partis, qui vivaient à une époque où les valeurs devenaient progressivement des valeurs d'argent, pouvaient être achetés. Ainsi, la démocratie représentait l'image de la population sous la contrainte des élections, des délégués sous la contrainte de l'argent, et de l'argent assis sur le trône du monarque.

Ainsi, le pouvoir absolu est resté tel qu'il doit être dans chaque organisme, car c'est une loi existentielle de tous les organismes : Le pouvoir au sein d'un organisme est constant, et si des individus, des groupes ou des idées au sein d'un tel organisme diminuent leur pouvoir, d'autres individus, groupes ou idées augmentent leur pouvoir dans la même proportion. Cette loi de constance du pouvoir au sein d'un organisme est existentielle, car si une diminution du pouvoir au sein d'un organisme ne correspond pas à une augmentation du pouvoir ailleurs au sein du même organisme, cela signifie que l'organisme est malade, qu'il s'est affaibli et qu'il a peut-être même perdu son existence en tant qu'unité indépendante. L'histoire de l'Amérique du Sud entre 1900 et 1950 est riche en exemples de révolutions triomphantes contre des régimes qui leur ont enlevé tout pouvoir... qui est ensuite allé aux États-Unis d'Amérique, et tant que ces conditions ont persisté, le ou les pays dans lesquels ces révolutions se sont produites étaient une colonie de l'impérialisme yankee.[19]

8. Le plurivers politique

Nous avons vu ce qu'est l'"État pluraliste". Mais il existe un autre type de pluralisme, un pluralisme de faits et non de théories. Il y a un pluralisme de faits, qui n'est pas une simple tentative de prouver une philosophie ou d'en ridiculiser une autre. Le monde de la politique est un plurivers. Si la politique a été définie comme une activité en relation avec le pouvoir, et si la nature interne, les conditions préalables et les caractéristiques invariantes de la politique ont été décrites, il n'en est pas moins vrai que la nature même du pouvoir n'a pas encore été expliquée. Le pouvoir est une relation de contrôle entre deux entités similaires. Le degré de contrôle est déterminé par la nature des deux entités qui agissent réciproquement l'une sur l'autre. Le pouvoir apparaît, dans ses débuts obscurs, dans le monde animal, où les bêtes de proie exercent une sorte de pouvoir sur leurs futures victimes. Mais le pouvoir en tant que quelque chose de plus que transitoire, en tant

---

[19] En anglais dans l'original (N. de la T.)

que quelque chose de constitué, commence avec l'homme.

Les animaux peuvent être classés spirituellement - et il n'y a aucune raison pour une autre classification, comme celle, matérialiste, de Linné - en deux grands groupes : les herbivores et les bêtes de proie. Si les penseurs matérialistes l'avaient envisagé, ils auraient certainement classé l'homme parmi les animaux de proie. Et ils auraient eu raison en ce qui concerne la partie animale de l'homme. Cette partie animale est en tension constante avec la partie spirituelle, l'âme spécifiquement humaine qui voit le symbolisme dans les choses et donne la primauté au symbole sur le simple phénomène. Car c'est bien là la plus profonde des philosophies. D'où vient la question du conflit entre "apparence" et "réalité" ? Toutes les grandes philosophies des Hautes Cultures - et il n'y en a pas en dehors des Hautes Cultures - sont saturées de l'idée d'établir le vrai rapport entre l'apparence et la réalité, obéissant à un instinct qui englobe l'essence de l'homme : son âme humaine lui dit que Alles Vergängliche ist nur ein Gleich nis.[20]

La volonté de puissance des bêtes de proie est limitée et pratique ; elle est féroce, mais non spirituelle. L'homme porte cette même volonté de puissance, mais son âme lui insuffle une intensité purement spirituelle qui élève ses exigences et ses réalisations à un niveau incomparablement plus élevé que celui de la bête. Chez la bête, la volonté de puissance ne se manifeste que par la mise à mort. L'homme, lui, ne cherche pas à tuer, mais à contrôler. Pour contrôler, il tuera, mais comme l'a dit Clausewitz à juste titre, les conquérants préfèrent la soumission et la paix ; c'est la victime qui fait la guerre.

Un homme animé d'une forte volonté de puissance veut contrôler, et non pas faire de la guerre une fin en soi.

Mais la manifestation de la volonté de puissance d'un homme provoque une opposition. Il en est de même pour les organismes supra-personnels ; ils n'existent pas et ne peuvent pas exister seuls, car, dans leur aspect politique, ils sont des unités d'opposition. Chacun existe en tant qu'unité avec la faculté de se choisir des ennemis et de les combattre. La capacité de créer une disjonction ami-ennemi est l'essence même du politique. Mais cette capacité nécessite des adversaires de même rang. C'est donc une stupidité politique totale que de parler d'un monde avec

---

[20] Tout ce qui passe n'est qu'une parabole, en allemand (N. du T.)

un seul État, un seul parlement, un seul gouvernement, ou quel que soit le nom qu'on lui donne. On peut pardonner à Tennyson[21], mais on ne peut s'empêcher de dire que si un homme politique parle d'un monde avec un "État", un "Parlement" ou un "Gouvernement", il est le type parfait de l'âne intellectuel, et devrait se trouver partout sauf là où il pourrait fausser le destin d'un État et apporter le malheur aux individus qui y vivent. C'est un con, même quand il sait que ce qu'il dit n'est pas vrai, car - et cela sera clair comme de l'eau de roche pour les lecteurs des années 1980 et suivantes - il n'est pas nécessaire qu'un homme politique fasse exclusivement dans le mensonge, comme le croient les combattants de classe, l'école libérale et les déformateurs. Les hommes qui luttent contre l'Avenir peuvent avoir de bonnes raisons de pratiquer constamment la fraude, de jeter des nuages de théories sur leurs actions, de dire la paix quand ils veulent dire la guerre, et la guerre quand ils veulent dire la paix, et de maintenir des classifications élaborées de "secret", "confidentiel" et ainsi de suite.

Le seul secret qui doit exister en politique est celui créé par les limites de l'entendement des individus, et il n'y a absolument rien à faire contre ce secret. Par exemple, les faits concernant la nature de la politique et du pouvoir qui ont été présentés ici resteront à jamais secrets pour les intellectuels et les rationalistes, même lorsqu'ils liront ces lignes.

Il en va de même pour le mensonge : il est évident que l'homme d'État, qui est la personnification de l'Esprit du temps, n'a pas besoin de dire des mensonges fondamentaux. Il ne peut pas craindre la vérité, puisque ses actions sont celles d'une nécessité organique, contre laquelle aucune force de l'organisme ne peut prévaloir. Il est tout aussi évident que celui qui tente d'étrangler l'Avenir, comme Meternich et le Fürstenbund[22], ou les libéraux, les démocrates, les chefs de partis de toute nature, les déformateurs de la Culture, les intellectuels de la période 1900-1975 ont un besoin urgent et quotidien de mensonges, de mensonges de plus en plus gros et de plus en plus beaux. Ils aiment appeler cela du machiavélisme et en accuser les autres. Mais Machiavel n'était certainement pas un "machiavélique", car dans ce

---

[21] Lord Alfred Tennyson (1809-1892), poète romantique anglais qui, dans l'un de ses célèbres poèmes, appelait à un monde unifié.

[22] En allemand, "union des dynasties", l'auteur fait référence aux princes allemands qui ont participé au Congrès de Vienne en 1814-1815.

cas, il n'aurait pas écrit son livre, factuel et véridique. Il aurait plutôt écrit un livre sur la bonté de la nature humaine en général, et sur l'extraordinaire bonté des princes en particulier. Lorsque Machiavel parle de tromperie, il pense à tromper l'ennemi ; les libéraux et les falsificateurs de la culture considèrent la tromperie comme la norme de conduite envers les populations dont le destin est entre leurs mains, et sur la vie desquelles ils ont un pouvoir discrétionnaire.

L'exemple classique de ce que je dis est, et restera à jamais, l'"élection" présidentielle américaine de l'automne 1940. Il y avait deux candidats, représentant les mêmes intérêts, et le peuple s'est vu offrir un "choix" entre les deux. Le peuple devait "décider" si l'Amérique interviendrait ou non dans la Seconde Guerre mondiale. Les deux candidats ont déclaré publiquement et sans ambiguïté qu'ils n'impliqueraient pas l'Amérique dans la guerre. Pourtant, tous deux se sont engagés auprès des groupes d'intérêt qui les avaient fait candidats, à impliquer l'Amérique dans la guerre dès que possible. Naturellement, les deux candidats ont été couronnés de succès[23], car dans les conditions démocratiques modernes, les partis deviennent des trusts et ne sont plus vraiment en concurrence, car la compétition leur nuirait à tous. Après l'"élection", les deux candidats vainqueurs ont tenu leurs engagements, ont fait entrer l'Amérique en guerre et ont envoyé à la mort les hommes dont ils avaient juré de sauver la vie en évitant une participation à la Seconde Guerre mondiale qui n'affectait pas les intérêts américains. L'un des candidats a expliqué après l'"élection" que les promesses de non-intervention qu'il avait faites à la population n'étaient que des "propos de campagne".

Dans un tel cas, il ne fait aucun doute que Machiavel aurait conseillé aux vrais dirigeants de l'Amérique que les deux candidats se déclarent en faveur de l'intervention. Mais les politiciens des partis pratiquent le mensonge comme un impératif interne, parce que leur activité même est un mensonge organique.

---

[23] Franklin Delano Roosevelt, démocrate, avec quelque 27 millions de voix, et Wendell Willkie, républicain, avec quelque 22 millions de voix. Le soutien de Willkie à Roosevelt et à sa politique belliciste était si débridé qu'il l'a empêché de se porter candidat à l'élection présidentielle de 1944. Malgré sa "défaite" en 1940, Roosevelt accorda à Willkie de nombreuses nominations et avantages. (N.)

9. La ligue des nations

L'impossibilité organique d'un monde avec "un seul État" ou "un seul gouvernement" a été clairement démontrée par les deux tentatives faites dans ce sens par ce que l'on pourrait appeler la Sainte-Alliance du vingtième siècle. Après chacune des deux premières guerres mondiales, la Sainte-Alliance extra-européenne et anti-européenne a créé une "Société des Nations".

Les corps politiques, cependant, restent organiques et, en tant que tels, soumis aux lois de la souveraineté. Si une unité politique existe, elle est souveraine. Les unités membres de ces deux "ligues des nations" ont continué à exister politiquement et étaient donc souveraines. Soit dit en passant, la loi organique de souveraineté n'est pas le "principe de souveraineté des nations" de Grotius et Pufendorff ; il s'agissait d'un concept juridique et, en tant que tel, sujet à des arguties juridiques, alors que la loi organique de souveraineté s'applique à toutes les unités politiques en ce qui concerne leur existence intime.

Ainsi, le dilemme posé était que les "ligues de nations" n'avaient pas de souveraineté - je répète que je parle de souveraineté factuelle, organique, et non de souveraineté juridique - et n'étaient donc pas des unités politiques. Il n'y a pas d'unité politique sans souveraineté organique ; il n'y a pas de souveraineté organique sans unité politique.

Quelles étaient donc ces deux "ligues des nations" ? Elles présentaient deux aspects : l'un éthique et l'autre politico-pratique.

Sur le plan de la politique pratique, ce sont des réalités polémiques. La puissance qui les contrôlait pouvait donc parler au nom de toutes les nations, de sorte que toute puissance qui s'y opposait était *hors-la-loi*[24] hors de la communauté des nations ; elle n'était même pas humaine, puisque la ligue, c'était l'humanité. Il n'est pas nécessaire d'ajouter que ces ligues sont rapidement passées sous le contrôle de certains États membres, conformément à la loi de la souveraineté : là où il n'y a pas de souveraineté, il n'y a pas d'unité politique indépendante, et la souveraineté doit donc résider ailleurs. En effet, la première Société des Nations, créée après la Première Guerre mondiale, est tombée sous le contrôle de l'Angleterre. La deuxième

---

[24] "Hors-la-loi", français dans l'original ; hors la loi. (N. du T.)

ligue des nations, créée à un moment - après la Seconde Guerre mondiale - où la politique était entrée dans une phase plus absolue, a été capturée par l'Amérique.

Cela était prévisible à partir du moment où la Russie avait autorisé l'établissement du siège géographique en Amérique. Les Russes n'ont pas donné leur accord simplement pour éloigner de leur territoire les nuées d'idéologues, de parasites et de vacanciers qui doivent nécessairement accompagner toute "ligue des nations", ainsi que les espions qui pullulent dans de telles conditions, mais surtout parce qu'ils n'y portaient qu'un intérêt limité et secondaire.

Dans le passé, certaines théories ont été détenues par certains pouvoirs. Inversement, il n'y a jamais eu de théorie importante qui n'ait pas fait l'objet d'une appropriation pratique et politique. Si les protagonistes d'une théorie ont suffisamment de passion et de compétences politiques non théoriques pour développer des sentiments forts à l'égard de leur théorie, il est probable qu'ils parviendront au pouvoir avec une telle arme. S'ils ne font que frôler le pouvoir, une unité politique existante s'appropriera la théorie à des fins pratiques. Exemple : le marxisme, capturé en 1918 par la Russie bolchevique pour une utilisation politique contre l'Europe, lorsque ses protagonistes en Allemagne se sont révélés être des avortements politiques.

La théorie de la "ligue des nations" était en fait la propriété de l'Amérique. Quiconque diffuse cette idée - même l'Angleterre, qui a repris la première "ligue" - accroît la puissance de l'Amérique, qu'il le sache ou non.

Il était inévitable que les hommes politiques émancipés de l'idéologie, comme les Mongols au Kremlin, s'en rendent compte. Comme ils savaient comment utiliser les théories, il était évident qu'ils ne permettraient à aucune unité politique de les ennuyer avec leurs théories. C'est ainsi que disparut la deuxième et dernière "ligue des nations".

Ces ligues présentaient également un aspect éthique. Elles étaient un autre exemple de la tromperie qui, dans la première moitié du XXe siècle, était considérée comme nécessaire dans la conduite politique. Elles n'étaient en fait rien d'autre que des tentatives politiques visant à annuler ou à nier l'Europe. La formation de l'Europe en tant qu'unité politique était dans l'esprit de l'époque. Quiconque s'agite avec d'autres idées ne fait que nier cette idée. C'est ce qui explique que, si les deux "ligues de nations" n'ont rien réalisé d'autre en tant que fait politique, elles ont au moins réussi à empêcher la réalisation de l'Europe. Ceci indépendamment du fait que tous les participants à ces "ligues" en aient été conscients ou non. Quoi qu'il en soit, c'est la mission organique de l'homme politique d'être conscient de la réalité politique et de comprendre et d'évaluer correctement les possibilités du moment. Il est désormais avéré que de nombreuses personnes ayant participé à ces fraudes mondiales étaient pleinement conscientes de ces réalités.

D'après ce qui a été dit sur les corps politiques, la relation de l'homme d'État à son corps politique est évidente : de même qu'il peut demander à sa population de mourir, il ne peut refuser, s'il le faut, de donner sa propre vie. C'est à son unité politique qu'il doit toutes ses énergies physiques, tous ses talents et son génie. Ne pas se donner la peine d'analyser une situation, et surtout faire ce qu'il sait être contraire à la poursuite de la vie de l'organisme, c'est perdre son droit à la vie. Dans ce cas, il peut s'estimer heureux s'il peut mourir d'un infarctus, d'une commotion cérébrale, d'un caillot de sang ou tout simplement de vieillesse.

Lorsque les forces extra-européennes ont progressivement accru leur puissance à un point tel que l'existence indépendante de l'Occident est devenue problématique - ce qui était déjà évident à partir de 1920 et transparent à partir de 1933 - il était du devoir collectif de tous les hommes d'État en Europe de sauver leurs États respectifs et collectivement l'Occident de l'anéantissement par les forces extra-européennes. Ainsi, tout homme d'État d'un État européen qui sabotait la compréhension mutuelle et l'alliance finale entre les États d'Europe occidentale si ardemment recherchées par les gardiens de l'esprit de la civilisation occidentale, était un répresseur et un détracteur du destin de son propre pays et de celui de la civilisation occidentale.

L'éthique ainsi formulée est une éthique de fait, elle est organique, politique, factuelle et rien de plus.

Son seul impératif est politico-organique. Elle se distingue de l'éthique religieuse en ce qu'elle n'a pas de sanction théologique. Elle se distingue de toutes les éthiques, quelles qu'elles soient, en ce qu'elle n'envisage qu'un seul rapport : celui de l'individu à l'unité politique. Elle n'a pas non plus de sanction au sens punitif du terme. La relation organique entre l'unité politique et l'homme d'État lui-même fixe l'impératif éthique. Si l'homme d'État le viole en endommageant la vie de l'organisme au lieu de la poursuivre, la sanction dépend du destin, la force interne des organismes. Ce faisant, il perd son droit à la vie, même s'il a souvent la chance de la sauver en s'échappant. L'étreinte existentielle de la vie des individus essentiels à l'unité politique ne fait pas d'exception pour les politiciens. À son point de tension maximale, l'impératif organique pousse un homme d'État à son service à lier sa propre vie à l'actualisation réussie de sa propre idée pour le bien de l'organisme en question. Bismarck et Frédéric le Grand étaient déterminés à se suicider en cas d'échec.

10. L'aspect interne du droit de souveraineté

I

La loi de souveraineté décrit les caractéristiques de toutes les unités politiques sans exception. Elle prend des décisions sur toutes les questions qui ont une signification politique au sein du corps. Selon les circonstances, toute décision interne peut devenir politiquement importante, c'est-à-dire qu'elle peut prendre la forme d'une unité politique et déterminer un dilemme ami-ennemi. Le gouvernement du corps interviendra toujours à ce moment-là si sa compréhension et sa volonté sont intactes. Charles Ier d'Angleterre a laissé passer ce moment critique sans réagir, permettant à son premier Parlement d'envoyer Montague à la Tour de Londres pour avoir prêché le droit divin des rois. Dès lors, la situation s'est progressivement détériorée et l'usage de la force est devenu de plus en plus nécessaire pour tenter de renverser le cours des événements. Le véritable sens de la lutte a été compris très tôt par le penseur politique contemporain Thomas Hobbes, qui a écrit contre la nature parlementaire destructrice de l'État. Il a même été assez sensible pour se rendre compte qu'il se trouvait lui-même dans une situation d'insécurité personnelle et a quitté l'Angleterre en 1640. Pendant ces années d'hostilité interne, l'Angleterre n'existait pas en tant qu'unité politique, elle était ignorée dans les combinaisons de pouvoir européennes et ce n'est que grâce à la situation politique européenne particulière de l'époque qu'elle n'a pas été divisée entre ses voisins.

Le Parlement se considérait comme le gouvernement ; les royalistes se considéraient également comme le gouvernement. Un point de vue politique ne se préoccupe naturellement pas de la question de savoir qui avait "raison". Une telle question n'a aucune signification politique. Elle n'a qu'une signification juridique, et le droit est le reflet de la politique. La politique se préoccupe d'évaluer les faits et d'agir en conséquence ; le droit vient plus tard et sa fonction est de consolider un certain complexe de faits politiques. Le droit formule le dilemme légal-illégal conformément au diktat politique. S'il n'y a pas d'unité politique prescrivant le droit, il ne peut y avoir de droit. Ainsi, à l'époque de la guerre civile, il n'y a pas de loi.... il y a deux lois. Si le résultat de la guerre est la reconstitution de l'ancien peuple et de l'ancien territoire, à nouveau en tant qu'unité politique, il s'avérera toujours que le vainqueur a toujours eu juridiquement raison et que le vaincu a toujours eu juridiquement tort. Ce fait invariable montre la nature du droit.

Cependant, le Parlement et le roi sont en désaccord, chacun prétendant être l'Angleterre. Politiquement, tous deux ont tort, car l'Angleterre n'existe pas. Dans le langage politique, deux Anglais égalent l'absence d'Angleterre. Chacun des deux groupes est une unité politique, devenue telle par la détermination d'un ennemi. Chacun agissait comme un gouvernement et se réservait le droit politique organique - qui deviendrait aussi, mais plus tard, un droit juridique - de déterminer l'ennemi interne. Caractéristique organique de toutes les unités politiques, la détermination de 'ennemi intérieur lorsqu'elles le jugent nécessaire est le corollaire interne du droit de souveraineté. Ainsi, les Chevaliers [25] en territoire parlementaire étaient des ennemis du gouvernement et leur existence était celle de hors-la-loi. Il en va de même pour les partisans du Parlement en territoire royaliste. Il ne faut pas croire, à cause de l'exemple de la guerre civile, qu'une telle détermination de l'ennemi intérieur ne se produit qu'à ce moment-là. Au contraire, si Charles Ier avait déclaré ses adversaires ennemis intérieurs dès le début et les avait traités comme tels, il n'y aurait pas eu de guerre civile. Mais pour ce faire, il a manqué de vigueur et de compréhension. Il aurait dû consulter Hobbes, qui comprenait ce genre de choses. Mais Charles n'était pas un homme de lecture et ne connaissait pas les traités de Hobbes sur la nature humaine et De Corpore Politica.

Chaque unité politique dans l'histoire a nécessairement, et parfois inutilement, exercé son pouvoir organique pour déterminer l'ennemi intérieur. Si le fait

---

[25] Cavaliers, partisans de Charles Ier et opposants au Parlement.

promptement et procède avec minutie, le danger est écarté. Si elle agit avec parcimonie et prend des mesures insuffisantes, elle cesse d'être une unité politique.

S'il exerce ce pouvoir alors qu'il n'en a pas besoin, il ne fait que persécuter son propre peuple et semer des graines de haine qui porteront un jour des fruits surprenants. L'éthique organique des relations entre l'homme d'État et son unité politique s'applique également à ce type de comportement. L'homme d'État n'a pas le droit organique de disposer sans retenue de la vie de la population. Envoyer des sujets à la mort dans une guerre contre une puissance qui n'est pas un véritable ennemi, une guerre qui, par sa nature même, doit être un échec, ou déclarer un groupe ennemi intérieur alors qu'il n'a aucune possibilité réelle de se constituer en véritable unité politique est, dans les deux cas, une conduite erronée et impolitique.

Ce droit organique de déterminer l'ennemi intérieur n'est pas toujours exercé de la même manière. Il peut être exercé ouvertement : arrestations, attaques soudaines, exécutions à domicile, assassinats dans la rue. Il peut s'exercer de manière cachée : en promulguant des lois punitives générales dans leur terminologie, mais appliquées de facto à un seul groupe. Elle peut être purement informelle, mais non moins réelle : le dirigeant peut attaquer verbalement l'individu ou le groupe en question. Cette attaque peut avoir pour seul but d'intimider, ou être une méthode pour provoquer un assassinat. Il peut s'agir de pressions économiques : cette tactique est naturellement la préférée des libéraux. Une "liste noire" ou un boycott peuvent détruire le groupe ou l'individu.

Il va sans dire que l'exercice d'un tel droit n'a rien à voir avec une quelconque "constitution" écrite qui propose oralement de répartir le pouvoir public dans une unité politique. Une telle "constitution" peut interdire une telle déclaration d'inimitié interne, mais les unités dotées de telles constitutions n'ont jamais hésité en cas de nécessité, et ont souvent invoqué une telle procédure indépendamment du besoin. Ainsi, la partie transatlantique de la coalition anti-européenne pendant la Seconde Guerre mondiale a mené, sans nécessité, tant qu'il n'y avait pas d'ennemi interne réel, des persécutions intenses dirigées contre des groupes et des couches de sa population. La nature politique de cette activité n'est pas affectée par le fait qu'elle a été menée par des éléments déformant la culture, car les lois organiques présentées ici décrivent toutes sortes d'unités politiques, même lorsqu'elles tombent entre les mains d'étrangers politiques et culturels.

II

L'application interne de la Loi de Souveraineté est naturellement valable pour les unités politiques dans toutes les Grandes Cultures. Les informations dont nous disposons à ce sujet sur la culture classique suffisent à en montrer le développement. L'exemple le plus connu est la Résolution de Démophantos en 410 av. J.-C. qui déclarait que quiconque essayait de détruire la démocratie athénienne était "un ennemi des Athéniens". À la même époque, l'Ephoros de Sparte a déclaré la guerre à tous les Ilothiens se trouvant sur le territoire spartiate. Dans notre propre culture, les activités du Grand Inquisiteur Torquemada sont instructives, et surtout le célèbre document par lequel Philippe II condamnait à mort toute la population de Hollande, comme hérétique, représente le développement le plus extrême dont cette loi organique est capable. La théocratie de Calvin à Genève n'a été surpassée par celle de Philippe II que d'un point de vue quantitatif.

Dans l'ancien droit public romain, l'indésirable était solennellement déclaré "hostis", mot qui désignait l'ennemi public. Les prescriptions impériales, en dehors de leurs motivations économiques, étaient une application de la même fonction organique. Dans le Saint Empire romain germanique, les Acht und Bahn[26] étaient dirigés contre les éléments internes dangereux ou indésirables. Ils avaient été déclarés Friedlos[27] et laissés sans protection. Quiconque aidait ces personnes tombait dans la même catégorie. Les Jacobins et leur Comité de salut public[28] ont tué leurs milliers de victimes, qu'elles se soient déclarées ennemies ou non.

Dans des conditions démocratiques primitives, l'affaiblissement de l'État vis-à-vis des groupes internes aurait rendu plus difficile l'invocation de ce droit, mais comme tous les États occidentaux se trouvaient plus ou moins dans les mêmes conditions internes, la nécessité de son invocation était relative. En tout état de cause, le triomphe des théories de l'égalité et de la liberté dans le domaine du vocabulaire politique a rendu inopportune l'invocation de ce droit de l'ancienne manière ouverte, avouée et légaliste.

Les débuts de la démocratie se sont déroulés dans la civilisation occidentale

---

[26] "Acht und Bann", en allemand.

[27] "Friedlos", en allemand.

[28] "Comité de Salut Public", en français, Comité de Salut Public.

entre 1800 et 1850 environ. Au cours de cette période, la souveraineté interne, qui consiste à déterminer l'ennemi intérieur, est plus raffinée, intellectualisée, déguisée. Exemples : Les lois américaines sur les étrangers et les étrangers séditieux. Les lois de Bismarck contre les combattants de classe. Naturellement, en temps de guerre, elle était exercée avec autant de force que par le passé, mais généralement sans forme juridique : les Yankees dans la guerre civile américaine, 1861-1865 ; les "communards" français de 1871.

Avec la transition soudaine vers des conditions non démocratiques lors de la Première Guerre mondiale, l'époque des guerres d'anéantissement a commencé. On pourrait également l'appeler l'époque de la politique absolue. Le XIXe siècle a été l'âge de l'économie ; je ne veux pas dire que l'économie était vraiment primordiale dans le monde de l'action, mais elle a partiellement motivé la politique, comme l'ont montré des phénomènes tels que la guerre de l'opium, la guerre civile américaine ou la guerre des Boers. L'économie a besoin d'un État faible et, à l'ère de l'économie, les États étaient sur la défensive, mais le nouveau Zeitgeist[29] a complètement changé le sens de l'histoire et le contenu de l'action. Comme le Zeitgeist du 20e siècle n'a pas triomphé à l'extérieur de l'Europe, beaucoup ont supposé que l'époque de l'économie était non seulement en pleine vigueur, mais qu'elle atteignait aussi de nouveaux sommets victorieux.

La guerre qui a éclaté au début du siècle a démontré que ce n'était pas le cas. Il s'agissait d'une guerre entre l'État boer, une colonie de la civilisation occidentale, et l'Angleterre. Il ne s'agissait pas d'une guerre contre des sauvages ou des aborigènes en pleine nature et elle ne peut donc pas être mise sur le même plan que la guerre des Australiens contre les tribus indigènes de Tasmanie, au cours de laquelle les victimes ont été chassées comme des lapins jusqu'à l'extermination totale. Nous avons vu que les luttes armées entre les États-cultures occidentaux n'étaient pas de véritables guerres, mais qu'elles étaient par nature agonistiques. L'apogée de la marche vers la Civilisation a été marquée par Napoléon, héraut de la guerre et de la politique absolues, mais cette tradition est restée si forte que lors de la guerre de la France contre la Prusse, en 1870-1871, la Prusse victorieuse n'a même pas songé à anéantir l'ennemi totalement vaincu, ni à le soumettre à une

---

[29] "Zeitgeist", en allemand, l'esprit du temps (N. of the T.).

occupation militaire illimitée, mais s'est contentée de réincorporer deux provinces et d'imposer une indemnité qui pouvait être payée en quelques années. L'Angleterre s'était comportée de la même manière dans les conflits armés intra-culturels. Et pourtant, en 1900, elle fait la guerre aux Boers jusqu'à l'anéantissement total. Cela s'est fait dans le vrai style du 20ème siècle, et notons que c'est l'Angleterre, l'organisme qui avait développé l'idée du 19ème siècle et qui n'était pas destiné à produire l'idée du 20ème siècle, qui a donc agi entièrement dans l'esprit de l'ère nouvelle. L'Esprit de l'époque est si fort... qu'il oblige à la soumission intérieure même lorsqu'on utilise les formules du passé et qu'on croit redonner vie à une idée moribonde.

La guerre des Boers a été mentionnée parce qu'elle a également représenté un point culminant dans la question de l'aspect interne de la loi de souveraineté. Au cours de cette guerre, les troupes britanniques ont mis en pratique pour la première fois la méthode du XXe siècle consistant à désigner et à traiter l'ennemi intérieur. y avait nécessité politique à ce qui s'est passé, mais nous nous intéressons à ce qui s'est réellement passé et non à la rectification de l'histoire. Au cours de cette guerre, de très nombreux Boers non combattants, hommes, femmes et enfants, sont tombés entre les mains des troupes britanniques. Ils ont été mis en sécurité au motif qu'ils représentaient un danger pour la sécurité intérieure du territoire contrôlé par l'Empire, et qu'ils étaient donc des ennemis intérieurs. La population civile en question était numériquement considérable, trop importante pour les systèmes de prisons et d'incarcération en place. La solution adoptée consiste à les placer dans des camps de détention, qui sont rapidement construits au coup par coup. On les appelle "camps de concentration", et cette expression aura sa propre destination. Après la Première Guerre mondiale, l'époque de la politique absolue se manifeste partout, et l'un des moyens d'y parvenir est d'introduire ce système de "camps de concentration" dans tous les pays de la civilisation occidentale. Plus leur situation extérieure était dangereuse, plus ils avaient besoin d'un contrôle interne ferme, d'une paix intérieure inébranlable, et c'est ainsi que les États les plus importants sur le plan politique ont placé dans des camps de concentration de nombreuses personnes ils déclaraient être, ou en tout cas qu'ils traitaient comme des ennemis intérieurs. Mais comme l'expression était liée à la politique, elle a pris un sens controversé et a été utilisée par certains États comme une méthode pour attaquer la "moralité" d'autres États.

Pourtant, ces camps de concentration étaient semblables dans tous les pays, de la même manière que les prisons sont semblables. Peu importe que des forces non européennes aient emprisonné des Européens dans les camps qu'elles ont créés en Angleterre, ou que l'Europe ait emprisonné des Slaves, des Juifs et des Bolcheviks dans les camps qu'elle a créés en Europe, les camps de concentration étaient essentiellement les mêmes d'un point de vue politique.

Ces deux cas illustrent l'aspect intérieur du droit de souveraineté tel qu'il se développe au vingtième siècle. L'époque de la politique absolue a encore un siècle devant elle, de sorte que les camps de prisonniers et le nombre de détenus augmenteront au lieu de diminuer.

Il reste à dire un mot sur l'évolution future de la souveraineté interne. Comme l'esprit de cette époque et de celles qui suivront n'est plus celui de l'économie, mais celui de la politique absolue, les méthodes sournoises et voilées d'action contre les individus et les groupes internes tomberont en désuétude. Elles seront remplacées par des déclarations d'hostilité internes ouvertes et légalement formulées. Même les décisions d'ordre économique seront ouvertement mises en œuvre par des moyens politiques.

11. Les organes politiques et la guerre

Une unité politique a le jus belli, le droit organique de faire la guerre à l'ennemi qu'elle a déterminé comme tel. Il ne s'agit pas d'un droit moral ; ce droit organique est une chose indépendante de la morale, même si les philosophes scolastiques les plus stricts accordaient aux unités politiques le droit purement moral de faire la guerre. Mais le mot est utilisé ici dans un sens purement politique : le droit de faire la guerre fait partie de l'habitus de l'organisme. L'existence en tant qu'unité politique, la détermination d'un ennemi, la conduite de la guerre, le maintien de la paix intérieure, la déclaration de l'ennemi intérieur, le pouvoir de vie et de mort sur tous les sujets... ne sont que des facettes différentes de l'existence politico-organique. Elles sont indissociables, elles forment un tout indivisible, elles ne peuvent être définies indépendamment les unes des autres.

En exerçant son pouvoir de guerre, un État met fin à la vie de ses propres sujets et à celle de ses ennemis. L'effusion de sang n'est pas une nécessité vitale pour un

État, mais elle ne se produit que dans le cadre du processus d'acquisition du pouvoir ; l'État qui recherche directement le pouvoir n'est pas celui qui provoque des bains de sang et des guerres. Aucun homme politique ne ferait la guerre à une autre unité s'il pensait pouvoir l'incorporer sans combattre. Ainsi, la guerre est toujours le résultat de la résistance et non un dynamisme politique. La guerre n'est pas normative, elle est seulement existentielle. Dans tout le panorama de l'histoire des grandes cultures, je doute qu'il y ait eu un seul cas où la strate dirigeante d'une unité politique ait décidé qu'elle voulait d'abord la guerre et qu'elle ait ensuite cherché quelqu'un contre qui faire la guerre. Cela n'aurait pas été politique.

Le simple pouvoir de vie et de mort, jus vitae ac necis, n'est pas non plus la marque d'un corps politique. Au cours l'histoire, de nombreux États ont reconnu ce pouvoir aux cellules familiales. L'ancienne Rome l'accordait au pater familias. Certains États ont accordé au maître le pouvoir sur la vie de l'esclave. La plupart des États ont permis à la victime d'un outrage ou d'un déshonneur d'attenter à la vie de l'auteur de l'infraction. De nombreux États ont reconnu le droit de vengeance par le sang entre clans, même si celui-ci atteint déjà la limite tolérée en la matière, il est rarement rencontré, et seulement en temps de paix.

Il est donc clair que la politique en tant que telle ne revendique pas le monopole de l'assassinat. La politique, dans son potentiel le plus élevé, c'est-à-dire dans la guerre, ne prend des vies que parce que la résistance le rend nécessaire. La politique est une activité en relation avec le pouvoir, et il n'y a qu'une seule façon dont l'instinct organique se comporte par rapport au pouvoir : il cherche à en obtenir davantage. Métaphysiquement, c'est le rapport entre l'âme de l'homme et l'âme de la Grande Culture, d'une part, et l'habitus de la proie, d'autre part. Bien que l'État, dans certains cas déterminés par lui, permette à ses sujets d'ôter la vie à autrui, il ne leur permettra jamais de faire la guerre, conformément à la Loi de Souveraineté. Si un groupe de sujets s'arroge un tel pouvoir, un nouvel État vient de naître. Si le droit de vengeance par le sang dégénère en guerre de clans, l'État doit intervenir, car c'est son existence même qui est en jeu. C'est pourquoi, dans tous les États engagés dans une politique sérieuse, le droit de vengeance par le sang a été supprimé.

Le droit de faire la guerre et donc de disposer de la vie de ses sujets est purement politique. Aucune Église ne peut demander à ses membres de mourir pour elle - ce qui est tout à fait différent d'insister sur le fait que le martyre est préférable à l'apostasie - à moins qu'elle ne devienne une unité politique. Dans les périodes critiques, de nombreuses Églises, comme l'Église islamique d'Abu Bekr, sont devenues des États, mais elles ont alors cessé d'être des Églises et sont régies par le mode de pensée politique et sa demande interne et organique fondamentale pour plus de pouvoir, et non plus par l'impératif religieux du salut et de la conversion.

Il serait cruel et insensé de demander à des hommes de mourir pour que les survivants puissent jouir d'un niveau de vie économique plus élevé. Lorsque la guerre a été motivée par une idée économique, l'économie disparaît dans la situation politico-guerrière, c'est-à-dire que le critère du succès est politique, que la méthode d'exécution ne tient pas compte de son coût, que les moyens utilisés sont toujours politico-militaires, que le commandement est toujours politique et qu'il continuerait à l'être même si les économistes étaient utilisés exclusivement comme chefs de guerre. Leur façon de penser serait certainement curieuse, mais elle ne serait certainement pas économique. La politique et l'économie sont deux directions différentes de la pensée humaine et sont hostiles l'une à l'autre. C'est pourquoi aucun vrai politicien ou vrai soldat ne déclarerait ou ne mènerait jamais une guerre pour un motif purement économique, même si cela offrait de grandes possibilités d'enrichissement personnel. Les guerres à motivation économique, telles que la guerre civile américaine (1861-1865), la guerre de l'opium britannique et la guerre des Boers, ont nécessairement été présentées aux participants sous une propagande mensongère.

L'économie - c'est-à-dire l'économie "pure" - n'a pas la force en soi d'amener les hommes à un niveau d'action où ils risquent leur vie. En effet, l'économie présuppose la vie et ne cherche que les moyens de l'assurer, de la nourrir et de la perpétuer. Il est évident qu'il ne sert à rien d'acheter la vie avec la mort ; lorsque la mort devient une possibilité, nous ne sommes plus dans la sphère de l'économie. Si l'économie désire une certaine guerre, elle ne peut l'obtenir que par des moyens politiques, et là encore, nous sommes hors de la sphère de l'économie.

La morale a souvent été présentée comme une raison de faire la guerre, et de nombreuses guerres ont été menées au nom de la morale. Mais cela n'a pas de sens - ce n'est conforme à aucune morale occidentale - car les États ne sont pas dans le champ de la morale, qui n'est valable que pour les individus. De plus, la morale matérialiste du 19e siècle qualifiait la guerre de meurtre. Par conséquent, lorsque les protagonistes de cette morale - et ils continuent d'exister et d'agir - réclament la guerre pour arrêter la guerre, il s'agit d'une fraude évidente. Le plus qu'un homme puisse faire pour empêcher un meurtre est de s'abstenir de tuer lui-même, mais ces combattants de la morale ne l'ont pas fait.

Une guerre pour la moralité est impossible, non seulement d'un point de vue moral, mais aussi d'un point de vue politico-guerrier. La guerre n'est pas une norme : on ne peut pas lutter contre elle. La guerre est un dilemme existentiel, et non un système ou une institution. Il n'y a pas d'objectif rationnel, pas de programme - car l'économie, la morale ou l'esthétique changent constamment - il n'y a pas de norme si absolument correcte qu'elle justifie de tuer. Adopter la guerre et la politique, c'est en fait abandonner le reste. On peut avoir en privé des idées non politiques, mais si elles deviennent publiques, elles se fondent dans le politique. Le résultat est une politique déguisée en morale.

Un autre fait est à noter en ce qui concerne le mélange de la politique et de la morale. Il y a d'abord deux mélanges possibles : le type Cromwell-Torquemada d'une part, où l'homme politique croit aussi actualiser la morale par sa politique particulière, et le type Lincoln-Roosevelt où la morale est une pure escroquerie. Dans le premier cas, les erreurs de l'homme politique seront proportionnelles à l'ampleur de sa pensée religieuse. Ainsi, Cromwell a refusé en 1653 une alliance avec l'Espagne parce qu'il détestait la religion espagnole, alors qu'une telle alliance aurait été très avantageuse pour l'Angleterre. Sa conduite était cependant politique, car il conclut avec la France la même alliance qu'il avait refusée avec l'Espagne, et en reçut beaucoup moins que ce que l'Espagne lui avait offert. Dans le second cas, lorsque la morale n'est pas prise au sérieux, comme dans le cas de Roosevelt, elle n'est pas morale du tout et est répugnante pour l'honneur. Ainsi, la morale en politique fait de la mauvaise politique si elle est prise au sérieux, et déshonore celui qui l'utilise lorsqu'elle est utilisée avec cynisme.

Il convient de se demander pourquoi le vocabulaire moral a été importé dans la politique à l'ère de la politique absolue. La réponse est qu'il s'agit d'une démarche délibérée et politique. Il est élémentaire que la politique n'inclue pas dans l'idée d'ennemi un contenu subsidiaire de malveillance ou de haine. La haine est privée ; elle se produit entre des personnes qui n'ont aucune sympathie l'une pour l'autre en raison de leur propre hostilité. Bien que cette terminologie soit différente de celle de Hegel, l'idée est identique. Il parlait de la haine de l'ennemi public comme étant indifférenciée et totalement dépourvue de personnalité. Il ne s'agit plus de haine au sens radical du terme. La guerre est entre États, et lorsque l'État ennemi est vaincu - ce qui signifie que "vaincu" est un reflet de l'époque, et dans une époque de politique absolue, signifie l'incorporation totale de l'autre État - il ne peut plus y avoir de guerre. L'inimitié cesse, et si une quelconque animosité s'est manifestée, elle doit cesser maintenant, puisqu'elle était dirigée, si elle était politique, contre l'État ennemi. Cet État n'existe plus.

Mais si la population d'un État a été nourrie exclusivement de propagande affirmant que la guerre n'était pas politique, mais qu'elle était menée pour des raisons morales, humanitaires, juridiques, scientifiques ou autres, cette population considérera la fin de la guerre comme le début de possibilités illimitées d'opprimer la population de l'État ennemi. Voilà la propagande morale dans toute sa nudité ; au XXe siècle, elle est un moyen de poursuivre la guerre après la guerre ; une guerre, non pas contre un État qui a les armes à la main, mais contre les survivants de la défaite. C'est là que réside la véritable signification d'un phénomène qui a trompé beaucoup de gens en son temps : je veux parler de la propagande "concentrationnaire" contre l'Europe, qui a atteint son apogée après la Seconde Guerre mondiale. Le seul but de cette propagande était la guerre après la guerre, c'est-à-dire qu'il ne s'agissait pas d'une vraie guerre puisqu'il n'y avait pas d'unité adverse ; il s'agissait d'exciter les populations et les armées d'occupation extra-européennes, de multiplier leur férocité et leur haine personnelle à l'encontre d'une population européenne sans défense.

Ainsi, une "guerre morale pour mettre fin aux guerres" dégénère en fait en une guerre sans fin et sans fin. Une guerre à des fins humanitaires finit par devenir une guerre d'extermination de la population de l'État vaincu. Une guerre contre les camps de concentration aboutit à des camps de concentration de plus en plus grands. Il doit en être de même à l'époque de la politique absolue, car il est évident que les raisons morales de la guerre ne sont pas nécessaires à cette époque. La propagande ne peut pas amener plus d'hommes sur le champ de bataille que l'esprit de l'époque. Par conséquent, celui qui emploie un vocabulaire moral introduit dans la lutte une malice que l'esprit politique seul ne peut développer. Proudhon constatait : "Celui qui parle d'humanité veut tromper".

Seule la politique montre le sens réel de la guerre. L'économie, l'esthétique, le droit et d'autres formes de pensée ne peuvent en donner le sens, car la guerre est politique dans sa plus haute intensité. Le sens politique d'une guerre est qu'elle est menée contre l'ennemi réel. Pour être politiquement justifiée, la guerre doit être une affirmation de l'organisme politique, ou elle doit être menée pour le salut de l'organisme politique. Dépenser des vies humaines dans toute autre guerre est une distorsion du destin de l'État et un massacre perfide et déshonorant des soldats et des civils qui y meurent. La décision sur l'identité de l'ennemi doit être prise par des hommes d'État qui incarnent l'idée nationale et, si ce n'est pas le cas, il en résulte une distorsion politique. Dans le langage politique, une guerre juste n'est qu'une guerre menée contre un ennemi réel.

Ce n'est pas faire preuve de maturité que de suggérer que l'armée devrait décider de ces questions. S'il est possible pour un homme politique d'être en même temps un soldat, cela ne signifie pas qu'un soldat devienne ipso facto un homme politique. D'une manière générale, à Rome, tous les hommes d'État étaient d'anciens chefs de guerre, mais ils avaient connu le champ de bataille comme un épisode de leur carrière politique. César a commencé sa carrière militaire alors qu'il était déjà un homme mûr, mais combien de soldats professionnels auraient pu s'engager en politique avec autant de succès ? En matière politique, les soldats sont circonstanciels, tout comme la population en général.

12. Le droit de la plénière politique

Que la guerre soit essentielle à l'existence d'un organisme politique est prouvé par le fait qu'un État ne peut pas abandonner son jus belli sans abandonner en conséquence son existence politique. Dans l'histoire des grandes cultures, on trouve très peu d'exemples d'une unité politique abandonnant, ouvertement ou consciemment, ou simplement par soumission à une autre unité, le droit organique de faire la guerre. Et en aucun cas une puissance importante ou se considérant comme telle n'a renoncé à ce droit.

Le célèbre pacte de Kellogg[30] - que les historiens du XXIe siècle désigneront comme le point culminant de la politique idéologique - n'a même pas tenté de contraindre ses signataires à renoncer à la guerre. Ce pacte se contente de "condamner" la guerre. La version française était "condamner", la version allemande "verurteilen". Naturellement, à une époque où de nombreux hommes politiques prétendaient se déguiser en clercs, presque tout le monde était désireux de "condamner" la guerre. Mais les principales forces cléricales émettent des réserves quant à leur condamnation. Ainsi, l'Angleterre a déclaré qu'elle ne pouvait pas condamner la guerre si son honneur national, sa propre défense, la continuité de la Société des Nations ou le respect des traités de neutralité, le traité de Locarno, la sécurité de certaines sphères d'intérêt comme l'Égypte, la Palestine etc. etc. étaient menacés. La France a fait des exceptions similaires, de même que la Pologne. Rapidement, certains penseurs politiques font remarquer que le pacte en question n'interdit pas la guerre, mais l'autorise, puisque les exceptions couvrent tous les cas possibles. Désormais, les guerres doivent être formulées légalement. D'autres penseurs politiques comparent le pacte à une résolution du Nouvel An.[31]

Les réalités organiques ont donc été respectées par ce pacte Kellogg unique en son genre, alors qu'il était censé les écarter. Au lieu que le droit abolisse la politique, il utilise le droit, comme d'habitude, pour soutenir une situation politique donnée.

Le Pacte ne parle d'ailleurs de la guerre que comme d'un "instrument de politique nationale". Mais en tant qu'instrument d'une autre idée, rien n'est dit, pas même de la politique internationale. Les guerres les plus néfastes n'étaient donc pas couvertes par le traité. Une guerre au nom de la politique internationale, de l'"humanité", de la "morale" et d'autres concepts similaires est la pire de toutes les guerres possibles, car elle déshumanise l'adversaire, en fait un ennemi personnel, autorise toutes les cruautés à son encontre et prive les personnes qui la mènent de toutes les contraintes imposées par l'honneur.

---

[30] Le pacte de Kellogg, également connu sous le nom de pacte Briand-Kellogg ou de pacte de Paris, a été initialement signé le 24 juillet 1929 entre la France et les États-Unis, puis ratifié par 63 autres pays. Les signataires renoncent à la guerre comme moyen de règlement des différends internationaux. Ce pacte a été largement utilisé par l'accusation lors du procès de Nuremberg contre les dirigeants civils et militaires de l'Allemagne (N. du T.).

[31] Ancienne coutume anglo-saxonne, consistant en la promesse faite par les enfants, après les desserts du repas familial du Nouvel An, qu'ils allaient être très sages au cours de l'année à venir (N. de la T.).

Il n'est pas non plus possible d'abandonner complètement l'existence politique. Une unité politique peut disparaître. La Loi organique du Plénum politique apparaît. Si un certain État, fatigué par son âge avancé, ne voulait plus continuer la guerre ou la politique, il pourrait, s'il le voulait, annoncer son idée à tous les États du monde. Il pourrait dire qu'il a renoncé à l'inimitié et qu'il considère tous les États comme ses amis, qu'il ne fera plus la guerre et qu'il ne veut que la paix. Un tel comportement, aussi illogique soit-il de formuler un tel souhait, n'atteindrait pas le résultat escompté. La logique ne fonctionne pas en politique. Un État créerait, par ce comportement, un vide politique, et d'autres États, qui ne sont pas lassés de la guerre et de la politique, aboliraient immédiatement ce vide et incorporeraient le territoire et la population de l'État abdiquant dans leur propre domination. Une telle action plénière peut être menée de manière ouverte et franche, ou de manière voilée. Dans les deux cas, une puissance qui abdique est immédiatement incorporée dans une puissance plus forte. Un vide politique est impossible dans un système d'États. Cette loi du plénum politique décrit des situations politiques réelles et n'a pas besoin, pour être appliquée, d'une annonce formelle d'abdication de la part de l'État qui disparaît en tant que tel. Si un tel État, du simple fait de l'évolution générale de la situation, atteint un point où il ne peut plus soutenir une guerre, c'est-à-dire s'engager dans la politique, la Loi du Plénum Politique est immédiatement opérationnelle. Il n'est pas nécessaire que l'incorporation de l'État en voie de disparition absorbé par un État plus grand s'accompagne d'une occupation militaire. C'est, bien sûr, la méthode opérationnelle du vingtième siècle, car c'est l'ère de la politique absolue, et toute forme de déguisement de l'action politique est aussi inutile qu'inadéquate. Cela se produit automatiquement lorsque le potentiel politique de l'État en voie de disparition est réduit.

Ainsi, par exemple, la prise de la moitié de l'Europe par les Américains après la Seconde Guerre mondiale était un mélange de moyens militaires et crypto-politiques. La prise de l'autre moitié de l'Europe par la Russie a été plus directe, bien qu'elle ait été marquée par le verbiage du XIXe siècle sur la "justification", la "non-ingérence", la "sécurité", la "nécessité militaire", etc. Dans les deux cas, la fiction de l'indépendance des anciennes unités politiques de l'Europe a été maintenue.

Ce partage de la civilisation occidentale entre les deux puissances extra-européennes est un exemple de la loi du plénum politique. Les États européens étaient individuellement incapables

Après 1945, la guerre n'a pu être menée qu'en raison des énormes besoins industriels et humains. Ces moyens ne pouvaient être trouvés qu'en Russie et en Amérique. Ainsi, l'Europe est devenue collectivement un vide politique, en raison de l'incapacité politique individuelle des États de la civilisation occidentale.

L'incapacité à faire la guerre est une abdication de facto de l'existence politique, que l'État qui abdique le sache ou non. Ainsi, en dehors de toute fiction, les frontières qui ont été maintenues pendant un certain temps en Europe après la Seconde Guerre mondiale n'étaient pas des frontières de puissances, mais des lignes de démarcation administratives. Ainsi, ni l'Amérique ni la Russie n'ont pris au sérieux les frontières situées dans leurs moitiés respectives de l'Europe. La seule frontière que la Russie et l'Amérique prenaient au sérieux était celle qui subsistait entre leurs deux zones d'influence respectives. Le monde de la politique réelle à un moment donné est déterminé par les puissances capables de faire la guerre.

Seule l'indépendance politique peut être abandonnée, pas l'existence politique. La politique est toujours présente, elle embrasse existentiellement la vie de l'ensemble de la population. C'est la loi organique de protection et d'obéissance.

13. La loi de protection et d'obéissance

Le but qui a guidé le grand penseur politique Hobbes dans la rédaction de son "Léviathan" était d'enseigner, une fois de plus, au monde, la "relation mutuelle entre la protection et l'obéissance", exigée à la fois par la nature humaine et la loi divine. La formule romaine était "protego ergo obligo". L'obéissance est également rendue à celui qui assure la protection. Elle est rendue volontairement, par la persuasion ou par la force. Là encore, cette formule n'a pas de contenu moral. Elle peut aussi avoir un aspect moral, mais rien ici ne se rapporte à cet aspect, ni à aucun aspect autre que purement politique. Une perspective du 20e siècle sur la politique est, par nécessité, purement factuelle, et n'approuve ni ne désapprouve les réalités politiques. L'approbation ou la désapprobation pour des raisons morales est extérieure à la politique. Mais l'approbation ou la désapprobation pour des raisons de culture, de goût ou d'instinct est la force motrice de la politique. En examinant les réalités, comme condition préalable à l'action sur les réalités, nous mettons de côté toutes sortes d'idées préconçues.

C'est pourquoi : Protection et obéissance. Cette loi organique est, une fois de plus, la description d'une réalité existentielle. Sans la relation de protection, d'une part, et d'obéissance, d'autre part, il n'y a pas de politique. Tout organisme politique en fait preuve, et l'extension de la protection et de l'obéissance définit les limites territoriales de l'organisme. Lorsqu'un pouvoir est sous la protection d'un autre pouvoir, les deux ne font qu'un à des fins politiques externes. Quelles que soient les anomalies apparentes qui ont pu exister, elles disparaissent dès que la tension politique augmente dans la région concernée. Si l'on considère l'agence sur le plan interne, le degré de protection et le degré d'obéissance, ainsi que la qualité des deux, définissent la force interne de l'unité. Un degré élevé de protection et un degré élevé d'obéissance constituent un organisme intégré qui peut résister à toutes les épreuves politiques. Un tel organisme peut souvent l'emporter sur des forces bien supérieures. Un faible degré de protection-obéissance décrit une unité qui est intérieurement faible. Elle est incapable de résister à un combat vraiment difficile et peut même succomber face à un organisme disposant de moyens matériels et humains inférieurs.

Ainsi, lorsque, au XXe siècle, un organe n'ose pas imposer le service militaire obligatoire dans sa zone politique, cette zone est intérieurement faible et ne peut être considérée comme faisant partie du corps politique. Une telle situation ne durera qu'aussi longtemps que cette zone ne sera pas un foyer de tension politique. La loi définit également l'étendue géographique d'une unité politique. C'est là où la protection et l'obéissance cessent que commencent les véritables frontières.

Une fois de plus, les mots "protection" et "obéissance" ont été utilisés sans le moindre contenu moral. Ainsi, la "protection" peut signifier une terreur illimitée par des moyens militaires et l'"obéissance" n'est que le reflet de l'alternative concentrationnaire. La condition de l'Europe occupée par des armées extra-européennes est la protection au sens de cette loi organique. Même si ces armées extra-européennes maltraitent les populations, il n'en demeure pas moins qu'elles protègent cette partie de l'Europe de l'incorporation à une autre unité politique. L'Amérique protège sa moitié contre la Russie et la Russie protège sa moitié contre l'Amérique. Le mot est donc neutre par rapport à la disjonction altruisme-égoïsme. L'obéissance n'est pas de la gratitude, c'est de la soumission politique pour quelque raison que ce soit.

Lorsque le pouvoir protecteur se trouve au sein d'une culture et que la zone et la population protégées appartiennent également à cette même culture, l'obéissance sera totale, naturelle et volontaire de la part de la strate porteuse de la culture, du moins lorsque l'existence de la culture est en jeu. Cette loi décrit, par exemple, le féodalisme occidental. Le féodalisme est le système politique le plus solide qui puisse exister. Il est intégré à l'intérieur et à l'extérieur. C'est le système dans lequel l'activité politique s'inscrit dans un cadre de formes évidentes. C'est une Internationale dans le seul vrai sens du terme ; c'est un phénomène d'égale validité dans toute la Culture. Dans notre cas, elle a été la forme et le véhicule de tous les événements en Occident pendant 300 ans. La formulation de base de l'idée féodale n'est rien d'autre que la protection et l'obéissance.

Les protectorats, tels qu'ils sont reconnus par le droit international occidental, sont des exemples de ce droit, qui décrit également les unités fédérales qui peuvent être créées. Le gouvernement central est le seul politique, car il protège et reçoit donc l'obéissance politique.

La nature existentielle de la loi est également démontrée par le fait que si un État n'est pas en mesure de protéger une région et sa population au sein de son système, cette région et cette population seront transférées dans le système d'un autre État qui est en mesure et désireux d'assurer cette protection. Cette transition peut se faire par la révolte ou par la guerre. Elle peut aussi se faire par la négociation, surtout si l'État protecteur autorise l'existence d'un quasi-gouvernement dans la zone protégée, qui peut parvenir à un accord distinct avec d'autres puissances pour leur céder la population et le territoire. Ceci démontre, incidemment, le danger de pousser trop loin les fictions en politique. Se vanter trop fort que les vassaux ne sont pas des vassaux peut les amener à être transférés à une autre souveraineté. Dans le même temps, se vanter de sa propre force en la décrivant comme invincible est dangereux ; cela ne convaincra jamais un État résolu de statut égal, mais cela peut convaincre le sien.

Au siècle du jargon économico-moraliste, la maîtrise consistait à maintenir un simulacre élaboré de liberté tout en conservant une condition rigide de servitude. Cette façon d'agir est aussi impraticable que déplaisante à l'époque qui embrasse ce siècle et les deux suivants. Impraticable, parce qu'il y a constamment le danger de ne tromper personne d'autre que soi-même, et pas l'ennemi politique. Désagréable parce que les puissances les plus fortes de cette époque se moquent des sophismes sournois et des formules voilées face au fait de la subordination politique.

Dans un pays où le jargon de la morale exerce un monopole sur le vocabulaire politique, les hommes politiques ne peuvent pas se parler ouvertement, même entre eux. La terreur propagandiste nécessaire au maintien d'une terminologie politique aussi absurde et en contradiction avec les faits finit par affaiblir les gouvernements de ces pays de l'intérieur. Toute personne qui fait une observation purement factuelle devient suspecte, et certains des meilleurs cerveaux ont fini en prison ou dans des camps de concentration à cause de cela.

14. Le Comité international de la Croix-Rouge

On l'a vu, le monde politique est pluriel. Ce fait organique a des conséquences fatales pour le type d'idéologue qui croit à la ligue des nations et sur lequel il fonde ses projets. Aucune des deux "sociétés de nations" créées par des forces extra-européennes après les deux premières guerres mondiales n'était une organisation internationale, mais simplement une organisation inter-étatique. La langue anglaise ne permet pas de faire des distinctions aussi claires et évidentes que la langue allemande. Le terme allemand "zwischenstaatlich" signifie qu'il se produit entre les États, en tant qu'unités autonomes et impénétrables ; en allemand, international signifie qu'il se produit à l'intérieur des deux États et qu'il franchit les frontières des États dans les deux sens. Ainsi, le terrorisme macédonien des XIXe et XXe siècles était véritablement international, mais il n'était pas interétatique. Si les populations des différents États du monde étaient représentées dans une "ligue des nations" indépendamment de leurs propres États, et si les États n'y participaient pas, on pourrait alors parler d'une organisation internationale. Mais lorsque les seuls membres sont des États, l'organisation est simplement "zwischenstaalich" ou, en anglais, "interstate".

L'importance de la distinction réside dans le fait qu'une organisation interétatique présuppose des États. S'il s'agit de véritables États, et pas seulement d'États nominaux, ils seront décrits par les lois de la souveraineté et de la totalité. Et en effet, dans les deux ligues, au moins certains membres étaient de véritables États dans ce sens. Dans la première ligue des nations, il y avait à divers moments cinq, six ou sept de ces États. Dans la seconde, il n'y en avait que deux. Mais s'il y en a deux, une telle ligue n'est qu'un champ de bataille pour le développement de la politique interétatique.

Une Internationale, pourvu qu'elle procède de l'âme de la Culture, a la possibilité d'absorber tous les États en son sein, pourvu qu'elle soit une idée qui embrasse la vie tout entière, c'est-à-dire une idée culturelle, et non pas seulement un schéma politique - et surtout pas une simple abstraction, un idéal - et la féodalité était une telle Internationale. Évidemment, les diverses internationales des guerres de classes révolutionnaires n'étaient pas cela, car leur origine était purement politique et elles étaient purement négatives. Une idée culturelle ne peut pas être négative ; une telle idée n'est pas fabriquée par l'homme, mais procède du développement de la culture et représente une nécessité organique de l'organisme le plus élevé. L'expression "esprit du temps" est transférable à l'expression "idée-culture". Toutes deux sont suprapersonnelles, et le plus qu'un homme puisse faire est de formuler l'Idée, d'essayer de l'actualiser, ou d'essayer de l'étrangler et de la tordre. Ce qu'il ne peut pas faire, c'est la changer ou la détruire.

Une Internationale représentant une Culture de l'Idée est naturellement supranationale et internationale au sens propre, car les nations sont des créations de la Grande Culture. Seule une telle Internationale pourrait absorber les États en son sein... et encore, seulement les États de sa propre Culture. L'Idée n'exercerait naturellement aucun effet interne sur les populations et les zones territoriales situées en dehors de son corps organique. Ainsi, aucune Internationale occidentale ne pourrait affecter intérieurement la Chine, l'Inde, le Japon, l'Islam ou la Russie. Leur réaction à une telle Internationale, pour autant qu'ils soient affectés par ses effets externes, serait, par la force des choses, purement négative. Si une telle Internationale devait constituer l'Occident comme une unité à des fins politiques - et le monde extérieur a toujours, à juste titre, considéré l'Occident comme une unité à toutes fins utiles - elle tendrait à créer une unité anti-occidentale parmi les zones et les populations extérieures. Il n'en serait ainsi que parce que la civilisation occidentale a englobé le monde entier dans sa sphère d'activités. Elle a été la première à le faire.

Pour la première fois dans l'histoire des grandes cultures, un système politique culturel a embrassé le monde entier. En effet, la politique des forces extra-européennes est, au fond, motivée par la force historiquement omnipotente de notre civilisation occidentale, en ce sens que les forces extra-européennes ne tirent leur unité que du fait qu'elles sont la négation de l'Europe. Si l'Europe n'existait pas, la Russie ne serait que le théâtre de hordes errantes s'affrontant dans des guerres tribales à petite échelle sur le site. De même, la fameuse "révolution chinoise" de 1911 n'était qu'un écophénomène des courants occidentaux, et son importance réside dans le fait qu'elle a eu un effet anti-occidental sur la région que l'Occident appelle la Chine.

Une véritable Internationale agit directement sur l'ensemble de sa zone culturelle et des populations qu'elle englobe. Le capitalisme était en ce sens une véritable Internationale ; il était l'expression de l'Esprit de l'époque. L'Angleterre était le véhicule choisi par la Culture pour actualiser cette Idée, et l'Angleterre est devenue le foyer spirituel du Capitalisme. Les autres nations furent contraintes d'orienter leur vie en fonction de cette Idée, qui était d'ailleurs un regard - ou une idée - sur le monde plutôt qu'un système économique. Elles pouvaient l'affirmer ou la nier. Ce choix n'existait que parce que l'esprit du temps contenait aussi le nationalisme politique, et donc le capitalisme, appartenant à une nation, n'a pas fusionné et n'aurait jamais pu fusionner toutes les nations occidentales en une seule nation. Le nationalisme politique était déjà moribond, même avant la Première Guerre mondiale, et par la suite, la pratique du nationalisme politique n'a été qu'une distorsion culturelle ; chaque nation occidentale a été endommagée par ce nationalisme politique individuellement, et toutes collectivement. L'Internationale de notre temps apparaît à une époque où l'Esprit de l'époque a vaincu le nationalisme politique. L'époque de la politique absolue ne tolère pas les petits étatismes. Le monde entier est le butin de cette gigantesque ère politique, et il est évident que des unités minuscules comme les anciens États d'Europe, avec quelques dizaines de milliers de kilomètres carrés, ne peuvent pas s'engager dans une lutte politique dans un monde de deux milliards d'êtres humains. Le minimum requis pour entamer une telle lutte mondiale serait un territoire de la taille de l'Europe et d'une partie de la Russie. Toute contestation préliminaire à cela est locale.

Les deux "ligues de nations" n'étaient que des phénomènes interétatiques, c'est-à-dire des États présupposés à des fins polémiques, qui n'étaient donc pas eux-mêmes des unités politiques, qui ne pouvaient donc pas faire de politique, qui n'existaient donc pas en tant que réalités politiques. Les lois de la Souveraineté et de la Totalité, ainsi formulées, décrivent les États membres des "ligues" mais pas les "ligues" elles-mêmes. Les libéraux et les rationalistes, les moralistes et les dialecticiens perdus dans le monde des faits, ne se sentaient pas concernés par la situation. Ils disaient qu'il fallait transférer la souveraineté - la simple souveraineté juridique, mais ils ne savaient rien et ne pouvaient rien savoir de la loi organique de la souveraineté - des États membres à la "ligue". Ils pensaient que la "souveraineté" était un mot écrit sur un bout de papier, et donc, selon les calculs de la logique symbolique, manipulable à volonté. Or, la souveraineté s'avère être une caractéristique existentielle d'un organisme politique, et ces organismes ne sont pas soumis au contrôle humain, mais, au contraire, contrôlent politiquement les êtres humains qui se trouvent dans leurs zones. C'est un fait et, en tant que tel, il existe sur un plan différent de celui de la logique, un plan qui ne se croisera jamais avec celui de la logique. La logique s'occupe d'une phase de l'homme-culture, son intellect, et rien de plus. Elle ne peut que disséquer, analyser, accompagner les "post-mortems" spirituels. Vue sous cet angle, la politique s'apparente plus à l'art qu'à la logique. La logique est lumière, la politique est clair-obscur ; la logique est camée, la politique est sculptée ; la logique est rigide, la politique est fluide. La création est l'œuvre de toute l'âme, et la logique n'est que le produit d'une petite partie de l'âme. Une absurdité en logique peut être correcte en politique ; une absurdité en politique peut être logiquement correcte. Les idées politico-culturelles précèdent la réalité ; les idéaux intellectuels aboient sur les talons de la réalité.

L'idée de base des ligues des nations était d'abolir la guerre et la politique. La création d'un lieu de rencontre pour les unités politiques de guerre était difficilement réalisable et, par conséquent, ces lieux de rencontre n'avaient aucune signification politique et continuaient à résider dans les capitales.

Nous avons vu qu'un monde avec un État est une absurdité organique, puisque l'État est une unité d'opposition. Mais certains intellectuels voulaient un monde sans État, ni au singulier, ni au pluriel. Ils parlaient d'"humanité" et voulaient l'unifier pour abolir la politique par la politique et la guerre par la guerre. Ils affirment ainsi eux-mêmes la guerre et la politique, sans même s'en rendre compte. Le mot humanité devient alors un mot polémique : il désigne tout le monde sauf l'ennemi. Ce n'est pas nouveau, bien sûr, car ce mot rebattu était déjà apparu comme mot politique au XVIIIe siècle, lorsque les intellectuels et les idéologues de l'égalité l'utilisaient pour désigner tout le monde, sauf la noblesse et le clergé. Il a ainsi déshumanisé la noblesse et le clergé, et lorsque le pouvoir est tombé entre les mains des intellectuels, lors de la Terreur française de 1793, ils ont montré qu'ils considéraient leurs ennemis comme sujets à des traitements inhumains parce qu'ils n'appartenaient pas à l'"humanité". Une fois de plus, la politique et la logique sont séparées : l'humanité en logique signifie l'inhumanité en politique.

Pourtant, sémantiquement parlant, le mot humanité n'exclut personne. L'ennemi est aussi humain. L'humanité ne peut donc pas avoir d'ennemi, et les "libéraux de l'État unique" et les "intellectuels humanitaires" se sont engagés dans ce qu'ils voulaient abolir : la politique et la guerre. L'"humanité" n'est pas un mot pacifique, mais un slogan de guerre. L'"État mondial" reste dans le monde des rêves. La politique reste dans le monde et utilise toutes ces entéléchies anti-politiques à son profit.

Que serait un monde sans politique ? Il n'y aurait nulle part de protection et d'obéissance, ni d'aristocratie, ni de démocratie, ni d'empires, ni de patries, ni de patriotisme, ni de frontières, ni de coutumes, ni de gouvernants, ni d'assemblées politiques, ni de supérieurs, ni de subordonnés.

Pour qu'un tel monde puisse naître et perdurer, il faut qu'il n'y ait pas d'hommes ayant le goût de l'aventure et de la domination. Pas de volonté de puissance, pas d'instincts barbares, pas d'instincts criminels, pas de sentiments criminels, pas d'idées messianiques, pas d'hommes guerriers, pas de programmes d'action ou de prosélytisme, pas d'ambition, pas d'économie au-dessus du niveau personnel, pas d'étrangers, pas de races, pas d'idées.

Cela nous amène au dilemme fondamental entre la pensée politique et les simples réflexions sur la politique. Toute réflexion intellectuelle sur la politique présuppose certaines caractéristiques qui n'existent pas dans la nature humaine.

15. Les deux anthropologies politiques

La pierre de touche de toute théorie politique est son attitude à l'égard de la qualité éthique fondamentale de la nature humaine. De ce point de vue, il n'y a que deux sortes de théories : celles qui présupposent une nature humaine "naturellement bonne" et celles qui voient la nature humaine telle qu'elle est. Par "bon", on entend raisonnable, perfectible, pacifique, éducable, désireux de s'améliorer, et bien d'autres choses encore.

Toute théorie politique ou étatique rationaliste considère l'homme comme "bon" par nature. Les Encyclopédistes, les Lumières et les adeptes de la philosophie du baron d'Holbach ont été les précurseurs de l'avènement du rationalisme au XVIIIe siècle. Ils ont tous parlé de la "bonté essentielle de la nature humaine". Rousseau a été le plus violent et le plus radical de tous les écrivains du 18e siècle à cet égard. Voltaire s'est totalement éloigné de lui en niant totalement cette bonté essentielle de la nature humaine.

Il est curieux qu'une théorie politique puisse se fonder sur un tel postulat, alors que la politique s'actualise sous la forme de la disjonction ami-ennemi, et uniquement sous cette forme. Ainsi, une théorie de l'hostilité suppose que la nature humaine est essentiellement pacifique et non hostile.

Au milieu du 18e siècle, le mot libéralisme et l'idée complexe de libéralisme sont apparus. Puisque la nature humaine est fondamentalement bonne, il n'est pas nécessaire d'être strict avec elle, on peut être libéral, cette idée vient des philosophes sensualistes anglais. La théorie du contrat social de Rousseau trouve son origine dans le Locke anglais du siècle précédent. Tous les libéralismes prêchent une philosophie sensualiste et matérialiste. De telles philosophies sont rationalistes par tendance, et le libéralisme est simplement une variété de rationalisme appliquée à la politique.

Les principaux penseurs politiques du XVIIe siècle, tels que Hobbes et Pufendorff, considéraient la condition de la "nature", dans laquelle les États existaient, comme une condition de danger et de risque constants, dans laquelle ceux qui s'engageaient dans l'action étaient poussés par tous les instincts des bêtes : la faim, la peur, la jalousie, les rivalités de toutes sortes, les désirs. Hobbes constate que la véritable inimitié n'est possible qu'entre les hommes, que la disjonction ami-ennemi est tellement plus profonde chez les hommes que chez les animaux que le monde des hommes spirituellement au-dessus du monde des bêtes.

Les deux anthropologies politiques sont illustrées par l'anecdote, décrite par

Carlyle, de la conversation entre Frédéric le Grand et Sulzer, au cours de laquelle ce dernier explique au premier la nouvelle découverte du rationalisme, selon laquelle la nature humaine est essentiellement bonne. "Ach, mein lieber Sulzer, Ihr kennt nicht diese verdammte Rasse", dit Frédéric, ("tu ne connais pas cette maudite race").

L'hypothèse de la bonté de la nature humaine a développé deux branches principales de la théorie. L'anarchisme est le résultat de l'acceptation radicale de cette hypothèse. Le libéralisme utilise cette hypothèse uniquement pour affaiblir l'État et le subordonner à la "société". Thomas Payne, l'un des premiers libéraux, a exprimé cette idée dans une formule qui reste valable pour le libéralisme d'aujourd'hui : la société est le résultat de nos besoins raisonnablement régulés ; l'État est le résultat de nos vices. L'anarchisme est le plus radical dans l'acceptation de la thèse de la bonté humaine.

L'idée du "rapport de force", technique d'affaiblissement de l'État, est absolument libérale. L'État doit devenir un sujet de l'économie. On ne peut pas parler de théorie de l'État, car il s'agit d'une simple négation. Elle ne nie pas complètement l'État, mais elle le veut décentralisé et affaibli. Elle ne veut pas que l'État soit le centre de gravité de l'organisme politique. Il préfère concevoir cet organisme comme une "société", un rassemblement décontracté de groupes et d'individus libres et indépendants, dont la liberté n'a d'autres limites que celles marquées par le droit pénal coutumier. Ainsi, le libéralisme ne s'oppose pas à ce que les individus soient plus puissants que l'État et au-dessus de la loi. Ce que le libéralisme n'aime pas, c'est l'autorité. L'État, en tant que plus grand symbole d'autorité, est détesté. Les deux ordres nobles, en tant que symboles d'autorité, sont également détestés.

L'anarchisme, négation radicale de l'État et de toute autre forme d'organisation, est une idée d'une véritable force politique. Antipolitique en théorie, il est authentiquement politique par son intensité, de la seule manière dont la politique peut se manifester, c'est-à-dire en enrôlant les hommes à son service et en les opposant les uns aux autres en tant qu'ennemis. Au cours du XIXe siècle, l'anarchisme a été une force avec laquelle il fallait compter, même s'il était presque toujours allié à un autre mouvement. C'est surtout au XIXe siècle et au début du XXe siècle que l'anarchisme a été une réalité puissante en Russie. Il y était connu sous le nom de nihilisme. La force locale de l'anarchisme en Russie était due à son attrait pour les immenses sentiments anti-occidentaux latents sous la croûte pétrinienne[32]. Être anti-occidental, c'est être anti-tout, c'est pourquoi le négativisme anti-occidental asiatique a adopté la théorie occidentale de l'anarchisme comme véhicule d'expression.

Cependant, le libéralisme, avec son attitude vague et favorable au compromis, incapable de formuler des idées précises, incapable aussi de susciter des sentiments précis, positifs ou négatifs, n'est pas une idée de force politique. Ses nombreux adeptes aux XVIIIe, XIXe et XXe siècles n'ont participé à la politique concrète qu'en tant qu'alliés d'autres groupes. Le libéralisme ne pouvait pas apporter de solution, il ne pouvait pas dresser les hommes les uns contre les autres en les alignant comme amis et ennemis. Il ne s'agit donc pas d'une idée politique, mais simplement d'une idée sur la politique. Ses adeptes devaient prendre position pour ou contre d'autres idées afin d'exprimer leur libéralisme.

L'anarchisme était capable d'entraîner des hommes au sacrifice de leur vie, le libéralisme ne l'était pas. C'est une chose de mourir pour effacer de la surface du monde tout ordre, tout État ; c'en est une autre de mourir pour obtenir une décentralisation du pouvoir de l'État. Le libéralisme est essentiellement apolitique, il se situe en dehors de la politique. Il voudrait que la politique soit au service de l'économie et de la société.

16. Le libéralisme

I

Le libéralisme est l'un des principaux sous-produits du rationalisme et ses origines et son idéologie doivent être clairement exposées.

La période des "Lumières" de l'histoire occidentale, qui a débuté après la Contre-Réforme, a mis de plus en plus l'accent sur l'intellect, la raison et la logique au fur et à mesure de son développement. Au milieu du 18e siècle, cette tendance a donné naissance au rationalisme. Le rationalisme considère toutes les valeurs spirituelles comme ses sujets et les évalue du point de vue de la raison. La logique inorganique est la faculté que les hommes ont toujours utilisée pour résoudre les problèmes de

---

[32] L'auteur fait référence à la tentative du tsar Pierre le Grand d'occidentaliser la Russie.

mathématiques, d'ingénierie, de transport, de physique et d'autres situations non évaluatives. Son insistance sur l'identité et son rejet de la contradiction sont utiles dans les activités matérielles. Ils produisent également des satisfactions matérielles dans les domaines de la pensée purement abstraite, tels que les mathématiques et la logique, mais s'ils sont poussés trop loin, ils deviennent de simples techniques, de simples hypothèses dont la seule justification est empirique. La fin du rationalisme est le pragmatisme, le suicide de la raison.

Cette adaptation de la raison aux problèmes matériels fait que tous les problèmes deviennent mécaniques lorsqu'ils sont analysés à la "lumière de la raison", sans aucun attachement mystique de la pensée ou tendance de quelque nature que ce soit. Descartes a étudié les animaux comme s'ils étaient des automates, et environ une génération plus tard, l'homme lui-même a été rationalisé comme un automate, ou tout aussi bien comme un animal. Les organismes sont devenus des problèmes de chimie et de physique, et les organismes suprapersonnels ont tout simplement cessé d'exister, car ils ne peuvent être soumis à la raison puisqu'ils ne sont ni visibles ni mesurables. Newton a doté l'univers des étoiles d'une force autorégulatrice non spirituelle ; le siècle suivant a retiré l'esprit de l'homme, de son histoire et de ses affaires.

La raison a horreur de l'inexplicable, du mystérieux, de la pénombre. Dans un problème pratique de machinerie ou de construction navale, il faut avoir le sentiment que tous les facteurs sont sous sa connaissance et son contrôle. Rien ne doit échapper à la prévoyance et au contrôle. Le rationalisme, qui est le sentiment que tout est soumis à la raison et explicable par elle, rejette tout ce qui n'est pas visible et calculable. Si une chose n'est pas vraiment calculable, la Raison se contente de dire que les facteurs sont si nombreux et si compliqués que le calcul est impossible d'un point de vue pratique, mais elle ne le rend pas impossible d'un point de vue théorique. Ainsi, la raison a aussi sa volonté de puissance ; ce qui ne s'y soumet pas est déclaré récalcitrant, ou son existence est simplement niée.

En tournant son regard vers l'histoire, le rationalisme a cru y voir une tendance vers la Raison. L'homme "énergie" pendant plusieurs millénaires, puis "progrès" de la barbarie et du fanatisme aux Lumières, de la "superstition" à la "science", de la violence à la "raison", du dogme à la critique, de l'obscurité à la lumière. Plus d'invisible, plus d'esprit, plus d'âme, plus de Dieu, plus d'église et d'État. Les deux pôles de la pensée sont "l'individu" et "l'humanité". Tout ce qui les sépare est "irrationnel".

Cette habitude de qualifier les choses d'irrationnelles est en fait correcte. Le rationalisme doit tout mécaniser, et ce qui n'est pas mécanisable est forcément irrationnel. Ainsi, c'est toute l'Histoire qui devient irrationnelle : ses chroniques, ses processus, sa force secrète, le Destin. Le rationalisme lui-même, en tant que sous-produit d'une certaine étape du développement d'une grande culture, est également irrationnel. Pourquoi le rationalisme suit-il une phase spirituelle, pourquoi exerce-t-il sa brève prédominance, pourquoi s'évanouit-il à nouveau dans la religion... ces questions sont historiques, donc irrationnelles.

Le libéralisme est le rationalisme en politique. Il rejette l'État en tant qu'organisme et ne peut le concevoir que comme le résultat d'un contrat entre individus. L'objet de la Vie n'a rien à voir avec les États, puisqu'ils n'ont pas d'existence indépendante. Ainsi, le "bonheur" de l'individu devient l'objet de la Vie. Bentham a formulé cette idée en la collectivisant de la manière la plus large possible, avec la phrase "le plus grand bonheur pour le plus grand nombre". Si un troupeau d'animaux pouvait parler, il utiliserait ce slogan contre les loups. Pour la plupart des humains, qui ne sont que des matériaux pour l'histoire et non des acteurs sur la scène de l'histoire, le "bonheur" signifie le bien-être économique. La raison est quantitative, et non qualitative, et transforme ainsi l'homme moyen en "l'Homme". L'homme" est une chose qui a besoin de nourriture, de vêtements, d'un foyer, d'une vie sociale et familiale, de loisirs. La politique exige parfois le sacrifice de la vie pour des choses invisibles. Cela va à l'encontre du bonheur et ne devrait pas exister. L'économie, en revanche, n'est pas "contre le bonheur", mais coïncide presque avec lui. La religion et l'Église veulent interpréter toute la vie sur la base de choses invisibles, ce qui milite contre le "bonheur". L'éthique sociale, en revanche, assure l'ordre économique, favorisant ainsi le "bonheur".

Le libéralisme y trouve ses deux pôles de pensée : l'économie et l'éthique. Ils correspondent à l'individu et à l'humanité. L'éthique, naturellement, est purement sociale, matérialiste ; si l'ancienne éthique est préservée, ses anciens fondements métaphysiques sont abandonnés et elle est promulguée comme un impératif social et non religieux. L'éthique est nécessaire pour maintenir l'ordre nécessaire en tant que cadre de l'activité économique. Dans ce cadre, cependant, l'"individu" doit être "libre". C'est le grand cri du libéralisme, la "liberté". L'homme n'est rien d'autre que lui-même et n'est lié à rien, si ce n'est par son propre choix. La "société" est donc l'association "libre" d'hommes et de groupes. L'État est donc contraire à la liberté, il est contrainte, il est violence. L'Église est l'esclavage spirituel.

Tout ce qui relève du domaine spirituel a été transmuté par le libéralisme. La guerre a été transformée en une compétition vue du pôle économique, en une différence idéologique vue du pôle éthique. Au lieu de l'alternative rythmique mystique de la guerre et de la paix, il ne voit que la concurrence perpétuelle d'une compétition ou d'un contraste idéologique, qui ne peut en aucun cas devenir hostile ou sanglant. D'un point de vue éthique, l'État devient société ou humanité ; d'un point de vue économique, il devient système de production et d'échange. La volonté d'accomplir un but politique devient la réalisation d'un programme d'"idéaux sociaux" sur le plan éthique, et de calcul sur le plan économique. D'un point de vue éthique, le Pouvoir devient Propagande, et d'un point de vue économique, régulation.

L'expression la plus pure de la doctrine du libéralisme est probablement celle de Benjamin Constant. En 1814, il publie ses idées sur le "progrès" de "l'homme". Il considère les Lumières du XVIIIe siècle, avec leurs tendances intellectuelles et humanitaires, comme de simples préliminaires à la véritable libération, celle du XIXe siècle. L'économie, l'industrie et la technologie représentaient les "moyens" de la liberté. Le rationalisme est l'allié naturel de cette tendance. Le féodalisme, la réaction, la guerre, la violence, l'État, la politique, l'autorité... tout cela a été supprimé par la nouvelle idée, supplantée par la raison, l'économie, la liberté, le progrès et le parlementarisme. La guerre, violente et brutale, était irrationnelle et a été remplacée par le commerce, intelligent et civilisé. La guerre est condamnée à tous points de vue : économiquement parlant, elle est une défaite, même pour le vainqueur. Les nouvelles techniques de guerre - l'artillerie - rendent l'héroïsme personnel inutile, de sorte que le charme et la gloire de la guerre vont de pair avec son utilité économique. Autrefois, les peuples guerriers subjuguaient les peuples marchands, mais ce n'est plus le cas. Désormais, les peuples mercantiles s'imposent comme les maîtres de la terre.

Un instant de réflexion montre que le libéralisme est entièrement négatif. Il n'est pas formateur, mais toujours et exclusivement désintégrateur. Il veut détrôner les autorités jumelles de l'Église et de l'État pour les remplacer par la liberté économique et l'éthique sociale. Il se trouve que les réalités organiques ne permettent que deux alternatives : soit l'organisme est fidèle à lui-même, soit il tombe malade, se déforme et devient la proie d'autres organismes. Ainsi, la polarité naturelle des gouvernants et des gouvernés ne peut être abolie sans anéantir l'organisme. Le libéralisme n'a jamais pleinement réussi dans sa lutte contre l'État, bien qu'il se soit engagé dans des activités politiques tout au long du 19e siècle en s'alliant avec toutes sortes de forces de désintégration de l'État. Ainsi, il y avait des nationaux-libéraux, des sociaux-libéraux, des libéraux-conservateurs, des libéraux-catholiques. Ils se sont même alliés à la démocratie, qui n'est pas libérale, mais irrésistiblement autoritaire lorsqu'elle est au pouvoir. Ils ont sympathisé avec les anarchistes lorsque les forces de l'Autorité ont tenté de se défendre contre eux.

Au XXe siècle, le libéralisme s'est allié au bolchevisme en Espagne, et les libéraux européens et américains ont sympathisé avec les bolcheviks russes.

Le libéralisme ne peut être défini que négativement. C'est une simple critique, pas une idée vivante. Son grand mot "liberté" est une négation : en fait, il signifie la liberté contre l'autorité, c'est-à-dire la désintégration de l'organisme. Dans ses conséquences ultimes, il produit un atomisme social, dans lequel non seulement l'autorité de l'État, mais même l'autorité de la société et de la famille sont combattues. Le divorce a le même statut que le mariage, les enfants que les parents. Cette pensée négative constante a engendré des activistes politiques comme Marx, Lorenz von Stein et Ferdinand Lasalle qui, au désespoir des libéraux, ont utilisé le libéralisme comme véhicule politique. Ses attitudes étaient toujours contradictoires, toujours à la recherche d'un compromis. Il a toujours cherché à opposer la démocratie à la monarchie, les employeurs aux travailleurs manuels, l'État à la société, le législatif au judiciaire. En cas de crise, le libéralisme en tant que tel n'est jamais apparu. Les libéraux ont toujours été d'un côté ou de l'autre de la contestation révolutionnaire, selon la cohérence de leur libéralisme et leur degré d'hostilité à l'autorité.

Ainsi, le libéralisme en action était exactement aussi politique que n'importe quel État. Il obéissait à une nécessité organique par ses alliances politiques avec des groupes et des idées non libéraux. Malgré sa théorie de l'individualisme, qui exclut logiquement la possibilité qu'un homme ou un groupe demande à un autre homme ou à un autre groupe de sacrifier ou de risquer sa vie, il a soutenu des idées "antilibérales" telles que la démocratie, le socialisme, le bolchevisme, l'anarchisme, qui exigent toutes le sacrifice de la vie.

II

À partir de son anthropologie de la vérité fondamentale de la nature humaine en général, le rationalisme a engendré l'encyclopédisme du XVIIIe siècle, la franc-maçonnerie, la démocratie et l'anarchisme, ainsi que le libéralisme, chacun avec ses diverses variantes. Chacun a joué son rôle dans l'histoire du XIXe siècle et, en raison de la distorsion critique de l'ensemble de la civilisation occidentale provoquée par les deux premières guerres mondiales, même au XXe siècle, où le rationalisme est grotesquement déplacé, il s'est lentement transformé en irrationalisme. Le cadavre du libéralisme n'avait pas encore été enterré au milieu du 20e siècle. Par conséquent, il est encore nécessaire de diagnostiquer la grave maladie de la civilisation occidentale comme étant le libéralisme compliqué d'un empoisonnement étranger.

Puisque le libéralisme considère la plupart des hommes comme raisonnables ou bons, il s'ensuit qu'ils devraient être libres de faire ce qu'ils veulent. Puisqu'il n'y a pas d'unité supérieure à laquelle ils se sentent liés et dont la vie supra-personnelle domine la vie des individus, chaque domaine de l'activité humaine n'est qu'intéressé - tant qu'il ne veut pas devenir autoritaire - et reste dans le cadre de la "société". Ainsi, l'Art devient "l'Art *pour l'Art*". Tous les domaines de la pensée et de l'action deviennent également autonomes. La religion devient une simple discipline sociale, puisque transcender ce concept signifie assumer une autorité. La science, la philosophie et l'éducation n'existent que pour elles-mêmes, elles ne sont soumises à rien de supérieur. La littérature et la technologie ont la même autonomie. Le rôle de l'État est simplement de les protéger par des brevets et des droits d'auteur. Mais surtout, l'économie et le droit sont indépendants de l'autorité organique, c'est-à-dire de la politique.

Les lecteurs du XXIe siècle auront du mal à croire que l'idée a prévalu que chacun devait être libre de faire ce qu'il voulait en matière économique, même si son activité personnelle provoquait la famine de centaines de milliers de personnes, la dévastation des champs et des zones minières et l'affaiblissement de la puissance du corps ; qu'il était possible pour un individu de s'élever au-dessus d'une autorité publique faible et de dominer, par des moyens privés, les pensées les plus intimes de populations entières, en contrôlant la presse, la radio et le théâtre mécanisé.

Il sera encore plus difficile pour une telle personne d'obtenir le soutien de la loi pour réaliser sa volonté destructrice. Ainsi, un usurier peut, au milieu du XXe siècle, invoquer avec succès l'aide de la loi pour déposséder les paysans et les agriculteurs de leurs biens. Il est difficile d'imaginer quel plus grand mal un individu pourrait infliger à un corps politique que de réduire la terre en poussière, selon l'expression du grand Freiherr von Stein.

Mais tout cela était inévitablement déduit de l'idée de l'indépendance de l'économie et du droit par rapport à l'autorité politique. Il n'y a rien de supérieur, il n'y a pas d'État, il n'y a que des individus, les uns contre les autres. Il est tout à fait naturel que les individus les plus astucieux économiquement accumulent entre leurs mains la plus grande partie des richesses. Mais, s'ils sont de vrais libéraux, ils ne voudront pas que l'autorité accompagne cette richesse, car l'autorité a deux aspects : le pouvoir et la responsabilité. L'individualisme, d'un point de vue psychologique, est un égoïsme. Le "bonheur" est un égoïsme. Rousseau, le grand-père du libéralisme, était un véritable individualiste et a envoyé ses cinq enfants à l'asile.

Le droit, en tant que domaine de la pensée et de la conduite humaine, a autant d'indépendance et de dépendance que tout autre domaine. Dans son cadre organique, il est libre de penser, de concevoir et d'organiser sa matière. Mais, comme les autres formes de pensée, il peut être mis au service d'idées extérieures. Ainsi, le droit, qui était à l'origine le système de codification et de maintien de la paix interne de l'organisme en préservant l'ordre et en prévenant les conflits privés, a été transformé par la pensée libérale en un système de maintien du désordre interne et en permettant aux individus économiquement forts de liquider les plus faibles. C'est ce qu'on a appelé "l'État de droit", "l'État légal", "l'indépendance du pouvoir judiciaire". L'idée d'utiliser la loi[33] pour sacraliser un certain état de choses n'est pas une invention du libéralisme. Déjà à l'époque de Hobbes, d'autres groupes s'y sont essayés, mais l'esprit incorruptible de Hobbes a breveté avec la plus grande clarté

---

[33] Dans la terminologie juridique anglo-saxonne, les concepts "law" et "droit" sont équivalents (N. de T*).

que le gouvernement de la loi signifiait le gouvernement de ceux qui déterminent et administrent la loi, que le gouvernement d'un "ordre supérieur" est une phrase vide de sens, qui ne reçoit de contenu que par le gouvernement concret de certains hommes et de certains groupes sur un ordre inférieur.

Il s'agit d'une pensée politique, dont l'objectif est la distribution et la circulation du pouvoir. Il est également politique de dénoncer l'hypocrisie, l'immoralité et le cynisme de l'usurier qui exige imprudemment la primauté du droit, ce qui signifie la richesse pour lui-même et la pauvreté pour des millions de personnes, et tout cela au nom de quelque chose de plus élevé, d'une validité surhumaine. Lorsque l'autorité réapparaît face aux forces du rationalisme et de l'économie, elle prouve que le complexe d'idéaux transcendants dont s'est doté le libéralisme est aussi valable que le légitimisme de l'époque de la monarchie absolue, et rien de plus. Les monarques étaient les protagonistes les plus forts du légitimisme, les financiers du libéralisme. Mais le monarque était lié à l'organisme entièrement et tout au long de sa vie ; il était organiquement responsable même s'il ne l'était pas en réalité. Ce fut le cas de Louis XVI et de Charles Ier. D'innombrables monarques et souverains absolus ont dû faire face à leur responsabilité symbolique. Mais le financier n'a que le pouvoir et aucune responsabilité, même symbolique, car, en règle générale, son nom n'est pas connu. L'Histoire, le Destin, la continuité organique, la Renommée, exercent leur puissante influence sur un dirigeant politique absolu, et, de plus, sa position le place totalement à l'écart de la sphère de basse corruptibilité. Le financier, lui, est privé, anonyme, purement économique, irresponsable. Il ne peut être altruiste en rien, toute son existence est l'apothéose de l'égoïsme. Il ne pense pas à l'Histoire, à la Renommée, à la continuité de la vie de l'organisme dans le Destin, et, de plus, il est éminemment corruptible par de vils moyens, car son principal désir est l'argent, l'argent et encore l'argent.

Dans son combat contre l'Autorité, le libéral financier a déployé une théorie selon laquelle le pouvoir corrompt les hommes. Mais ce qui les corrompt, c'est l'immense richesse anonyme, car elle ne connaît pas de limites supranationales, comme celle de mettre le véritable homme d'État entièrement au service du corps politique, et de le placer au-dessus de la corruption.

C'est précisément dans le domaine de l'économie et du droit que la doctrine libérale a eu les effets les plus destructeurs sur la santé de la civilisation occidentale.

Il importait peu que l'esthétique devienne indépendante, car la seule forme d'art en Occident qui avait encore un avenir, la musique occidentale, ne se préoccupait pas de théories et poursuivait son grand cours créatif jusqu'à sa fin avec Wagner et ses épigones. Baudelaire est le grand symbole de l'art pour l'art : la maladie comme beauté. Baudelaire, c'est donc le libéralisme en littérature, la maladie comme principe de vie, la crise comme santé, la morbidité comme vie spirituelle, la désintégration comme but. L'homme comme individualiste, atome sans relations, l'idéal libéral de la personnalité. C'est dans le domaine de l'action et non de la pensée que les dégâts sont les plus graves.

En laissant l'initiative en matière économique et technique aux mains d'individus soumis à un faible contrôle politique, on a créé un groupe dont les désirs personnels étaient plus importants que le destin collectif de l'organisme et de ses millions d'habitants. Le droit qui entérine cet état de fait est totalement détaché de la morale et de l'honneur. Pour désintégrer l'organisme, toute morale reconnue est détachée de la métaphysique et de la religion et ne s'intéresse qu'à la "société". Le droit pénal reflétait les idiosyncrasies du libéralisme en punissant les crimes de violence et les crimes passionnels, mais en négligeant même de mentionner des cas tels que la destruction des ressources nationales, laissant des millions de personnes sans ressources, ou l'usure à l'échelle nationale.

L'indépendance de la sphère économique était un dogme de foi pour le libéralisme. Elle n'était pas contestée. On a même conçu une abstraction appelée "homme économique" dont on pouvait prédire les actions comme si l'économie était un vide. Le gain économique était sa seule motivation, seule la cupidité l'excitait. La technique du succès consistait à se concentrer sur ses propres profits et à ignorer tout le reste. Mais cet "homme économique" était l'homme en général pour les libéraux. Il était l'unité de leur conception du monde. L'humanité" était la somme de ces grains de sable économiques.

III

L'esprit qui croit en la "bonté" essentielle de la nature humaine est venu du libéralisme. Mais il existe une autre anthropologie politique, qui reconnaît que l'homme est inharmonieux, problématique, double, dangereux. Cela représente la sagesse générale de l'humanité et se reflète dans le nombre de gardes, de clôtures, de coffres-forts, de serrures, de prisons et de polices. Chaque catastrophe, incendie, tremblement de terre, éruption volcanique, inondation, provoque des pillages. Même une grève de la police dans une ville américaine a été le signal du pillage des magasins par de respectables et de gentils êtres humains.

Ce type de réflexion part donc des faits. Il s'agit de la pensée politique en général, par opposition à la simple réflexion sur la politique ou à la rationalisation. Même la grande vague de rationalisme n'a pas pu submerger ce type de pensée. Les penseurs politiques diffèrent grandement en créativité et en profondeur, mais s'accordent sur le fait que les faits sont normatifs.

Le mot "théorie" a été discrédité par les intellectuels et les libéraux qui l'ont utilisé pour décrire leur vision préférée de la façon dont ils voudraient que les choses soient. À l'origine, la théorie signifiait l'explication des faits. Pour un intellectuel politiquement ignorant, une théorie est une fin ; pour un véritable politicien, sa théorie est une limite.

Une théorie politique cherche à trouver dans l'histoire les limites de ce qui est politiquement possible. Ces limites ne peuvent être trouvées sur le terrain de la raison. L'âge de la raison est né dans un bain de sang et sera démodé par d'autres bains de sang. Avec sa doctrine contre la guerre, la politique et la violence, il a présidé aux plus grandes guerres et révolutions depuis cinq mille ans et a conduit à l'époque de la politique absolue. Avec son évangile de la fraternité humaine, il a affamé, humilié, torturé et exterminé à grande échelle les populations de la civilisation occidentale après les deux premières guerres mondiales. En interdisant la pensée politique et en faisant de la guerre un combat moral plutôt qu'une lutte pour le pouvoir, il a jeté aux oubliettes la chevalerie et l'honneur d'un millénaire. La conclusion de tout cela est que la Raison est également devenue politique lorsqu'elle est entrée dans l'arène politique, même si elle a utilisé son propre vocabulaire. Lorsque la Raison s'empare d'un territoire d'un ennemi vaincu après une guerre, elle parle de "désannexion". Le document consolidant la nouvelle position est appelé "traité", même s'il a été dicté au milieu d'un blocus de famine. L'ennemi politique vaincu doit admettre dans le "Traité" qu'il est le seul "coupable" de la guerre, qu'il est moralement incapable de posséder des colonies, que ses soldats sont les seuls à commettre des "crimes de guerre". Mais quelle que soit la complexité du déguisement moral, quelle que soit la cohérence du vocabulaire idéologique, ce n'était rien d'autre que de la politique, et l'âge de la politique absolue revient au type de pensée politique qui part des faits, reconnaît le pouvoir et la volonté de pouvoir des hommes et des organismes supérieurs comme des faits, et considère toute tentative de décrire la politique en termes moraux comme ce serait le cas de décrire la chimie en termes théologiques.

Il existe toute une tradition de pensée politique dans la culture occidentale, dont les principaux représentants sont Montaigne, Machiavel, Hobbes, Leibnitz, Bossuet, Fichte, de Maistre, Donoso Cortés, Hippolyte Taine, Hegel, Carlyle. Alors que Herbert Spencer décrivait l'histoire comme un "progrès" de l'organisation militaro-féodale à l'organisation commerciale-industrielle, Carlyle enseignait à l'Angleterre l'esprit prussien du socialisme éthique, dont la supériorité interne devait exercer sur l'ensemble de la civilisation occidentale, dans l'ère politique à venir, une transformation tout aussi fondamentale que celle que le capitalisme a exercée dans l'ère économique. Il s'agissait d'une pensée politique créative, mais malheureusement elle n'a pas été comprise, et l'ignorance qui en a résulté a permis à des influences déformantes de jeter l'Angleterre dans deux guerres mondiales insensées, dont elle est sortie ruinée et avec presque tout perdu.

Hegel a proposé un développement de l'humanité en trois étapes, de la communauté naturelle à l'État en passant par la bourgeoisie. Sa théorie de l'État est profondément organique et sa définition du bourgeois est tout à fait adaptée au XXe siècle. Pour lui, le bourgeois est l'homme qui ne veut pas quitter la sphère de la sécurité politique intérieure, qui se pose, avec sa propriété privée sacrée, comme un individu contre le tout, qui trouve un substitut à sa nullité politique dans les fruits de la paix, dans ses possessions et dans la sécurité parfaite de sa joie, et qui veut donc se passer de courage et rester à l'abri de l'éventualité d'une mort violente. C'est en ces termes que Hegel décrit le véritable libéral.

Les penseurs politiques mentionnés ne jouissent pas de la popularité de la grande masse des êtres humains. Tant que tout va bien, la plupart des gens ne veulent pas parler de luttes de pouvoir, de violence, de guerres ou de théories à ce sujet. Ainsi, par exemple, aux XVIIIe et XIXe siècles, l'attitude selon laquelle les penseurs politiques - et Machiavel en a été la première victime - étaient des hommes mauvais, ataviques et assoiffés de sang s'est répandue. Le simple fait d'affirmer qu'il y aura toujours des guerres suffisait à décrire l'orateur comme une personne souhaitant que les guerres continuent. Attirer l'attention sur le vaste site et le rythme impersonnel de la guerre et de la paix était la preuve que l'on possédait un esprit malade, avec des déficiences morales et une corruption émotionnelle. Décrire les faits était considéré comme les souhaiter, voire les créer. Au XXe siècle même, quiconque dénonçait la nullité politique des "ligues des nations" était un prophète de désespoir. Le rationalisme est anti-historique, la pensée politique est de l'histoire appliquée. En temps de paix, il est impopulaire de parler de guerre ; en temps de guerre, il est impopulaire de parler de paix. La théorie qui devient le plus rapidement populaire est celle qui exalte les choses existantes et la tendance qu'elles sont censées illustrer comme étant la meilleure, prédéterminée par toute l'histoire antérieure. Ainsi, Hegel était anathème pour les intellectuels en raison de son orientation étatique, qui faisait de lui un "réactionnaire", et aussi parce qu'il refusait de se joindre à la foule révolutionnaire.

Comme la plupart des gens ne veulent entendre que des discours politiques soporifiques qui n'appellent pas à l'action, et comme, dans les conditions démocratiques, la technique politique s'intéresse à ce que la plupart des gens aiment entendre, les politiciens démocratiques du 19e siècle ont déployé une véritable dialectique de la politique partisane. Il s'agissait d'examiner le champ d'action d'un point de vue "désintéressé", moral, scientifique ou économique, et de découvrir que l'adversaire était immoral, non scientifique, non économique... en fait, qu'il était politique. C'est quelque chose de diabolique qu'il faut combattre. Son propre point de vue est entièrement "apolitique". Le mot "politique" était un terme de reproche à l'ère économique. Mais curieusement, dans certaines situations généralement liées aux affaires étrangères, le mot "impolitique" pouvait aussi être un terme méprisant, signifiant que l'homme ainsi décrit manquait d'habileté dans la négociation. Le politicien partisan devait également feindre la réticence à accepter sa fonction. Finalement, une démonstration soigneusement préparée de la "volonté populaire" venait à bout de sa résistance, et il consentait à l'accepter en guise de "service". On a appelé cela du machiavélisme, mais Machiavel était manifestement un penseur politique, et non un expert en camouflage. Un politicien partisan n'écrirait pas un livre comme "Le Prince", mais ferait l'éloge de toute l'humanité, à l'exception de certains méchants : les adversaires de l'auteur.

En fait, le livre de Machiavel a un ton défensif, justifiant politiquement la conduite de certains hommes d'État en citant des exemples tirés des invasions étrangères de l'Italie. Au siècle où vécut Machiavel, l'Italie fut envahie à plusieurs reprises par les Français, les Allemands, les Espagnols et les Turcs. Lorsque les troupes révolutionnaires françaises occupèrent la Prusse et combinèrent les sentiments humanitaires des Droits de l'Homme avec la brutalité et le vol à grande échelle, Hegel et Fichte rendirent à nouveau à Machiavel le respect qui lui était dû en tant que penseur. Il a représenté un moyen de défense contre la foule armée avec une idéologie humanitaire. Machiavel a montré le véritable rôle joué par les sentiments verbaux en politique. On peut dire qu'il existe trois attitudes possibles face au comportement humain, lorsqu'il s'agit d'évaluer ses motivations : la sentimentale, la réaliste et la cynique. Le sentimental attribue un bon motif à chacun, le cynique un mauvais motif et le réaliste s'en tient simplement aux faits. Lorsqu'un sentimental, c'est-à-dire un libéral, s'occupe de politique, il devient nécessairement un hypocrite. La conséquence ultime de cette hypocrisie est le cynisme. Une partie de la maladie spirituelle qui a suivi la Première Guerre mondiale était une vague de cynisme résultant de l'hypocrisie transparente, dégoûtante et incroyable des petits hommes qui occupaient des postes de commande à l'. Machiavel, en revanche, possédait une intelligence incorruptible et n'a pas écrit son livre dans un esprit cynique. Il souhaitait simplement saisir l'anatomie de la politique avec ses tensions et ses problèmes particuliers, internes et externes. Pour la fantastique maladie mentale qu'est le rationalisme, les faits concrets sont des choses pitoyables, et en parler revient à les créer. Un libéral politicien a même essayé d'interdire de parler de la troisième guerre mondiale après la deuxième guerre mondiale. Le libéralisme est, en un mot, une faiblesse. Il veut que chaque jour soit un anniversaire et que la vie soit une longue fête. Le mouvement inexorable du Temps, du Destin, de l'Histoire, la cruauté de l'accomplissement, l'énergie, l'héroïsme, le sacrifice, les idées suprapersonnelles : voilà l'ennemi. Le libéralisme est une fuite de la dureté vers la douceur, de la masculinité vers la féminité, de l'Histoire vers la garde des troupeaux, de la réalité vers les rêves herbivores, du Destin vers le Bonheur. Nietzsche, dans son dernier et grand ouvrage, désignait le XVIIIe siècle comme le siècle du féminisme et dénonçait Rousseau comme le chef de file de l'évasion massive de la Réalité. Le féminisme lui-même, qu'est-ce que c'est sinon un moyen de féminiser les hommes ? S'il fait de la femme l'égale de l'homme, il n'y parvient qu'en transformant d'abord l'homme en une créature uniquement préoccupée de son économie personnelle et de son rapport à la "société", c'est-à-dire à la femme. La "société" est l'élément de la femme, elle est statique et formelle, ses combats sont purement personnels et sont exempts de toute possibilité d'héroïsme et de violence. La conversation, pas l'action ; le formalisme, pas les actes.

La notion de rang est très différente selon qu'elle est utilisée dans une soirée mondaine ou sur un champ de bataille. Là, elle dépend du conte de fées, tandis que dans le salon, elle est vaine et pompeuse. La guerre est menée pour le contrôle, tandis que les querelles sociales sont inspirées par la vanité et la jalousie féminines, et tendent à prouver que l'on est "meilleur" que l'autre.

Et pourtant, que fait finalement le libéralisme avec les femmes : il les habille en uniforme et les appelle "soldats". Cet exploit ridicule ne fait qu'illustrer le fait éternel que l'histoire est masculine, que ses exigences austères ne peuvent être éludées, que les réalités fondamentales sont inaliénables et ne peuvent être écartées même à l'aide de l'artifice le plus élaboré. Les tâtonnements des libéraux sur la polarité sexuelle ne font que déchaîner la colère dans l'âme des individus, les troublant et les déformant, mais l'homme-femme et la femme-homme qu'il crée sont tous deux soumis au plus haut Destin de l'Histoire.

17. La démocratie

I

Un autre sous-produit important du rationalisme est la démocratie. Ce mot a de nombreuses significations et, pendant la Première Guerre mondiale, il est devenu la propriété de forces extra-européennes et a été déclaré synonyme de libéralisme. Il s'agit bien sûr d'un sens controversé, et il existe de nombreuses variantes sur ce thème. Mais commençons par l'origine historique de la démocratie.

Il est apparu au milieu du 18e siècle avec l'avènement du rationalisme. Le rationalisme nie l'histoire comme base de toute forme de pensée ou de réalisation et, par conséquent, ni l'Église ni l'État, ni la noblesse ni le clergé n'ont de droits fondés sur la tradition. La raison étant quantitative, les États étaient considérés comme moins importants que les masses insignifiantes de la population.[34] Au cours des siècles précédents, le monarque était appelé par le nom du pays. Ainsi, le roi de France s'appelait "France". Une assemblée d'États s'appelait également "France", ou "Angleterre" ou "Espagne". Mais pour le rationalisme, ce n'est pas la qualité mais la quantité qui est décisive, de sorte que la masse devient la nation. Le mot "peuple" devient un mot polémique pour neutraliser les États et leur dénier le droit à l'existence politique. Au début, la masse s'appelait "le tiers état", mais plus tard, tous les états ont été abolis.

L'idée de démocratie était cependant saturée de volonté de puissance ; ce n'est pas une simple abstraction, c'est une idée organique, avec une force supra-personnelle. Toute l'évolution que le rationalisme a produite, l'époque où la Culture a cédé la place à la Civilisation, était évidemment une crise dans l'organisme occidental. Il s'agissait donc d'une maladie, et la démocratie était une maladie qui a dû traverser toutes les grandes cultures, et qui a donc été favorisée par une nécessité organique. La Démocratie ne cherche pas le compromis, ni la compromission, ni l'"équilibre", ni la destruction de l'autorité : la Démocratie cherche le Pouvoir. Elle nie les États pour les supplanter.

L'une des caractéristiques de la démocratie est qu'elle rejette le principe aristocratique qui assimile la signification sociale à la signification politique. Elle voulait changer l'état des choses et rendre le social dépendant du politique. Cela a évidemment abouti à la création d'une nouvelle aristocratie et, en fait, la démocratie s'est autodétruite : lorsqu'elle est arrivée au pouvoir, elle est devenue une aristocratie.

Napoléon atteint également, à cet égard, la plus grande signification symbolique. Lui, le grand démocrate, le grand vulgarisateur, a répandu la révolution contre la dynastie et l'aristocratie, mais a créé sa propre dynastie et a fait de ses maréchaux des ducs. Ce n'était pas du cynisme, ni un manque de conviction : Napoléon, en tant qu'empereur, était tout aussi démocrate que lorsqu'il nettoyait les rues de Paris de la racaille. La démocratie, en mobilisant les masses de la population, augmente considérablement le pouvoir potentiel des nations et de la culture. La démocratie,

---

[34] L'auteur utilise le mot "États" dans le sens des anciennes "armes", appelées Estates en Angleterre et États en France, c'est-à-dire : la noblesse, le clergé et les gens du peuple (N. du T.).

c'est l'idée qu'un duc, parce qu'il est duc, ne devient pas maréchal, mais qu'un maréchal, parce qu'il est maréchal, devient duc. En tant que technique de gouvernement, il s'agit purement et simplement d'une nouvelle méthode de promotion des dirigeants politiques. Elle fait dépendre le rang social du rang politico-militaire, et non l'inverse. La nouvelle dynastie de la Démocratie et la nouvelle aristocratie démocratique sont imprégnées de la même volonté de durer que celle qui animait les Hohenstaufen, les Capets, les Normands, les Habsbourg, les Welfs et les barons féodaux dont les noms et les traditions perdurent. D'un point de vue historique, la démocratie est un sentiment qui n'a rien à voir avec l'"égalité", le "gouvernement représentatif" ou quoi que ce soit d'autre. Le cycle entier de la démocratie a été résumé avec un symbolisme intense dans la carrière relativement courte du grand Napoléon. La formule de cet homme, *La carrière ouverte aux talents*[35], exprime le sentiment d'"égalité" que contient la Démocratie, c'est-à-dire l'égalité des chances. On ne pense pas à l'abolition des rangs ni à la gradation des droits. Révolution, Consolidation, Impérialisme, telle est l'histoire de Démocratie.

Mais l'expression de l'ensemble du cycle de la démocratie dans le court laps de temps de la vie de Napoléon n'était que symbolique, car la démocratie avait devant elle la plus grande partie de sa durée de vie de deux siècles. La démocratie n'est pas une évasion de la réalité, de la guerre, de l'histoire et de la politique, comme l'est le libéralisme. Elle appartient à la politique, mais elle cherche à faire de la politique quelque chose de populaire. Elle veut que chacun soit sujet de la politique et que chacun se sente politique. La remarque de Napoléon à Goethe, "La politique, c'est le destin", exprime l'élargissement de la base du pouvoir politique, qui est la démocratie. Jusqu'à la fin du XVIIIe siècle, la guerre et la politique étaient l'affaire des cabinets, des rois et de petites armées professionnelles. La politique et la guerre touchaient rarement l'homme de la rue. La démocratie a changé tout cela : elle a mis toute la puissance humaine de la nation sur les champs de bataille, elle a forcé chacun à avoir une opinion sur les affaires du gouvernement et à l'exprimer lors de plébiscites et d'élections. Si vous n'aviez pas d'opinion indépendante - et plus de 99 % des hommes n'en ont pas - la démocratie vous imposait n'importe quelle opinion et vous disait que c'était la vôtre.

---

[35] En français, la course ouverte aux talents.

Il a été fatal à l'idée de démocratie de naître en même temps que l'ère économique. La conséquence fut que sa tendance autoritaire fut étouffée et qu'elle dut attendre une époque politique pour s'exprimer à nouveau, après sa brève période de gloire à l'époque de Napoléon. Mais la fin de l'ère économique a également marqué la fin de l'idée de démocratie. Ainsi, la démocratie a été, pendant la plus grande partie de son histoire, au service de l'économie dans sa lutte contre l'autorité.

La démocratie avait deux pôles : la capacité et les masses. Elle obligeait tout le monde à faire de la politique et accordait à ceux qui en étaient capables dix fois plus de pouvoir que n'importe quel monarque absolu. Mais même Napoléon n'a pas pu résister aux forces que l'argent a mobilisées contre lui à l'ère économique, et les autres dictateurs démocratiques ont été plus facilement maîtrisés. En Amérique du Sud espagnole, où le pouvoir de l'argent n'était pas absolu, toute une tradition de dictateurs démocratiques - Bolivar, Rosas, O'Higgins, parmi les plus connus - a pratiquement démontré la puissante tendance autoritaire des gouvernements populaires.

Mais dans la plupart des pays, seul le vocabulaire démocratique a été conservé, ce qui a permis aux puissances économiques de se conduire de manière plus ou moins absolue, car ce sont elles qui ont renversé l'État par le biais de la Démocratie, et qui ont ensuite acheté la Démocratie. Dans les conditions démocratiques ultérieures - dans le cas de l'Amérique depuis 1850 - les seuls intérêts servis par l'anarchie constitutionnalisée appelée Démocratie étaient ceux des financiers. Le mot Démocratie est ainsi devenu une possession de l'argent, et son sens historique a été transformé en celui du vingtième siècle. Les déformateurs de la culture l'utilisent pour nier les différences qualitatives entre les nations et les races ; l'étranger doit donc être admis aux postes de richesse et d'autorité. Pour le financier, la démocratie est synonyme de "primauté du droit" - son droit - qui lui permet de pratiquer une usure sans précédent grâce à son monopole sur l'argent.

Mais la démocratie périt avec le rationalisme. L'idée de fonder le pouvoir politique sur les masses de la population était, au mieux, une technique, un outil de pouvoir. Son résultat était soit une sorte de régime autoritaire, comme celui de Napoléon ou de Mussolini, soit un simple déguisement pour le pillage économique perpétré par le financier. Le régime autoritaire est la fin de la Démocratie,, mais il n'est pas, en soi, la Démocratie. Avec l'avènement de l'ère de la politique absolue, le besoin de prétextes disparaît. Les plébiscites et les élections se démodent et finissent par ne plus avoir lieu. La symbiose de la guerre et de la politique se suffit à elle-même et ne prétend plus "représenter" aucune classe. Dans la guerre d'anéantissement entre l'Autorité et l'Argent, la "Démocratie" peut être un slogan pour l'un ou l'autre camp, mais elle ne peut plus être qu'un slogan.

II

L'histoire est cataclysmique, mais elle est aussi continue. Les événements superficiels sont souvent extrêmement violents et surprenants, mais, en filigrane, l'adaptation d'une époque à la suivante est graduelle. Ainsi, la démocratie n'a nullement été comprise par ses premiers protagonistes comme l'abaissement des hommes au niveau d'êtres humains de moindre valeur. Ses premiers propagateurs provenaient pour la plupart des couches les plus élevées de la culture, et ceux qui n'en faisaient pas partie s'efforçaient de le faire croire : "de" Robespierre, "de" Kalb, "de" Voltaire, "de" Beaumarchais. L'idée de départ, en quelque sorte, était qu'ils étaient tous des nobles. Naturellement, avec la haine aveugle et l'envie passionnée de la Terreur de 1793, cette idée a perdu de sa vigueur, mais la Tradition ne périt pas d'un seul coup, et, sur le plan social, la bataille de la Démocratie contre la Tradition fut longue et rude.

La tendance autoritaire de la démocratie a été, comme on l'a vu, étouffée à sa naissance par le pouvoir de l'argent à l'ère économique. Mais le mot est alors devenu un slogan de la bataille sociale et de la bataille économique. Il a continué à signifier masse, quantité, nombre, par opposition à la qualité et à la tradition. La première version de l'idée était de réaliser l'égalité en élevant le niveau général, mais comme cela s'est avéré irréalisable, l'idée suivante était de détruire la qualité et la supériorité en les fusionnant dans la masse. Plus la Tradition est faible, plus le succès de l'esprit de masse est grand. Ainsi, en Amérique, sa victoire fut complète, et le principe de masse fut appliqué même dans le domaine de l'éducation. L'Amérique, avec moins de la moitié de la population de la patrie de la culture occidentale, avait, au vingtième siècle, dix fois plus d'institutions d'enseignement supérieur, ou supposées telles. Car, en toute chose, la Démocratie doit échouer, même dans la réussite. L'habitude de décerner un diplôme à tout le monde a eu pour conséquence, très simplement,, que le diplôme a perdu toute signification.

Le point culminant dans cette veine a été atteint par un écrivain américain qui a qualifié les études supérieures de chimie, de physique, de technologie et de mathématiques d'"antidémocratiques", parce qu'elles étaient l'apanage d'un petit nombre et tendaient ainsi à créer une sorte d'aristocratie. Il ne lui est jamais venu à l'esprit que la théorie de la Démocratie est, elle aussi, l'apanage d'un petit nombre : les masses ne se sont pas mobilisées ; l'Esprit du temps, agissant sur certains individus de la population, a répandu le sentiment que tout devait être mis en mouvement, extériorisé, déspiritualisé, immergé dans la masse, numéroté et compté.

Ainsi, avec l'arrivée du 20ème siècle, la Démocratie a un sens différent de celui qu'elle avait à l'origine. Ses deux pôles initiaux, Capacité et Masse, se sont effacés devant la puissance de l'Économie qui détient le mot "Démocratie" en ce siècle. La Finance n'a utilisé que le concept de Masse pour combattre l'Idée nouvelle et résurgente d'Autorité. Les seigneurs économiques de la Terre ont mobilisé les masses contre l'autorité de l'État, et ont appelé cela, improprement, "Démocratie". L'époque de la politique absolue commence par la mobilisation des masses contre le pouvoir de l'argent et de l'économie, et se terminera par la restauration de l'autorité sous la forme napoléonienne. Mais il n'y aura plus de plébiscites, plus d'élections, plus de propagande, plus de spectateurs assistant au drame politique. Les deux siècles de Démocratie s'achèvent dans l'Empire. De mort naturelle, l'idée de masse comptant pour quelque chose, l'Autorité ne fait aucun effort intellectuel pour se justifier. Elle est là, tout simplement, et ce n'est pas un problème.

18. le communisme

Le passage progressif de l'esprit du XVIIIe siècle à celui du XIXe siècle s'est manifesté par la radicalisation du conflit entre Tradition et Démocratie. Le rationalisme est devenu plus extrême à chaque décennie. Son produit le plus intransigeant est le communisme.

En cent ans, de 1750 à 1850, la démocratie sapé l'État et ouvert la voie à l'ère économique. Mais le financier et le baron industriel ont remplacé le monarque absolu. Le communisme est le symbole du transfert de la lutte démocratique à la sphère économique.

Le communisme était doté d'une philosophie rationaliste : une métaphysique matérialiste, une logique atomistique, une éthique sociale, une politique économique.

Il a même proposé une philosophie de l'histoire qui prétendait que l'histoire de l'humanité était l'histoire des développements et des luttes économiques ! Et ces gens ont ridiculisé les philosophes scolastiques pour la nature des problèmes qu'ils posaient eux-mêmes ! La religion : c'était l'économie. La politique, naturellement aussi. La technique et l'art sont clairement économiques. Cette théorie était en fait le couronnement de la stupidité intellectuelle de l'ère de l'économie. L'époque affirmait ainsi sa toute-puissance et son universalité. "Tout avec l'économie, rien en dehors de l'économie, rien contre l'économie", tel aurait pu être le slogan.

Tout comme l'aspect politique de la démocratie avait été dirigé contre la qualité et la tradition, l'aspect économique a été dirigé contre la qualité et la supériorité engendrées par les différences économiques. La guerre des classes politiques est devenue une guerre des classes économiques. Ainsi, alors que dans un premier temps, l'appel avait été adressé à tous ceux qui n'appartenaient pas aux deux États (noblesse et clergé), plus tard, l'appel a été adressé aux non-possédants. Non pas à tous les non-possédants, mais seulement à ceux des grandes villes et, au sein de ce groupe, aux travailleurs manuels, car seuls ces derniers étaient physiquement concentrés de telle sorte qu'ils pouvaient facilement être amenés dans les rues pour la guerre de classe.

Mais le communisme est politique, contrairement au libéralisme, et désigne un ennemi à anéantir : la bourgeoisie. Pour faciliter le programme d'action, le tableau est simplifié : il n'y a que deux réalités dans le monde entier, la bourgeoisie et le prolétariat. Les nations et les États sont des inventions bourgeoises destinées à diviser le prolétariat pour mieux le dominer. C'est de là qu'est née l'idée que le communisme était une Internationale, mais sa force en tant qu'Internationale s'est manifestée en 1914, lorsque les organisations de classe de tous les pays se sont lancées à corps perdu dans la lutte entre les nations. Il n'a jamais été une Internationale au sens propre du terme. Il s'agissait néanmoins d'une déclaration politique et d'une force avec laquelle il fallait compter à l'époque de l'économie. Elle est capable de provoquer des guerres civiles dans plusieurs pays occidentaux, par exemple en France en 1871. Son point culminant a été la révolution bolchevique en Russie en 1918, lorsque la théorie du communisme a été effectivement adoptée par un régime asiatique non théorique en tant qu'arme de la politique étrangère.

Il était dans l'essence du communisme, comme dans tous les sous-produits du rationalisme, que l'image de ses souhaits ne puisse jamais être actualisée. Employer une logique inorganique pour construire un programme pratique ne change rien au fait qu'un organisme a sa propre structure, son propre développement et son propre rythme. L'organisme peut être blessé, déformé, anéanti de l'extérieur, mais il ne peut être modifié de l'intérieur. C'est pourquoi la puissance asiatique aux frontières de l'Europe l'a adopté comme programme de désintégration de tous les États européens. Le communisme, comme toutes les utopies, est impossible à réaliser, précisément parce que les utopies sont rationnelles et que la vie est irrationnelle. La seule nouveauté de l'utopie communiste est qu'elle se proclame inévitable. C'était un hommage à sa volonté de puissance, mais cette vaine vantardise avait la même portée vitale que le rationalisme. Avec l'avènement de l'âge de la politique absolue, même la lutte des classes abandonne la théorie. L'histoire enterre le rationalisme et ses résidus dans ses cercueils. La mort, et non la réfutation, est le destin des théories rationalistes en politique et en économie. Nous, qui vivons au vingtième siècle, serons les témoins de la disparition définitive du rationalisme et de sa progéniture.

19. Association et dissociation des formes de pensée et d'action

I

Pour développer une perspective politique au XXe siècle, il fallait d'abord dissocier la politique des autres directions de l'énergie humaine, notamment de l'économie et de la morale. C'était tout à fait nécessaire au vu du grand nombre de théories qui cherchaient à expliquer les phénomènes politiques avec un bagage idéologique dérivé - ou adapté - à d'autres domaines d'activité ou de pensée. Nous avons vu que la politique est une activité sui generis et que sa pratique implique, souvent de manière tout à fait inconsciente de la part de l'acteur, son propre style de pensée en action. Il nous reste à déterminer définitivement la séparabilité et l'interdépendance des différentes directions de l'énergie humaine et de l'énergie culturelle.

Un monde sans pensée abstraite, le monde du chien par exemple, est un monde où règne une continuité totale. Chaque chose est parfaitement à sa place ou dans sa sphère. Comparé au monde humain, il ne pose aucun problème. La réalité et l'apparence sont une seule et même chose. L'âme spécifiquement humaine voit le macrocosme comme un symbole ; elle saisit la différence entre l'apparence et la réalité, entre le symbole et le symbolisé. Toute la pensée constructive humaine contient essentiellement ces concepts. Mais la séparation des choses en apparence et en réalité, cette singularisation des choses en leur donnant une pensée abstraite intense, est elle-même une distorsion de leur relation tranquille et non problématique avec d'autres choses. Penser, c'est donc exagérer.

Pour l'Homme-Culture, la grande Culture dans laquelle le Destin l'a fait naître, vivre et mourir, est le monde de son esprit. La Grande Culture fixe les limites spirituelles de ce monde. La Grande Culture imprime son empreinte sur presque toutes les formes de pensée et d'activité des individus et des groupes qui se trouvent dans son domaine. Dans ce domaine, les formes de pensée et les pensées, les formes d'action et les actions occupent toutes leur place naturelle et leurs relations problématiques les unes avec les autres. Ces relations se poursuivent, même lorsque la pensée s'applique à une sphère qui exagère son rôle dans le destin de l'ensemble. Penser, c'est exagérer, mais cette exagération n'affecte que la pensée et ne perturbe pas le macrocosme. Il en va de même pour tout homme : les diverses tendances de son énergie restent dans un rapport organique unifié et harmonieux. Il n'y a pas d'"homme économique" : il n'y a qu'un homme qui oriente momentanément ses énergies vers l'économie. Il n'existe pas non plus d'"homme raisonnable", comme le prônent certains systèmes juridiques occidentaux. Il n'y a que l'homme qui est raisonnable pour une fois. La caractéristique essentielle des organismes supérieurs, l'homme et la Grande Culture, est l'âme. Ainsi, un homme donné agit, économiquement, tout à fait différemment d'un autre homme, parce que son âme est différente et que, par conséquent, sa pensée et ses actes lui sont propres. Un homme possède des intérêts et des capacités fortes dans une certaine direction, un autre dans une autre. Les grandes cultures se distinguent également les unes des autres par leurs capacités différentes dans des directions différentes.

Le "principium individuationis" s'applique également aux grandes cultures.

Chaque organisme, qu'il s'agisse de plantes, d'animaux, d'êtres humains ou de cultures, possède une multiplicité de fonctions, une diversité qui s'affine et s'articule au fur et à mesure que l'on s'élève dans l'échelle. Cette polyvalence fonctionnelle n'affecte cependant pas l'unité de l'organisme. C'est précisément l'unité de l'organisme qui crée ce besoin s'exprimer dans diverses directions. Si une direction ou une tendance est suivie au détriment d'une autre, elle entraîne une distorsion et, si elle persiste, la maladie et la mort. Je ne m'intéresse ici qu'aux organismes sains, dont le changement de direction de l'énergie est régi par le rythme interne de l'organisme. Ce rythme est différent dans chaque organisme et est affecté par l'individualité, l'âge, le sexe, l'adaptation et l'environnement. Chaque être humain a sa séquence quotidienne de changements de direction des courants énergétiques. Chaque organisme a son rythme interne qui détermine quelle fonction est destinée à entrer en jeu à un moment donné. Une culture possède également un tel rythme, qui, à différents stades de son développement, accentue d'abord un domaine de pensée ou d'activité, puis un autre.

De même, chaque homme, et une culture humaine en particulier, a son type d'activité et de pensée qui correspond à chaque époque de son développement. On a bien dit que le jeune homme est idéaliste, l'homme mûr réaliste et le vieillard mystique. Ce rythme d'une Culture qui donne la primauté à un certain aspect de sa vie pendant une certaine période est la source de l'Esprit du Temps. Ce n'est que l'accent, le pouls, qui est affecté dans ce changement de direction. Toutes les fonctions diverses continuent leur activité, mais l'une d'entre elles est essentielle. Cela vaut pour les hommes comme pour les Cultures. Ainsi, l'"homme économique" continue d'exister en tant qu'unité, même dans son activité économique ; son individualité persiste, et tous ses autres aspects spirituels existent, même s'ils n'ont pas la primauté pour le moment. Il en va de même pour les cultures : tous les types de pensée et d'activité existent à toutes les époques, même si, à une certaine époque, c'est un certain aspect de la vie qui prime. C'est le sens du mot "anachronisme" dans son usage historique. Ainsi, Fausto Sozzini est un anachronisme au XVIe siècle, et Carlyle est un anachronisme au XIXe siècle.

C'est ce qu'il fallait dire sur l'association des formes de pensée et d'action. Elles sont aussi dissociées.

L'expression "changement de direction" a été utilisée pour désigner le déplacement de l'accent d'une fonction à une autre. Ces changements de direction sont des formes d'adaptation à différents types de situations. C'est le type de situation, le problème à résoudre, qui détermine une façon penser ou d'agir. Il est évident qu'il ne viendrait à l'idée de personne d'essayer de résoudre le problème du réglage d'une machine en l'abordant comme s'il s'agissait d'un problème de puissance ; le résultat serait la destruction de la machine "ennemie" : Pourtant, de nombreux rationalistes et libéraux ont traité les problèmes de puissance comme s'il s'agissait de problèmes mécaniques.

Les différents domaines de la pensée et du comportement sont ainsi séparés. Considérés en eux-mêmes, ils sont complètement autonomes. Chacun a des hypothèses conscientes différentes et une attitude inconsciente différente. Il convient de citer quelques-uns des plus importants d'entre eux, avec leurs structures fondamentales.

Tout d'abord, il y a la religion. Du point de vue du contenu spirituel, c'est la plus haute de toutes les formes de pensée humaine. La religion a la caractéristique grandiose et omniprésente de considérer l'ensemble des choses sous un aspect sacré. Elle est une métaphysique divine et considère toutes les autres formes de pensée et de conduite humaines comme subsidiaires. La religion n'est pas une méthode d'amélioration sociale, elle n'est pas une codification de la connaissance, elle n'est pas une éthique : elle est l'exposition d'une réalité sacrée ultime, et toutes ses phases émanent d'elle.

La philosophie, cependant, est essentiellement une direction de pensée différente. Même une philosophie déiste adopte une attitude différente de celle des religions. Dans une philosophie déiste, le principe de la religion fixe les limites de la conduite philosophique. La philosophie se situe de l'autre côté de la religion et formule une explication purement naturelle de sa propre substance.

La science se situe dans une autre direction de pensée : elle se préoccupe uniquement de trouver des interrelations entre les phénomènes et, en généralisant les résultats, elle n'essaie pas de trouver les explications ultimes.

La technique n'a rien à voir avec la science, car elle n'est pas du tout une forme pure de pensée, mais une pensée orientée vers l'action. La technique a un objectif : le pouvoir sur le macrocosme. Elle utilise les résultats de la science comme des outils et les généralisations scientifico-théoriques comme des leviers, mais s'en débarrasse lorsque leur efficacité cesse. La Technique ne se préoccupe pas de ce qui est vrai, mais de ce qui marche : si une théorie matérialiste ne donne pas de résultats et qu'une théorie théologique en donne, la Technique adopte cette dernière. C'est donc par un coup du sort,, que le pragmatisme est apparu en Amérique, terre du culte de la Technique. Cette "philosophie" enseigne que ce qui est vrai, c'est ce qui marche. C'est simplement une autre façon de dire que l'on ne s'intéresse pas à la vérité, et c'est donc l'abdication de la philosophie. On pourrait parler d'élévation de la technique ou de dégradation de la philosophie, mais la différence radicale de direction entre la technique et la philosophie n'est pas modifiée pour autant ; c'est simplement que l'époque a mis l'accent sur la technique et peu sur la philosophie. L'alliance, qui dans la pratique du 20e siècle est presque une identité, entre les praticiens de la science et de la technologie ne peut pas non plus effacer la différence d'orientation entre ces deux domaines. Le même homme peut penser en tant que scientifique, à la recherche d'informations, et l'instant d'après en tant que technicien, l'appliquant pour obtenir un pouvoir sur la nature. La science et la technique sont aussi différentes de la philosophie qu'elles sont différentes l'une de l'autre : aucune ne cherche à donner des explications, qui sont l'objet de la philosophie et de la religion. Si quelqu'un croit fonder une "philosophie scientifique", il se trompe et, dès la première page, il est contraint d'abandonner l'attitude scientifique et d'adopter l'attitude philosophique. On ne peut pas prendre deux directions en même temps. Si l'on donne la priorité à la science sur la philosophie, c'est autre chose ; cela reflète simplement l'esprit du temps, qui est extérieur. Mais il est important que toutes ces formes de pensée et d'action s'inscrivent dans le flux et le rythme du développement d'une grande culture ; une direction de pensée donnée a son moment de mode ou de suprématie pour la durée de l'étape de la culture qui l'a choisie pour ce rôle.

L'économie est une forme d'action. Plus précisément, il s'agit d'une action visant à nourrir et à enrichir la vie privée. Toute tentative de contrôler la vie d'autrui est donc distincte de l'économie. Lorsque Cecil Rhodes[36] pensait avant tout à s'enrichir,

---

[36] Cecil J. Rhodes (1853-1902), homme d'État sud-africain, né en Angleterre. Il a amassé une immense fortune grâce à l'exploitation des diamants de Kimberley. Il combinait un zèle visionnaire pour l'expansion britannique en Afrique avec la conviction que l'argent était synonyme de pouvoir politique. Il a participé à

il pensait économie ; lorsqu'il a commencé à utiliser sa richesse pour contrôler les populations d'Afrique, il pensait politique. Il est rare qu'un homme d'action puisse maîtriser ces deux directions de comportement en même temps, tant leurs techniques respectives sont différentes. La même économie présente deux facettes, la production et le commerce, dont les techniques spécifiques sont si différentes qu'un homme ne maîtrise généralement pas les deux en même temps.

Les raffinements des modes de pensée et d'action sont nombreux. Par exemple, les données de la métaphysique ne sont pas pertinentes pour l'éthique, même si les deux utilisent des principes similaires. En effet, l'éthique a ses propres données. Les mathématiques ont également une attitude propre, liée à la logique mais distincte de celle-ci ; l'esthétique distingue un aspect de la totalité des relations, ce qui détermine ses hypothèses de base.

II

Il n'y a pas seulement une association et une dissociation entre les formes de pensée et d'action, mais il y a aussi un ordre de classement entre elles, qui dépend du problème du moment. La dualité de l'homme, émanant de sa nature, mélange d'âme humaine et d'instincts de proie animale, fait que ses actions ne s'accordent guère avec ses systèmes de pensée abstraite. La pensée abstraite a son centre de gravité du côté de l'âme, l'action du côté de l'animal-proie.

L'homme qui, dans une discussion théologique, recourt aux poings pour démontrer son point de vue, confond les deux sphères de la pensée et de l'action. Il en va de même pour l'homme qui discute de politique en termes de morale. Ces deux sphères de la pensée et de l'action ont des frontières parfaitement définies. Chaque homme a une capacité de pensée abstraite et une capacité d'action. Lorsqu'il pense abstraitement, il n'agit pas, et lorsqu'il agit, il ne pense pas abstraitement. Sa pensée est donc complètement immergée dans l'action. La formulation abstraite de l'action peut se faire avant l'action, ou après l'action, mais jamais pendant l'action. Comme l'a dit Goethe : "L'acteur est toujours inconscient ;

---

l'incorporation du Bechuanaland et de la Rhodésie et a consacré sa vie à la réalisation de la phrase : "La domination britannique du Cap au Caire". (N. du T.)

seul le spectateur est conscient".

Qu'est-ce que la vie ? C'est le processus d'actualisation du possible. L'actualisation, et donc l'action. La vie a son centre de gravité du côté de l'action, et non du côté de la pensée abstraite. Pour les conceptions de l'action, il y a donc un ordre qui place les connaissances pratiques au-dessus des théories. C'est ce qui rend Machiavel plus précieux, politiquement parlant, que Platon, Thomas More, Campanella, Fourier, Marx, Edward Bellamy ou Samuel Butler. Il a écrit sur la politique telle qu'elle est, les autres, telle qu'elle devrait être, ou telle qu'ils voudraient qu'elle soit.

Il est bien connu que rien ne peut être démontré par la violence : la raison en est que les deux sphères de la pensée abstraite et de l'action, de la vérité et du fait, ne se croisent pas. On comprend moins bien que l'inverse est également vrai, c'est-à-dire que la violence ne peut s'exercer par des démonstrations ; autrement dit, rien ne peut être gagné, dans le monde de l'action, par des vérités. Tenter d'actualiser une théorie abstraite, c'est l'abandonner. Vouloir imposer une pensée là où elle n'a pas lieu d'être n'aboutit qu'à un travail bâclé. Il n'y a pas de choix entre un artiste de la chimie et un artiste de la physique, mais seulement entre un bon et un mauvais artiste. Aborder un problème mécanique comme si le bien et le mal étaient impliqués, c'est s'exposer à l'échec. Chaque aspect de la vie livre ses secrets à la méthode qui lui convient, et à elle seule. La politique a toujours refusé de donner le moindre pouvoir à l'homme qui cherchait à la "réformer" selon une morale. On ne peut pas non plus la comprendre en essayant de lui imposer des méthodes de pensée étrangères. La politique est le contraire de l'abstrait ; étymologiquement, abstrait signifie "tiré de". Tiré de quoi ? De l'action, de la réalité, des faits.

Cette perspective est l'une de celles qui apparaissent du côté factuel de l'être humain. Cet ouvrage ne concerne que l'action, car l'époque de la politique absolue dans laquelle il apparaît est une époque d'action. Personne n'a jamais dit que la politique devait être immorale, mais tous les penseurs politiques ont dit que la politique est la politique. Les questions relatives à ce qui devrait être se situent de l'autre côté de l'âme et ne sont pas abordées ici. Le fait que la politique et la morale ne se recoupent pas est démontré par l'exemple de la Seconde Guerre mondiale. La partie américaine de la coalition extra-européenne contre l'Europe a déclaré avec insistance qu'elle se battait pour la morale chrétienne, mais après la guerre, elle a poursuivi une tentative d'extermination physique de la couche porteuse de culture sous sa juridiction dans l'Europe occupée. Et elle est allée encore plus loin, en volant et en persécutant plusieurs millions d'Européens afin de les détruire physiquement et économiquement. Cet exemple n'est pas unique : les puissances victorieuses de la Première Guerre mondiale ont mis en place un blocus de famine contre l'ennemi vaincu après la guerre, et cette guerre a également été déclenchée par les puissances victorieuses au nom de la morale chrétienne.

Dans la pratique politique, une approche morale ne peut que conduire à l'inefficacité ou au désastre. Et plus elle est prise au sérieux, plus elle est destructrice.

Si la morale est utilisée avec un cynisme total, comme propagande pour accroître la brutalité d'une guerre, elle déforme la guerre et la politique dans le sens de la bestialité.

Au 20e siècle, la politique a reconquis son propre domaine. La politique n'est plus motivée par l'économie. Le droit, la technologie, l'économie et l'organisation sociale reflètent les grandes réalités de la politique. Dans ce dernier âge formateur d'une Grande Culture, qui durera jusqu'au 21ème siècle, la motivation de la lutte perpétuelle pour le pouvoir est l'unité de la Civilisation Occidentale elle-même. Le véritable front des guerres de cette époque est simplement l'Europe contre l'anti-Europe. Il y a des zones frontalières comme celles entre la Russie et l'Europe, ou dans les pays les plus septentrionaux de l'Amérique du Sud. Chaque camp a ses alliés : les populations blanches disséminées dans le monde appartiennent à l'Europe ; les éléments asiatiques de cohésion et de pouvoir, les déformateurs de la Culture disséminés dans les différents pays de l'Occident appartiennent à l'anti-Europe. C'est la lutte du positif contre le négatif, de la création contre la destruction, de la supériorité culturelle contre l'envie de l'intrus. C'est le combat acharné mené contre le maître d'hier par ses esclaves affranchis, assoiffés de vengeance pour leurs siècles d'esclavage.

Naturellement, ces guerres seront de véritables guerres illimitées comme les croisades, et non des guerres agonistiques comme les guerres intra-européennes des XVIIe et XVIIIe siècles. Elles seront aussi absolues dans leurs moyens que dans leur durée. Par exemple, les pratiques de traitement des prisonniers de guerre développées dans la civilisation occidentale disparaîtront pour des considérations humanitaires et d'honneur militaire. Après la Seconde Guerre mondiale, la Russie a aboli la première de ces bases, en exécutant et en réduisant en esclavage des populations entières, et l'Amérique a aboli la seconde, en lynchant massivement les prisonniers de guerre et en ignorant les conventions de La Haye lors de son occupation de l'Europe à la fin de la guerre.

Les guerres à venir renoueront ainsi avec les anciennes pratiques d'asservissement et de mise à mort des prisonniers de guerre et oublieront la protection autrefois accordée aux populations civiles. Au lieu de l'honneur militaire codifié d'une grande culture, l'honneur deviendra finalement une question d'impératif personnel interne, et l'individu décidera pour lui-même, en fonction de sa position, de l'importance de sa décision. Il n'est pas déshonorant en soi de tuer des prisonniers, mais s'ils se rendent et déposent leurs armes à condition que leur vie soit respectée, comme l'ont fait les soldats et les commandants européens lors de la dernière guerre, il est déshonorant de les pendre, comme l'ont fait les Américains après cette guerre.

Dans le dernier acte de notre grand drame culturel occidental, l'idée même de culture démontre sa vigueur impartiale - le destin est toujours jeune, dit le philosophe de cette époque - en se plaçant au centre de la vie et en définissant tous les hommes comme des amis ou des ennemis, selon qu'ils y adhèrent ou s'y opposent. La politique de la culture est la conséquence finale de la politique de la religion, de la politique familiale et de la politique des factions, des Croisades à la Réforme, de la politique dynastique au Congrès de Vienne, de la politique nationale et de la politique économique à la Seconde Guerre mondiale. La crise du rationalisme s'estompe. Les phénomènes qui l'accompagnent deviennent incolores, de plus en plus forcés et disparaissent les uns après les autres : l'égalité, la démocratie, le bonheur, l'instabilité, le mercantilisme, la haute finance et sa puissance financière, la guerre des classes, le commerce comme fin en soi, l'atomisme social, le parlementarisme, le libéralisme, le communisme, le matérialisme, la propagande de masse. Toutes ces fières bannières sont finalement tombées dans la poussière. Elles ne sont que les symboles de la tentative audacieuse et fructueuse, mais vaine, de la Raison pour conquérir le royaume de l'Esprit.

III - VITALISME CULTUREL - SANTÉ CULTURELLE

> *"Je ne reconnais que deux nations : L'Occident et l'Orient".*
>
> NAPOLEON

> *C'est l'absence de race et rien d'autre qui rend les intellectuels philosophes, doctrinaires, utopistes incapables de comprendre la profondeur de cette haine métaphysique qui produit le désaccord de deux courants en se manifestant comme une dissonance intolérable, une haine qui peut être fatale à l'un et à l'autre".*
>
> SPENGLER

> *Je voulais préparer la fusion des grands intérêts de l'Europe, car j'avais déjà réalisé celle des partis. Je me souciais peu du ressentiment passager des peuples, car j'étais sûr que les résultats les pousseraient à nouveau irrésistiblement vers moi. Ainsi, l'Europe serait vraiment devenue une nation unie, et chacun, où qu'il voyage, serait uni par la même patrie. Tôt ou tard, cette fusion devra s'opérer sous la pression des événements. L'impulsion a été donnée qui, après ma chute et la disparition de mon système, rendra impossible en Europe le rétablissement de l'équilibre par la seule fusion des grandes nations.*
>
> NAPOLEON

1. Introduction

Pour la première fois, la thèse du vitalisme culturel, la physionomie de l'adaptation, de la santé ou de la maladie d'une grande culture, est développée ici. Jusqu'à présent, la culture a généralement été considérée comme un résultat, une simple somme totale de l'activité collective des êtres humains et des groupes d'êtres humains. Dans la mesure où son unité et sa continuité n'étaient pas du tout prises en compte, elle était considérée comme l'"influence" purement matérielle d'individus, de groupes ou d'idées écrites sur les contemporains ou la postérité. Mais au fur et à mesure que l'ère de la culture occidentale progressait, son unité a commencé à être faiblement observée. Cette unité a été formulée de différentes manières, avec différents points d'origine, différentes lois de développement, mais l'"unité de la culture" était l'idée principale. Même dans le foyer du matérialisme, Benjamin Kidd a admis l'unité profonde de l'Occident dans son ouvrage "Western Civilisation". Nietzsche, Lamprecht, Breysig, Méray ne sont que quelques-uns de ceux qui ont perçu cette idée. À une époque qui part des faits, et non des programmes, qui se satisfait des réalités sans les soumettre à un test rationaliste, il est devenu évident, "spirituellement forcé", de penser dans ce nouveau système Si deux individus, géographiquement éloignés et sans contact mutuel, développent des inventions similaires, des philosophies similaires, choisissent le même sujet pour une œuvre dramatique ou lyrique, nous ne pouvons pas considérer cela comme une "influence", ni comme une "conscience", mais comme un reflet du développement de la Culture à laquelle ils appartiennent tous les deux. Du point de vue le plus élevé de la Culture, la discussion pour savoir qui a été le premier à inventer tel ou tel esprit, qui a donné naissance à telle ou telle idée, est tout à fait stérile. Ces questions, dans le meilleur des cas, ne peuvent être placées sur un plan plus élevé que le plan juridique. Si le progrès en question est d'une force supra-personnelle et non un simple amusement personnel, c'est le progrès de la "Culture", et le fait qu'il ait été exprimé simultanément par plus d'une personne ne fait que témoigner de la catégorie de son Destin.

La nature de l'unité de la Culture est "purement spirituelle dans son origine". L'unité matérielle qui suit n'est que l'exposition de l'unité spirituelle plus profonde qui la précède. La vie est la réalisation du possible ; le développement d'une Culture Supérieure est l'exposition, sur la base de la durée prédéterminée de la vie organique, des possibilités les plus profondes contenues dans le cœur de la Culture.

La culture dans laquelle nous vivons est la huitième culture supérieure apparue sur notre planète. L'unité et la relation intime de la totalité des formes et des créations de n'importe laquelle des autres est évidente pour nous, car nous nous tenons complètement en dehors d'elle et ne pouvons pas pénétrer les nuances de son âme puisque nous appartenons à une autre. L'impénétrabilité d'une culture étrangère fait partie d'une généralisation organique plus large : même l'esprit d'une autre époque de notre propre culture, d'une autre nation, d'un autre individu en, le rend difficile à comprendre pleinement. La technique pour comprendre d'autres formes de vie consiste à "vivre en elles". Mesurer, chronométrer et calculer le comportement d'un autre organisme ne sert pas à l'assimilation organique. La "psychologie" matérialiste, avec sa masse de résultats compilés sur papier, n'a jamais aidé à comprendre une autre personne. Si l'on parvient à s'identifier, c'est en dépit d'une aptitude à l'abstraction.

La difficulté de s'assimiler à des formes organiques étranges, de les comprendre, de les "pénétrer", est un problème de degrés. Nous comprenons immédiatement une personne dont le caractère est similaire au nôtre. Si leur caractère n'est pas similaire mais que leur histoire l'est, nous pouvons les comprendre, mais avec plus de difficulté. Des nationalités différentes, des races différentes, des contextes culturels différents dressent des barrières de plus en plus abruptes à la réciprocité. Cela met en évidence l'un des problèmes du vitalisme culturel.

La question est de savoir dans quelle mesure une Culture peut inculquer l'idée culturelle aux nouvelles populations qui arrivent sur son territoire. Des problèmes secondaires se posent du fait que ces nouvelles populations peuvent posséder une ou plusieurs des différentes formes de cohésion, celle d'un peuple, celle d'une race, celle d'une nation, celle d'un État, celle d'une Culture.

Les problèmes qui s'ensuivent découlent de la relation précise de la Culture avec les populations à son service et avec celles qui se trouvent à l'extérieur de ses frontières. Elle est formulée ainsi parce que les Cultures Supérieures sont liées au paysage et que les impulsions formatrices apparaissent toujours dans le paysage original, même dans sa dernière phase, celle de la Civilisation, dans laquelle la Culture s'extériorise complètement et s'étend jusqu'aux limites les plus éloignées. La tendance à l'expansion et à l'extériorisation commence au milieu de sa vie, mais ne devient dominante qu'avec la censure définitive marquée par la crise de la Civilisation. Pour nous, le symbole de cette rupture est Napoléon. Depuis son époque, les peuples du monde entier ont été éduqués dans le cadre de l'impérialisme le plus limité que l'histoire ait connu. Ils se trouvent cependant dans des relations différentes avec l'Idée-Mère de cet Impérialisme, et ces relations doivent également être étudiées.

2. L'articulation d'une culture

Les nations, les modes de pensée, les formes d'art et les idées, qui sont l'expression du développement d'une Culture, sont toujours sous la tutelle d'un groupe relativement restreint. La taille de ce groupe, la facilité avec laquelle il peut se renouveler, dépendent de la nature de la Culture. À cet égard, la culture classique est instructive. Ses idées étaient entièrement ésotériques : Socrate fait sa philosophie dans l'agora. Dans notre cas, l'image d'un Leibnitz ou d'un Descartes menant une telle activité nous semblerait absurde au plus haut point, puisque la philosophie occidentale est l'apanage de très peu de personnes.

Mais toute culture, même la culture classique ésotérique, est limitée dans toutes les directions, en raison de son expression totale, à certains niveaux de la population de sa région. La culture est, par nature, sélective, exclusive. L'utilisation du mot dans le sens personnel d'une personne "cultivée" nous montre une personne hors du commun, une personne dont les idées et les attitudes sont ordonnées et articulées. Cultivé, au sens personnel, signifie dévoué à quelque chose de plus élevé que soi-même et son propre bien-être domestique. Dans l'image du monde du XIXe siècle, avec sa manie de l'atomisme, il n'y avait que des individus et rien de supérieur ; c'est pourquoi le mot était utilisé pour désigner ceux qui pratiquaient ou appréciaient l'art ou la littérature. Cependant, le patriotisme, le dévouement au devoir, les impératifs éthiques, l'héroïsme et l'abnégation sont également des expressions de la culture, que l'homme primitif ne possédait pas. Une guerre est une expression de la culture au même titre que la poésie, une usine au même titre qu'une cathédrale, un fusil au même titre qu'une statue.

Une culture supérieure agit, au cours de sa réalisation, dans toutes les directions de la pensée et de l'action et sur toutes les personnes qui se trouvent sur son territoire.

L'intensité d'une action dans une direction donnée dépend de l'âme de chaque culture : certaines cultures ont été ardemment historiques, comme la Chine, d'autres complètement anhistoriques, comme l'Inde ; certaines ont développé des techniques impressionnantes, comme les Égyptiens ou les nôtres ; d'autres ont ignoré la technique, comme les Classiques ou les Mexicains.

L'intensité avec laquelle la culture marque les individus est proportionnelle à leur capacité de réception des impressions spirituelles. L'individu doté d'une petite âme et d'horizons limités vit pour lui-même parce qu'il est incapable de comprendre quoi que ce soit d'autre. Pour lui, la musique occidentale n'est qu'une variation d'aigus et de graves, alternant ; la philosophie n'est que des mots, l'histoire une collection de contes de fées dont il ne ressent pas la réalité en lui-même ; la politique est l'égoïsme des grands, la conscription militaire un fardeau que son manque de courage moral l'oblige à accepter. Ainsi, même leur propre individualisme n'est que la négation de quelque chose de plus élevé, et non l'affirmation de leur propre âme. L'homme extraordinaire est celui qui fait passer quelque chose d'autre avant sa propre vie et sa sécurité. William Walker, alors même qu'il faisait face au peloton d'exécution, aurait pu sauver sa vie en renonçant simplement à ses prétentions à la présidence du Nicaragua[37]. Pour le commun des mortels, c'est de la folie. L'homme ordinaire est injuste, mais pas par principe ; il est égoïste, mais incapable de l'impératif de l'égoïsme exalté d'Ibsen ; il est esclave de ses passions, mais incapable d'un amour sexuel supérieur, car même celui-ci est une expression de la Culture (l'homme primitif ne comprendrait tout simplement pas l'érotisme occidental si cette sublimation de la passion lui était expliquée dans le cadre de la métaphysique). Il n'a aucune espèce d'honneur et se soumettra à n'importe quelle humiliation plutôt que de se révolter (ce sont toujours ceux qui ont le tempérament d'un chef qui se révoltent). Il joue dans l'espoir de gagner et s'il perd, il pleurniche. Il préfère vivre à genoux que mourir debout. Il accepte comme vraie la voix la plus forte. Il suit le leader du moment, mais seulement tant qu'il est leader et lorsqu'il est éclipsé par un nouveau leader, il s'empresse de signaler son opposition à l'ancien. Il se comporte comme une brute dans la victoire et comme un laquais dans la défaite. Il est imbu de sa personne à l'oral et insignifiant à l'écrit. Il aime jouer, mais manque d'esprit sportif. Accuse la mégalomanie d'être à l'origine de ses grandes pensées et de ses projets. Il déteste quiconque essaie de le pousser sur la voie de l'accomplissement d'exploits supérieurs et, lorsque l'occasion se présente, il le crucifie comme le Christ, le brûle comme Savonarole, donne des coups de pied à son corps sans vie sur la Piazza di Milano. Il rit toujours de l'égarement des autres,

---

[37] William Walker, aventurier américain qui aida l'une des factions politiques du Nicaragua avec son armée privée de mercenaires et devint chef de l'armée nicaraguayenne. En route vers la présidence, il est fait prisonnier par les troupes britanniques à Belize et remis aux Nicaraguayens, qui le fusillent en 1860.

mais il n'a pas le sens de l'humour et est tout aussi incapable d'un réel sérieux. Il censure les crimes passionnels mais lit avec avidité toute la littérature qui les raconte. Dans la rue, il se joint à la foule pour assister à un accident et est heureux de voir les autres subir les coups du sort. Il ne se soucie pas que ses compatriotes versent leur sang alors que lui est à l'abri. Il est tout ce qu'il y a de plus vil et de plus lâche, mais il n'a pas la mentalité suffisante pour être Lake ou Richard III. Il n'a pas accès à la Culture et, lorsqu'il y est confronté, persécute tous ceux qui la possèdent. Rien ne lui fait plus plaisir que de voir un grand dirigeant s'effondrer. Il déteste Metternich et Wellington, symboles de la tradition ; il refuse, en tant que membre du Reichstag, d'envoyer des vœux d'anniversaire à l'ancien chancelier Bismarck. Il confisque la circonscription de tous les parlements du monde et se mêle de tous les conseils de guerre pour conseiller la prudence et la circonspection. Si les convictions auxquelles il s'était engagé deviennent dangereuses, il se rétracte (elles n'ont jamais été les siennes de toute façon). C'est la plus grande faiblesse de tout organisme, l'ennemi de toute grandeur, la matière de la trahison.

Ce n'est pas une telle composante humaine qu'une culture supérieure exigeante peut utiliser pour réaliser son destin. L'homme du peuple est l'ingrédient avec lequel travaillent les grands dirigeants politiques des systèmes démocratiques. Autrefois, l'homme de la rue n'assistait pas au drame culturel. Il n'était pas intéressé, et les participants n'étaient pas encore à la merci du charme rationaliste, de la "manie de compter les têtes", comme l'appelait Nietzsche. Lorsque les conditions démocratiques sont poussées jusqu'à leurs ultimes conséquences, il en résulte que même les dirigeants sont des gens vulgaires, à l'âme jalouse et culpabilisée, envieux de ce contre quoi ils ne se sentent pas au même niveau, comme Roosevelt et sa clique américaine. Dans le culte de "l'homme de la rue", il se déifiait lui-même, comme Caligula. La suppression de la qualité étouffe l'homme exceptionnel dans sa jeunesse et le transforme en cynique.

Nulle part, au cours des siècles passés, il n'est fait allusion à un rôle quelconque de la masse du peuple. Dès que cette idée triomphe, elle prouve que le seul rôle que ces masses peuvent jouer est celui d'un matériau de construction passif et lourd pour la partie articulée de la population.

Quelle est l'articulation physique du corps de cette Culture ? Plus la nature de l'œuvre culturelle est grave, plus le type d'êtres humains nécessaires à sa réalisation est élevé. Dans chaque culture, il existe un niveau spirituel de l'ensemble de la population appelé strate porteuse de culture. C'est cette articulation des populations cultivées qui seule rend possible l'expression d'une Culture supérieure. C'est la technique de la vie, l'habitus, de la Culture.

La strate porteuse de la culture est la gardienne des formes d'expression de la culture. Elle comprend tous les créateurs dans les domaines de la religion, de la philosophie, de la science, de la musique, de la littérature, des arts plastiques, des mathématiques, de la politique, de la technologie et de la guerre, ainsi que tous les non-créateurs qui comprennent pleinement et expérimentent par eux-mêmes le progrès dans ce monde supérieur, ceux qui l'apprécient.

Ainsi, en son sein, la strate porteuse de la culture est composée de ceux qui créent et de ceux qui valorisent. En règle générale, ce sont ces derniers qui transmettent les grandes créations vers le bas, dans la mesure de leurs possibilités. Ce processus sert à recruter les êtres supérieurs, où qu'ils apparaissent, dans la strate porteuse de la culture. Le processus de renouvellement est toujours en cours, car la strate culturelle n'est pas, à proprement parler, héréditaire. La strate culturelle est un niveau purement spirituel de la population culturelle. Elle n'a aucun caractère économique, politique, social ou autre. Certains de ses créateurs les plus lumineux ont vécu et sont morts dans la pénurie, comme Beethoven et Schubert. D'autres esprits, tout aussi créatifs mais moins vigoureux, se sont noyés dans la misère, comme Chatterton. Beaucoup de ses membres créatifs passent totalement inaperçus : Mendel, Kierkegaard, Copernic. D'autres sont pris pour de simples talents : Shakespeare, Rembrandt.

La strate porteuse de culture n'est pas reconnue par ses contemporains comme une unité et ne se reconnaît pas non plus comme telle. Comme toutes les strates, elle est invisible, tout comme la culture qu'elle porte. Parce qu'il s'agit d'une strate purement psychique, elle ne peut faire l'objet d'une description matérielle qui satisferait les intellectuels. Cependant, même les intellectuels devraient admettre que l'Europe et l'Amérique pourraient être plongées dans un chaos matériel dont il faudrait des années pour sortir, si les quelques milliers de personnes qui occupent les postes techniques les plus élevés étaient amenées à disparaître. Ces techniciens constituent une partie de la couche porteuse de culture, mais pas seulement professionnelle. Naturellement, les techniciens, comme les dirigeants de l'économie ou de l'armée, jouent des rôles purement subalternes dans le drame culturel. La partie la plus importante de cette strate, à tout moment, est le groupe qui garde l'Idée supérieure. Ainsi, à l'époque de Dante,, l'empereur et le pape étaient les deux symboles supérieurs de la réalité, et les principaux membres de la strate porteuse de culture étaient alors au service de l'un ou l'autre de ces deux symboles. La force symbolique supérieure est ensuite passée aux dynasties, et la politique dynastique a exigé leur vie pendant ces siècles. Avec l'avènement des Lumières et du rationalisme, l'Occident tout entier est entré dans une crise durable, et la couche culturelle en a fait de même. Elle s'est divisée encore plus que d'habitude et ce n'est qu'aujourd'hui, après deux siècles, qu'il est possible de restaurer son unité de base. Je dis "plus que d'habitude", car il ne faut pas croire que la strate culturelle ait jamais été une sorte de franc-maçonnerie internationale. Au contraire, elle a fourni des dirigeants des deux côtés de chaque guerre et de chaque tendance.

Au sein de cette strate, il existe une lutte constante entre la tradition et l'innovation. La partie vibrante et vitale représente le nouveau développement avancé, qui affirme l'ère suivante. La fonction de la tradition est d'assurer la continuité. La tradition est la tendance vers une âme supra-personnelle. Elle doit accepter que le même esprit créatif du grand passé soit présent dans chaque innovation.

La crise du rationalisme affecte à la fois la couche supérieure et l'organisme dans son ensemble. Le pas suivant - la Démocratie - est positif en dernière analyse, étant une nécessité historique dans la vie d'une Culture, comme le montre l'histoire. Mais pour les hommes qui ont donné leur vie à la construction et à la création, c'est un pas difficile à franchir, car mobiliser les masses, c'est les détruire. Le passage de la Culture à la Civilisation, c'est la décadence, c'est le début de la sénilité. C'est pour cette raison que les leaders dont le centre de gravité était du côté de la culture ont résisté de toutes leurs forces à la révolution démocratique : Burke, Goethe, Hegel, Schopenhauer, Metternich, Wellington, Carlyle, Nietzsche. La couche des porteurs de culture, composée de ceux qui créent et de ceux qui valorisent, est invisible en tant que telle. Elle ne correspond à aucune classe économique, à aucune classe sociale, à aucune noblesse, à aucune aristocratie, à aucune profession. Ses membres ne sont en rien des gens populaires. Mais par son existence même, cette strate actualise une Culture supérieure dans ce monde. S'il y avait eu un processus de sélection des membres de cette strate, les forces extra-européennes l'auraient probablement exterminée dans leur tentative de destruction de l'Occident. La tentative n'aurait pas réussi, car c'est la Culture qui produit cette strate, et après une longue période de chaos - une ou deux générations, selon les circonstances - cet organe Culturel serait réapparu, incluant en son sein les descendants des envahisseurs qui avaient également succombé à l'Idée. Les possibilités à cet égard seront examinées en profondeur ultérieurement.

Dans une époque politique, il est logique que les meilleurs cerveaux s'engagent dans la politique et la guerre. Ceux qui ont la force de renoncer et de se sacrifier sont les héros de ce domaine. La politique de la guerre est avant tout le domaine de l'héroïsme et les sacrifices qui y sont consentis ne sont jamais vains d'un point de vue culturel, car la guerre elle-même est l'expression de la culture. Considéré d'un point de vue rationaliste, il est stupide de consacrer sa vie à une idée, quelle qu'elle soit. Mais là encore, la Vie, avec sa réalité organique, n'obéit pas au rationalisme et à son instinct de médiocrité. C'est ainsi que les meilleurs de chaque génération sont choisis et poussés à servir la Culture. Les plus nobles sont les héros qui meurent pour une idée ; mais tous ne peuvent pas être des héros, et les autres vivent pour une idée.

La caractéristique invariable de ce niveau est sa sensibilité spirituelle, qui apporte plus d'impressions que les autres n'en reçoivent. À cela s'ajoutent des possibilités intérieures plus complexes qui ordonnent le volume des impressions. Il peut sentir le nouvel esprit de l'époque avant qu'il ne s'articule, avant qu'il ne triomphe. Cela décrit également tous les grands hommes, et l'une des raisons pour lesquelles ils meurent violemment est qu'ils ont prophétisé des choses avant leur temps. Ces hommes vivaient dans un monde plus réel que celui des gens "réalistes". Et ces mêmes "réalistes" s'offusquent et brûlent Savonarole, qu'ils auraient sans doute suivi une ou deux générations plus tard.

Ce plan vital n'est qu'une unité psychoculturelle pendant les longues années de la Culture, mais avec l'avènement de la dernière Civilisation au milieu du vingtième siècle, l'idée dominante de toute la Culture est la politique. La phrase de Napoléon, "La politique, c'est le destin", est encore plus vraie aujourd'hui qu'à l'époque où il l'a prononcée. Les deux idées de Démocratie et d'Autorité sont incompatibles, et une seule d'entre elles appartient à l'Avenir. Seule l'Autorité représente un pas en avant, et c'est pourquoi les éléments les plus vitaux et créatifs de la strate du comportement culturel sont au service de la résurgence de l'Autorité. Elle est devenue un homme politique culturel.

Parce que la strate culturelle prend toute son importance à une époque comme la nôtre, où la qualité reprend ses droits sur la quantité, il convient maintenant de la définir le plus précisément possible. L'idée de simple éminence doit être complètement séparée de l'idée d'appartenance à cette strate. Wagner, Lbsen, Cromwell, qui n'ont été éminents qu'au milieu de leur vie, se trouvaient déjà à ce niveau vital et intellectuel dans des années antérieures. L'idée d'éminence est liée à l'idée de strate culturelle en ce sens que toute personne qui est éminente dans un domaine et qui possède également des dons plus profonds de vision, d'appréciation ou de création appartient naturellement à cette strate. Cependant, l'éminence peut être le fruit du hasard de la naissance ou de la fortune, et les Européens ont récemment vécu deux périodes dans l'histoire de l'époque, après les deux premières guerres mondiales, au cours desquelles presque tous les hommes politiques au pouvoir en Europe n'étaient que des hommes vulgaires placés à des postes élevés par la chance et une vie déformée.

La couche porteuse de culture atteint aujourd'hui sa plus grande importance, plus grande que dans les siècles précédents, parce qu'elle est composée d'une minorité relativement plus petite. L'énorme croissance numérique en Europe - la population a triplé au XIXe siècle - n'augmente pas le nombre de cette strate, ni, en règle générale, celui des natures supérieures. Cette couche était aussi nombreuse à l'époque des Croisades qu'elle l'est aujourd'hui. C'est simplement la méthode de la Culture de choisir des minorités pour s'exprimer. L'augmentation de la population diminue. La tension entre quantité et qualité s'accroît avec l'augmentation du nombre et la strate porteuse de la Culture acquiert une plus grande signification mathématique. Cette tension peut être exprimée en chiffres : il n'y a pas plus de 250.000 âmes en Europe qui, par leur potentiel, leurs impératifs, leur talent, leur existence, constituent la couche porteuse de culture de l'Occident. Leur répartition géographique n'a jamais été tout à fait uniforme. Dans cette nation choisie par la Culture pour l'expression de l'Esprit du temps, comme elle a choisi l'Espagne aux XVIe et XVIIe siècles pour l'expression de l'ultramontanisme, la France au XVIIIe siècle pour le Rococo, ou l'Angleterre au XIXe siècle pour le Capitalisme, il y a toujours eu une plus grande proportion de ce qui était significativement culturel que dans d'autres pays qui n'ont pas joué le rôle de chefs de file de la Culture. Ce fait était connu des forces extra-européennes qui ont tenté de détruire la civilisation occidentale après la Seconde Guerre mondiale et a été utilisé autant que possible dans les limites fixées par l'opportunisme. Le véritable objectif des pendaisons de masse, des pillages et des privations de nourriture était de détruire le petit nombre en détruisant le plus grand nombre. L'articulation de la culture comporte trois aspects : l'idée elle-même, la strate qui la transmet et ceux à qui elle est transmise. Cette dernière comprend le grand nombre d'êtres humains dotés d'une certaine éducation, d'un certain degré d'honneur ou de moralité, qui prennent soin de leurs biens, qui se respectent eux-mêmes et respectent les droits des autres, qui aspirent à s'améliorer et à améliorer la situation plutôt qu'à détruire ceux qui ont enrichi leur vie intérieure et qui se sont élevés dans le monde. Il constitue le corps de la Culture par rapport à la strate du comportement culturel qui est son cerveau et à l'Idée qui est son esprit. Dans chaque personne appartenant à ce groupe numériquement important, il y a une part d'ambition et d'estime pour les créations de la Culture. Elles fournissent les instruments avec lesquels les créateurs peuvent réaliser leur travail. C'est ainsi qu'ils donnent un sens à leur propre vie, un sens que le monde d'en bas ne comprendrait pas.

Le rôle de mécène n'est pas le plus important mais il a une valeur culturelle.

Qui sait si nous aurions aujourd'hui les plus grandes œuvres de Wagner sans Louis II ? Lorsque nous lisons l'issue d'une grande bataille, nous comprenons qu'il ne s'agissait pas d'une simple partie d'échecs entre les deux capitaines, mais que des centaines d'officiers déterminés et des milliers d'hommes obéissants sont morts pour écrire cette ligne de l'histoire, pour faire de ce jour une date à jamais mémorable ? Et lorsque la police et l'armée maîtrisent une menace de pillage de la société, les pertes subies par l'ordre donnent ainsi à leur mort une signification plus grande encore que leur vie. Tout le monde ne peut pas jouer un grand rôle, mais on ne peut refuser à personne le droit de donner un sens à sa vie. Mais en dessous de tout cela, il y a la couche totalement incapable de toute réalisation culturelle, même la plus modeste : les foules, les canailles de Pöbel, la pègre. Le "Profanum vulgus", l'homme vulgaire de la secte américaine, préside à la terrifiante[38]. Il écoute avec enthousiasme n'importe quel agitateur bolchevique, il sécrète de la haine à la vue de toute manifestation de Culture ou de supériorité. Cette couche existe à tous les stades de toute Culture, comme le montrent les guerres paysannes : la Jacquerie, Wat Tyler, Jack Cade, John Ball, Thomas Münzer, les Communards, les miliciens espagnols, les foules de la place de Milan. Dès qu'un homme créatif prend une résolution et commence son travail, quelque part ailleurs il y a un esprit sombre et envieux qui prend la détermination maléfique de l'arrêter, de détruire son travail. Dans ses dernières années, le nihiliste Tolstoï a parfaitement exprimé ce fait fondamental avec la formule selon laquelle aucune pierre ne doit se trouver au-dessus d'une autre. Le slogan bolchevique de 1918 était tout aussi significatif : "Détruisez tout". À notre époque, ce monde souterrain est entre les mains des partisans de lutte des classes, l'arrière-garde du rationalisme. Ils travaillent donc du point de vue politique le plus large, uniquement pour les forces extra-européennes. Les rébellions antérieures de cette couche ont été étouffées par l'unité de la Culture, la vigueur intacte des impulsions créatrices et l'absence de danger extérieur dans une proportion aussi écrasante que celle qui existe à l'heure actuelle. Son histoire n'est pas encore terminée. L'Asie peut utiliser cette strate et a l'intention de le faire.

Tradition et génie

La strate culturelle peut remplir sa fonction de deux manières différentes. La première est la présence d'une tradition supérieure d'accomplissement le long d'une ligne donnée, une "école" ; la seconde, celle d'un génie occasionnel. Elles peuvent être combinées et ne sont d'ailleurs jamais complètement séparées, puisque le génie individuel est toujours présent d'abord dans la formation d'une tradition et que la présence de la tradition n'est pas hostile au génie au moment où il apparaît.

Cependant, il s'agit de méthodes d'expression culturelle différentes, et toutes deux sont importantes pour la perspective mondiale du XXe siècle, que nous formulons ici en substance.

---

[38] L'auteur fait évidemment référence à la période ainsi nommée de la Révolution française, instituée par les membres les plus influents de la Convention, présidée par Robespierre, du 1er mai 1793 au 27 mai 1794.

La peinture italienne de 1250 à 1550 est un exemple de travail traditionnel. L'école hollandaise flamande du XVIIe siècle en est un autre. Pour un peintre appartenant à l'une de ces écoles, il n'est pas nécessaire d'être un grand maître pour s'exprimer parfaitement : la forme était là, incontestable, il suffisait de la maîtriser et de contribuer au développement personnel de ses propres possibilités. La peinture espagnole et allemande, en revanche, montrait une collection de grands originaux et non la progression sûre d'une tradition. La tradition la plus sublime est celle de l'architecture gothique, vers 1400. Cette tradition était si puissante que l'idée d'œuvre d'art, qui présuppose une personnalité créatrice, n'existait même pas.

Mais les traditions de ce genre ne se limitent pas à l'art. La philosophie scolastique a représenté la même unité supra-personnelle réalisée à travers de nombreuses personnalités, toutes au service du développement et de la tradition. De Roscellinius à Anselme, de Thomas d'Aquin à Gabriel Biel, les problèmes et leur pleine exploitation sont continus. Chaque penseur, quel que soit son talent, qu'il soit un homme de génie ou simplement un travailleur acharné, a été préparé par ses prédécesseurs et lui-même perfectionné dans ses successeurs. Ce ne sont pas les solutions ni même toujours les questions qui sont continues, c'est la méthode et la rigueur de recherche et de la formulation qui témoignent de la présence d'une tradition. De Cromwell à Joseph Chamberlain - le début et la fin de cette tradition politique supérieure qui a construit le grand Empire britannique qui, à son apogée, exerçait son contrôle sur 17/20e de la surface de la terre - l'Angleterre a donné l'exemple des possibilités de la tradition en politique comme en philosophie, en musique et dans les beaux-arts. Combien d'hommes de génie politique sont apparus dans la fonction de Premier ministre au cours de ces siècles ? Seulement les deux Pitt. Cependant, l'Angleterre est sortie plus forte de toutes les guerres générales de ces siècles : la guerre de Trente Ans, 1618-1648 ; la guerre de Succession d'Espagne, 1702-1713 ; les guerres de Succession d'Autriche, 1741-1763 ; les guerres napoléoniennes, 1800-1815 ; les guerres d'unification allemande, 1863-1871. Elle n'a subi qu'un seul revers sérieux au cours de ces siècles : la perte de l'Amérique 1775-1783. L'essence de cette tradition n'était rien d'autre que l'application de la pensée politique à la politique. Cromwell, le théologien, ne s'est écarté de cette ligne qu'occasionnellement et davantage en paroles et en expressions de sympathie qu'en actes. Ses successeurs dans la tradition de la construction de l'empire n'ont pas eu à porter son lourd équipement théologique qu'ils ont transformé en cant[39] un mot intraduisible dans n'importe quelle autre langue européenne. C'est la technique du cant qui a permis à la diplomatie anglaise de remporter des succès continus dans le monde réel, c'est-à-dire le monde de la violence, de la ruse du péché, tout en le couvrant d'une attitude de moralité désintéressée. Enrichir le pays de nouvelles possessions signifiait donc "apporter la civilisation" à des races "arriérées" et ainsi de suite, à travers toute la gamme des tactiques politiques.

Les traditions montrent dans cet exemple l'une de leurs principales caractéristiques : elles ne sont efficaces que si elles sont profondément dominées par les individus. Ainsi, d'autres hommes d'État européens ont essayé au cours du 19e siècle, le siècle de la britannicité européenne, d'utiliser la langue de bois et se sont tout simplement ridiculisés. Wilson, le sauveur américain du monde, qui se proposait modestement comme président du monde moral, est allé trop loin.

La condition préalable au succès dans l'utilisation de la langue de bois était une discrétion certaine, et sa maîtrise nécessitait de grandir dans une atmosphère saturée de langue de bois. De même, le corps des officiers autrichiens - dont les qualités éthiques manquaient à Napoléon chez ses propres officiers - supposait une préparation et une formation tout au long de la vie dans une certaine atmosphère, et non trois mois d'instruction militaire sur la base d'un "test d'intelligence".

L'avantage de la tradition, c'est que le dirigeant du moment n'est pas seul ; les qualités qui lui manquent et que la situation peut exiger se trouvent sans doute quelque part parmi ceux qui l'entourent. La présence d'une tradition politique fait qu'il est extrêmement improbable qu'un incompétent soit placé dans une position d'autorité politique supérieure, et s'il arrivait qu'une personnalité faible parvienne par hasard à se hisser au premier plan, la tradition assurerait à nouveau son départ rapide. Le cas de Lord North pourrait être supposé contredire cela, mais les erreurs initiales de sa politique américaine n'ont été perçues comme telles que rétrospectivement. S'il avait pu les compléter par des mesures supplémentaires, l'Amérique n'aurait pas été perdue, mais la situation intérieure vis-à-vis des libéraux

---

[39] Nous pouvons le traduire approximativement en anglais par "special ability to adapt one's behaviour to the circumstances of the moment" (capacité spéciale à adapter son comportement aux circonstances du moment).

d'une part et du roi d'autre part était extrêmement difficile, et sa politique était paralysée, par le même type d'éléments rationalistes qui prêchaient le "Contrat social" et les "Droits de l'homme" sur le continent. En revanche, l'heureuse absence de révolution et de terreur, depuis l'affaire Wilkes au milieu du XVIIIe siècle jusqu'aux horreurs de 1793, en passant par les vagues révolutionnaires généralisées de 1830 à 1848, a été attribuée à la présence d'une tradition intacte.

La tradition n'est pas quelque chose de rigide, une garantie de résultats. Pas du tout, car dans l'histoire, l'inattendu se produit. Les impondérables font leur apparition. L'incident marque le contrepoint du destin. Dans la tradition, il peut aussi apparaître comme une légère ouverture, mais la santé de la strate porteuse de la culture se révèle rapidement capable de combler cette lacune. La tradition étatique est une sorte d'idée platonicienne de l'excellence qui façonne les hommes au mieux de leurs capacités, dans chaque cas, et façonne leur expression personnelle. Une moyenne élevée de formation et d'aptitudes montre les résultats. Quelle chance pour le corps politique d'avoir de tels dirigeants ! Ce qui manque dans une partie est pris dans une autre : les caprices individuels ne sont pas autorisés à devenir des dogmes. Le résultat ultime de la présence de la tradition dans une unité politique est qu'elle maintient le destin sur une trajectoire sûre et que les incidents sont minimisés.

4. Un génie et l'ère de la politique absolue

Il est certain que la Tradition, utilisant le talent qui existe toujours dans les générations successives, est supérieure au Génie dans le but d'actualiser une Idée dans sa perfection même. Mais l'Idée n'a besoin d'aucun d'eux pour s'actualiser ; leur présence, ensemble ou séparément, n'affecte que la sécurité rythmique et la pureté extérieure du processus vital.

L'âme de chaque culture est un organisme et possède donc la marque de l'individualité. Celle-ci est imprimée sur touche à la culture, y compris son style historique. Tout comme les gens diffèrent dans leurs modes d'expression - certains d'une manière énergique et impérieuse, d'autres d'une manière plus calme, mais avec une efficacité identique - il en va de même pour les cultures supérieures. Son style historique, comparé au nôtre, est occidental. Son accent n'est pas dur, ses transitions ne sont pas conscientes, ni marquées par les moments critiques intensément conçus de la culture occidentale. Si les hommes de génie n'étaient pas rares, les génies jouaient un rôle mineur dans l'accomplissement de leur tâche. Le génie était le point focal d'une force moindre.

Les nations occidentales ont également connu des évolutions importantes qui n'ont pas été accompagnées par le phénomène du leadership d'un seul homme sur l'ensemble de l'Idée, par exemple : les guerres de libération allemandes de 1813 à 1815 ; l'évolution de l'Angleterre vers la démocratie de 1750 à 1800.

Mais au milieu du vingtième siècle, nous percevons tout autour de nous le désastre causé par deux siècles de rationalisme : les anciennes traditions supérieures de l'Occident ont été en grande partie détruites. La guerre horizontale du banquier et du guerrier de classe contre la civilisation occidentale a diminué les qualités anciennes. Mais l'histoire ne s'est pas arrêtée et le plus grand de tous les impératifs de la sphère politique est aujourd'hui à l'œuvre. Une nouvelle tradition de qualité est en train d'émerger. Comme l'a dit le philosophe de notre époque, il n'existe plus dans le monde de formes sacrées d'existence politique dont la véritable époque présuppose un pouvoir inattaquable.

En supposant qu'une tradition efficace soit absente de la réalité politique de la civilisation occidentale, on peut s'attendre à ce que la demande occidentale d'accents rugueux dans l'histoire remette des forces gigantesques entre les mains des bonnes personnes. Le héros que nous venons de contempler est un symbole de l'avenir.

L'histoire ne s'arrête pas, aucun homme n'est plus important que l'histoire. La relation entre le génie politique et la masse a été mal comprise par le matérialisme du XIXe siècle et par Nietzsche. Le matérialisme considérait le grand homme politique comme obligé de travailler - naturellement - à l'amélioration matérielle de la masse. Nietzsche considérait que les masses n'existaient que pour produire le surhomme. Mais l'idée finalité ne peut décrire le processus tel qu'il est. En dehors de toute idéologie, l'homme d'exception et les masses forment une unité, tous deux sont au service de l'idée, et chacun ne trouve sa signification historique que par rapport au pôle opposé. Carlyle a proclamé l'exigence instinctive de cette époque, une fois que l'idée d'autorité et de monarchie redevient vraiment conscient : trouver l'homme le plus capable et le laisser être roi.

Les idéologues démocrates, la tête enfouie dans le sable, disent qu'un mauvais monarque peut émerger. Mais l'impératif de l'Histoire n'est pas de produire un système parfait, mais de remplir une mission historique. C'est ce qui a donné vie à la Démocratie et qui, aujourd'hui, ne se préoccupe pas des lamentations du Passé, mais seulement des grondements de l'Avenir. Bonne ou mauvaise, la monarchie arrive.

Sur la façade du bâtiment chancelant est gravé en lettres criardes : Démocratie. Mais derrière, il y a une caisse enregistreuse et le banquier est assis, passant ses mains dans l'argent qui a été le sang des nations occidentales. Il lève les yeux, terrifié, lorsqu'il entend des pas s'approcher.

L'avenir de l'Occident passe par la concentration de grandes forces entre les mains de grands hommes. La formation d'une tradition politique est un espoir : depuis le chaos de 1950, il n'y a plus d'espoir. Seuls de grands hommes peuvent le sauver.

5. Race, peuple, nation, État

I

Au XIXe siècle, les concepts de race, de peuple, de nation et d'État sont exclusivement d'origine rationaliste-romantique. Ils sont le résultat de l'imposition d'une méthode méditée, adaptée des problèmes matériels aux êtres vivants et, par conséquent, ils sont matérialistes.

Matérialiste signifie superficiel lorsqu'il s'agit d'êtres vivants, car l'esprit est l'élément principal de toute vie, et le matériel n'est qu'un véhicule de l'expression spirituelle. Comme ces concepts du XIXe siècle étaient rationalistes, ils n'étaient pas fondés sur des faits, car la vie est irrationnelle, insoumise à la logique et à la systématisation inorganique. L'époque dans laquelle nous entrons, et dont ce livre est une formulation, est une époque de politique et donc une époque de faits.

La question la plus importante est celle de l'adaptation, de la santé et de la pathologie des cultures supérieures. Leur relation avec tous les types de groupements humains est une condition préalable à l'examen des problèmes ultimes du vitalisme culturel. C'est pourquoi la nature de ces groupements sera examinée sans idées préconçues, en vue de leurs significations profondes, de leur origine, de leur vie et de leurs interrelations.

Les objets inanimés conservent leur identité à travers les âges et, par conséquent, le type de pensée adapté aux choses matérielles supposait que les groupes politiques et autres groupes humains existant en 1800 représentaient quelque chose a priori, quelque chose de très essentiel à la réalité permanente. Tout était considéré comme une création de ces "gens". Cela s'appliquait aux arts visuels, à la littérature, à l'État et à la culture en général. Cette vision ne correspond pas aux faits historiques.

Dans l'ordre, le premier concept est celui de race. La pensée matérialiste raciale du XIXe siècle a eu des conséquences particulièrement graves pour l'Europe qui s'est jointe à l'un des mouvements de résurgence de l'autorité du début du XXe siècle.

Toute excroissance théorique dans un mouvement politique est un luxe, et l'Europe des années 1933-2000 ne peut se le permettre. L'Europe a payé cher cette préoccupation romantique pour des théories raciales dépassées qui doivent être détruites.

II

Le mot Race a deux significations, que nous prendrons dans l'ordre, et dont nous montrerons l'importance relative à l'ère de la politique absolue. Le premier sens est objectif, le second subjectif.

La succession des générations humaines liées par le sang a une nette tendance à rester fixée au même endroit. Les tribus nomades errent à l'intérieur de frontières plus larges mais également définies. Dans ce paysage, les formes végétales et la vie animale présentent des caractéristiques locales différentes des transplantations des mêmes familles et lignées dans d'autres lieux.

Les études anthropologiques du XIXe siècle ont révélé un fait mathématiquement explicable qui constitue un bon point de départ pour démontrer l'influence du sol. On a découvert que, dans toute région habitée du monde, il existait un exposant céphalique moyen de la population. Plus important encore, on a appris, grâce à des mesures effectuées sur des immigrants venus de tous les coins de l'Europe et sur leurs enfants nés en Amérique, que leur indice céphalique adhère au sol et se manifeste immédiatement dans la nouvelle génération. Ainsi, les juifs siciliens à grosse tête et les Allemands à petite tête, ont produit des enfants portant, en règle générale, le même bas de tête, celui qui est spécifiquement américain. La taille du corps et la durée du développement sont deux autres caractéristiques que l'on retrouve dans tous les types humains avec la même moyenne, qu'ils soient d'origine amérindienne, noire ou blanche, indépendamment de la taille et de la durée du développement des nations ou des souches dont ils sont issus. Dans le cas des enfants d'immigrés irlandais, venant d'un pays où la période de croissance est très longue, la réponse à l'influence locale a été immédiate. Sur la base de ces faits et d'autres, relativement nouveaux et en même temps d'observation ancienne, il est clair que le paysage exerce une influence sur le stock humain à l'intérieur de ses limites, ainsi que sur la vie végétale et animale. La technique de cette influence nous est incompréhensible. Nous connaissons son origine. C'est l'unité cosmique de la totalité des choses, unité qui se manifeste dans le mouvement rythmique et cyclique de la nature. L'homme n'est pas en dehors de cette unité, mais il y est immergé. Sa dualité, âme humaine et animal de proie, constitue également une unité. Nous le séparons ainsi pour le comprendre, mais cela ne peut altérer son unité. Nous ne pouvons pas non plus la détruire en séparant les aspects de la nature dans notre esprit. Le cycle lunaire est lié à de nombreux phénomènes humains dont nous ne pouvons connaître que le quoi, mais jamais le comment. Tous les mouvements de la nature sont rythmiques, le mouvement des ruisseaux et des vagues, des vents et des courants, de l'apparition et de la disparition des êtres vivants, des espèces, de la vie elle-même.

L'homme participe à ces rythmes. Sa structure particulière donne à ces rythmes leur forme humaine spécifique. La race est la partie de sa nature qui montre cette relation. Dans l'homme, la Race est cette sphère de son être qui est en relation avec la vie végétale et animale, et au-dessus d'elle, avec les rythmes macrocosmiques. Elle constitue, pour ainsi dire, cette partie de l'homme qui est généralisée, absorbée dans le Tout, plutôt que son âme, qui définit son espèce, et l'oppose à toutes les autres formes d'existence.

La vie se manifeste sous quatre formes : la plante, l'animal, l'homme et la culture supérieure. Bien que chacune diffère des autres, elles sont toutes liées les unes aux autres. Les animaux, soumis au sol, conservent ainsi dans leur être un plan d'existence semblable à celui des plantes. La race constitue dans l'homme l'expression de sa similitude avec les plantes et les animaux. La Culture Supérieure est fixée quant à sa durée en un lieu, et maintient donc également une relation avec le monde végétal, indépendamment de la défiance et de la liberté de mouvement de ses créations orgueilleuses. Leur haute politique et leurs grandes guerres sont l'expression dans leur nature de l'animal et de l'homme.

Parmi l'ensemble des caractéristiques humaines, certaines sont déterminées par le sol et d'autres par la lignée. La pigmentation fait partie de ces dernières et survit à la transplantation dans de nouvelles régions. Il est impossible de dresser une liste de toutes les caractéristiques physiques dans un tel schéma, car les données n'ont pas encore été collectées. Mais même ainsi, cela n'influencerait pas notre objectif, puisque l'élément le plus important, même pour le sens objectif du mot "race", est l'élément spirituel.

Il ne fait aucun doute que certaines races humaines sont beaucoup plus douées que d'autres dans certaines directions spirituelles. Les qualités spirituelles sont aussi diverses que les qualités physiques. Non seulement la taille moyenne du corps varie, mais aussi la taille moyenne de l'âme. Ce n'est pas seulement la forme du crâne et la stature qui sont déterminées par le sol ; il doit en être de même pour certaines possessions spirituelles. Il est impossible de croire qu'une influence cosmique, qui marque le corps humain, puisse contourner son essence, l'âme. Mais les lignées humaines ont été tellement mélangées ou si souvent examinées superficiellement par l'histoire, que nous ne connaîtrons jamais les qualités que chaque paysage a imprimées à l'origine dans l'âme. Quant aux qualités raciales d'une population donnée, nous ne pourrons jamais savoir lesquelles sont dues aux limites de la terre qu'elle habitait, et lesquelles ont été produites par la fusion des souches au cours des générations successives. Pour un siècle pratique comme le nôtre et le suivant, les origines et les explications ont moins d'importance que les faits et les possibilités. C'est pourquoi notre prochaine tâche doit partir de la race en tant que réalité pratique plutôt que de sa métaphysique.

À quelle race l'homme appartient-il ? À première vue, nous le savons, mais ce qui ne peut être expliqué matériellement, c'est ce que nous disent exactement les signes. Elle n'est accessible qu'aux sentiments, aux instincts, et ne se soumet pas à la balance de la science physique.

Nous avons vu que la race est liée au paysage et à la lignée. Sa manifestation extérieure est une certaine expression typique, un ensemble de traits, la forme du visage. Il n'y a pas d'indications physiques rigides de cette expression, mais cela n'affecte pas son existence, seulement la méthode pour la comprendre. À l'intérieur d'une large fourchette, une population primitive dans un lieu donné a une apparence similaire. Mais un examen attentif révèle des raffinements locaux, qui se ramifient à leur tour en tribus, en clans, en familles et enfin en individus. La race, au sens objectif, est la communauté spirituelle et biologique d'un groupe.

Les races ne peuvent donc être classées que de manière arbitraire. Le matérialisme du XIXe siècle a produit plusieurs classifications arbitraires de ce type. Les seules caractéristiques utilisées étaient, bien entendu, purement matérielles. Ainsi, la forme du crâne est à la base de l'une d'entre elles, les cheveux et le type de langue d'une autre, la forme du nez et la pigmentation d'une autre. Il s'agit tout au plus d'un type d'anatomie, mais en aucun cas d'une race.

Les êtres humains qui vivent en contact les uns avec les autres s'influencent mutuellement et se rapprochent donc les uns des autres. Cela concerne les individus, comme on l'a constaté au fil des ans dans un vieux couple marié, où chacun des conjoints finit par ressembler physiquement à l'autre, mais cela concerne aussi les groupes. Ce que l'on a appelé "l'assimilation" d'un groupe par un autre n'est en aucun cas le résultat d'un simple mélange de germes et de plasma, comme le pensait le matérialisme.

C'est principalement le résultat de l'influence spirituelle du groupe assimilateur sur les nouveaux venus, qui, s'il n'y a pas de fortes barrières entre les groupes, est naturelle et complète. L'absence de barrières entraîne la disparition de la frontière raciale et, à partir de là, nous avons une nouvelle race, fusion des deux précédentes. La plus forte est normalement influencée, bien que sous une forme faible, mais il y a plusieurs possibilités ici, et un examen de cette dernière appartient à un endroit ultérieur.

III

Nous avons vu que le mot race, objectivement utilisé, décrit une relation entre un peuple et un paysage et est essentiellement une expression du rythme cosmique.

Sa principale manifestation visible est l'apparence, mais sa réalité invisible est exprimée d'autres manières. Pour les Chinois, par exemple, l'odeur est une marque de contraste entre les races. Les sons, les paroles, les chants, les rires, bien sûr, ont également une signification raciale. La susceptibilité à certaines maladies est un autre phénomène de différenciation raciale. Les Japonais, les Américains et les Noirs ont trois degrés de résistance à la tuberculose. Les statistiques médicales américaines montrent que les Juifs sont plus enclins aux maladies nerveuses et au diabète et moins enclins à la tuberculose que les Américains, qui, en fait, la fréquence de toute maladie montre un chiffre différent pour les Juifs. Le geste, la démarche et la tenue vestimentaire ne sont pas sans signification raciale.

Mais le visage est le signe le plus visible de la race. Nous ne savons pas ce qui transmet la race dans la physionomie, et les tentatives d'y parvenir par des statistiques et des mesures sont vouées à l'échec. Ce fait a poussé les libéraux et autres matérialistes à nier l'existence de la race. Cette incroyable doctrine est née en Amérique, véritable laboratoire racial à grande échelle. En réalité, cette doctrine n'est que l'aveu de l'incapacité totale du rationalisme et de la méthode scientifique à comprendre ce qu'est la race ou à la soumettre à un ordre de type science physique, et cette incapacité a été connue pour la première fois par ceux qui sont restés fidèles aux faits et ont rejeté les théories contraires à la réalité. - L'homme est capable d'apprendre à connaître chaque race qu'il connaît jusqu'à ce qu'il puisse dire assez bien, en voyant un nouveau visage, quelles devraient être ses mensurations. Si on lui donne ensuite une série de mesures écrites simplement comme telles, pense-t-on que même une personne spécialement formée sera capable de se faire une idée de l'expression raciale du visage de celui dont les mesures ont été prises ? Bien sûr que non, et cela vaut pour toute autre expression de la race. Un autre aspect objectif important de la race trouve une certaine analogie dans la mode de la physionomie féminine qui va et vient dans une civilisation urbaine tardive. Lorsqu'un certain type de femme est présenté comme un idéal, il est certain que le type de femme qui y est sensible développe rapidement l'expression faciale de ce type donné. Dans le domaine de la race, un phénomène similaire existe. Lorsqu'une race est dotée d'un certain rythme cosmique, ses membres développent automatiquement un instinct de beauté raciale qui affecte le choix du partenaire et qui travaille également l'âme de chaque individu de l'intérieur. C'est donc sous cette double impulsion que se forme le type racial visant un certain idéal. Cet instinct de beauté raciale n'a évidemment rien à voir avec les cultes érotiques décadents de type hollywoodien. Ces idéaux sont purement individuels et intellectuels et n'ont aucun rapport avec la race. La race, étant une expression du cosmique, participe pleinement à l'urgence de la continuité, et la femme racialement idéale est toujours imaginée, tout à fait inconsciemment, comme la mère potentielle de créatures fortes. L'homme racialement idéal est le seigneur qui enrichira la vie de la femme qui le désigne comme le père de ses enfants. L'érotisme dégénéré hollywoodien est anti-racial : son idée fondamentale n'est pas la continuité de la Vie, mais le plaisir, avec la femme comme objet de ce Plaisir et l'homme comme esclave de cet objet.

Cet empressement de la race à réaliser son propre type physique constitue l'un des grands faits que l'on ne peut tenter de gâcher en essayant de le remplacer par des idéaux d'amalgame avec des types entièrement étrangers, comme le libéralisme et le communisme ont tenté de le faire pendant la prédominance du rationalisme.

La race ne peut être comprise si elle est associée intérieurement à des phénomènes sur d'autres plans de la vie, tels que la nationalité, la politique, l'État, la culture. Si l'histoire, à mesure qu'elle progresse, peut produire pendant quelques siècles une relation étroite entre la race et la nation, cela ne signifie pas qu'un type racial antérieur forme toujours une unité politique ultérieure. Si c'était le cas, aucune des premières nations d'Europe ne se serait formée de la manière dont elles l'ont fait. Pensez par exemple à la différence raciale entre les Calabrais et les Lombards : quelle importance ont-ils eu dans l'histoire de l'époque de Garibaldi ?

Ceci nous amène à la phase la plus importante de la signification objective de la race à cette époque : l'histoire rétrécit ou élargit les limites de la détermination raciale. Le moyen d'y parvenir est l'élément spirituel de la race. Ainsi, un groupe doté d'une communauté spirituelle et historique tend à acquérir lui-même un aspect racial. La communauté dont sa nature supérieure fait partie est transmise vers le bas à la partie cosmique, inférieure de la nature humaine. Ainsi, dans l'histoire occidentale, la noblesse primitive a eu tendance à se constituer en race qui complétait son unité dans sa partie spirituelle. Le degré de réalisation de cet objectif est encore manifeste partout où la continuité historique de la noblesse primitive a été maintenue jusqu'à nos jours. Un exemple important en est la création de la race juive dont nous avons aujourd'hui des nouvelles de l'existence millénaire en Europe sous la forme de ghettos. Laissant de côté pour l'instant la différence d'attitude et de culture du Juif dans le monde, ce partage d'un groupe, quelle que soit la base de sa formation originelle en tant que telle, d'un destin commun au cours des siècles en fera nécessairement une race ainsi qu'une unité historico-spirituelle.

Le sang influence l'histoire en lui fournissant ses matériaux, ses trésors de sang, d'honneur et d'instinct. L'histoire, à son tour, influence la race en imprimant aux unités de l'histoire supérieure une empreinte raciale et spirituelle. La race se situe sur un plan d'existence inférieur, en ce sens qu'elle est plus proche du cosmique, plus en contact avec les aspirations et les besoins primitifs de la vie en général. L'histoire constitue le plan supérieur de l'existence où le spécifiquement humain, et surtout la Culture Supérieure, représente la différenciation des formes de la Vie.

La méthode de réalisation d'une unité historique, telle que les noblesses occidentales ont été racialisées, est la naissance cosmique inévitable dans un tel groupe d'un type physique idéal et de l'instinct de beauté raciale, qui agissent ensemble à travers le plasma germinatif et intérieurement dans chaque âme pour donner à chaque groupe sa propre apparence, qui l'individualise dans le courant de l'histoire. Une fois que cette communauté de destin disparaît, à travers vicissitudes de l'Histoire, la Race disparaît aussi et ne réapparaît jamais.

IV

De ce point de vue, l'erreur fondamentale de l'interprétation matérialiste de la race au 19ème siècle devient claire et visible :

La race n'est pas une anatomie de groupe ; la race n'est pas indépendante du sol ;

La race n'est pas indépendante de l'Esprit et de l'histoire ;

La race n'est pas classable, sauf sur une base arbitraire ;

La race n'est pas une caractérisation rigide, permanente et collective des êtres humains, qui reste inchangée à travers l'histoire.

La vision du vingtième siècle, qui se fonde sur des faits et non sur des idées préconçues de la physique et de la technologie, consiste à voir la course comme quelque chose de fluide, qui glisse avec l'histoire sur la forme squelettique fixe déterminée par le sol. De même que l'histoire va et vient, la race la suit, enfermée dans une symbiose d'événements. Les paysans qui cultivent aujourd'hui la terre près de Persépolis appartiennent à la même race que ceux qui y ont semé ou erré mille ans avant Darius, quel que soit leur nom d'alors ou d'aujourd'hui, et, dans l'intervalle, une culture supérieure s'est réalisée dans cette région, créant des races aujourd'hui disparues à jamais.

Cette dernière erreur de confondre les noms avec les unités de l'histoire ou de la race a été l'une des plus destructrices du 19ème siècle. Les noms appartiennent à la surface de l'histoire, pas à sa partie rythmique, cosmique. Si les habitants actuels de la Grèce possèdent le même homme collectif que la population de cette région à l'époque d'Aristote, peut-on sillusionner en pensant qu'il y a une continuité historique ? ou raciale ? Les noms, comme les langues, ont leur propre destin, et ces destins sont indépendants les uns des autres. Ainsi, il ne faut pas déduire d'un langage normal que les habitants d'Haïti et ceux du Québec ont une origine commune, mais ce résultat apparaîtrait nécessairement si l'on appliquait à notre époque les méthodes du XIXe siècle, que nous connaissons aussi bien que l'interprétation du passé avec ce qu'il reste de leurs noms et de leurs langues. Les habitants du Yucatan d'aujourd'hui sont racialement les mêmes qu'il y a 100 ans avant Jésus-Christ, bien qu'ils parlent maintenant l'espagnol, et qu'ils parlaient alors une langue qui a complètement disparu aujourd'hui, même si leur nom actuel est différent de celui de l'époque. Entre-temps, il y a eu l'apparition, la réalisation et la destruction d'une culture supérieure, mais, après sa disparition, la race est revenue à la relation primitive et simple entre le bétail et le paysage. Il n'y a pas eu d'histoire supérieure pour l'influencer ou vice versa.

À l'époque de la culture égyptienne, un peuple appelé les Libyens a donné son nom à une région. Cela signifie-t-il que tous ceux qui l'ont habitée depuis lors ont des affinités avec eux ? Les Prussiens étaient, en l'an 1000 avant J.-C., un peuple extra-européen. En 1700, le nom Prusse décrivait une nation de type occidental. Les conquérants occidentaux ont simplement pris le nom des tribus qu'ils déplaçaient. Tous ceux qui sont apparus sous les divers noms d'Ostrogoths, de Wisigoths, de Jutes, de Varangiens, de Saxons, de Vandales, de Scandinaves, de Danois, étaient issus de la même souche raciale, mais leurs noms ne l'indiquaient pas. Parfois, un groupe a donné son nom à sa région de sorte que, après avoir été déplacé, l'ancien nom a été transmis au groupe conquérant ; c'est le cas de la Prusse et de la Grande-

Bretagne. Parfois, un groupe prend le nom d'une région, comme les Américains.

En ce qui concerne l'histoire de la race, les noms sont accidentels. En eux-mêmes, ils n'indiquent aucune sorte de continuité interne. Il en va de même pour la langue.

Une fois que l'on a compris que ce que nous appelons l'histoire est en réalité l'histoire supérieure, qu'il s'agit de l'histoire des cultures supérieures et que ces cultures supérieures sont des unités organiques qui expriment leurs possibilités les plus profondes à travers les formes profuses de pensée et d'événement qui se présentent à nous, il s'ensuit une compréhension plus profonde de la manière dont l'histoire utilise pour sa réalisation le matériel humain qui se trouve à sa disposition. Elle marque ce matériel de son empreinte en créant des unités historiques à partir de groupes jusqu'alors souvent biologiquement très variés. L'unité historique, en harmonie avec les rythmes cosmiques qui régissent toute vie, de la plante à la Culture, acquiert sa propre unité raciale, une nouvelle unité raciale, séparée de l'ancienne, primitive et simple relation entre la souche et le sol, par son contenu historico-spirituel. Mais avec le départ de l'Histoire Supérieure, la réalisation de la Culture, le contenu historico-spirituel est retiré pour toujours, et l'harmonie primitive reprend sa position dominante.

L'histoire biologique antérieure des groupes qu'une culture supérieure s'est appropriée ne joue aucun rôle dans ce processus. Les noms antérieurs des tribus indigènes, les anciens nomades, le matériel linguistique, tout cela ne signifie rien pour l'Histoire Supérieure, une fois qu'elle a décidé de son cours. Elle commence, pour ainsi dire, par le commencement. Mais elle le reste aussi, étant donné sa capacité à accepter tous les éléments qui pénètrent son esprit. Les nouveaux éléments ne peuvent cependant rien apporter à la Culture, car celle-ci est une individualité supérieure, et comme telle possède sa propre unité, qui ne peut être influencée que superficiellement par un organisme de rang équivalent, et qui ne peut être modifiée le moins du monde dans sa nature profonde a fortiori par aucun groupe humain. Par conséquent, tout groupe est soit dans l'esprit de la Culture, soit en dehors, il n'y a pas de troisième alternative.

Les altérations organiques sont toujours au nombre de deux : la vie ou la mort, la maladie ou la santé, le développement progressif ou la déformation. Dès que l'organisme est détourné de sa vraie voie par des influences extérieures, il en résulte à coup sûr une crise, une crise qui affecte toute la vie de la Culture et qui apporte souvent la confusion et la catastrophe dans le destin de millions d'êtres. Mais il s'agit là d'une anticipation.

La signification objective de la race comporte d'autres aspects importants dans la perspective du 20e siècle. Nous avons vu que les races, qui désignent ici des groupes primitifs, de simples relations entre le sol et le stock humain, possèdent des talents distincts pour les besoins de l'histoire. Nous avons vu que la race exerce une influence sur l'histoire et vice versa. Nous en sommes arrivés à la hiérarchie des races.

V

Naturellement, les matérialistes n'ont pas pu réussir dans leurs tentatives de classification anatomique des races. Mais les races ont été classées selon leurs capacités fonctionnelles, à partir d'une fonction donnée. Ainsi, une hiérarchie des races pourrait être fondée sur la force physique, et il ne fait guère de doute que le Noir se trouverait au sommet de cette hiérarchie. Mais une telle hiérarchie ne nous servirait à rien, car la force physique n'est pas l'essence de la nature humaine en général, et encore moins de la secte en particulier.

L'impulsion fondamentale de la nature humaine - au-delà des instincts de conversation et de sexualité que l'homme partage avec les autres formes de vie - est le désir de puissance. Il est très rare que l'on assiste à une lutte entre les hommes pour l'existence. Ces luttes, qui se produisent souvent, sont presque toujours des luttes pour le contrôle, pour le pouvoir. Ces luttes ont lieu entre les couples, les familles, les clans, les tribus, et entre les peuples, les nations, les États. Par conséquent, fonder la hiérarchie des races sur la force du désir de pouvoir est lié aux réalités historiques.

Une telle hiérarchie ne peut évidemment pas avoir une validité éternelle. Ainsi, l'école de Gobineau, Chamberlain, Osborn et Grant était sur la même tangente que les matérialistes qui proclamaient que la Race n'existait pas, parce qu'ils ne pouvaient pas la détecter par leurs méthodes. L'erreur des premiers était de supposer la permanence - en avant et en arrière - des races qui existaient dans le temps. Ils ont traité les races comme des blocs de construction, comme un matériau original, ignorant les relations entre la race et l'histoire, la race et l'esprit, la race et le destin. Mais au moins, ils reconnaissaient les réalités raciales existantes de leur époque ; leur seule erreur était de considérer ces réalités comme rigides, existantes plutôt que transformables. Il y avait aussi, dans leur approche de la question, un résidu de pensée généalogique, mais ce type de pensée est intellectuel et non historique, car l'Histoire utilise le matériel humain disponible sans s'enquérir de ses antécédents, et dans le processus d'utilisation, ce matériel humain est placé en relation avec la vaste force mystique du Destin. Ce vestige de la pensée généalogique a eu tendance à créer des divisions dans la pensée des peuples éduqués, qui ne correspondent en fait à aucune division. La tendance matérialiste ultérieure a développé à l'extrême, en ce qui concerne la race humaine, le principe d'hérédité que Mendel avait mis au point pour certaines plantes. Cette tendance était condamnée à ne pas produire de fruits et, après près d'un siècle de résultats stériles, elle doit être abandonnée au profit de la conception du XXe siècle qui aborde l'histoire et ses effets dans l'esprit historique et non dans l'esprit scientifique de la mécanique ou de la géologie.

Mais l'école de Gobineau part au moins d'un fait, ce qui la rapproche beaucoup plus de la Réalité que les imbéciles savants qui, surveillés par leurs règles et leurs tableaux, annoncent la fin de la course.

Ce fait était la hiérarchie des races pour les besoins de la Culture. À l'époque, le mot Culture était utilisé pour désigner la littérature et les beaux-arts et pour les différencier des sujets ingrats ou brutaux tels que l'économie, la technologie, la guerre et la politique. Le centre de gravité de ces théories se situait donc du côté de l'intellect plutôt que de l'âme. Avec l'avènement du 20e siècle et la clarification de toutes les théories romantico-matérialistes, l'unité de la Culture a été perçue à travers toutes ses diverses manifestations d'art, de philosophie, de religion, de science, de technologie, de politique, de formes étatiques, de formes raciales, de guerre. Par conséquent, la hiérarchie des races au cours de ce siècle est fondée sur le désir de pouvoir.

Cette classification des races est également arbitraire, du point de vue intellectuel, au même titre que celle basée sur la force physique. Mais c'est la seule qui nous convienne à l'heure actuelle.

Elle n'est pas non plus rigide, car les vicissitudes de l'histoire sont bien plus importantes dans ce domaine que les qualités de la transmission héréditaire. Il n'y a pas de race hindoue aujourd'hui, bien qu'il y en ait eu une autrefois. Ce nom est le produit d'une histoire achevée et ne correspond à aucun groupe racial. Il n'y a pas non plus de race basque, bretonne, hessoise, andalouse, bavaroise ou autrichienne. De même, les races qui existent aujourd'hui dans notre civilisation occidentale disparaîtront elles aussi lorsque l'histoire les aura dépassées.

L'histoire est la source de la hiérarchie des races, des forces des événements. Ainsi, lorsque nous voyons un peuple européen, doté de ses propres caractéristiques raciales, comme les Anglais, opprimer avec seulement une poignée de ses propres troupes une population de centaines de millions d'Asiatiques pendant deux siècles, comme ils l'ont fait en Inde, nous appelons cela une race avec une grande soif de pouvoir. Au XIXe siècle, l'Angleterre avait une minuscule garnison de 65 000 soldats blancs au milieu de 300 000 000 d'Asiatiques.

Ces simples chiffres nous conduiraient à des conclusions erronées si nous ne savions pas que l'Angleterre était la Nation au service de la Culture Supérieure, et que l'Inde n'était qu'un lieu peuplé de plusieurs millions d'êtres primitifs, un lieu qui avait été autrefois le siège d'une Culture Supérieure comme la nôtre, mais qui était depuis longtemps retourné à son primitivisme préculturel, au milieu des ruines et des monuments du passé. Sachant cela, nous savons aussi que l'origine de cette dure soif de pouvoir réside, au moins partiellement, dans la force du Destin de la Culture dont l'Angleterre était l'expression. Lorsque nous voyons une race comme les Espagnols envoyer deux groupes comme ceux de Cortés et de Pizarro et que nous lisons leurs exploits, nous savons que nous avons affaire à une race qui a un grand désir de pouvoir. Avec seulement une centaine d'hommes, Pizarro est parvenu à vaincre un empire de plusieurs millions d'habitants. Le projet de Cortés était tout aussi audacieux. Et tous deux ont remporté des succès militaires. De telles choses ne peuvent être accomplies par une race d'esclaves. Les Aztèques et les Incas n'étaient pas des peuples sans race, mais ils étaient les véhicules d'une autre Culture Supérieure, ce qui rend ces exploits presque incroyables.

La race française, à l'époque des guerres révolutionnaires, était au service d'une idée culturelle. La mission de changer toute l'orientation de la Culture à la Civilisation, d'ouvrir l'Age du Rationalisme. La force énorme que cette idée vitale a transmise aux armées françaises apparaît dans les vingt années de victoires militaires successives sur toutes les armées que les coalitions répétées de l'Europe ont pu lancer contre lui,. Sous le commandement de Napoléon lui-même, elles ont remporté plus de 145 batailles sur un total de 150. Une race ayant la force d'un tel exploit doit avoir un fort désir de puissance.

Dans chacun de ces cas, la race est une création de l'histoire. Dans une telle unité, le mot race contient les deux éléments : la relation lignée-paysage et la communauté spirituelle de l'histoire et de l'idée culturelle. Ils sont, pour ainsi dire, superposés : en bas, le battement fort et primitif du rythme cosmique dans une lignée particulière ; en haut, le façonneur, le créateur, le conducteur de la destinée d'une lignée particulière ; en haut, le façonneur, le créateur, le conducteur de la destinée d'une Culture Supérieure.

Lorsque Charles d'Anjou décapita Conrad, le dernier empereur des Hohenstaufen, en 1267, l'Allemagne disparut pendant 500 ans de l'histoire occidentale en tant qu'unité politiquement significative, pour réapparaître au XVIIIe siècle sous la double forme de l'Autriche et de la Prusse. Au cours de ces siècles, d'autres puissances ont écrit, la plupart du temps avec leur propre sang, l'histoire supérieure de l'Europe. En d'autres termes, l'Allemagne n'avait pas besoin d'être comparée à l'immense sang versé au fil des générations par les autres puissances.

Pour comprendre l'importance de ce fait, il faut remonter à l'origine purement biologique des races européennes.

VI

Les courants primitifs des peuples du nord de l'Eurasie entre 2000 avant J.-C. et 1000 après J.-C. - et même plus tard - appartenaient probablement à une lignée apparentée. - et même plus tard - appartenaient probablement à une lignée apparentée. Des barbares appelés Kassites ont conquis les vestiges de la culture babylonienne vers 1700 avant J.-C. Au cours du siècle suivant, des barbares venus du nord, que les Égyptiens appelaient Hyksos, se sont posés sur les ruines de la civilisation égyptienne et l'ont soumise à leur joug. En Inde, les Aryens, également une horde barbare nordique, ont conquis la culture indienne. Les peuples apparus en Europe au cours du millénaire et demi qui s'est achevé en l'an 1000, sous les différents noms de Francs, Francs, Francs, Francs, Francs, Francs, Francs, Francs,

Francs, Francs, Francs et Francs, sous les différents noms de Francs, Angles, Goths, Saxons, Celtes, Wisigoths, Ostrogoths, Lombards, Belges, Danois, Scandinaves, Vikings, Varangiens, Allemands, Germains, Il est très probable que les conquérants des anciennes civilisations orientales appartenaient à une lignée similaire à celle des barbares occidentaux qui ont menacé Rome pendant des siècles et l'ont finalement mise à sac. La caractéristique la plus importante de cette lignée était leur couleur blonde. Là où l'on trouve aujourd'hui des traits blonds, cela signifie qu'à un moment donné dans le passé, des éléments nordiques de cette souche se sont installés. Ces barbares nordiques ont conquis les populations indigènes dans toute l'Europe, s'imposant comme la strate supérieure, fournissant leurs chefs, leurs guerriers et leurs lois partout où ils allaient. C'est ainsi qu'ils représentaient la couche dirigeante dans les territoires connus aujourd'hui sous le nom d'Espagne, de France, d'Allemagne et d'Angleterre. Leur proportion numérique était plus importante dans certains endroits que dans d'autres, et c'est dans la forte volonté de cette strate primitive que l'idée de l'émergence de la culture occidentale a pris forme, vers l'an 1000 après J.-C. Après avoir conquis des civilisations déjà accomplies, cette souche avait été sélectionnée pour réaliser à son tour le destin d'une culture supérieure.

Ce qui distingue ce courant de peuples biologiquement primitifs, c'est leur forte volonté. C'est également cette forte volonté - et pas seulement l'idée profonde de la culture elle-même - qui sert à accroître dans l'histoire occidentale la grande énergie de ses manifestations dans toutes les directions de la pensée et de l'action. Pensez aux Vikings, venant d'Europe en Amérique dans leurs minuscules navires à l'aube grise de notre histoire ! C'est ce genre de matériel humain qui augmente l'énergie vitale des races, des peuples et des nations de l'Occident. C'est à ce trésor que l'Occident doit sa vaillance sur le champ de bataille, et ce fait est reconnu dans le monde entier, qu'il soit théoriquement rejeté ou non. Demandez à n'importe quel général de n'importe quelle armée s'il préfère avoir sous ses ordres une division de soldats recrutés en Poméranie ou une division de Noirs.

Malheureusement pour l'Occident, la population russe contient également une grande partie de cette lignée barbare nordique. Elle n'est pas au service d'une culture supérieure, mais elle se dresse devant nous comme les Gaulois devant la Rome républicaine et impériale. La race est le matériau des événements et elle est à la disposition de la volonté d'anéantissement aussi librement qu'elle est à la disposition de la volonté de création. La lignée nordique barbare de la Russie reste barbare, et sa mission négative lui a imprimé sa propre marque raciale. L'histoire a créé une race russe qui élargit uniformément ses frontières raciales en absorbant et en gravant de sa mission historique de destruction les divers courants de peuples de son vaste territoire.

Dans la hiérarchie des races fondées sur la volonté de puissance, la nouvelle race russe occupe une place importante. Cette race n'a pas besoin de propagande moralisatrice pour exciter ses militants. Ses instincts barbares sont là, et ses chefs peuvent s'appuyer sur eux.

En raison de la nature fluide de la race, même la hiérarchie des races basée sur le désir de pouvoir ne peut réussir à ordonner toutes les races existant aujourd'hui. Par exemple, les Sikhs seraient-ils au-dessus des Cinghalais ou au-dessous d'eux, les Noirs américains au-dessus ou au-dessous des Indiens Aymaras ? Mais l'objectif de comprendre les différents degrés de désir de pouvoir dans les différentes races est pratique et s'applique avant tout à notre civilisation occidentale. Cette connaissance peut-elle être mise à profit ? La réponse est que non seulement elle peut l'être, mais qu'elle doit l'être si l'Occident veut vivre sa vie de manière indépendante et ne pas devenir l'esclave des hordes asiatiques annihilantes sous la direction de la Russie, du Japon ou de toute autre race infiltrée. Avant de pouvoir appliquer ces informations en toute connaissance de cause et sans risque de malentendus anciens, nous devons examiner la signification subjective de la race, en plus des idées connotées par les termes peuple, nation et État.

6. Signification subjective de la race

I

La race, comme nous l'avons vu, n'est pas une unité de l'existence, mais un aspect de celle-ci. Plus précisément, c'est l'aspect de l'existence dans lequel se révèle la relation entre l'être humain et les grands rythmes cosmiques. Elle est donc l'aspect non individuel de la Vie, qu'il s'agisse de la vie d'une plante, d'un animal ou d'un être humain.

La plante ne présente - du moins nous semble-t-il - aucune conscience, c'est-à-dire aucune tension avec son environnement. La plante n'est donc pour ainsi dire que la détentrice d'une race, car elle est totalement immergée dans le courant cosmique. L'animal fait preuve de tension, de conscience, d'individualité. L'homme possède également sa propre conscience et la capacité et le besoin de vivre une vie supérieure dans le domaine des symboles. Tous les hommes possèdent cela, mais le degré de différence à cet égard entre un homme primitif et un homme cultivé est si énorme qu'il semble presque s'agir d'une différence dans le type lui-même.

C'est le rythme racial, qui informe les impulsions primitives, qui communique généralement l'action. À cela s'oppose la partie lumineuse de l'esprit, la raison déracinée, l'intellect. Plus celui-ci est étroitement lié au plan racial, plus l'empreinte intellectuelle que porte l'existence est grande par rapport à l'empreinte raciale. Chaque individu, comme chaque unité organique supérieure, possède ces deux aspects. L'intellect le pousse à l'auto-préservation, à la poursuite du cycle des générations, à l'accroissement du pouvoir. L'intellect décide sens de la vie et de son but, et il peut, pour diverses raisons, rejeter une ou toutes les impulsions fondamentales. Le célibat du prêtre et la stérilité du libertin proviennent également de l'intellect, mais l'un est l'expression d'une Culture Supérieure, et l'autre est la négation de la Culture, l'expression d'une dégénérescence complète. L'intellect doit donc être au service de la Culture ou en opposition avec elle.

La race est d'abord, dans son sens subjectif, ce qu'un homme ressent. Elle influence, immédiatement et à terme, ce qu'il fait. Un homme de race n'est pas né pour être un esclave. Si son intelligence lui conseille de se soumettre temporairement au lieu de mourir héroïquement dans l'espoir d'un avenir meilleur, ce n'est qu'un report de sa fuite. L'homme sans race se soumettra définitivement à toute humiliation, toute insulte, tout déshonneur, tant qu'il lui sera permis de vivre. Pour l'homme sans race, la continuité de la respiration et de la digestion constitue la Vie. Pour l'homme de race, la vie seule n'a pas de valeur, qu'elle ne possède que lorsqu'elle est dans de bonnes conditions, la vie riche, expressive, croissante, affirmative.

Le martyr meurt pour la vérité qu'il connaît, le guerrier qui périt l'arme à la main plutôt que de se rendre à ses ennemis, meurt pour l'honneur qu'il ressent. Mais l'homme qui meurt pour quelque chose de supérieur prouve qu'il possède la race, quels que soient ses motifs intellectualisés. Car la race représente la faculté de rester fidèle à soi-même. C'est le fait d'accorder une valeur supérieure à son âme individuelle.

Dans ce sens subjectif, la race n'est pas la façon de parler, de regarder, de gesticuler, de marcher, ce n'est pas une question de lignée, de couleur, d'anatomie, de structure du squelette ou de quoi que ce soit d'autre d'objectif. Les hommes de race sont dispersés dans toutes les populations du monde, dans toutes les races, tous les peuples, toutes les nations. Dans chaque unité, ils constituent les guerriers, les chefs d'action, les créateurs dans le domaine de la politique et de la guerre.

Ainsi, au sens subjectif, il existe également une hiérarchie de race. En haut, les hommes de race, en bas, ceux qui n'en ont pas. Les premiers sont entraînés dans l'action et les événements par le grand rythme cosmique du mouvement ; les autres sont dépassés par l'Histoire. Les premiers constituent la matière de l'Histoire Supérieure ; les seconds ont survécu à toute la Culture, et lorsque la tranquillité reprend ses droits sur la terre, après le tourbillon des événements, ils forment la grande masse. Les mères chinoises conseillent à leurs enfants l'antique admonestation : "Rends ton cœur petit". C'est la sagesse de l'homme sans race, et de la race sans volonté. Les hommes de race traversent les peuples qui sont dans la course du mouvement de la Culture supérieure presque sans les toucher, et ce processus se poursuit à travers les générations de l'Histoire sur les sommets. Le reste est "fellaheen"[40].

La race, dans son sens subjectif, devient donc une question d'instinct. L'homme doué d'instincts puissants possède la race, l'homme aux instincts mauvais ou faibles ne la possède pas. La force intellectuelle n'a rien à voir avec l'existence de la race ; elle peut simplement, dans certains cas, comme celui de l'homme célibataire, influencer l'expression d'une partie de la race. La vigueur intellectuelle et la force des instincts peuvent coexister - pensons aux évêques de l'époque gothique qui menaient leurs paroissiens à la guerre ; ce sont simplement les directions opposées de la pensée et de l'action ; mais ce sont les instincts qui fournissent la force motrice aussi bien que les grandes réalisations intellectuelles. Le centre de gravité de la haute vie est, du côté de l'instinct, la volonté, la race, le sang. La vie qui place les idéaux rationalistes de "l'individualisme", du "bonheur", de la "liberté", plutôt que la

---

[40] Fellaheen ", pluriel de " Fellah ", signifie en arabe " paysan ".

perpétuation et l'accroissement du pouvoir, est décadente. Décadent signifie tendance à sa propre extinction, extinction surtout de la vie supérieure, mais aussi finalement de la vie, de la race entière. L'intellectuel des grandes villes est le type de l'homme qui manque de race. Dans toutes les civilisations, il a été l'allié intérieur des barbares de l'extérieur.

Cette qualité d'appartenance à la race n'a évidemment aucun rapport avec les sentiments de la race elle-même à l'égard de la Communauté. La race, au sens objectif, est une création de l'histoire. Le destin propre doit s'exprimer dans un certain cadre : le cadre du Destin.

Ainsi, un homme de race né en Kirghizie appartient, par son destin, au monde barbare de l'Asie avec sa mission historique de destruction de la civilisation occidentale. Des exceptions sont bien sûr possibles, car la vie n'est pas entièrement généralisable. Certains Polonais, Ukrainiens ou même Russes peuvent être poussés par leur âme à partager l'esprit de l'Occident. S'il en est ainsi, ils appartiennent à la race occidentale, et toute race saine et ascendante accepte des recrues qui la rejoignent dans ces conditions et qui possèdent le bon sentiment. De même, il y a en Occident de nombreux intellectuels qui se sentent attachés à l'idée extérieure de l'Asiatique. Leur nombre est attesté par les journaux, les nouvelles et les pièces de théâtre qu'ils produisent et qui en vivent. Mais il n'en serait pas de même pour les hommes sans race, qui ne sont même pas acceptables pour l'ennemi. Ils n'ont rien à apporter à un groupe organique, ils sont les grains de sable humains, les atomes de l'intellect, sans aucune cohésion ascendante ou descendante.

Chaque race, si éphémère qu'elle soit du point de vue de l'histoire, exprime par sa vie une certaine idée, un certain plan d'existence, et cette idée doit séduire certains individus qui lui sont extérieurs. Ainsi, dans la vie occidentale, nous ne sommes pas sans connaître l'homme qui, après avoir fréquenté les juifs, lu leur littérature et adopté leur point de vue, devient en fait un juif au sens plein du terme. Il n'est pas nécessaire qu'il possède du "sang juif". Nous savons aussi le contraire : de nombreux Juifs ont adopté les sentiments et les rythmes occidentaux et ont ainsi acquis la race occidentale. Ce processus, appelé avec dédain par les dirigeants juifs "assimilation", a menacé au cours du 19ème siècle l'existence même de la race juive par l'absorption finale de tout son corps racial par les races occidentales.

Pour y remédier, les dirigeants juifs ont développé le programme du sionisme, qui n'est qu'un moyen de maintenir l'unité de la race juive et de perpétuer son existence en tant que telle. C'est pourquoi ils ont également reconnu la valeur de l'antisémitisme social. Il sert le même objectif de préservation de l'unité raciale des Juifs.

II

L'extinction des instincts raciaux signifie la même chose pour un individu que pour une race, un peuple, une nation, un État, une culture : stérilité, manque de volonté de puissance, manque de capacité à croire en de grands objectifs ou à les poursuivre, manque de discipline intérieure, désir d'une vie de confort et de plaisir.

Les symptômes de cette décadence raciale en divers points de la civilisation occidentale sont multiples. Nous avons tout d'abord l'horrible déformation de la vie sexuelle résultant de la séparation totale de l'amour sexuel et de la reproduction. Le grand symbole de ce phénomène dans la civilisation occidentale est ce que le nom d'Hollywood suggère. Le message d'Hollywood est la signification totale de l'amour sexuel comme une fin en soi, l'érotisme sans conséquences. L'amour sexuel de deux grains de sable, de deux individus sans racines, et non l'amour sexuel primitif qui recherche la continuité de la vie, la famille de plusieurs enfants. Un enfant est accepté, comme un jouet plus compliqué qu'un chien, parfois même deux, un garçon et une fille, mais la famille de plusieurs enfants est un sujet amusant pour cette attitude décadente.

L'instinct de décadence prend des formes diverses dans ce domaine : dissolution du mariage par les lois sur le divorce, tentatives de rejet, par l'abrogation ou le non-respect des lois contre l'avortement : prédication sous forme de roman, de drame ou de journal, de l'identification du "bonheur" avec l'amour sexuel, le présentant comme la grande valeur, devant laquelle tout honneur, devoir, patriotisme, consécration de la vie à une fin plus élevée, doit céder. Une étrange manie érotique pénètre de part en part notre civilisation, certes sans commune mesure avec l'obsession sexuelle du XVIIIe siècle, au moins rancunièrement positive, dans le sens de l'accroissement de la population occidentale, mais toujours avec un érotisme sans conséquences, purement déraciné. Cette maladie spirituelle constitue le suicide de la race. L'affaiblissement de la volonté, que Nietzsche appelle "paralysie de la volonté", autre symptôme de l'extinction des instincts raciaux, conduit à une détérioration totale de la vie publique des races concernées. Les chefs de gouvernement n'osent pas proposer un programme sévère à leurs masses humaines ensablées : ils cèdent mais restent en place à titre privé. Le gouvernement cesse d'exister ; les seules fonctions qu'il exerce sont celles qui se sont toujours développées d'elles-mêmes ; pas de nouveaux objectifs, pas de sacrifices.

Ils conservent l'ancien état d'esprit : ne croyez pas, ne luttez pas ! Ce serait trop lourd. Ils maintiennent l'état de plaisir, le panem et circenses. Peu importe les nécessités de la vie, nous sommes prêts à les abandonner tant que nous avons leurs plaisirs.

Cet affaiblissement de la volonté conduit à l'abandon volontaire des empires conquis avec le sang de millions de personnes sur dix générations. Il conduit à une haine profonde de tout ce qui représente l'austérité, la création, l'avenir. L'un de ses produits est le pacifisme, et le seul moyen de pousser à la guerre une population en proie à la dissolution raciale est le service militaire obligatoire, accompagné d'une propagande pacifiste : "C'est la dernière guerre. En fait, c'est une guerre contre la guerre". Seul un intellectuel peut se laisser berner par une telle irréalité. La faible volonté de la société se manifeste dans le bolchevisme des classes supérieures, la solidarité avec les ennemis de la société. En réalité, quiconque possède une volonté intacte est considéré comme un ennemi, même le raisonnement logique est détesté, tant les idéaux sont peu exigeants.

La médiocrité se dresse à l'horizon d'une race mourante comme son dernier grand idéal, une médiocrité complète, un renoncement total à toute grandeur et à toute distinction de quelque nature que ce soit ; il en va de même pour la médiocrité du flux sanguin racial, maintenant n'importe qui peut y entrer, non seulement à nos conditions, car nous n'avons plus de conditions et il n'y a plus de différences raciales ; tout n'est qu'une seule chose, ennuyeuse, sans histoire, médiocre.

L'affaiblissement de la volonté n'est pas difficile, étant donné une idéologie qui le rationalise comme "progrès", comme tout ce qui est désirable, comme le but de toute l'histoire antérieure. Le complexe démocratie-libéralisme est à portée de main et acquiert dans ces moments-là le sens de Mort de la race, de la nation et de la culture. Il n'y a pas de différences humaines, tout le monde est égal, les hommes sont des femmes, les femmes sont des hommes, "l'individu" est tout, la vie est une longue vacance dont le principal problème consiste à inventer de nouveaux plaisirs toujours plus stupides ; il n'y a pas de Dieu, pas d'État : quiconque ose dire que nous avons une mission, ou veut ressusciter l'Autorité, est décapité.

Nous retrouverons ces symptômes ou des symptômes similaires dans la disparition de toute couche supérieure dont la volonté s'affaiblit : Ainsi Tocqueville décrit comment la couche supérieure française de 1789 ne se doutait pas de l'imminence de la Révolution ; comment la noblesse s'enthousiasmait pour la "bonté naturelle de l'Humanité", le "peuple vertueux", l'"innocence de l'Homme", alors que la terreur de 1793 s'étendait sous mes pieds, spectacle terrible et ridicule[41]. La noblesse pétrinienne de Russie ne s'est-elle pas comportée de la même manière jusqu'en 1917 ? Le tsar a résisté aux appels à partir pendant qu'il en était encore temps en disant : "Le peuple ne me fera pas de mal". L'idée qu'il se faisait du paysan russe était celle d'un moujik heureux, simple et fondamentalement bon. De même, l'affaiblissement de la volonté occidentale dans certains pays a été démontré par le déluge de propagande pro-russe qui a été mené, parfois avec l'approbation officielle, dans ces pays entre 1920 et 1960.

---

[41] En français, dans le texte : "spectacle terrible et ridicule.

IV - VITALISME CULTUREL - PATHOLOGIE CULTURELLE

1. La pathologie de la culture

I

Toutes les formes de vie - plante, animal, homme, Grande Culture - présentent les régularités organiques de la naissance, de la croissance, de la maturité, de la réalisation et de la mort. Chaque forme contient en elle-même l'essence des formes moins élaborées, moins articulées, et l'âme nouvelle est une superstructure, pourrait-on dire, sur la base générale. Ainsi, la plante présente un lien étroit avec les rythmes cosmiques, l'animal a une répartition géographique sur un territoire donné, grand ou petit, et présente également un instinct qui procède de ses liens intimes avec les rythmes cosmiques, l'animal a une répartition géographique sur un territoire donné, grand ou petit, et présente également un instinct qui procède de ses liens intimes avec les rythmes cosmiques. L'homme est attaché à la terre, tant spirituellement que matériellement, possède les instincts d'un animal de proie et montre dans son rythme de sommeil et de veille la suprématie alternative de l'élément végétal non stressé qui est en lui. Une Grande Culture est végétale dans son attachement à la terre d'origine, attachement qui durera du début à la fin ; elle est animale lorsqu'elle dévore vicieusement les autres formes de vie ; elle est humaine dans sa spiritualité et originale dans son pouvoir de transformation de la vie humaine. Sa grande portée vitale et le caractère obligatoire de son destin.

Tout ce qui vit appartient à la maladie comme à la santé. Dans sa classification des sciences, Bacon a réservé une place à la science des déviations et, plus tard, D'Alembert, dans sa classification pour l'Encyclopédie, a cité les "prodiges, ou déviations du cours ordinaire de la nature". La vie est régulière dans ses phénomènes et lorsqu'elle dévie, elle est régulière dans ses déviations. Toute forme de maladie exopathique ou autopathique relève de la pathologie. Les plantes ont leur pathologie, tout comme les animaux et l'homme. Les grandes cultures ont aussi leur pathologie, même si c'est seulement la nouvelle époque, avec sa vision incorruptible des faits et sa libération des préjugés du matérialisme, qui a pris conscience de son existence pour la première fois. La pathologie suit l'organisme, de sorte que les plantes ne peuvent pas souffrir d'hépatite, ni les chiens de psychose. Mais le processus est ascendant, à l'image des plans de vie, stratifiés, l'un sur l'autre au fur et à mesure que la vie se complexifie. Ainsi, le parasitisme, une forme de pathologie végétale, existe également pour toutes les formes de vie supérieures. La croissance d'une plante peut être contrariée par des conditions défavorables, tout comme le développement d'un animal peut être entravé par des interférences extérieures. Les organismes humains les plus faibles peuvent être spirituellement retardés et rabougris par la domination complète de leur âme par d'autres êtres humains à la volonté plus forte.

La pathologie humaine est une science de ce qui se passe, et non une science de ce qui s'est passé, comme la physique. Elle ne pourra jamais réussir son programme d'organisation du terrain des déviations vitales, car la vie défie toutes les classifications. Les composantes invisibles dominent le visible. L'âme, la volonté, l'intellect, les émotions sont mystérieux dans leurs effets et ne peuvent être traités de manière systématique comme le sont les données de la physique ou de la géologie.

La pathologie des Grandes Cultures était naturellement obscure pour une méthode scientifique qui croyait au dogme fondamental selon lequel la vie était mécanique, que l'homme n'avait pas d'âme et qu'il devait y avoir une formule chimique pour décrire la conscience. Dans cette optique de négation de Dieu et de l'âme, la grande culture n'était qu'un nom abstrait pour décrire les efforts collectifs d'hommes individuels. Une nation était ensemble d'individus reliés entre eux de manière mécanique ; l'économie et le bonheur étaient le seul contenu de la vie ; tout ce qui introduisait un contenu spirituel ou un sens à la vie était néfaste. Ce point de vue était tout simplement incapable de comprendre la vie. Elle a produit une psychologie qui n'aurait pas été assez complexe, même pour les animaux, et l'a appelée psychologie humaine. Elle plaçait une intelligence stérile au centre du monde intérieur et niait la nature mystique de la créativité humaine.

Ce point de vue était lui-même le produit d'une certaine époque, celle du rationalisme, et avec la mort de ce préjugé, nous nous trouvons devant un nouveau monde de relations spirituelles, dont l'entrée nous a été interdite pendant les deux derniers siècles. Nous nous sommes libérés de l'oppression et de la médiocrité du matérialisme et nous pouvons à nouveau entrer dans le monde coloré et infiniment varié de l'âme. Dans sa phase finale, l'âge du rationalisme a retourné son couteau contre lui-même en refusant de reconnaître les phénomènes psychiques démontrés par ses propres méthodes, montrant sa propre nature de foi, d'irrationalité, et s'est déplacé vers la collection de temples, de légendes et de mémoires de l'histoire. Le matérialisme considère la vie sous son aspect le plus bas. En réalité, l'âme utilise la matière comme véhicule de son expression. Le matérialisme, ne voyant que les résultats et non le destin invisible qui les a engendrés, dit que les résultats sont primaires et que l'âme est une illusion. Incapable d'apprendre l'invisible nécessité qui régit l'organique et sa relation au Cosmos, il a conclu, à partir de cent directions différentes, que la Vie est accident. Pour ne pas faire l'inventaire de ces raisons intéressantes, prenons comme exemple la présence de poussière dans l'air. Les penseurs des laboratoires ont découvert que s'il n'y avait pas de poussière dans l'air, toute Vie serait impossible. Il ne leur est jamais venu à l'esprit que la Vie et tous les autres phénomènes étaient liés par une nécessité mystique. En traitant tout séparément, par des analyses de plus en plus fines de choses de plus en plus petites, ils ont perdu tout lien avec la Réalité, et ont été étonnés lorsque les liens entre les choses sont apparus. Ce ne pouvait être qu'un accident, disaient ces penseurs profonds.

II

Les conditions de la vie sont pour nous un point de départ. Non pas les conditions de toute la Vie, mais seulement celles de cette forme particulière de Vie qu'est la Grande Culture.

Chaque forme de vie a ses propres conditions idéales. Certaines plantes ont besoin de beaucoup d'eau, d'autres de peu. Certaines prospèrent dans l'eau salée, d'autres ont besoin d'eau douce. Les animaux ont leur propre habitat, chaque espèce a sa ou ses propres zones qui réunissent les conditions nécessaires à sa santé et à sa survie. Les êtres humains dans leur ensemble ont certaines zones et les différents types d'êtres humains ont leurs zones respectives qui répondent à leurs besoins vitaux.

En fonction des conditions de vie idéales des différentes formes de vie, chaque forme de vie et chaque organisme possède un pouvoir d'adaptation. Une plante peut continuer à vivre à un potentiel inférieur si on lui donne une quantité d'eau inférieure à la quantité idéale. Mais il y a un point où la quantité d'eau est minimale, et si on lui en donne moins, la vie s'arrête complètement. C'est la limite de l'adaptation. Les animaux et l'homme possèdent tous deux une capacité d'adaptation et une limite à celle-ci. L'homme peut vivre dans l'air dense des vallées et dans l'air rare des hautes montagnes. Le corps humain s'adapte aux conditions de la montagne en augmentant la taille du thorax et la surface des poumons. Mais cette capacité d'adaptation n'est pas illimitée et il arrive un moment où l'air se raréfie et où l'homme ne peut plus s'adapter en raison des limites inhérentes à la forme de vie humaine.

Le traitement de ce sujet dans cet ouvrage n'a pas pour but d'être autre chose qu'une présentation rapide et minimale des éléments fondamentaux nécessaires à la compréhension de la nature des phénomènes culturels en général, en tant que base d'action. Il s'agit de politique, et non de philosophie de l'histoire, ni même de philosophie naturelle des organismes. Le sujet de la pathologie culturelle est relativement nouveau. Ce qui, en 2100, sera un sujet complet, n'est aujourd'hui qu'une esquisse, et celle-ci est encore moins qu'une esquisse. Mais la politique ne peut être séparée de la culture, et tout effort pour clarifier le pas en avant nécessaire à ce carrefour critique de la culture occidentale est culturellement et historiquement justifié.

Une grande culture diffère des autres organismes en ce sens qu'elle réalise ses manifestations matérielles par le biais d'organismes inférieurs, à savoir la culture humaine. Son corps est une vaste collection de plusieurs millions de corps humains sur un certain territoire. La question de savoir si le symbole primordial de la culture est spirituellement adapté à ce territoire particulier n'est pas de notre ressort.

Il est clair que la question de l'adaptation physique ne se pose pas pour une Culture. Sa seule adaptation est spirituelle. Elle ne peut pas non plus avoir de maladie physique comme les hommes. La maladie, pour une Culture, ne peut être qu'un phénomène spirituel.

La vie elle-même est un mystère, c'est-à-dire quelque chose qui n'est pas entièrement compréhensible, peut-être parce que la faculté de compréhension n'est qu'une manifestation d'un type de vie, c'est-à-dire la partie d'une partie, et qu'elle n'est donc pas adaptée à l'assimilation du Tout. Toute manifestation de la Vie est un mystère, y compris la maladie. Certains hommes, au contact de certains micro-organismes, développent une maladie précise. D'autres hommes ne réagissent pas du tout à ces micro-organismes. Un sérum bénéfique pour un homme peut en tuer un autre. Il est possible de discuter de tels phénomènes pathologiques en termes d'adaptation et d'incapacité à s'adapter. La raison ultime pour laquelle une espèce, ou un individu, trouve ses limites d'adaptabilité précisément à cet endroit et non à un autre, restera toujours inconnue.

Il en va de même pour les cultures. La raison pour laquelle l'âme d'une culture conserve sa pureté ou son individualité est inconnue. Néanmoins, elle suit intérieurement son propre cours vital, et elle ne peut pas suivre le cours vital qu'elle souhaite voir suivre par un sentiment vital étranger qui tire sa motivation de sources extra-culturelles.

La façon dont le destin incite un organisme à réaliser ses possibilités, en le forçant à passer continuellement d'une phase à l'autre, est également un mystère. Le XIXe siècle matérialiste, qui a complètement perdu le contact avec le monde réel de l'esprit dans son obsession pour le monde infraréel de la matière, a donc ressenti une terreur inouïe face à la mort, et la médecine rationaliste a annoncé son intention de supprimer la mort. Ce genre de chose fait honneur au courage intellectuel des rationalistes, mais montre que leur intelligence sans racine est synonyme de stupidité. Nous ne pouvons pas supprimer le Destin puisque même notre protestation contre lui est une phase du développement de la Culture.

Le sujet de la pathologie culturelle est trop vaste pour être traité ici ; il fera l'objet de nombreux volumes dans les siècles à venir. Tout ce qui est nécessaire à la perspective d'action du 20e siècle est de comprendre trois phénomènes qui se produisent dans ce vaste domaine de la pathologie culturelle, à savoir le parasitisme culturel, le retard culturel et la distorsion culturelle. Toutes ces maladies culturelles existent, en Occident, au milieu du 20e siècle, et ce depuis un certain temps. C'est uniquement cet état pathologique de la civilisation occidentale qui rend possible la situation grotesque du monde d'aujourd'hui. Nous faisons référence aux deux premières guerres mondiales et à leur horrible enchaînement. La patrie de la civilisation occidentale est le siège des cerveaux et des caractères les plus forts, de la force morale la plus intense, de la créativité technique la plus élevée, de la seule grande destinée positive du monde, mais en dépit du fait que tout cela devrait générer la plus grande concentration de pouvoir, la civilisation occidentale est aujourd'hui simplement un objet de la politique mondiale. Elle est le butin des puissances étrangères qui la pillent. Cette situation n'est pas due à l'utilisation de moyens militaires, mais à une maladie critique de la culture.

2. Le parasitisme culturel

I

Dans le chapitre où nous avons traité de la perspective politique, nous avons dit que c'était l'état dans lequel les personnes qui pensaient en privé influençaient les affaires publiques. Nous citons l'exemple de la Pompadour qui a lancé la France dans une guerre contre Frédéric le Grand parce qu'il l'avait affublée d'un surnom peu glorieux aux yeux de toute l'Europe. Dans cette guerre, la France a tout perdu, son empire d'outre-mer, qui est tombé aux mains de l'Angleterre parce qu'elle se battait en Europe, et elle a consacré moins d'efforts à la grande guerre impériale qu'à la guerre européenne locale. C'est le résultat ordinaire de la politique parasitaire.

Une nation est une Idée, mais elle n'est qu'une partie de l'Idée, plus grande que la Culture qui la crée dans le processus de sa propre réalisation. Mais précisément, si une nation peut être l'hôte de groupes et d'individus puissants qui pensent en toute indépendance à la réalisation de l'Idée nationale, cela peut aussi arriver à une Culture.

Tout le monde sait ce qu'est une politique parasitaire dans une nation, et tout le monde le comprend quand il s'en rend compte. Lorsque le Grec Capodistria était ministre des affaires étrangères en Russie, personne ne s'attendait à ce qu'il mène une politique anti-grecque. Lors de la révolte des Boxers en Chine, aucune puissance occidentale n'a songé à donner un quelconque commandement à un général chinois. Lors de la guerre contre le Japon, en 1941-1945, les Américains n'ont pas utilisé leurs conscrits japonais, tout comme l'Europe a découvert, lors des deux premières guerres mondiales, qu'elle ne pouvait pas utiliser les Slaves de Bohême contre la Russie. Les généraux américains n'ont pas osé enrôler leurs

Mexicains contre le Mexique, ni leurs Noirs contre l'Abyssinie. De même, dans une période de préparation à la guerre contre la Russie, un sympathisant russe connu ne pourrait pas exercer le pouvoir public en Amérique. Les Américains placeraient encore moins l'ensemble de leur gouvernement entre les mains d'immigrés russes connus.

Ces phénomènes reflètent le fait général qu'un homme ou un groupe reste ce qu'il est même s'il vit avec un autre groupe, à moins qu'il ne soit assimilé. L'assimilation est la mort du groupe en tant que tel. La circulation sanguine des individus qui le composent se poursuit, mais le groupe a disparu. Tant qu'il était un groupe, il était un étranger.

Dans notre examen de la race, nous avons vu que les différences physiques ne constituent pas un obstacle à l'assimilation, mais que les différences culturelles en constituent un. Les Allemands de la Baltique et les Allemands de la Volga, isolés dans la Russie primitive, les Chinois et les Japonais en Amérique, les Noirs en Amérique et en Afrique du Sud, les Britanniques en Inde, les Parsis en Inde, les Juifs dans la civilisation occidentale et, en Russie, les Hindous au Natal, en sont des exemples.

Le parasitisme culturel survient de la même manière que le parasitisme politique. Un parasite est simplement une forme de vie qui vit dans ou sur le corps d'une autre forme de vie et à ses dépens. Il s'agit donc de canaliser une partie de l'énergie de l'hôte dans une direction étrangère à ses intérêts. Ce phénomène est totalement inévitable : si l'énergie d'un organisme est dépensée pour quelque chose qui n'a rien à voir avec son propre développement, elle est gaspillée. Le parasitisme est inévitablement préjudiciable à l'hôte, et ce préjudice augmente proportionnellement à la croissance et à l'expansion du parasite.

Tout groupe qui ne participe pas au sentiment de la culture, mais qui vit à l'intérieur du corps culturel, implique nécessairement une perte pour la culture. Ces groupes forment des zones de tissu anesthésique, pour ainsi dire, dans le corps de la Culture. En restant en dehors de la nécessité historique, du Destin de la Culture, ils militent inévitablement contre ce Destin. Ce phénomène ne dépend en rien de la volonté humaine. Le parasite est à l'extérieur mais physiquement à l'intérieur. Les effets sur l'organisme hôte sont délétères, tant sur le plan physique que spirituel.

Le premier effet physique de la présence de groupes non participants dans le corps d'une culture est la réduction de la population de cette culture. Les membres du groupe étranger prennent la place d'individus appartenant à la culture, qui n'ont donc jamais vu le jour. Cela réduit artificiellement la population de la culture dans la même proportion que l'importance numérique du groupe parasite. Dans le parasitisme animal et humain, l'un des nombreux effets sur l'hôte est la perte de nourriture, et le parasitisme culturel est analogue. En réduisant le nombre d'individus dans une culture, un parasite culturel prive l'idée culturelle du seul type de nourriture physique dont elle a besoin : un approvisionnement constant en matériel humain adapté à sa tâche vitale.

Cet effet anti-reproductif des groupes d'immigrants a été établi à la lumière d'études récentes sur l'évolution de la population. Ainsi, d'après une étude comparative de la population américaine et de son évolution, il apparaît que les 40.000.000 d'immigrants qui sont arrivés en Amérique de 1790 à nos jours n'ont pas du tout servi à augmenter la population de l'Amérique, mais seulement à en changer la qualité. Une idée supra-personnelle, revêtue de la force du Destin, doit accomplir sa tâche vitale, et si cela implique des populations d'une certaine taille, augmentées dans une certaine proportion, ces circonstances extérieures se manifestent.

Le matérialisme s'est retrouvé avec des données sur les tendances démographiques en main, mais sans explication. Ces données indiquaient des augmentations graduelles dans les nations de l'Ouest, atteignant rapidement un sommet, puis se stabilisant, et enfin commençant lentement à décliner. La courbe décrivant ce mouvement de population des nations - c'est la même courbe, approximativement dans chaque cas - sera considérée comme décrivant également le mouvement de population d'une Grande Culture. Au stade qui marque la transition d'une Grande Culture vers la Civilisation - le stade marqué pour nous par Napoléon - l'augmentation de la population est rapide et atteint des chiffres qui éclipsent tout ce qui a précédé. Le même esprit de l'époque qui a porté toute l'énergie de la culture à l'extrême dans l'industrialisation et la technologie massives, dans les grandes révolutions, les guerres gigantesques et l'impérialisme illimité, a également provoqué cette augmentation de la population. La tâche vitale de la civilisation occidentale est la plus grande que le monde ait jamais connue, et elle a besoin de ces populations pour la mener à bien.

Les groupes culturellement parasites ne sont pas utilisables pour l'idée. Ils utilisent l'énergie de la culture vers l'intérieur et vers le bas. Ces groupes sont des points faibles dans le corps de la culture. Le danger de cette faiblesse interne augmente en proportion directe lorsque la culture est menacée de l'extérieur. Au XVIe siècle, lorsque l'Occident était menacé par les Turcs, il aurait été parfaitement évident pour tout Occidental que les grands groupes internes de Turcs, s'il y en avait, constituaient une menace sérieuse.

Une deuxième façon dont le parasitisme culturel gaspille la substance d'une culture est la friction interne que sa présence crée nécessairement. Dans le corps de la Culture arabe, à l'époque du Christ, il y avait un nombre important de Romains. Leur stade culturel était celui de la civilisation tardive, de l'extériorisation complète, et le stade culturel de la population araméenne qui vivait là était celui de la culture primitive. Les tensions raciales, nationales et culturelles qui en résultèrent naturellement culminèrent finalement dans le massacre de 80 000 Romains en 88 av. J.-C., à l'origine des guerres avec Mithridate, au cours desquelles des centaines de milliers de personnes périrent en vingt-deux ans de combat.

Un autre phénomène, plus proche de nous, est celui des Chinois en Californie. Les tensions raciales entre les populations blanches et chinoises au cours des 19ème et 20ème siècles ont été à l'origine de persécutions mutuelles, de haines, d'émeutes et de débordements sanglants.

La population noire, tant en Amérique qu'en Afrique du Sud, a donné lieu à des explosions de violence et de haine similaires de part et d'autre.

Tous ces incidents sont des manifestations de parasitisme culturel, c'est-à-dire la présence d'un groupe totalement étranger à la culture.

Ces phénomènes n'ont rien à voir, comme le pensait une approche rationaliste analytique, avec la haine ou la malveillance de l'un ou l'autre camp. Le rationalisme regarde toujours vers le bas : il voit simplement un groupe d'individus dans les deux camps. Si ces individus s'entretuent, c'est parce qu'ils ont le désir, à ce moment précis, de s'entretuer. Le rationalisme ne comprenait même pas le simple phénomène organique d'une foule, sans parler des formes supérieures que sont le peuple, la race, la nation, la culture. Il n'est jamais venu à l'esprit des libéraux que, puisque ces tensions s'étaient toujours manifestées au cours de 5 000 ans d'histoire, il devait y avoir une nécessité à l'œuvre. Les libéraux ne pouvaient pas comprendre l'instinct, le rythme cosmique, le battement de cœur racial. Pour eux, une émeute raciale était la manifestation d'un manque d'"éducation", de "tolérance". Un oiseau survolant une émeute de rue la comprendrait mieux que les matérialistes, car ces derniers ont volontiers adopté le point de vue du ver de terre et s'y sont accrochés avec détermination.

Non seulement ces excès ne sont pas le fruit de la malveillance ou de la haine, mais le contraire est vrai : les manifestations de bonne volonté et de "tolérance" augmentent en fait les tensions entre des groupes totalement étrangers les uns aux autres, et les rendent plus meurtrières. En focalisant l'attention sur les différences entre des groupes nettement étrangers, ces différences deviennent des contrastes et les troubles s'accélèrent. Plus le contact entre les deux groupes est intime, plus la haine mutuelle devient insidieuse et dangereuse.

Théoriquement, il est parfait de dire que si chaque individu est "éduqué" à la tolérance, il ne peut y avoir de tensions raciales ou culturelles. Mais... les individus ne sont pas le sujet de ce genre d'événements ; les individus ne provoquent pas ces choses ; ce sont des unités organiques qui le font, et elles incitent de simples individus. Le processus n'a rien à voir avec la conscience, l'intellect, la volonté, ni même les sentiments, dans ses débuts. Tous ces éléments n'interviennent qu'en tant que manifestation de la défense de la culture contre la forme vitale étrangère. Ni la haine ne déclenche le processus, ni la "tolérance" ne l'arrête. Ce type de raisonnement applique la logique du billard à des organismes supra-personnels. Mais la logique n'est pas ici à sa place. La vie est irrationnelle et chacune de ses manifestations l'est aussi : naissance, croissance, maladie, résistance, expression, Destin, Histoire, Mort. Si l'on veut conserver le mot logique, il faut distinguer la logique inorganique de la logique organique. La logique inorganique est la pensée du hasard ; la logique organique est la pensée du Destin. La première est éclairée, connaissante, consciente ; la seconde est rythmique et inconsciente. La première est la logique de laboratoire des expériences physiques ; la seconde est la logique vivante des êtres humains qui exercent cette activité et qui ne peuvent en aucun cas atteindre dans leur vie la logique qu'ils appliquent dans leurs ateliers.

II

L'exemple le plus tragique du parasitisme culturel a été, en Occident, la présence d'une partie d'une nation de la culture arabe, répartie sur l'ensemble de son territoire. Nous avons déjà vu le contenu entièrement différent de l'idée de nation dans cette autre culture. Pour elle, les nations étaient à la fois l'État, l'Église et le peuple. L'idée de patrie territoriale était inconnue. Le foyer était là où se trouvaient les croyants. Les notions d'appartenance et de croyance étaient interchangeables. Cette culture avait atteint sa phase de civilisation tardive, tandis que notre Occident gothique sortait à peine de la phase primitive.

Dans les petits villages - il n'y avait pas de villes - d'un Occident en éveil, ces cosmopolites de la tête aux pieds ont construit leurs ghettos. La pensée financière, qui paraissait diabolique à un Occident profondément religieux, était le point fort de ces étrangers super-civilisés. Le prêt à intérêt, interdit par l'Église aux chrétiens, permet aux étrangers d'obtenir le monopole de l'argent. La Judengasse[42] avait un millénaire d'avance sur ses voisins en matière de développement culturel.

C'est à cette époque qu'est née la légende du Juif errant, exprimant le sentiment d'insécurité ressenti par l'Occidental en présence de cet étranger sans terre, qui était chez lui partout, même lorsqu'il semblait à l'Occidental qu'il ne se sentait chez lui nulle part. L'Occident comprenait aussi peu sa Torah, sa Mishna, son Talmud, son Kabbalisme et sa Yesirah que le Juif comprenait son christianisme et sa philosophie scolastique. Cette incapacité mutuelle à se comprendre a engendré des sentiments d'étrangeté, de peur et de haine.

La haine de l'Occidental pour le Juif était motivée par la religion et non par la race. Le Juif était le païen et, avec sa vie civilisée et intellectualisée, il semblait méphistophélique, satanique à l'Occidental. Les chroniques de l'époque nous racontent les horreurs produites par ces deux groupes radicalement étrangers. Un massacre de Juifs a eu lieu à Londres le jour du couronnement de Richard Ier en 1189. L'année suivante, 500 Juifs sont assiégés dans le château de York par la foule et, pour échapper à leur fureur, ils décident de s'égorger les uns les autres. Le roi Jean emprisonne les Juifs, leur arrache les yeux ou les dents et tue des centaines d'entre eux en 1204. Lorsqu'un juif londonien obligea un chrétien à lui payer plus de deux shillings par semaine pour un prêt de vingt shillings[43], la foule se déchaîna et

---

[42] Judengasse", en allemand littéralement "rue des Juifs". En l'occurrence et par extension le quartier juif.

[43] Soit un taux d'intérêt annuel de 590%.

700 juifs perdirent la vie. Pendant des siècles, les croisés ont tué des populations entières de Juifs lorsqu'ils s'arrêtaient sur le chemin de la Palestine et de l'Asie mineure. En 1278, 267 Juifs ont été pendus à Londres, accusés de contrefaçon de monnaie. L'épidémie de peste noire de 1348[44] a été imputée aux Juifs, ce qui a entraîné des massacres de Juifs dans toute l'Europe. Pendant 370 ans, les Juifs n'ont pas été autorisés à résider en Angleterre, jusqu'à ce qu'ils soient réadmis par Cromwell.

Bien que la motivation de ces excès n'ait pas été raciale, elle a été créatrice de race. Ce qui n'a pas détruit les Juifs les a rendus plus forts, les éloignant encore plus des peuples d'accueil, tant physiquement que spirituellement.

Pendant plusieurs siècles, dans notre histoire occidentale, les problèmes et les événements qui ont suscité une émotion fondamentale en Occident n'ont pas touché le Juif, homme tranquille dont la vie intérieure s'était fossilisée avec la consommation de la Culture qui a créé l'Eglise-État-Peuple-Nation-Juifs. Pour lui, les conflits de l'Empire avec la papauté, la Réforme, l'ère des découvertes étaient vides. Il ne s'en occupait qu'en spectateur. La seule chose qui le préoccupe, c'est l'effet qu'ils peuvent avoir sur lui. L'idée d'y prendre part ou de se sacrifier pour un camp particulier ne l'a jamais effleuré. Dans les ghettos disséminés en Europe, tout est uniforme : les règles alimentaires, l'éthique talmudique dualiste, une partie pour les Goyim et une autre pour les Juifs, le système juridique, les secrets, les phylactères, le rituel, les sentiments, les sectes soufies et hassidiques, le kabbalisme, les chefs religieux comme Baal Shem, le zaddikisme, sont totalement incompréhensibles pour les Occidentaux. Et non seulement inintelligibles, mais inintéressants. L'Occidental était absorbé par les conflits intenses de sa propre culture et ne les observait pas, sauf lorsqu'ils concernaient directement la vie du Juif vivant sur ses terres.

La culture occidentale n'a pas abordé le juif en tant que phénomène culturel jusqu'à l'arrivée du 20e siècle, extraverti et sensible aux faits. À l'époque gothique,

---

[44] Peste introduite en Europe par les Génois (1347), qui l'ont contractée lors du siège de Feodosia (Crimée) par les Tartares de Kipchak Khan. Il s'agit de la peste bubonique transmise par les puces de rats. Les Tatars catapultèrent leurs hommes morts de la maladie par-dessus les murs de Gênes. Selon le démographe français Jean Froissant, entre la moitié et les deux tiers de la population européenne ont péri en l'espace de deux ans (Encyclopedia Britannica, p. 742). L'Europe n'a retrouvé son niveau de population de 1347/48 que deux cents ans plus tard. Les Juifs ont été tenus pour responsables de la propagation délibérée de l'épidémie par l'empoisonnement des puits. Encyclopedia Britannica, Vol. XVII, p. 1942).

jusqu'à la Réforme, elle le voyait comme un païen et un usurier ; à la Contre-Réforme, comme un homme d'affaires rusé ; au siècle des Lumières, comme un homme du monde civilisé, à l'époque du rationalisme, comme un combattant à l'avant-garde de la libération intellectuelle contre les limites imposées par la culture et ses traditions.

Le vingtième siècle a réalisé, pour la première fois, que le Juif avait sa propre vie publique, son propre monde jusque dans ses moindres détails. Il s'est rendu compte que l'étendue de la perspective était égale à la sienne en largeur et en profondeur et qu'elle était donc totalement étrangère, ce que l'on n'avait jamais soupçonné jusqu'alors. Au cours des siècles précédents, le regard de l'Occident sur le Juif avait été limité par son stade de développement à un moment donné, mais avec l'avènement du vingtième siècle et sa perspective universelle, la totalité de ce que l'on a appelé "le problème juif" est perçue pour la première fois. Il ne s'agit pas d'une question de race, ni de religion, ni d'éthique, ni de nationalité, ni d'allégeance politique, mais de quelque chose qui englobe tout cela, quelque chose qui sépare le Juif de l'Occident : la Culture. La culture englobe la totalité de la vision du monde : la science, l'art, la philosophie, la religion, la technologie, l'économie, l'érotisme, le droit, la société, la politique.

Dans chaque branche de la culture occidentale, le Juif a développé ses propres goûts et préférences, et lorsqu'il intervient dans la vie publique des peuples occidentaux, il se conduit d'une manière différente, c'est-à-dire qu'il agit dans le style de l'Église-Nation-État-Peuple-Raza-Juifs. Cette vie publique est restée invisible pour l'Occident jusqu'au 20ème siècle.

Comme toutes les nations à la fin de leur civilisation, telles que les Hindous, les Chinois, les Arabes, la nation juive a adopté le système des castes. Les brahmanes en Inde, les mandarins en Chine, le rabbinat dans le judaïsme sont trois phénomènes correspondants. Les rabbins étaient les gardiens du destin de l'unité juive. Lorsque des libres penseurs apparaissaient parmi les Juifs, il était du devoir des rabbins locaux d'empêcher l'émergence d'un schisme. Dans le cas d'Uriel da Costa, un libre-penseur juif d'Amsterdam, la synagogue locale l'emprisonna et le soumit à des tortures si extrêmes qu'il finit par se suicider. Spinoza fut excommunié par la même synagogue et on attenta même à sa vie. On tente de le soudoyer pour qu'il revienne au judaïsme, et lorsqu'il refuse, il est maudit et l'anathème est prononcé contre lui.

En 1799, le chef de la secte des Hassidim de la juiverie orientale, Salinan, fut remis par le rabbinat au gouvernement Romanoff après avoir été jugé par son propre peuple, tout comme l'Inquisition occidentale remettait les hérétiques condamnés au bras séculier pour qu'il en dispose.

L'Occident contemporain n'a pas remarqué ces phénomènes et ne les aurait de toute façon pas compris. Il a vu tout ce qui était juif avec ses propres préjugés, de la même manière que les Juifs ont vu l'Occident avec leur perspective avancée.

Les Parsis de l'Inde sont un autre fragment de la culture arabe diffusée au sein d'un groupe étranger. Les Parsis possédaient, par rapport à leur environnement humain, le même sens des affaires que les Juifs du début de l'Occident. Leur vie intérieure était totalement différente de celle des peuples qui les entouraient. Leurs intérêts étaient totalement différents à tous égards. Lors des émeutes et des révoltes qui se sont produites sous la domination britannique, les Parsis ont été complètement inhibés.

De même, la guerre de Trente Ans, les guerres de succession, le conflit entre les Bourbons et les Habsbourg n'ont en rien affecté le Juif. Les différences de phase entre les cultures créent un isolement culturel complet. L'attitude du Juif face aux tensions occidentales est identique à celle de Pilate lors du procès contre Jésus. Pour Pilate, l'alternative religieuse qui s'exprimait là était totalement incompréhensible... il appartenait à une civilisation qui était dans sa dernière phase, à mille ans de distance de l'excitation religieuse de sa propre culture.

Cependant, avec les débuts du rationalisme en Occident, il y a une rupture dans la vie collective de la fraction du judaïsme installée dans la culture occidentale.

III

Vers 1750, de nouveaux courants spirituels apparaissent en Occident. La philosophie sensualiste prend l'ascendant sur l'âme européenne. Raison, empirisme, analyse, induction : tel est le nouvel esprit. Mais tout devient folie lorsqu'on l'examine à la lumière de la raison détachée de la foi et de l'instinct. Érasme avait montré dans son livre malicieux L'Éloge de la folie que tout est folie, et pas seulement la cupidité, l'ambition, l'orgueil et la guerre, mais aussi l'Église, l'État, le mariage, la procréation et la philosophie. La suprématie de la Raison est hostile à la Vie et provoque une crise dans tout organisme qui lui succombe.

La crise culturelle du rationalisme est un aspect du destin de l'Occident. Toutes les cultures précédentes en ont souffert. Elle marque le point culminant de la transition entre l'intérieur de la Culture et la vie extériorisée de l'âme de la Civilisation. L'idée centrale du rationalisme est la liberté... ce qui signifie se libérer des chaînes de la culture. Napoléon a libéré la guerre du style Fontenoy en 1745, où chaque camp invitait poliment l'autre à tirer le premier coup de feu. Beethoven a libéré la musique de la perfection des formes de Bach et de Mozart. La Terreur de 1793 a libéré l'Occident de l'idée du caractère sacré de la dynastie. La philosophie matérialiste l'a libéré de l'esprit de religion, puis l'ultra-rationalisme a procédé à la libération de la science de la philosophie. Les vagues de révolution ont libéré la civilisation de la dignité de l'État et de ses hautes traditions face à la saleté des partis politiques. La lutte des classes a représenté la libération de l'ordre social et de la hiérarchie. L'idée nouvelle d'"humanité" et de "droits de l'homme" a libéré la Culture de son ancien orgueil d'exclusivité et de son sentiment de supériorité inconsciente. Le féminisme a libéré les femmes de la dignité naturelle de leur sexe et les a transformées en hommes inférieurs.

Anarchais Cloots[45] a organisé une délégation de "représentants du genre humain" qui ont rendu hommage à la Terreur révolutionnaire en France. Il y avait des Chinois avec des nattes, des Éthiopiens noirs, des Turcs, des Juifs, des Grecs, des Tartares, des Mongols, des Indiens, des Chaldéens barbus. Mais en réalité, ce ne sont que des Parisiens déguisés. Ce défilé a donc, au début du rationalisme, une double portée symbolique. D'une part, il symbolisait l'idée de l'Occident que l'humanité entière souhaitait désormais embrasser et, d'autre part, le fait qu'il s'agissait d'Occidentaux déguisés donnait une idée précise du succès que cet enthousiasme intellectualisant pouvait remporter.

L'Indien, naturellement, avait prévu ces choses. La persécution ne diminue pas l'intelligence ou la perception de l'environnement. Dès 1723, les Juifs avaient acquis le droit de posséder des terres en Angleterre, et en 1753 ils obtinrent la citoyenneté britannique, révoquée l'année suivante à la demande de toutes les villes. En 1791,

---

[45] Fils d'un noble prussien et d'une juive, révolutionnaire fanatique, naturalisé français. Il vote la mort de Louis XVI "au nom du genre humain". En bon révolutionnaire, il meurt guillotiné en 1794.

ils furent émancipés en France, et en 1806 le Grand Sanhédrin fut convoqué par l'Empereur Napoléon, qui reconnut ainsi officiellement l'existence de la Nation-État-Peuple juif en Occident.

Une seule chose empêchait la nouvelle situation d'être aussi idyllique que l'aurait souhaité le nouveau sentiment libéral. Huit cents ans de vols, de haine, de massacres et de persécutions de part et d'autre avaient engendré chez les Juifs des traditions de haine à l'égard de l'Occident, plus fortes encore que la vieille haine de l'Occident à l'égard du Juif. Dans son nouvel élan de générosité et de magnanimité, l'Occident a renoncé à ses anciens sentiments, mais le Juif n'a pas été en mesure d'adopter une attitude réciproque. Huit cents ans de ressentiment n'allaient pas être oubliés ou liquidés par une résolution de bonne année formulée par l'Occident. Des unités organiques supra-personnelles ont été opposées, et ces unités supérieures ne partagent pas avec les êtres humains des choses telles que la raison et le sentiment. Leur tâche vitale est difficile et colossale, et exclut les sentiments de "tolérance", sauf en tant que symptôme de crise. Dans cette grande bataille, les êtres humains ne sont en fin de compte que des spectateurs, même s'ils jouent un rôle actif. La méchanceté humaine et le désir de vengeance jouent le rôle le plus petit et le plus superficiel dans de tels conflits, et lorsqu'ils apparaissent, ils sont la simple expression, dans l'individu, de l'incompatibilité plus profonde et plus totale des idées supra-personnelles.

Les nouveaux mouvements - le capitalisme, la révolution industrielle, la démocratie, le matérialisme - étaient extrêmement stimulants pour le Juif, qui avait déjà compris leur potentiel au milieu du XVIIIe siècle et en avait favorisé l'essor par tous les moyens. Sa position d'outsider l'obligeait à agir en secret, et les sociétés secrètes des Illuminati et de leurs ramifications étaient ses créations, comme en témoignent sa terminologie cabalistique et son bagage rituel. Plus des deux tiers des membres des États généraux qui ont ouvert la voie à la Révolution française de 1789 étaient membres de ces sociétés secrètes, dont la mission était de saper l'autorité de l'État et d'introduire l'idée de démocratie. Le Juif a accepté l'invitation de l'Occident à participer à sa vie publique, mais il n'a pas pu renoncer à son identité du jour au lendemain, de sorte qu'il a désormais deux vies publiques, l'une devant l'Occident et l'autre devant sa propre Nation-État-Peuple-Église-Race.

Alors que les vieilles traditions occidentales s'effondrent face à l'assaut des idées nouvelles, le Juif progresse lentement. Les Rotschilds sont devenus - ce qui aurait semblé tout simplement fantastique aux deux parties un siècle plus tôt - barons de l'empire autrichien en 1822. Les Juifs accèdent aux tribunaux anglais en 1833 et un Juif est anobli par la Reine - le premier - en 1837. L'Occident accepte la dualité du Juif et un statut accordé dans la neuvième année du règne de Victoria permet aux Juifs élus à des fonctions municipales d'être dispensés de l'obligation du serment. À partir des années 1840, les Juifs apparaissent souvent comme membres du Parlement et un Juif devient Lord Mayor[46] de Londres en 1855. À chaque fois, les éléments traditionnels de l'Occident s'y sont opposés, mais à chaque fois, le Juif a triomphé. L'expérience de la "tolérance" échoue visiblement des deux côtés.

Le pouvoir et l'importance que le juif acquiert sont clairement démontrés par l'incident de l'enfant Mortara. Cet enfant a été enlevé de force à ses parents juifs par l'archevêque de Bologne en 1858, au motif qu'il avait été baptisé par une servante. La même année, le gouvernement français demande officiellement la restitution de l'enfant à ses parents. L'année suivante, l'archevêque de Canterbury et plusieurs évêques, nobles et gentilshommes d'Angleterre signent une pétition, présentée par Lord Russell[47], demandant le retour de la garde de l'enfant.

Les persécutions se poursuivent ; des émeutes ont lieu à Bucarest en 1866, à Rome en 1864, à Berlin en 1880 et en Russie tout au long du 19e et même du 20e siècle. Les persécutions en Russie sont révélatrices de la force du Juif dans les pays occidentaux. Les protestations, les pétitions et les comités se sont multipliés dans le but d'améliorer le sort des Juifs de Russie. Le pogrom en Ukraine après la guerre russo-japonaise de 1905 amène le gouvernement américain à rompre ses relations diplomatiques avec la Russie.

La haine ou l'intolérance n'expliquent en rien les résultats malheureux de la dispersion des Juifs dans les pays occidentaux. La haine, de part et d'autre, n'en est que la conséquence. Plus parlait de tolérance, plus l'attention était attirée sur les différences, les aiguisant en contrastes. Les contrastes ont conduit à l'opposition et à l'action, de part et d'autre.

Ce n'est pas non plus une explication pour reprocher au juif de ne pas

---

[46] Maire. (n. du T.)

[47] Comte de Russell, Premier ministre anglais de 1846 à 1852. Plusieurs fois ministre des affaires étrangères, il l'était à l'époque de l'affaire de l'enfant Mortara.

s'assimiler. C'est reprocher à un homme d'être lui-même, et la notion d'éthique n'englobe pas ce que l'on est, mais ce que l'on fait. Le "problème juif" ne peut s'expliquer éthiquement, racialement, nationalement, religieusement, socialement, mais seulement entièrement, culturellement. Si auparavant, dans toutes les phases de sa vie culturelle, l'homme d'Occident n'avait pu voir que l'aspect du problème juif que son propre développement lui permettait de voir, maintenant il peut voir l'ensemble de la relation puisque sa propre unité culturelle est prédominante dans l'homme occidental. À l'époque gothique, le Juif n'était différent que par sa religion, car l'Occident était alors dans une phase religieuse. Au siècle des Lumières, avec ses idées sur l'"humanité", le Juif était considéré comme un être socialement différent. Au XIXe siècle matérialiste, avec son racisme descendant, le Juif était considéré comme un être racialement différent, et rien de plus. En ce siècle où l'Occident devient une unité de culture, de nation, de race, de société, d'économie, d'État, le Juif apparaît clairement dans sa propre unité totale, comme un étranger interne, total, à l'âme de l'Occident.

IV

Le matérialiste du XIXe siècle n'a vu dans ce phénomène de parasitisme culturel qu'un parasitisme national, et l'a donc mal compris dans chaque nation comme une simple condition locale. C'est pourquoi le phénomène appelé, dans tous les pays, antisémitisme, n'était qu'une réaction partielle contre ce qui était une condition culturelle et pas seulement nationale.

L'antisémitisme est précisément analogue, dans la pathologie culturelle, à la formation d'anticorps dans la circulation sanguine de la pathologie humaine. Dans les deux cas, l'organisme résiste à la vie étrangère. Dans les deux cas, il s'agit d'une expression du destin, inévitablement nécessaire sur le plan organique. En développant ce qui lui est propre, le destin combat l'étranger. On ne répétera jamais assez que la haine et la méchanceté, la tolérance et la bonne volonté n'ont rien à voir avec ce processus fondamental. Une culture est un organisme, un organisme d'une autre nature que l'homme, tout comme l'homme est un organisme d'une autre nature que les animaux. Mais les fondements de la vie organique sont présents dans tous les organismes, quels qu'ils soient, plantes, animaux, hommes, cultures. Cette hiérarchie des organismes fait manifestement partie du plan divin et ne peut être modifiée par un processus de propagande, aussi continu et martelé soit-il, aussi "tolérant", auto-énonciateur ou auto-trompeur soit-il, aussi complet soit-il.

Le traitement de l'antisémitisme soulève des questions qui relèvent davantage de la distorsion culturelle que du parasitisme culturel, de sorte qu'il suffit de dire ici que l'antisémitisme - nous le répétons, au même titre que le phénomène pathologique humain de la formation d'anticorps dans le sang - est l'autre aspect de l'existence du parasitisme culturel, et ne peut être compris que comme l'un de ses effets. L'antisémitisme est totalement organique et irrationnel, tout comme la réaction contre les maladies. Le parasitisme culturel est le phénomène de la coexistence d'un élément totalement étranger avec un hôte, et il est également totalement irrationnel. Le parasitisme culturel n'a pas de raison d'être.

Au contraire, la raison semble dicter que le groupe étranger se dissolve et circule parmi la vie qui l'entoure. Cela mettrait fin à toutes les persécutions amères, à la haine stérile, aux luttes futiles. Mais la vie est irrationnelle, même à l'ère du rationalisme. En fait, la seule façon pour le rationalisme d'apparaître sur la scène est sous la forme d'une religion, d'une Foi, d'une Irrationalité.

Le phénomène du parasitisme culturel ne se limite pas à une grande culture, à la patrie de la culture. Cela apparaît très clairement dans l'histoire de l'Amérique.

L'Amérique est née comme une colonie de la culture occidentale. Cette phrase résume à elle seule tout le destin de l'Amérique. Elle fixe à l'avance les limites de ses potentialités. L'idée de colonie doit être examinée.

Qu'est-ce qu'une colonie ? C'est une création d'une Culture, c'est une tâche ; par sa simple implantation heureuse, c'est quelque chose de spirituellement complet. C'est une autre façon de dire qu'elle n'a pas de besoin intérieur, pas de mission. Elle dépend donc de la culture mère pour sa nourriture spirituelle. C'est aussi vrai pour l'Amérique dans la culture occidentale que pour Syracuse et Alexandrie dans la culture classique, ou pour Grenade et Séville dans la culture arabe. S'il est vrai que des impulsions fructueuses peuvent, quoique rarement, surgir à la périphérie du corps culturel, elles trouvent leur signification et leur développement dans le centre culturel. Cette dépendance spirituelle à l'égard des colonies est une faiblesse. Cette faiblesse se reflète dans le manque de résistance à l'étranger culturel, et il est logique de s'attendre à trouver moins de résistance organique à l'étranger culturel dans une colonie, parce que le sens de la mission culturelle n'est pas généralement présent, mais existe seulement chez des individus isolés ou, tout au plus, dans de petits groupes. L'histoire des colonies nous montre - Syracuse en est un exemple - que les crises culturelles, même autopathiques comme l'émergence du rationalisme, y produisent des effets majeurs. Une colonie peut être plus facilement désintégrée, parce qu'elle n'a pas l'articulation de la Culture. Il n'y a pas, il ne peut pas y avoir de strate porteuse de Culture dans une Colonie. Cette strate est un organe de la Grande Culture enracinée dans le sol de la patrie. La Culture ne peut être transplantée, même si ses populations migrent et restent en contact avec le corps de la Culture. Les colonies sont le produit d'une culture et représentent la vie à un niveau moins complexe et moins articulé que la culture créatrice.

La compréhension de ce fait élémentaire a toujours été, bien qu'inconsciemment, totalement complète en Amérique, et au vingtième siècle, elle a été, avec autant de véhémence, consciemment niée. Les écrivains américains du XIXe siècle ont assimilé intérieurement la culture occidentale et ont été assimilés par elle. Le phénomène Edgar Poe a toujours étonné par sa maîtrise totale de la pensée culturelle et sa totale indépendance par rapport à son environnement colonial. Dans ses branches supérieures, la littérature américaine a été considérée comme une partie de la littérature anglaise, et ce à juste titre. La pauvreté et l'insignifiance des lettres américaines sont imputables à leur destin colonial, tandis que leurs quelques grands noms sont expressifs de la culture occidentale.

Au cours des deux derniers siècles, les Américains de toutes professions, qui étaient ou souhaitaient devenir des hommes d'importance, ont eu leur centre de gravité en Europe : Irving, Hawthorne, Emerson, Whistler, Frank Harris, Henry James, la ploutocratie financière, Wilson, Ezra Pound... La tradition américaine veut qu'une visite en Europe fasse partie de l'éducation. L'Europe a continué à posséder spirituellement des éléments américains avec des sentiments ou des ambitions culturels.

Dans toute généralisation sur une matière organique, on ne cherche qu'à affirmer la grande régularité. Les déviations existent toujours dans la matière vivante, mais elles ne trouvent leur place que par rapport aux rythmes plus larges. La pensée rationaliste a tenté de désintégrer la pensée organique en se concentrant sur les incidents déviants, dans sa tentative de détruire le grand rythme organique enivrant.

Elle n'était même pas assez profonde pour comprendre la sagesse contenue dans le proverbe "l'exception confirme la règle".

Bien qu'il soit devenu à la mode en Amérique après son émergence en tant que puissance mondiale, à la suite de la guerre d'Espagne, en 1898-1899, de nier sa dépendance spirituelle à l'égard de l'Europe, le fait a continué d'exister. Aujourd'hui, nous ne sommes pas surpris qu'un fait culturel manifeste son mépris pour les désirs, les intentions, les exigences et les déclarations des hommes. L'Amérique est un sujet qui doit être traité séparément, car la maladie culturelle de l'Occident lui a donné une nouvelle importance dans la politique mondiale. Ici, la présence du parasitisme culturel en Amérique est le seul aspect pris en considération.

V

Du début du 17e au début du 19e siècle, la traite des esclaves a amené des millions d'Africains aborigènes aux Amériques. Ils ont formé, au cours du 18ème et de la première partie du 19ème siècle, un corps parasitaire important, prolifique et totalement étranger. C'est un bon exemple de la signification culturelle du terme parasite, qui ne fait pas référence au travail, au sens économique. Ainsi, les Africains en Amérique étaient économiquement importants et, après qu'une certaine économie ait été construite sur eux, ou avec leur participation, ils étaient nécessaires dans un sens pratique. La lutte des classes a mis à la mode l'idée de qualifier de "parasites" tous ceux qui n'étaient pas des travailleurs manuels. Ce terme était polémique et n'a aucun rapport avec le phénomène du parasitisme culturel. Le nègre en Amérique était l'expression du parasitisme culturel malgré son utilité économique.

Le premier résultat de la présence d'un tel organisme culturel parasite nous est connu. Il a pris la place des hommes blancs à naître en Amérique. En accomplissant une partie de la tâche vitale, il a rendu inutile la naissance de millions d'hommes à naître, et ainsi cette grande masse d'Africains a réduit la population de l'Amérique de dix pour cent, car à l'heure actuelle, en 1948, il y a déjà 14.000.000 d'Africains sur une population totale de 140.000.000 d'habitants. La manière matérialiste à la mode d'expliquer ce déplacement de population en Amérique est de dire que les Blancs ne veulent pas mettre d'enfants au monde afin de concurrencer économiquement les Noirs et leur niveau de vie inférieur. Naturellement, l'obsession économique explique tout d'un point de vue économique, mais les faits relatifs aux tendances démographiques montrent que la population d'une unité organique suit une trajectoire vitale qui peut même être décrite mathématiquement. Elle est totalement indépendante de l'immigration, des désirs des individus et des explications inorganiques de ce fait. Le déplacement de la population à naître est culturel, c'est-à-dire total, et ne peut être entièrement expliqué par l'économie.

La mentalité coloniale, encore plus désintégrée par la crise rationaliste, a été incapable d'opposer une défense efficace au déplacement progressif de la population blanche, vecteur de l'accession de l'Amérique à l'Occident, par les Africains. Avec la même incapacité de comprendre ou de s'opposer, l'Amérique n'a pas résisté lorsque l'arrière-garde de la culture arabe, qui s'est répandue en Occident dès ses origines culturelles, a pris des proportions numériquement plus importantes et a joué un rôle beaucoup plus grand qu'elle ne l'a jamais fait en Europe.

Dès les années 1880, les Juifs ont entamé ce qu'Hilaire Belloc a judicieusement appelé une invasion des États-Unis. Les chiffres suffisent à le prouver. Même s'ils ne peuvent être donnés avec exactitude, du fait que les statistiques américaines de l'immigration ne reflètent que les origines légales, c'est-à-dire la nation de provenance légale, on peut les approcher en étudiant les chiffres de la population américaine ainsi que le taux moyen de natalité juive. C'est typique, dans l'incongruité totale entre deux cultures différentes, un mouvement massif de membres de l'une vers l'autre peut se produire sans laisser de traces statistiques ! On demandait à l'immigrant où il était né. Cela déterminait tout au 19ème siècle matérialiste. Ce lieu était censé déterminer sa langue, qui à son tour était censée déterminer sa nationalité. Et enfin, la nationalité devait prédéterminer tout le reste. Les cultures pétrifiées ou mortes - l'Inde, la Chine, l'Islam, le Judaïsme - étaient considérées comme des "nations" au sens occidental du terme. Dans sa forme, le rationalisme était bien une religion, mais une caricature exsangue et matérialiste de la vraie religion. La religion s'adresse proprement à la spiritualité la plus haute et la plus grande de l'homme, mais le rationalisme a tenté de faire de choses telles que l'économie, l'État, la société, la nation, le sujet d'une préoccupation religieuse appropriée.

L'Amérique a commencé son existence politique indépendante en tant que créature du rationalisme. Ses politiciens ont donné, extérieurement, leur accord à la proposition selon laquelle "tous les hommes sont créés égaux", et ont même dit que cela était "évident". Il était plus facile, et peut-être plus intelligent, de dire que cela allait de soi et d'éviter ainsi d'avoir à le prouver. La preuve aurait gâché ce qui était, en fait, un dogme de Foi, et donc au-dessus de la Raison. La religion du rationalisme a dominé l'Amérique d'une manière qu'elle n'aurait jamais pu dominer l'Europe. L'Europe a toujours résisté au rationalisme - sur la base de la tradition jusqu'au milieu du XIXe siècle, et après l'anticipation du futur esprit rationaliste du XXe siècle, illustré par Carlyle et Nietzsche. Mais l'Amérique n'avait pas de tradition et, d'autre part, les impulsions culturelles et les phénomènes moteurs de la culture rayonnent vers l'extérieur, tout comme la religion rationaliste de l'Amérique est venue de l'Angleterre via la France.

L'Amérique a même acquis sa propre section du judaïsme à partir de l'Europe, où elle avait obtenu sa philosophie matérialiste et y avait succombé. Ce n'est pas une coïncidence. La nouvelle s'est rapidement répandue parmi la population juive d'Europe que l'antisémitisme ne pouvait pas les menacer en Amérique et que d'autres opportunités, notamment économiques, étaient égales à ce que l'Europe pouvait offrir au juif. C'était parfaitement exact et c'était un hommage à la perspicacité de l'instinct collectif juif. L'Amérique représentait sans aucun doute, à la fin du 19e siècle, les meilleures possibilités pour le Juif. De 1880 à 1950 environ, il n'y a pas de chiffres exacts, cinq à sept millions de juifs sont venus en Amérique. Ils venaient, pour la plupart, de la section orientale, ou ashkénaze, du judaïsme.

À l'heure actuelle, les Juifs d'Amérique doivent être entre huit et douze millions. Un chiffre exact ne peut être donné, car il n'est reflété dans aucune statistique, et doit être déduit des statistiques religieuses et de l'étude du nombre moyen de naissances. Quoi qu'il en soit, il s'agit d'un chiffre considérable, qui chasse de l'existence son propre nombre d'Américains. L'écrivain américain Madison Grant, en 1916, décrivait comment l'Américain pur sang était chassé des rues de New York par des hordes de Juifs. Il appelait ces juifs "Poles", conformément à la vieille coutume qui consistait à attribuer aux juifs une nationalité occidentale. Ainsi, les Occidentaux faisaient la distinction entre les Juifs anglais, les Juifs allemands, etc. Il était inévitable que la civilisation occidentale, à ce stade, perçoive les personnes extérieures à la civilisation selon sa propre image.

L'Amérique, qui a été le pays le plus complètement désintégré par le rationalisme, a le moins compris la nature du Juif, tandis qu'en Europe, même dans le vingtième siècle rationaliste, il y a toujours eu des gens qui se sont rendu compte de la totale étrangeté du Juif ; nous avons dit totale, et non pas seulement politique. Mais en Amérique, avec son absence totale de tradition, il n'y avait pas d'hommes comme Carlyle, comme De Lagarde. C'est ainsi que l'Amérique a décidé, au milieu du XIXe siècle, qu'un Chinois né aux États-Unis acquerrait exactement la même citoyenneté américaine qu'un Blanc d'origine européenne. Fait caractéristique, cette décision n'a pas été prise de manière responsable, mais à la suite d'un procès. Il s'agissait d'une continuation de la coutume américaine consistant à trancher des questions politiques de manière pseudo-juridique.

Il est évident qu'un régime qui ne faisait pas de différence entre les Chinois et les Amérindiens n'allait pas mettre des barrières au Juif. C'est ainsi qu'en 1928, l'écrivain français André Siegfried, spécialiste de l'histoire et de la politique mondiale, a pu affirmer que la ville de New York avait un caractère sémite. Au milieu du XXe siècle, la situation s'est encore aggravée et New York, la plus grande ville d'Amérique, et peut-être du monde, comptait près de la moitié de Juifs.

VI

L'Amérique, avec son manque total de résilience spirituelle, découlant de la faiblesse spirituelle inhérente à une colonie, est devenue l'hôte d'autres grands groupes culturellement parasites. La période d'immigration dense, qui a commencé peu avant le début du XXe siècle et au cours de laquelle les Juifs ont commencé à arriver, a également amené plusieurs millions de Slaves des Balkans. Rien qu'entre 1900 et 1915, 15 000 000 d'immigrants sont arrivés en Amérique en provenance d'Asie, d'Afrique et d'Europe. Ils venaient principalement de Russie, du Levant méditerranéen et des pays balkaniques. Un bon nombre d'Italiens provenaient de la civilisation occidentale, mais le reste du matériel humain ne provenait pas de l'Occident. Ces millions de personnes, précisément en raison de leur importance numérique, ont créé des phénomènes de parasitisme culturel. Individuellement, certains membres de ces groupes ont été intégrés au sentiment américain, mais les groupes ont continué à exister en tant que tels. En témoignent l'existence d'une presse quotidienne pour chaque groupe dans sa propre langue, l'unité des groupes à des fins politiques, leur centralisation géographique et l'exclusivité sociale de ces groupes.

Lorsque nous avons examiné la nature de la race, nous avons vu que les Slaves pouvaient être, et ont été, assimilés par les populations culturelles d'Europe. Deux caractéristiques distinguent les relations des Américains avec les Slaves et expliquent pourquoi ils ont conservé leur existence de groupe même lorsqu'ils sont entourés d'une population américaine sous l'influence de la civilisation occidentale. Premièrement, le fait que leur existence soit de type colonial signifie que l'Amérique n'a pas pu imprimer sur les peuples hôtes l'empreinte profonde de l'idée culturelle comme les nations occidentales auraient pu le faire sur le pays d'origine. D'autre part, les masses énormes de plusieurs millions de personnes ont créé, par leur volume même, un état pathologique dans l'organisme américain. Même si ces millions de personnes avaient été d'origine occidentale, française ou espagnole, elles auraient créé un groupe politiquement parasite. Naturellement, un tel groupe aurait fini par se dissoudre, mais dans le processus de son intégration, il aurait exercé un effet de distorsion sur la politique américaine. En revanche, les groupes slaves, qui se composent de millions de personnes et dont les dirigeants ont la possibilité de souder le groupe en une unité solide, ne se dissoudront que très lentement, et même cela n'est pas entièrement garanti, dans la masse de la population américaine, dans les conditions actuelles.

L'Amérique compte d'autres groupes parasites mineurs, chacun d'entre eux déplaçant des Américains non encore nés et provoquant la malheureuse manifestation de haine et de ressentiment qui gaspille et déforme la vie suprapersonnelle. Il y a un groupe japonais, plusieurs groupes levantins et le groupe russe.

Superficiellement, il pourrait sembler que le cas de l'Amérique milite contre la vision de la race du vingtième siècle, déjà exposée, mais ce n'est pas vraiment le cas. L'exemple américain ne sert pas de critère pour l'Europe, puisque, étant une colonie, il s'agit d'une zone de faible sensibilité culturelle et, parallèlement, d'une force culturelle et d'un pouvoir d'assimilation moindres. En d'autres termes, son pouvoir d'adaptation est plus faible que celui de la patrie.

Le cas de l'Amérique n'est pas un cas d'assimilation excessive, c'est un cas d'assimilation insuffisante. Les groupes étrangers, qu'ils soient politiquement étrangers, comme un groupe occidental au sein d'une nation occidentale, ou totalement étrangers, comme le Juif au sein d'un hôte occidental, ne sont que des parasites tant qu'ils restent des groupes. Lorsqu'ils se dissolvent, l'ensemble de la population assimilationniste a augmenté. Le fait que cet accroissement provienne de l'immigration et non d'une augmentation du taux de natalité moyen de la population autochtone est sans importance. Le simple fait qu'ils aient pu s'assimiler montre qu'ils n'étaient pas des étrangers au sens parasitaire du terme.

L'examen du parasitisme culturel en Amérique ne doit pas non plus ignorer que la population américaine a assimilé plusieurs millions d'Allemands, d'Irlandais, d'Anglais et de Scandinaves au cours du XIXe siècle. L'immigration du vingtième siècle n'est pas venue principalement de ces pays européens, mais ceux qui ont immigré de ces pays ont été pleinement intégrés. Dans le cas des immigrants allemands et irlandais, on peut dire que les armées yankees les ont employés en grand nombre, et avec un succès remarquable, pendant la guerre de Sécession... ce qui n'aurait jamais été fait avec des groupes culturellement étrangers, comme les Juifs ou les Slaves, par exemple.

L'Amérique a été décrite comme un creuset. Ce n'est pas vrai, car les groupes de masse d'origine culturelle étrangère n'ont pas "fondu", mais sont restés distincts. Les groupes culturellement non étrangers se sont assimilés rapidement, c'est-à-dire en l'espace d'une génération, et la vision de la race au 20e siècle s'applique donc également aux faits de la scène américaine.

Ces groupes non assimilés représentent entre un tiers et la moitié de la population américaine. Les groupes slaves semblent s'intégrer lentement, mais même s'ils devaient disparaître complètement, les groupes culturellement parasites restants présenteraient toujours un état pathologique de la plus haute gravité pour l'Amérique.

Le racisme vertical à l'ancienne ne peut pas tirer de conclusions du cas de l'Amérique, car ce que l'on y voit n'est pas un mélange de races, mais leur non-mélange[48]. Tous les groupes parasites ont perdu le contact avec leurs anciennes

---

[48] Sur 204 millions d'habitants, seuls 130 millions (soit 63%) sont d'origine anglo-saxonne. On compte près de 40 millions de Noirs, de Mexicains, de métis, de Syro-Libanais et d'Indiens. Huit à dix millions de Juifs et quelque vingt millions de Slaves et d'Italiens du Sud sont totalement inassimilés, selon l'écrivain américain Wilmot Robertsson dans son ouvrage "The Dispossessed Majority", pp. 58-59.

patries, mais n'ont pas acquis de nouveaux liens spirituels. Seul le Juif apatride, qui porte avec lui Nation, Église, État, Peuple, Race et Culture, a préservé ses anciennes racines.

Le phénomène du parasitisme culturel, même s'il est dissocié de l'éthique, n'échappe pas au domaine de la politique. Il ne sert à rien de parler de groupes culturellement étrangers en termes d'éloges ou de critiques, de haine ou de "tolérance".

Les guerres, les émeutes, les tueries, les destructions, tout le gaspillage des conflits domestiques insensés, tous les phénomènes qui surgissent inévitablement lorsqu'un hôte endure un parasite culturel, persistent aussi longtemps que l'état pathologique perdure.

Le parasitisme culturel, en provoquant des phénomènes de résistance, produit un effet doublement néfaste sur le corps de la Culture et de ses nations. La fièvre est un signe de résistance à la maladie, même si elle en est la partie salvatrice. Les phénomènes de résistance tels que l'anti-nipponisme, l'antisémitisme et le fondamentalisme américain sont aussi indésirables que les conditions qu'ils combattent. Parallèlement, l'antisémitisme européen n'a aucune valeur positive et peut, s'il est exagéré, développer facilement un autre type de pathologie culturelle, cette condition aggravée qui peut également provenir du parasitisme culturel sous certaines conditions, à savoir la distorsion culturelle.

3. Distorsion culturelle

I

Le puissant destin d'une grande culture a le même pouvoir sur l'organisme de la culture que le destin de la plante sur la plante et le destin de l'homme sur l'homme. Ce pouvoir vaste et intérieurement indéniable n'est cependant pas absolu. Il est organique, et un organisme est une relation de quelque chose d'interne à quelque chose d'externe, d'un microcosme à un macrocosme. Si aucune force interne ne peut l'emporter sur le destin de l'organisme, des forces externes peuvent, parfois sur tous les plans de la vie, apporter la maladie et la mort à l'organisme. Les micro-organismes qui pénètrent dans le corps d'un homme produisent des maladies parce que leurs conditions de vie sont totalement différentes de celles de l'homme. Le bien-être des premiers signifie la ruine des seconds. Ils sont une force extérieure, même s'ils agissent à l'intérieur de l'organisme humain. Extérieur est ici un terme spirituel et non spatial. L'extérieur est ce qui a une existence distincte, indépendante de ce qu'il peut être physiquement. Tout ce qui a le même destin est un ; tout ce qui a un autre destin est un autre. Ce n'est pas la géographie qui est décisive, mais la spiritualité. En temps de guerre, un traître au sein d'une forteresse peut être aussi précieux pour l'armée d'assaut que la moitié de ses propres soldats. Le traître est extérieur, même s'il est à l'intérieur.

La vie est le processus de réalisation du possible. Mais la vie est multiforme et les organismes, en réalisant leurs propres possibilités, détruisent d'autres organismes. Les animaux dévorent les plantes, les plantes se détruisent entre elles, les êtres humains anéantissent des espèces entières et tuent des millions d'animaux. Les grandes cultures, par le simple fait de leur existence, suscitent des impulsions négatives dans les populations extérieures. Ceux qui ne partagent pas ce sentiment de Culture, qui confère une supériorité incontestable à ses détenteurs, veulent instinctivement l'anéantir. Plus la pression de la Grande Culture sur les populations extérieures est forte, plus le sentiment négatif qui prend forme dans les sous-populations est nihiliste. Plus l'expansion culturelle s'étend géographiquement, plus la volonté extrême d'anéantissement se répand dans le monde parmi les peuples extra-culturels. Les formes vitales sont hostiles les unes aux autres ; la réalisation de l'une signifie la mort de mille autres. C'est une autre façon de dire que la vie est une lutte. Une Grande Culture n'échappe pas à cette grande règle vitale. Son existence détruit les autres formes, et d'autre part, tout au long de son existence, elle est engagée dans une bataille pour l'existence contre l'extérieur. De ce point de vue élevé, la tentative de distinguer entre offensive et défensive, agressive et résistante, n'a manifestement aucun sens. C'est une argutie pseudo-juridique de sorciers rationalistes, perdus dans l'hyper-intellectualisme et hostiles à la Vie. La défense est une agression ; l'agression est une défense. La question de savoir qui frappe le premier dans une guerre est du même ordre que celle de savoir qui frappe le premier dans un match de boxe. Le vingtième siècle laisse de côté tout ce jargon, cette stupidité, cette hypocrisie et cette jonglerie légaliste pour s'acheminer vers un siècle de guerre, la plus formidable et la plus implacable de toutes les guerres à ce jour.

Mais lorsqu'elle doit affronter sa période de test la plus décisive, celle qui exigera toutes les fibres de ses réserves spirituelles et tous les atomes de ses ressources physiques, elle est gravement malade. Elle souffre de distorsion culturelle.

La distorsion culturelle est la condition dans laquelle les formes de vie extérieures détournent la culture de son véritable chemin vital. De la même manière qu'une maladie humaine peut laisser un homme "*hors de* combat"[49], une maladie culturelle peut en faire de même pour une culture, et c'est précisément ce qui est arrivé à l'Occident au début du 20e siècle. Le concept de distorsion culturelle doit être clairement compris par la civilisation occidentale.

On a déjà vu que le mot externe n'a pas de sens géographique lorsqu'il est utilisé dans le domaine de l'organique. Le phénomène de distorsion culturelle est le résultat de forces externes qui agissent à l'intérieur du corps de la culture, qui participent à sa vie et à sa politique publique, qui orientent ses énergies vers des problèmes sans rapport avec sa tâche interne et qui détournent ses forces, physiques et spirituelles, vers des problèmes étrangers.

Si nous nous arrêtons un instant pour réfléchir, nous verrons qu'il est impossible qu'une telle maladie culturelle apparaisse à l'époque de la Culture stricte, avant l'avènement de la Civilisation. À cette époque, les formes de culture dans toutes les directions de la vie étaient si développées qu'elles exigeaient non seulement des esprits très doués pour les maîtriser, mais qu'elles maîtrisaient ces esprits au cours même de ce processus. Aucun penseur, artiste ou homme d'action européen n'aurait pu, au XVIIe siècle, tenter de concentrer l'énergie européenne sur la pensée, l'art ou les formes d'action asiatiques. Une telle chose a peut-être existé en tant que possibilité imaginative, mais il est douteux qu'elle ait été possible dans la réalité. En tout cas, cela ne s'est pas produit pendant 800 ans en Occident, sauf dans ses débuts rudimentaires. On n'imagine pas Cromwell, Oxenstierna [50] ou Oldenbarneveldt[51] s'occuper de la restauration de la dynastie abbasside en Asie

---

[49] En français, dans le texte, "hors combat".

[50] Comte Axel Oxenstierna, homme d'État suédois (1583-1654), conseiller de Gustave Adolphe et tuteur de la reine Christine de Suède.

[51] Johann van Oldenvarneveldt, homme politique néerlandais (1547-1619), principal fondateur des provinces unies des Pays-Bas.

Mineure[52] ou de l'expulsion des usurpateurs mandchous des ruines de la Chine pétrifiée. Mais si un homme d'État européen avait réussi à détourner l'énergie occidentale vers une entreprise aussi étrange et stérile, il se serait agi d'une distorsion culturelle. Si un artiste avait réussi à transformer le style occidental de la peinture à l'huile en style de la peinture au trait égyptienne ou de la sculpture classique, il s'agirait également d'une distorsion culturelle. Les prochains volumes de philosophie de l'histoire occidentale des XXe et XXIe siècles mettront pleinement en lumière les effets de distorsion superficielle dans l'architecture, la littérature et la théorie économique de la manie classiciste introduite par Winckelmann au XVIIIe siècle.

Ils évoqueront également les innombrables distorsions résultant du parasitisme culturel, durant la période rationaliste 1750-1950, des différents aspects vitaux de l'Occident, artistiques, religieux, philosophiques, scientifiques et dans le domaine de l'action. Cet ouvrage concerne l'action et s'adresse surtout à l'avenir, c'est-à-dire aux cent prochaines années.

Dans l'exposé de l'articulation d'une Grande Culture, il a été vu que toute la population de l'aire culturelle n'est pas utilisable pour l'Idée. Ce phénomène est entièrement propre aux phénomènes parasitaires. La strate supérieure, psychiquement plus sensible, qui porte l'idée de culture et la traduit en une réalisation progressive, est tout à fait utile à l'idée, mais cette utilité diminue progressivement à mesure que l'on descend dans le corps de la culture. Vers le bas signifie, bien sûr, non pas économiquement ou socialement, mais spirituellement. Ainsi, un homme issu de la couche spirituelle la plus basse peut se retrouver dans une position élevée, comme le monstre Marat[53]. De tels individus n'appartiennent pas à une autre culture, pas même à une culture morte du passé, et sont apparemment membres de la culture, mais dans leur âme, ils veulent détruire toute vie formatrice. Leurs motivations importent peu, mais leur tendance est évidente.

Ces individus qui constituent une strate large et complète au cours de ces siècles sont, tout simplement, en dessous de la Culture. Ils se sont exprimés en Angleterre

---

[52] L'allusion aux hommes d'État occidentaux du milieu du XXe siècle, principalement américains, obsédés par la reconstruction de l'État d'Israël, disparu il y a dix-neuf siècles, est claire (N. du T.).

[53] Jean Paul Marat, révolutionnaire juif français (17431793), fut l'un des instigateurs de la période de la Terreur et fut assassiné par Charlotte Corday. (N.)

dans les révoltes de Wat Tyler et Jack Cade, dans les guerres paysannes du 16ème siècle en Allemagne, dans la Terreur française de 1793 et dans la "Commune" de 1871. Lorsque l'Allemagne existait en tant que nation au 19ème siècle, cette strate inférieure à la Culture était connue sous le nom de der Deutsche Michael[54]. Les phénomènes de ce type ne doivent pas être confondus avec le parasitisme culturel. Ils font partie intégrante de toute culture, mais le parasitisme ne s'y développe qu'accessoirement, et pas nécessairement. L'"élément Michel" de la culture n'est pas une pathologie, et n'est pas en soi une menace. Son seul danger est d'être utilisable par la volonté d'anéantissement, qu'elle soit automatique, comme dans le Libéralisme, la Démocratie ou le Communisme, ou explicite, comme dans le cas des forces extra-européennes qui ont amené, à l'époque des Guerres Mondiales, le nadir de la Civilisation Occidentale.

Dans cette situation, le "Michel" européen a montré ses potentialités destructrices. Les uns adoraient le primitivisme du hooliganisme russe, les autres la maladie spirituellement corruptrice de l'hollywoodisme. Ce n'est que grâce à cette strate européenne de Michel que les forces extra-européennes ont réussi à diviser l'Europe, physiquement et spirituellement. Ce Michel européen, avec son adhésion à l'informel, a provoqué la défaite de l'Europe devant le Barbare et le Faussaire. Dans sa suprême haine de la grandeur et de la créativité, il s'est même permis de créer des mouvements militaires au sein de l'Europe pour la saboter et œuvrer à la victoire militaire du Barbare lors de la Seconde Guerre mondiale.

Après la guerre, l'élément Michel a compris que son destin était finalement lié aux forces créatrices de la culture, car il était précisément avec le corps collectif de l'Europe, persécuté, spolié et affamé dans les affres de la victoire des barbares et des faux-monnayeurs.

II

Le destin d'un organisme vivant ne doit pas être confondu avec l'idée totalement opposée de la prédestination. Cette dernière est une idée causale à la fois dans sa

---

[54] Der Deutsche Michel", littéralement "le Michel allemand". Nom donné de façon générique aux disparus des guerres paysannes du XVIe siècle, puis attribué, par extension, comme "élément Michel" à la populace civique. (N. du T.)

forme religieuse du calvinisme et dans sa forme matérialiste du mécanisme et du déterminisme. Le destin n'est pas une nécessité causale, mais une nécessité organique. La causalité est une forme de pensée, mais le destin est la forme de la vie. La causalité prétend à la nécessité absolue, mais le destin n'est qu'une nécessité interne, et chaque enfant qui meurt accidentellement est la preuve que le destin est soumis à des incidents externes. Le destin dit simplement : si cela doit être, ce sera ainsi, et pas autrement. Chaque homme est destiné à grandir, mais beaucoup ne réaliseront pas ce destin. Personne ne peut prétendre comprendre l'idée de destin s'il la considère comme une sorte de causalité cachée, une forme de prédestination.

Au début de ce traitement du vitalisme culturel, il a été dit que si les forces extra-culturelles avaient réussi, après la Seconde Guerre mondiale, à détruire toute la strate culturelle de l'Europe, cette strate serait réapparue dans un délai de trente à soixante ans. Il s'agissait bien sûr d'une hypothèse, car cela ne s'est pas produit. Le simple fait que quelqu'un écrive ceci et que quelqu'un le lise est la preuve qu'ils n'ont pas réussi.

La base de cette affirmation était la formidable et jeune vigueur d'une grande culture. L'Occident a un avenir, et cet avenir doit être réalisé à l'intérieur. Sur le plan interne, il est extrêmement différent, car la réalisation des potentialités externes de l'Occident est autant une question d'Incident que de Destin.

L'avenir intérieur de l'Occident contient de nombreux développements nécessaires, tels que la Renaissance de la religion, l'atteinte de nouveaux sommets dans la technique, la chimie, la perfection de la pensée locale et administrative, et tout cela pourrait avoir lieu sous une occupation permanente de barbares venus d'autres continents. L'aspect le plus grand, le plus puissant de la Vie, celui de l'action, de la guerre et de la politique s'exprimerait dans un tel régime, dans une révolte inexorable, continue, acharnée contre le Barbare.

Au lieu de planter la bannière de l'Occident aux antipodes, il s'agirait simplement de libérer le sol sacré de l'Occident des sabots des primitifs. Ce n'est donc pas la pensée d'une prédestination causale qui a fait dire que la strate de la Culture serait reconstituée même si chacun de ses membres contemporains était légalement assassiné.

Cette déclaration impliquait un dilemme : soit l'Occident réalise son formidable Destin mondial d'impérialisme illimité et absolu, soit toute son énergie sera employée dans des guerres sur le sol européen contre l'étranger et les éléments européens qu'il réussit à enrôler à son service. Comme pour toutes les guerres, la haine est dissociée de la nécessité de ce processus. Les guerres ne sont pas produites par la haine, mais par des rythmes organiques. Le choix n'est pas entre la Guerre et la Paix, mais entre une guerre pour promouvoir la Culture et une guerre qui déformerait, ou tordrait, son cours naturel.

Si l'Europe reste sous l'emprise de forces étrangères, elles enverront ses soldats au cimetière, car la grandeur de l'Occident ne peut être annulée par une montagne de propagande, par des armées massives de "soldats" d'occupation, ni par des millions de traîtres de la couche Michel ; pendant deux siècles, des flots de sang couleront, indépendamment des désirs de tout être humain. Il est dans la nature des organismes supra-personnels d'exprimer leurs possibilités. Si cela ne peut se faire d'une manière, cela se fera d'une autre. Cette idée recrute des hommes et ne les quitte qu'à leur mort. Elle n'exerce sur eux aucun droit légal, aucune adhésion formelle ou menace de tribunal militaire : son droit sur eux est total. Il s'agit d'un recrutement sélectif : plus les qualités d'un homme sont élevées, plus le lien que l'Idée lui impose est fort. Que peuvent opposer à cela les barbares et les falsificateurs ? À ses esclaves russes meurtriers, à ses Noirs sauvages, à ses misérables "go home" d'Amérique du Nord, l'Europe oppose son imbattable suprapersonnalité. L'Europe est au début d'un processus historique mondial : la fin n'est pas en vue. Il est impossible de prédire quand - si jamais - un succès complet sera atteint. Peut-être qu'avant la fin, des forces extérieures auront mobilisé les masses grouillantes de la Chine et de l'Inde contre le corps de la civilisation occidentale. Il ne s'agit pas de la poursuite du conflit, mais seulement de son ampleur.

Pour poursuivre l'asservissement de l'Europe, il est nécessaire que les étrangers disposent d'un grand nombre d'Européens accessibles à leurs fins : sociétés secrètes, groupes, couches résiduelles des nations moribondes du XIXe siècle. Contre une Europe unie, ils n'auraient jamais pu gagner, et ce n'est que contre une Europe divisée qu'ils peuvent se maintenir. Divisée, brisée, distinguée... telle est la technique de la conquête. Ressusciter de vieilles idées, de vieux slogans, aujourd'hui complètement morts, dans la bataille pour amener les Européens à se battre les uns contre les autres. Mais toujours en travaillant avec la couche faible sans Culture contre les porteurs forts et les appréciateurs de la Culture. Ceux-ci doivent être "jugés" et pendus.

La disposition de la sous-strate de la culture au profit de forces extérieures est une forme - la plus dangereuse - de cette forme de pathologie culturelle appelée distorsion culturelle. Elle est toutefois étroitement liée à une autre forme de pathologie appelée retard culturel.

4. Le retard culturel comme forme de distorsion culturelle

Dans l'étude de l'articulation d'une culture, la bataille incessante entre la tradition et l'innovation est apparue. C'est normal, et cela accompagne la culture depuis l'union féodale jusqu'au césarisme, depuis la cathédrale gothique jusqu'au gratte-ciel, depuis Anselm[55] jusqu'au philosophe de notre époque, depuis Schütz jusqu'à Wagner. La lutte incessante se déroule sous la forme de la culture et ce n'est pas une forme malsaine, car le conflit lui-même a été coulé dans le moule de la culture. Au cours de la période 1000-1800, il n'est venu à l'esprit de personne, lorsqu'il s'agissait de lutter contre une autre idée occidentale, d'empêcher sa réalisation, même au prix de la destruction de la culture. Plus précisément, aucun pouvoir ou homme d'État européen n'aurait livré l'ensemble de l'Europe au barbare simplement pour vaincre un autre pouvoir ou homme d'État. Au contraire, lorsque le barbare s'est présenté aux portes de l'Europe, c'est toute l'Europe qui l'a affronté, comme lorsque tous ses peuples se sont finalement unis pour combattre le Turc au moment du plus grand danger. Après la défaite de l'armée européenne à Nicopolis au début du XVe siècle, le sultan Osmanly Bauazid a juré qu'il ne se reposerait pas tant qu'il n'aurait pas transformé la cathédrale Saint-Pierre en écurie pour ses chevaux. À cette époque de l'histoire occidentale, cela ne pouvait pas arriver. Cette soumission totale de l'Occident aux forces étrangères d'anéantissement a dû attendre le milieu du 20e siècle.

Cette solution n'a été trouvée que parce que certains éléments de l'Occident ont préféré ruiner l'ensemble de l'Europe plutôt que de permettre à l'Europe de passer à l'étape culturelle suivante, celle de la résurgence de l'autorité.

---

[55] Saint Anselme, philosophe scolastique (1033-1109), archevêque de Canterbury, né à Aorta.

Un phénomène historique de cette ampleur n'apparaît pas en un instant. Les prémices de cette terrible division de l'Occident remontent aux origines du rationalisme. Dès les guerres de succession d'Autriche, une nouvelle férocité est apparue, présageant la division à venir. Au cours de cette guerre, les Alliés ont en effet planifié la division complète du territoire de la nation-culture Prusse. La Suède, l'Autriche, la France... et la Russie devaient participer à ce partage. Il est vrai que sous le régime des Romanov, du 17e au 20e siècle, la Russie est apparue comme un État et une nation de type occidental. Cependant, les réticences sont ouvertes de part et d'autre, car il y a une différence entre se partager un territoire à la frontière asiatique, comme la Pologne, et partager avec la Russie une partie de la mère patrie de l'Europe.

Dans la bataille des dynastiques et des traditionalistes contre Napoléon, la tendance va plus loin et, en 1815, au Congrès de Vienne, le tsar, dont les troupes occupent la moitié de l'Europe, peut adopter le "posse" de sauveur de l'Occident. Ainsi, en Fürstenbund[56] et en Angleterre, on frôlait le pathologique culturel en poussant la lutte contre un souverain occidental, Napoléon, jusqu'à admettre les troupes russes dans les capitales européennes. Le Fürstenbund et l'Angleterre de Pitt n'auraient pas admis une Russie nihiliste ou un Turc en Europe comme moyen de vaincre Napoléon, puis eux-mêmes.

Mais la tendance ne s'est pas arrêtée là : lors de la Première Guerre mondiale entre deux nations européennes, l'Angleterre et l'Allemagne du XIXe siècle, l'Angleterre a de nouveau pris la Russie comme alliée et a présenté le despotisme des Romanov comme une "démocratie" à l'Europe et à l'Amérique. Heureusement pour l'Occident, il y a eu un retour de bâton, et lorsque les bolcheviks ont commencé leur marche contre l'Occident après la guerre, ils ont été repoussés par une coalition occidentale aux portes de Varsovie en 1920. Dans l'armée antibolchevique, il y avait des Allemands des Français, des Anglais, hier ennemis, aujourd'hui unis contre le Barbare. Même les Américains ont envoyé deux expéditions contre les bolcheviks, l'une en Arkangelsk, l'autre en Sibérie méridionale.

Pendant la période de préparation de la Seconde Guerre mondiale, de 1919 à 1939, il est apparu à plusieurs reprises que la guerre à venir prendrait la forme d'une

---

[56] Union des États allemands (N.)

lutte de certaines puissances occidentales - car l'Occident était alors divisé en un ensemble de petits États - contre la Russie, tandis que d'autres petits États resteraient neutres et apporteraient une aide économique. Cela semblait évident en juin 1936[57], lorsque les hommes d'État des quatre principaux petits États ont signé un protocole prévoyant un accord général entre eux. Ce protocole n'a jamais été ratifié. Pas moins de vingt efforts différents ont été déployés entre 1933 et 1939 par les porteurs de l'Idée du XXe siècle pour parvenir à un accord total avec les dirigeants des petits États qui étaient encore sous l'emprise de l'Idée du XIXe siècle, laquelle commençait déjà à l'époque à manifester sa rigidité cadavérique. Naturellement, les éléments dirigeants de la couche culturelle de ces petits États étaient en contact avec l'Idée nouvelle, mais certains éléments s'y opposaient en raison de leur insensibilité spirituelle, de leur superficialité matérialiste, de leur envie négative, de leur enracinement dans le passé et - pour citer la raison la plus importante - en raison de leurs intérêts matériels, pour lesquels la perpétuation du style d'économie internationale et nationale du XIXe siècle, dont ils étaient les seuls à profiter et dont toute la civilisation occidentale souffrait, était dans leur intérêt.

Ces derniers ont décidé de permettre la division de l'Europe entre l'Asie et l'Amérique plutôt que d'adhérer à l'idée occidentale de l'avenir.

Lorsque la lutte entre la tradition et l'innovation, entre l'ancien et le nouveau, naturelle et normale dans chaque culture, atteint ce degré, il s'agit d'une pathologie culturelle. Cette forme de pathologie de la culture se définit par l'intensité de la haine qu'elle manifeste à l'égard de l'avenir de la culture. Lorsque les éléments conservateurs en viennent à haïr les éléments créatifs avec une telle intensité qu'ils sont capables de tout faire pour provoquer leur défaite militaire, jusqu'à l'autodestruction, il s'agit déjà d'une trahison de la Culture, qui est classée comme une forme aiguë de Pathologie Culturelle.

L'empreinte de cette maladie culturelle n'est qu'une question de degré. Chaque nouvelle idée de la culture a dû surmonter une opposition : en architecture, en musique, en littérature, en économie, en guerre et dans l'art de gouverner. Mais jusqu'à cette horrible éruption de la maladie culturelle au 20e siècle, l'opposition à

---

[57] Erreur de date. Les chefs d'État de l'Angleterre, de la France, de l'Italie et de l'Allemagne se sont réunis à Munich en 1938.

la créativité n'avait jamais atteint une ampleur que l'on ne peut que qualifier de maniaque.

Ce fut également un cas de pathologie culturelle que cet élément sub-occidental, au cours de la Seconde Guerre mondiale, rendit aux forces parasitaires et barbares auxquelles il s'était volontairement soumis dans sa haine de l'Europe et de son avenir, l'aide ignoble et servile de cet élément sub-occidental. Avec un déshonneur inoubliable, il a livré des millions de soldats de l'Occident aux sauvages russes, pour qu'ils disparaissent à jamais dans les tombes anonymes de la Sibérie. Cet élément, Michel, a coopéré avec les Barbares et les a aidés avec enthousiasme ; il a candidement révélé tous leurs secrets, mais ce même Barbare a accepté toute l'aide sans la remercier et l'a rendue par la suspicion, le sabotage et la haine.

L'élément Michel de l'Occident a souffert de la défaite occidentale et de sa soumission au Barbare et au Faussaire. La pathologie du retard culturel a eu dans ce cas des conséquences tragiques pour les représentants du passé comme pour ceux de l'avenir. En fait, pour les Michel du Passé, c'était encore plus tragique, car dans la lutte entre le Passé et l'Avenir, le Passé est condamné. L'idée de l'avenir finira par triompher intérieurement, même si son destin extérieur est contrarié. Le mécanisme en politique cédera la place à l'avenir de la même manière que le mécanisme en biologie a disparu depuis longtemps. L'idée d'individus détenant le pouvoir sur de gigantesques économies d'organismes supra-personnels est vouée à la mort, et c'est l'une des choses que les éléments sub-occidentaux haïssant l'Avenir ont voulu sauver pour eux-mêmes. Le matérialisme, sa vision du monde, a fait place, partout en Occident, au scepticisme historique, qui à son tour fera place au mysticisme et au renouveau de la religion. Tout ce qu'ils ont réussi à sauver de la destruction générale, c'est une accumulation de petits avantages personnels. Pour les remercier, le Barbare et le Faussaire les ont nommés leurs commissaires en Europe. Comme il est symbolique que les marionnettes qui ont été placées aux postes jadis importants en Europe après la Seconde Guerre mondiale étaient toutes des vieillards ! Ils étaient vieux, biologiquement parlant, mais spirituellement ils étaient vieux de deux cents ans, enracinés dans le passé parlementaire mort. Pour les nouveaux patrons de l'Europe, il importait peu que ces fonctionnaires retraités manquent de vigueur et de créativité : c'est précisément pour cela qu'ils ont été choisis. Tous ceux qui ont fait preuve de vigueur ont été soigneusement mis à l'écart par les nouveaux patrons. La léthargie couplée à l'art oratoire était préférée à la volonté d'agir sans le bla-bla patriotique du 19e siècle.

C'est le résultat du retard culturel. Sans lui, les forces extérieures n'auraient jamais réussi à écraser la fleur de la culture occidentale sous les sabots de son primitivisme et de sa stupidité. Il n'a cependant joué qu'un rôle subalterne. L'étude de la pathologie des autres formes de vie organique, végétale, animale et humaine, offre de nombreux exemples de simultanéité des maladies, où les dommages causés par l'une favorisent la propagation de l'autre. La simultanéité de la pneumonie et de la tuberculose dans l'organisme humain n'est qu'un cas parmi d'autres. La maladie la plus grave qui a évolué en même temps que le retard culturel, et qui a été favorisée par ce dernier, est l'aggravation du parasitisme culturel, qui devient un déformateur de la culture lorsque le parasite prend une part active à la vie de la culture.

5. Distorsion culturelle résultant d'une activité parasitaire

I

Les effets élémentaires du parasitisme culturel sur le corps de la Culture ont déjà été analysés : réduction, par déplacement, de la population de la Culture ; perte d'énergie culturelle par frottement. Ces effets résultent de la simple existence du parasite, aussi passif soit-il. Le mélange d'éléments parasitaires dans la vie culturelle, ainsi que l'activité du parasite de la culture, sa participation à la création de tâches, d'idées et de politiques culturelles, sont beaucoup plus dangereux pour la réalisation saine de la culture. L'activité du parasite génère à un niveau d'intensité plus élevé la répétition des phénomènes de friction qui accompagnent la présence passive du parasite. En Californie, chaque augmentation de la puissance économique, chaque démonstration publique d'énergie collective de la part des Chinois, a entraîné des émeutes anti-chinoises au sein de la population américaine. Il en va de même pour le groupe japonais. Les pires émeutes ont été celles provoquées par l'avancée progressive du Noir dans la vie publique américaine. Tant que le Noir est resté "passif", les troubles entre les deux races ont été réduits au minimum. L'année 1865 marque le début du passage de la passivité à l'activité des

Noirs. Naturellement, celle-ci n'est pas spontanée : des éléments rationalistes blancs, des libéraux, des adeptes de la "tolérance", des communistes créent un mouvement dont la mission est d'ignorer les distinctions entre les races et, sous leur direction, des émeutes éclatent périodiquement et paralysent temporairement la vie publique dans les plus grandes villes d'Amérique. Tulsa, Beaumont, Jersey City, Chicago, Detroit, New York, ne sont que des exemples partiels des émeutes de masse du dernier quart de siècle. Chaque émeute a été précédée d'un déluge de propagande sur la "tolérance", avec beaucoup de sentimentalisme, et plus tard une enquête publique a décidé que la cause de tout cela avait été un manque de "tolérance" et d'"éducation". Pendant l'occupation américaine de l'Angleterre, de 1942 à 1946, plusieurs batailles raciales majeures ont eu lieu entre les troupes américaines et les troupes noires, malgré le fait que toutes deux étaient en mission contre l'Angleterre et l'Europe. Les combats étaient si violents que des armes automatiques ont été utilisées. L'utilité limitée des groupes culturellement parasites dans les tâches militaires est illustrée par cet exemple. Ces troupes noires faisaient en réalité partie d'unités américaines dédiées à la destruction de l'Europe, mais un incident social mineur dans un bar a suffi à favoriser l'inflammation de la haine raciale développée par le parasite et l'hôte partageant la même vie. Les troupes de groupes parasitaires sont de peu de valeur, étant régulièrement à deux doigts du tumulte racial, et les rationalistes et les libéraux ont découvert par leur propre expérience, qu'ils auraient pu être évités en étudiant simplement les chroniques de 5000 ans d'histoire des Grandes Cultures. Ces troupes noires témoignaient de leur volonté de détruire l'Amérique et l'Europe. Ces exemples de tension élevée entre l'hôte et le parasite ne sont que la forme la plus simple de la maladie de la distorsion culturelle en tant que conséquence de l'activité parasitaire. Ils ne diffèrent que par le degré de résistance contre le parasitisme culturel.

Beaucoup plus grave est la façon dont le parasite participe de façon décisive à la vie publique de la culture et oriente la politique de cette dernière vers ses propres canaux. Ni en Amérique, ni en Amérique du Sud, le Noir n'a atteint cette importance. Pas plus que les groupes japonais, chinois, levantins ou indiens en Amérique du Nord.

Un groupe, cependant, a causé une distorsion culturelle majeure dans la civilisation occidentale et ses colonies sur tous les continents, et ce groupe est l'arrière-garde en Occident de la culture arabe déjà accomplie : l'Église-État-Nation-Peuple-Race du Juif.

De la culture arabe, déjà réalisée intérieurement vers 1100, le Juif a tiré sa conception du monde, sa religion, sa forme d'État, son idée de nation, son sentiment d'appartenance à un peuple et son unité. Mais c'est de l'Occident qu'il tient sa race[58] et sa mission dans la vie. Nous voyons déjà le développement de cette race dans son existence ghettoïsée au cours des huit cents premières années de notre culture occidentale. À mesure que le rationalisme s'articulait à partir de 1750 et que le Juif réalisait les possibilités plus vastes que lui offrait la nouvelle phase vitale de l'Occident, il commença à s'agiter contre le ghetto qu'il s'était créé dans les temps primitifs comme symbole de son unité, spirituelle et physique. Cette race avait un type d'idéal différent de celui de l'Occident, ce qui influença le matériel humain qui entra dans le système sanguin collectif de la race du ghetto. Au milieu du 20e siècle, on voit des Juifs à la pigmentation nordique, mais la pureté raciale a adapté le nouveau matériel à l'ancienne apparence raciale. Pour le racisme vertical du 19e siècle, ces phénomènes étaient mystérieux, mais le 20e siècle a vu la primauté du spirituel dans la formation de la race. Lorsqu'on a dit que le Juif avait pris sa race à l'Occident, cela ne signifiait pas qu'il avait puisé dans la lignée des peuples occidentaux pour recruter la sienne - même s'il l'a fait et continue à le faire, dans une certaine mesure - mais qu'en servant, par son propre impératif culturel, de masse totalement étrangère autour du Juif, l'Occident a empêché la dissolution et la disparition de l'unité juive.

Car, il faut y insister, si le contact avec l'étranger est néfaste pour un organisme lorsque l'étranger est à l'intérieur de l'organisme, c'est tout le contraire lorsque l'étranger est à l'extérieur : ce contact renforce l'organisme. Les croisades, premiers balbutiements après la naissance de l'Occident, ont donné de la fermeté au nouvel organisme, ont prouvé sa viabilité. Les guerres de Castille et d'Aragon contre les barbares ont donné à l'Espagne la force interne dont elle avait besoin pour mener à

---

[58] L'auteur fait allusion à l'hostilité des peuples occidentaux à l'égard du Juif, pour des raisons religieuses au Moyen-Âge, sociales et économiques à l'époque moderne et "totales", c'est-à-dire politiques, à l'époque contemporaine, hostilité qui a contribué à sentimentaliser la race des parasites culturels. Cette hostilité a contribué à sentimentaliser la race des parasites culturels. Les sionistes eux-mêmes ont prôné un certain antisémitisme, comme en témoignent les "Protocoles" de Serge Nilus.

bien sa grande mission ultramontaine. Les victoires anglaises sur les champs de bataille coloniaux à travers le monde ont donné à l'Angleterre le sens obligatoire d'une mission. Les guerres de Rome dans son enfance nationale lui ont donné la fermeté interne qui lui a permis de mener les guerres puniques qui lui ont permis de dominer la civilisation classique.

Ainsi, il est évident que le contact mutuel de l'Occident avec le Juif a eu une signification opposée pour les deux organismes : pour le Juif, c'était une source de force et d'information, pour l'Occident, c'était perte de force et une déformation. Le Juif était à l'intérieur de l'Occident, mais l'Occident n'était pas à l'intérieur du Juif. La persécution se renforce si elle ne persévère pas jusqu'à l'extermination totale. La citation au début de cet ouvrage est aussi valable pour l'Occident aujourd'hui qu'elle l'était pour le Juif à ses débuts.

Lorsque l'on évoque le sujet de la persécution, on nomme la source de la mission vitale du Juif. Un millénaire de massacres, de vols, de fraudes, d'incendies, d'insultes, de mauvais traitements, d'expulsions, d'exploitations, voilà le cadeau de l'Occident au Juif. Non seulement ils ont renforcé et endurci son sentiment de race, mais ils lui ont donné une mission, une mission de vengeance et de destruction. Les peuples et les monarques occidentaux stockaient des explosifs dans l'esprit de l'étranger qui vivait parmi eux.

La régularité organique de la guerre régit la vie : même les tribus primitives d'Afrique font la guerre alors qu'elles n'ont aucune raison de se battre, contrairement aux peuples d'une Culture. L'apparition sur terre d'une Grande Culture, et la concentration de pouvoir que lui confèrent sa haute organisation et son articulation, provoque dans les milieux humains une contre-volonté destructrice, qui s'oppose à la volonté créatrice de la Grande Culture. Dans la vie, la non-appartenance est synonyme d'opposition. L'opposition peut être à l'état latent, pour un certain temps ou pour toujours, à cause d'autres oppositions plus fortes, mais elle existe, latente et potentielle. Le contact de deux organismes supra-personnels ne peut qu'engendrer l'opposition et la guerre. L'Occident et l'organisme juif sont en guerre permanente depuis le millénaire que dure leur contact. Ce n'est pas la guerre du champ de bataille, de l'engagement cuirassé, mais une guerre d'une autre forme.

La totale extranéité du Juif le rendait politiquement invisible pour l'Occident. L'Occident ne le considère pas comme une nation, car il n'a pas de dynastie, pas de territoire. Il parlait la langue du pays dans lequel il vivait. Ce pays n'avait pas d'État visible de type occidental. Il semble que le judaïsme soit simplement une religion et, en tant que telle, pas une unité politique, car même pendant la guerre de Trente Ans, 1618-1648[59], la religion a joué un rôle subordonné à la politique dynastique et à la politique de la fronde. Par conséquent, même lorsque l'Occident lui-même avait donné au Juif sa mission politique de vengeance et de destruction, il ne pouvait pas le considérer comme une unité politique.

Ainsi, la guerre entre la culture occidentale et le Juif était une guerre souterraine. Le Juif ne pouvait pas apparaître dans son unité et lutter ouvertement contre l'Occident, en raison de son infériorité notoire. L'Occident aurait uni immédiatement contre une attaque juive déclarée, la détruisant complètement. Le Juif a été contraint de mener sa politique par la méthode de l'infiltration en se mêlant aux conflits entre les forces, les idées et les États occidentaux et en essayant d'influencer le résultat final en sa faveur. Il a toujours favorisé le côté qui visait le matérialisme, le triomphe de l'économie, l'opposition à l'absolutisme et l'unité religieuse de l'Occident, la liberté du commerce et de l'usure.

La tactique de cette guerre juive consistait à manipuler l'argent. Sa dispersion, son matérialisme, son cosmopolitisme total l'empêchaient de prendre part à la forme héroïque du combat sur le champ de bataille, et il se limitait donc à prêter, ou à refuser de prêter, à corrompre, à gagner du pouvoir par la loi sur des individus importants. Dès le début du christianisme, les papes ont interdit aux chrétiens de prêter de l'argent à intérêt et, dès lors, le juif a été élevé à une position économique privilégiée. Cromwell les a réadmis en Angleterre lorsqu'il a décidé qu'"il n'y avait pas assez d'argent dans le pays". Au XVIIe siècle, ils étaient les plus grandes banques de l'Occident. La Banque d'Angleterre elle-même a été fondée conformément à une concession accordée à Ali-ben-Israel par Cromwell[60]. Cette banque a commencé à payer un intérêt de 41/21% sur ses dépôts et à prêter au

---

[59] Nom générique donné à une série de guerres en Allemagne, qui a commencé officiellement avec la revendication de Frédéric, électeur du Palatinat, au trône de Bohême. La paix de Westphalie a mis fin à la guerre, ce qui a eu pour conséquence immédiate de permettre aux protestants de jouir pleinement de leurs droits civils et religieux.

[60] En 1694, et à l'origine de la création de cette banque, un prêt de 1.200.000 livres consenti par Manasseh-ben-Israël, également appelé Ali ben Israël, à Guillaume III d'Angleterre.

gouvernement au taux de 8%.

La philosophie scolastique, les lois de l'Église, l'esprit de l'époque, le pouvoir des barons féodaux de le dépouiller... tout cela jouait contre le juif. Par exemple, Saint Thomas d'Aquin, au 13ème siècle, enseignait que le commerce devait être méprisé comme une conséquence de la cupidité, qui tend à perdre toute mesure. L'imposition d'intérêts sur les prêts était une injustice, les Juifs devaient être privés de l'argent qu'ils avaient gagné par des pratiques usuraires et ils devaient être contraints de travailler et de perdre leur ambition pour le profit. Plusieurs papes ont publié des bulles contre les pratiques économiques, le matérialisme et l'influence croissante des Juifs.

Mais l'âme même de l'Occident s'extériorise peu à peu. Le tournant décisif de 1789 a été préparé par de petits changements au cours des siècles. L'ancienne intériorité de l'Occident, qui avait donné aux siècles féodaux leur cohésion spirituelle évidente, a été progressivement minée par de nouveaux conflits, notamment entre la ville et la campagne, entre la noblesse commerciale et la noblesse terrienne, entre le matérialisme et l'esprit religieux. La Réforme fut un schisme dans toute l'âme de l'Occident. Le système calviniste y est apparu comme le symbole du futur triomphe du matérialisme. Calvin prêchait la sainteté de l'activité économique ; il approuvait l'usure ; il interprétait la richesse comme un signe d'élection au salut éternel. Cet esprit s'est répandu ; Henri VIII a légalisé l'usure en Angleterre en 1545. La vieille doctrine occidentale du mal de l'usure est abandonnée.

Tout cela représentait une libération pour le Juif ainsi que la possibilité d'accéder au pouvoir, même s'il s'agissait d'un pouvoir déguisé, invisible. À l'époque de la Réforme, on voit le Juif se battre partout contre l'Église, et dans la lutte entre Luther et Calvin, il aide ce dernier, car Luther rejette aussi l'usure. La victoire en Angleterre du puritanisme - une adaptation locale du calvinisme - a donné au Juif des conditions favorables. L'écrivain puritain Baxter prône même comme devoir religieux de choisir la plus avantageuse de deux alternatives économiques. Choisir la moins avantageuse revenait à ignorer la volonté de Dieu. Cette atmosphère protégeait les biens du Juif et tendait à les accroître, de sorte que les anciens vols dont les monarques et les barons l'avaient rendu victime ne pouvaient se répéter.

II

Au début du XVIIe siècle, un sous-courant, une déformation, une distorsion est apparue dans l'histoire de l'Occident. Nombre des aspects les plus rapaces de l'influence de l'usure et du capitalisme financier n'étaient pas du tout anglais, mais devaient être attribués à l'influence croissante du Juif. Là encore, ces effets ne doivent pas conduire à une critique du Juif. L'aspect religieux de l'unité juive autorise le prélèvement d'intérêts et prescrit une éthique différente dans les relations entre juifs et goyim de celle des relations entre juifs. Selon la religion juive, il était méritoire de porter atteinte aux intérêts du goy. Cette doctrine religieuse serait devenue inopérante dans n'importe quel autre cas, mais pas dans le cas de la mission vitale du Juif, dont on a déjà vu la formation au cours des siècles de persécution. Le Juif était simplement lui-même, mais son influence n'était pas occidentale, ce qui a créé une distorsion dans la culture de l'Occident. Même au XIXe siècle, après que la sanctification de l'ambition ait été fermement établie, Carlyle, l'un des grands représentants de la culture occidentale, était consterné par le spectacle du vol universel par des armes économico-juridiques astucieuses et par l'absence inouïe de conscience sociale qui sacrifiait des nations entières à la spoliation et à la misère. Les effets déformants de la présence juive dans la vie économique occidentale depuis ses débuts ont été clairement exposés par le grand économiste et penseur européen Werner Sombart dans son ouvrage Les Juifs et le capitalisme moderne. Avec l'émergence, dans l'âme occidentale, d'un intérêt accru pour le monde matériel, le Juif s'est senti plus en sécurité, plus indispensable et plus puissant. Même s'il avait voulu s'engager dans des activités autres que l'usure, cela lui aurait été impossible, car les guildes d'Occident n'admettaient que des chrétiens. Sa supériorité économique originelle est ainsi maintenue, et certains notables occidentaux en viennent à dépendre de lui. Ils ne pouvaient plus l'attaquer, car de nouvelles lois commerciales reflétant l'esprit mercantile croissant le protégeaient dans ses biens, ses hypothèques et ses contrats. L'histoire de Shylock nous montre la double image du Juif : flagorneur et socialement rampant au Rialto[61], mais féroce comme un lion dans la salle d'audience. C'est l'Occident qui lui a attribué ces deux

---

[61] Pont célèbre dans un quartier de Venise, où se retrouvait le gratin de la société.

rôles. Il attendait de lui un rôle purement subalterne, mais lui donnait en même temps la possibilité de jouer un rôle de premier plan.

Plus la Culture devenait matérialiste, plus elle se rapprochait du Juif, et plus l'avantage du Juif était grand. L'Occident a abandonné son exclusivisme, mais il a conservé le sien, invisible à l'Occident.

Cette période voit l'émergence du rationalisme, affirmation radicale du matérialisme. Vers 1750, de nouvelles idées gagnent du terrain en Occident : "liberté", "humanité", déisme, opposition à la religion et à l'absolutisme, "démocratie", enthousiasme pour le peuple, croyance en la bonté de la nature humaine, retour à la Nature. La raison défie la tradition et, lentement, les vieilles structures occidentales de pensée et de gestion de l'État, raffinées, succombent. C'est à cette époque que Lessing fait du juif le protagoniste de sa pièce Nathan der Weise[62], ce qui aurait semblé ridicule il y a seulement un siècle. Les intellectuels s'enthousiasment pour l'homme du ghetto, avec ses systèmes de castes très raffinés et sa religion privée coexistant avec son matérialisme extérieur. Il est le cosmopolite et, en tant que tel, il apparaît aux intellectuels occidentaux comme le précurseur de l'avenir. Pour la première et dernière fois, les Occidentaux et les Juifs ont travaillé ensemble à la diffusion des nouvelles idées. La distorsion culturelle s'est ensuite étendue à la vie politique. La forme qu'a prise la Révolution française est due à la distorsion culturelle. L'époque particulière qui marque ce grand épisode est naturellement un développement organique occidental. La distorsion se manifeste dans ces événements particuliers[63] qui se produisent d'une manière particulière, et dans un lieu particulier dans le temps et dans l'espace. En d'autres termes, la distorsion ne s'est produite qu'à la surface de l'histoire, et non dans ses profondeurs, car il ne peut y avoir de distorsion à cet endroit. L'emprisonnement est une analogie humaine : il déforme la surface de la vie humaine en changeant tous les faits, mais il n'altère pas le développement intérieur, physique ou spirituel. La distorsion est une déformation, une déviation, une frustration, mais ce n'est pas la mort, et elle ne peut

---

[62] En allemand dans le texte : Nataniel le Sage (N. of T.)

[63] Allusion aux dérives révolutionnaires. C'est un juif, Marat, qui a radicalisé la répression des soi-disant réactionnaires, entraînant derrière lui le psychopathe Robespierre, juif lui aussi, les procureurs-exécuteurs juifs du tribunal révolutionnaire. Almereyde et Choderlos de Laclos ainsi que le geôlier du Dauphin, Simon. Un peintre hébreu, David, fut également l'artiste de la Révolution.

pas tuer. C'est une maladie chronique, une plaie permanente, un gâchis, une impureté dans le courant vital de la culture.

Le philosophe a traité en toute perspective l'exemple le plus connu de distorsion culturelle dans la culture arabe. Les anciens Romains civilisés ont infiltré la vie renaissante du monde araméen[64]. Cette nouvelle culture a dû se frayer un chemin à travers l'ensemble des formes vitales du monde romain pour s'exprimer. Cette nouvelle culture a dû se frayer un chemin à travers l'ensemble des formes vitales du monde romain pour s'exprimer. Ses premiers siècles représentent une émancipation progressive de la distorsion culturelle, une lutte contre cette distorsion. Les guerres mithyridatiques[65] sont la première manifestation de cette lutte. Les Romains étaient les "Juifs" de ce monde, c'est-à-dire les penseurs économiques, avec une unité culturelle complète, immergés dans une zone de religions naissantes. La distorsion s'est manifestée dans tous les aspects de la vie : droit, philosophie, économie politique, littérature, guerre. Elle apparaît dans les débuts de la culture, qui se libère lentement du monde totalement étranger des Romains. Mais l'âme profonde de cette nouvelle culture n'a pas été affectée par la distorsion ; seule sa réalisation, sa surface, son expression, ses actes l'ont été.

En même temps, seuls les faits de la période 1775-1815, la Révolution française, ont été déformés, falsifiés. La grande transition symbolisée par cet horrible événement - le changement de direction de l'âme occidentale de la Culture à la Civilisation - aurait pu se produire de bien d'autres manières.

La politique des faux-monnayeurs consistait à rendre les finances publiques françaises dépendantes de la dette et des intérêts, comme ils y étaient parvenus, bien avant, en Angleterre. Cependant, la monarchie absolue, avec sa centralisation du pouvoir, s'oppose à la soumission de l'État au pouvoir de l'argent. L'idée est donc d'introduire en France la monarchie constitutionnelle et, à cette fin, les Faussaires et leur instrument Necker imposent la convocation des États généraux. Sa

---

[64] Les Araméens étaient une confédération de tribus parlant une langue sémitique, entre le 11e et le 8e siècle avant J.-C. en Aram (nord de la Syrie). Selon la Genèse, les Araméens, mêlés à d'autres peuples du désert de Mésopotamie, sont les Juifs.

[65] Mithridate, roi du Pont-Euxin (Anatolie) voulut profiter des circonstances difficiles que traversait Rome et fit décapiter tous les Romains installés dans son royaume, ce qui déclencha une guerre avec le peuple romain et fut vaincu par Sulla à la bataille de Chéronée (N. du T.).

composition fut également déterminée, dans une large mesure, par les Faux-Monnayeurs, et c'est ainsi que fut instituée une monarchie constitutionnelle.

Necker tente immédiatement d'émettre deux grands emprunts, sans succès. Une solution à la crise financière est proposée par Talleyrand sous la forme de la confiscation des terres de l'Église. Mirabeau soutient l'idée et l'améliore en suggérant l'émission d'une monnaie adossée aux biens confisqués. Necker refuse au motif qu'une telle monnaie, qui n'a pas à payer d'intérêts et ne dépend pas du poids de la Dette, ne serait pas utile Faux-Monnayeurs.

Au plus fort de la crise financière, Necker est exilé de France et Mirabeau devient dictateur. La première chose qu'il fait est d'émettre immédiatement de la monnaie, garantie par les richesses des terres nouvellement confisquées, afin de sauver le pays de la panique que les Falsificateurs tentent de provoquer.

Mais depuis l'étranger, Necker, représentant des puissances d'argent et des faux-monnayeurs, déclenche une guerre continentale contre la France, soutenu par des complices à l'intérieur du pays.

L'idée maîtresse de cette combinaison était qu'une guerre nécessiterait de la part de la France des emprunts importants à l'étranger, en Angleterre, en Espagne et ailleurs, et que l'argent, garanti par des terres, les fameux assignats, serait rejeté par les puissances financières. La France serait obligée de se plier aux exigences des monopoleurs de l'or. De cette guerre à la Terreur, il y a une ligne droite.

À l'aube de la civilisation, nous assistons au même conflit gigantesque entre l'autorité et l'argent, qui durera des générations dans l'avenir. C'est la lutte de Napoléon contre six coalitions.

Napoléon a été décrit par un auteur d'histoire déformé comme un simple conquérant ; sa philosophie de l'État a été ignorée. Mais ses idées économiques ont été clairement exposées à Las Cases et à Caulaincourt. Pour lui, l'économie était une affaire de production, et non de commerce, et devait être basée d'abord sur l'agriculture, ensuite sur l'industrie et enfin sur le commerce extérieur. En outre, il était opposé à la monnaie à intérêts.

La lutte des faussaires contre ces idées contribue de manière significative à la formation des faits de l'histoire occidentale depuis l'ascension de Napoléon au Consulat jusqu'en 1815. Indépendamment de ce que ces événements auraient pu être, le fait qu'un parasite culturel ait participé de manière active et décisive à l'expression de l'âme occidentale a constitué une distorsion culturelle. Dans la lutte entre les forces occidentales, dont l'issue est organiquement façonnée par le développement progressif de notre âme culturelle, le poids d'une puissance totalement étrangère sur la balance est une fausse représentation et une frustration.

Nous ne savons pas ce qu'aurait été l'histoire de l'Occident sans la participation de ces forces étrangères, mais il est tout à fait évident que le pouvoir de l'argent n'aurait jamais joui d'une prédominance aussi absolue au cours du dix-neuvième siècle s'il n'y avait pas eu la maladie de la distorsion culturelle. Il y aurait eu deux pôles dans l'âme de l'Occident - jusqu'à l'individu - le pôle de la pensée de l'argent, et le pôle de l'autorité et de la tradition. Le triomphe absolu de l'argent a imposé un horrible tribut à la vie et à la santé de l'Occident. Il a sacrifié les classes paysannes de pays entiers à l'intérêt égoïste du commerce. Il a déclenché des guerres pour des intérêts privés, avec le sang des patriotes. Il suffit de mentionner la guerre de l'opium : une guerre au cours de laquelle des soldats et des marins anglais ont dû mourir pour forcer l'empereur de Chine à reconnaître et à protéger le monopole de l'opium dont jouissaient les faussaires basés dans la civilisation occidentale.

Le système de la dette est imposé à tous les États européens. La Prusse emprunte de l'argent à Nathan Rothschild en 1818. La Russie, l'Autriche, l'Espagne, le Portugal suivirent dans cet ordre. Mais l'esprit matérialiste de l'époque, hostile à la pensée profonde et à la recherche du superficiel, reste aveugle ; la philosophie, qui a produit Berkeley et Leibnitz, se contente de Mill et Spencer. La philosophie, qui avait produit Berkeley et Leibnitz, se contentait désormais de Mill et de Spencer. La pensée économique se contentait d'Adam Smith qui prêchait, face à la ruine et à la misère de millions de personnes, que la poursuite d'intérêts économiques égoïstes ferait progresser la vie collective. Lorsque de telles propositions sont généralement acceptées, il n'est pas surprenant que peu d'Occidentaux soient conscients de la distorsion de la vie culturelle occidentale. Byron était l'un d'entre eux, comme le montrent "L'âge de bronze" et des fragments de "Don Juan" et d'autres poèmes. Charles Lamb et Carlyle l'ont également remarqué, mais la plupart des Occidentaux étaient occupés à exécuter l'ordre de Louis Philippe : *Enrichissez-*

vous !.⁶⁶

III

La vie économique, bien qu'influencée dans ses formes par la culture, n'est en réalité que la matière première de la culture, une condition préalable à la vie supérieure. Le rôle de l'économie dans une grande culture est précisément analogue à son rôle dans la vie d'un homme créatif, comme Cervantès, Dante ou Goethe. Pour un tel homme, être lié à une obligation économique est une distorsion dans sa vie. Toute grande culture est créative : sa vie entière est une création suprapersonnelle continue. Ainsi, placer la vie économique au centre et dire qu'elle est la Vie, et que tout le reste est secondaire, est une distorsion de la Culture.

Mais les faux-monnayeurs ont obtenu cet effet des deux côtés. Les maîtres de l'argent ont œuvré uniquement à la propagation de la souveraineté de l'argent sur les vieilles traditions de l'Occident. Sur le flanc inférieur, la déformation du marxisme nie tout sauf l'économie et affirme que le prolétariat doit exploiter la civilisation occidentale à son profit.

L'examen de l'articulation d'une grande culture montre que l'importance culturelle du prolétariat est, en un mot, nulle. C'est un simple fait, non l'expression d'une idéologie, et c'est précisément parce que c'est un fait que le Falsificateur Marx, avec sa haine abyssale et rageuse pour la civilisation occidentale, l'a choisi comme instrument de destruction. En haut comme en bas, les falsificateurs ont utilisé les seules techniques qu'ils connaissaient, les techniques économiques, dans une tentative instinctive de détruire le corps de l'Occident détesté. Cela, on ne le répétera jamais assez, est au-dessus de tout éloge et de toute critique : les Falsificateurs ont agi par contrainte ; leur conduite était irrationnelle, inconsciente, et découlait d'une nécessité organique.

L'idée de l'argent et l'idée de la lutte des classes sur une base économique sont apparues dans d'autres cultures, en temps voulu. La distorsion de notre vie ne s'est pas manifestée par la simple existence de ces phénomènes, mais par leur

---

⁶⁶ Louis-Philippe, duc d'Orléans, bénéficiaire de la Révolution de juin 1830 qui a détrôné Charles X en enlevant à la famille Capet et à ses descendants les droits à la couronne de France. Ce roi "révolutionnaire" est détrôné par la Révolution de 1848, qui instaure la Deuxième République.

universalité, leur forme absolue et l'acrimonie avec laquelle ils ont confondu et divisé l'Occident tout entier. La présence du Falsificateur, une sorte de catalyseur organique, est imbriquée dans toutes ces idées et développements désintégrateurs et destructeurs.

L'Occident n'a succombé à cette distorsion culturelle qu'en raison de sa propre extériorisation. Lorsque l'Occident a commencé à s'initier au matérialisme, les Falsificateurs l'ont aggravé. La disparition de certaines barrières a permis au Falsificateur d'œuvrer à l'anéantissement de toutes les distinctions. Il transforme le déisme en athéisme mais conserve ses runes et ses phylactères. Dans la lutte du Rationalisme contre la Tradition, il aggrave la division de l'Occident par des exigences toujours plus absolues.

La situation même du faussaire est à l'origine d'âpres discordes dans les pays occidentaux. En Angleterre, la question du statut des Juifs était continuellement soulevée. Cette question n'avait rien à voir avec le corps anglais. Cette question n'avait rien à avec le corps anglais, mais bataille après bataille, les Anglais gaspillaient leur énergie à se battre pour ou contre la citoyenneté juive, ou la possibilité pour les Juifs d'être membres du Parlement, des tribunaux, ou d'être admis dans les professions libérales ou dans les bureaux de l'État. Des querelles similaires ont divisé la société occidentale partout dans le monde. Le résultat du financement ferme de la vie économique, substituant l'idée de marchandise à l'idée d'argent, a été la ruine de la vie matérielle et spirituelle des travailleurs manuels et des paysans dans tous les pays d'Occident. La mort de millions d'entre eux au cours des XIXe et XXe siècles, due à la saleté, à la malnutrition et aux conditions de vie inhumaines, au typhus, à la famine et à la tuberculose, est due à la transformation de l'économie en un champ de bataille opposant le seigneur de l'argent à l'entrepreneur et à l'industriel. C'est lui qui a fait triompher la société anonyme comme forme de propriété de l'entreprise, ce qui a contraint tout entrepreneur à la servitude des intérêts du seigneur de l'argent, car c'est lui qui a acheté les actions et qui a ensuite exploité les salariés des entreprises en convertissant tous les processus industriels en dividendes. Diminuer ce "coût" signifiait augmenter ses propres profits. Peu importe que le résultat soit des enfants rachitiques, des familles affamées, une vie nationale avilie ; ce qui compte, c'est le profit.

Selon cette idéologie, tout travailleur manuel peut, s'il le souhaite, devenir un seigneur de l'argent. S'il ne réussit pas, c'est de sa propre faute. Les seigneurs de l'argent ne ressentent aucune obligation, aucun devoir envers qui que ce soit, car ils se sont faits eux-mêmes. En revanche, si leurs biens à l'étranger sont attaqués, c'est le devoir patriotique de leurs pauvres concitoyens de venir en aide aux seigneurs de l'argent.

Les terribles résultats de l'afflux d'argent, en poussant des pans entiers de la population dans les bras de la famine, provoquèrent, comme on pouvait s'y attendre, un contre-effet. Le mécontentement bouillonnant de ces masses fut également utilisé comme instrument de la politique des Faux-Monnayeurs.

Au milieu se trouvait l'ennemi : le corps de la civilisation occidentale. Au-dessus de, la technique financière de domination de ce corps. En bas, la technique du syndicalisme. Les millions de la majeure partie de la population étaient le butin d'une guerre sur deux fronts. Le rôle du Faussaire était d'accroître la division, de la frénétiser, de la faire tourner à son avantage. Aucun historien n'a mieux exprimé la politique et les résultats de l'action des Falsificateurs que Baruch Levy dans sa célèbre lettre à Marx :

> Le peuple juif, pris collectivement, sera son propre Messie. Il parviendra à dominer le monde par la fusion de toutes les autres races humaines, l'abolition des frontières et des monarchies, qui sont les bastions du particularisme, et l'érection d'une République universelle, dans laquelle les Juifs jouiront partout de droits universels.
>
> "... Dans cette nouvelle organisation de l'Humanité, les enfants d'Israël seront dispersés dans le monde habité, et comme ils appartiennent tous à la même race et à la même tradition culturelle, sans avoir en même temps une nationalité déterminée, ils formeront l'élément dirigeant sans rencontrer d'opposition.
>
> "Le gouvernement des nations, qui sera confié à cette République universelle, passera sans peine aux mains des Israélites, par le fait même de la victoire du prolétariat. La race juive pourra alors mettre fin à la propriété privée et administrer dans le monde entier les fonds publics.
>
> Les promesses du Talmud s'accompliront alors. Lorsque le temps du Messie sera venu, les Juifs tiendront dans leurs mains la clé des richesses du monde".

C'est l'expression du corps étranger dans l'organisme occidental. Pour le falsificateur, il n'y a rien de sinistre là-dedans : pour lui, l'Occident est un monstre brutal d'orgueil, d'égoïsme et de cruauté. Les conditions vitales des deux organismes, ou d'une autre paire d'organismes de même rang, sont simplement différentes. Pour le Falsificateur, promouvoir l'obsession économique au sein de l'Occident, miner son âme et lui ouvrir la voie, n'est rien d'autre qu'obéir à l'évidence. C'est l'éternelle relation entre l'hôte et le parasite que l'on retrouve déjà dans le monde végétal, dans le monde animal et dans le monde humain. Pour l'Occident, être lui-même, c'est étouffer l'expression du Falsificateur et restreindre l'âme du Falsificateur ; pour le Falsificateur, être lui-même, c'est frustrer l'expression de l'âme occidentale.

Il devrait être tout à fait clair que la Distorsion culturelle ne peut pas tuer l'hôte, car elle ne peut pas atteindre l'âme, mais peut seulement affecter les expressions de cette âme lorsqu'elles atteignent le stade de leur réalisation. Si la distorsion pouvait atteindre l'âme, elle ne serait plus tenue pour telle, car l'âme changerait, mais l'âme reste dans sa pureté et son intensité ; seule son extériorisation est détournée de son cours, déformée. C'est la source de la tension : la disjonction entre ce qui était possible et ce qui est devenu réel est visible. La réaction commence : à chaque victoire de la distorsion culturelle, le sentiment de frustration augmente et l'hostilité des éléments porteurs de la culture est d'autant plus déterminée. La propagande ne peut pas affecter ce processus, car il est organique et doit se produire tant que la vie est présente.

IV

La distorsion culturelle affecte la vie de la culture à tous les niveaux. Lorsque la culture traverse une phase politiquement nationaliste, comme l'a fait l'Occident au cours du 19e siècle et de la première moitié du 20e siècle, ce n'est pas seulement la vie de chaque nation qui peut être déformée, mais aussi les relations entre les nations elles-mêmes.

L'illustration la plus simple doit être hypothétique. Le groupe parasite chinois en Amérique n'aurait jamais pu atteindre le niveau de distorsion culturelle, mais supposons qu'il l'ait fait. S'il avait possédé le pouvoir public en Amérique à une époque où, par exemple, l'Angleterre revendiquait des sphères d'influence pour elle-même en Chine, l'élément chinois en Amérique aurait inévitablement œuvré pour une guerre de l'Amérique contre l'Angleterre. Si son degré de puissance publique avait été suffisant, il aurait réussi. Cela aurait été une distorsion de la vie internationale de la civilisation occidentale. Cela aurait été une guerre inter-occidentale pour les intérêts chinois. Un tel cas hypothétique s'est produit à plusieurs reprises avec d'autres participants tout au long du 19e siècle. Le pays qui persécutait le faussaire culturel en Europe ou qui tardait à lui accorder les droits civils, la protection juridique et les possibilités financières dont il avait besoin, était immédiatement l'objet de la politique du faussaire culturel. La déformation n'a jamais été absolue, car la puissance publique du faussaire n'est jamais allée aussi loin. Il s'agissait toujours d'une simple torsion et non d'une transformation, d'une influence et non d'un ordre, d'un caché et non d'un visible, d'une déviation et non d'une ligne droite. Le Falsificateur n'est jamais apparu seul, car cela aurait signifié sa destruction, n'étant plus qu'un minuscule parasite sur un hôte gigantesque. La Distorsion a toujours été masquée par des idéaux occidentaux : liberté, démocratie, etc. Nous le répétons, il n'y a rien de sinistre là-dedans, car c'était une nécessité vitale pour les Distorsionnistes de mener leur politique de cette manière. Leur petit nombre ne leur permettait pas de défier l'Occident tout entier sur le champ de bataille.

Tout au long du XIXe siècle et au début du XXe siècle, il y a eu, à côté de l'histoire superficielle de la politique et de l'économie occidentales, une autre histoire : celle de la progression du parasite culturel à travers sa propre histoire, avec la déformation de la politique et de l'économie occidentales qui en découle. L'Europe contemporaine n'a pu avoir qu'une vision partielle de cette seconde histoire. En raison de son nationalisme politique, elle ne pouvait concevoir une unité politique sans un territoire défini, une langue commune, une "Constitution", une armée, une flotte, un cabinet et le reste de l'équipement politique occidental. Il ne connaissait pas l'histoire de la culture arabe et son idée de la nation, ni ses résidus disséminés en Occident.

Au sein de chaque nation, il a œuvré pour l'adoption de "constitutions", pour l'atténuation des vieilles formes aristocratiques, pour l'expansion de la "démocratie", pour le gouvernement des partis, pour l'extension des droits politiques, pour la rupture du vieil exclusivisme occidental. Toutes ces transformations sont quantitatives, elles sont la négation de la qualité. La démocratisation d'un pays était une condition préalable à la conquête du pouvoir de l'intérieur. Si la résistance interne était trop forte, d'autres nations où le pouvoir était déjà acquis étaient mobilisées contre la nation récalcitrante, et le résultat de tout cela était la guerre.

Tout au long du XIXe siècle, la Russie - alors encore membre du système étatique occidental -, l'Autriche et la Prusse ont résisté à la distorsion culturelle. L'Église romaine a également résisté et a été désignée comme ennemi.

En 1858, le faux culturel avait atteint un point tel qu'il pouvait mobiliser le gouvernement français et l'opinion publique anglaise dans l'affaire de l'enfant Mortara. Si un incident international a pu être provoqué entre des nations occidentales à propos d'un enfant juif privé, il n'est guère surprenant que des affaires juives d'une importance bien plus grande entraînent des conséquences internationales bien plus importantes dans le système politique occidental.

Le plus grand ennemi de tous était la Russie, le pays des pogroms. Nous avons déjà vu comment, à l'occasion d'un grand pogrom à Kiev en 1906, le gouvernement Roosevelt[67] en Amérique a rompu ses relations diplomatiques avec le gouvernement russe. Aucun Américain n'a été impliqué de quelque manière que ce soit dans ce pogrom ; ce cas est donc révélateur de la force du Faker. Si les victimes du pogrom avaient été des Lapons, des Cosaques, des Baltes ou des Ukrainiens, personne à Washington n'y aurait fait allusion.

La Première Guerre mondiale, tant dans sa forme originelle que dans son développement, n'était en rien révélatrice des problèmes occidentaux de l'époque. L'analyse de ce moment décisif est à faire ailleurs, mais on peut déjà voir ici le résultat pour la Russie, le grand ennemi du Falsificateur. Les liens du Faussaire culturel avec le bolchevisme ont été exposés avec fanfaronnade dans sa propre presse dans les premiers jours de la révolution soviétique. La Russie des Romanov a payé mille fois les pogroms de trois siècles. Le tsar et sa famille ont été fusillés devant le mur d'Ekaterinbourg et un signe cabalistique a été gravé sur leurs cadavres. Toute la strate qui avait été le vecteur de la civilisation occidentale en Russie a été tuée ou expulsée. La Russie a été perdue pour l'Europe et est devenue la plus grande menace pour le corps occidental. Les guerres bolcheviques, les

---

[67] Theodor Roosevelt (1859-1919). À la page 606 du volume 19 de l'Encyclopedia Britannica, on peut lire : "Le goût ardent de Roosevelt pour les applaudissements du public, combiné à l'état de corruption de la vie publique à New York, l'a incité à faire de la politique, et il s'est inscrit au parti républicain. (N. du T.)

pestes, les persécutions et la famine qui ont immédiatement suivi la révolution ont fait entre dix et vingt millions de victimes. Parmi les autres changements intervenus en Russie, l'antisémitisme a été criminalisé.

Cet exemple montre jusqu'où peut aller la distorsion culturelle. Le formidable pouvoir formateur de la culture occidentale avait attiré la Russie dans son orbite spirituelle. L'instrument de ce développement était Pierre le Grand. La dynastie des Romanov qu'il a fondée au XVIIe siècle a été le grand symbole de l'influence de l'esprit occidental sur le vaste sous-continent appelé Russie, avec ses populations prolifiques et primitives. La transformation n'a naturellement pas été complète. Elle n'aurait pu l'être, car une Grande Culture a son site propre qui est inamovible. Néanmoins, la dynastie des Romanov, la strate occidentale qu'elle représentait en Russie a donné à l'Europe une sécurité relative à l'Est pendant trois siècles. Le bolchevisme a mis fin à cette sécurité.

Lorsque les troupes du tsar Alexandre ont occupé Paris en 1814, elles ont été contraintes par le vernis occidental de leurs commandants de se comporter comme des troupes occidentales. C'était comme si les troupes d'une armée occidentale occupaient une capitale étrangère occidentale. Mais les troupes bolcheviques qui ont planté le drapeau rouge au cœur de l'Europe en 1945 n'avaient rien de commun avec l'Occident. Dans leur sang et dans leurs instincts primitifs battait l'impératif sans mot : "Détruisez tout !

V

Le phénomène de distorsion culturelle ne se limite pas à la sphère de l'action. L'influence de la civilisation classique sur la culture arabe primitive vers l'an 300 a provoqué une distorsion complète des expressions de la nouvelle culture naissante. Le philosophe [68] a décrit cette situation séculaire comme une "pseudo-métamorphose", une "fausse formation de toutes les manifestations de l'âme de la nouvelle culture".

Le raffinement de nos arts occidentaux et leur caractère ésotérique, qui ne les rend accessibles qu'à un petit nombre, rendent impossible leur déformation par des

---

[68] Allusion à Oswald Spengler qui traite de ce sujet dans le *"Déclin de l'Occident"*. (N. du T.)

personnes étrangères à la culture. Parfois, les Occidentaux eux-mêmes - par exemple le style Chippendale, les classicistes de la littérature, de la philosophie et des arts plastiques - ont cherché à introduire des motifs extraculturels en Occident, mais ils les ont transformés en les utilisant, en les adaptant à nos sentiments. Mais il n'y a pas de falsificateurs culturels dans le grand art occidental pendant sa période de développement la plus pertinente. Calderon, Rembrandt, Meister Erwin von Steinbach, Gottfried von Strassburg, Shakespeare, Bach, Leonardo, Mozart, n'ont pas d'équivalent dans un panorama extra-culturel. La peinture à l'huile et la musique sont restées entièrement occidentales alors qu'elles étaient en cours de réalisation. Lorsque, à la fin du XIXe siècle, ces deux grands arts sont entrés dans l'histoire, les falsificateurs sont apparus avec des atrocités dans le domaine de la peinture et des grondements dans le monde de la musique.

Grâce à l'étendue de leur pouvoir public, ils ont pu présenter ces horreurs comme les dignes successeurs de Rembrandt et de Wagner. Tout artiste de moindre importance qui continuait à travailler selon les anciennes traditions était étouffé par la loi du silence, tandis que tout détracteur de la culture était exalté comme un grand artiste. Au milieu du vingtième siècle, il est devenu à la mode de prendre des œuvres anciennes et de les déformer. Une forme de "musique" empruntée à la culture primitive des aborigènes africains a été adoptée, et les œuvres des maîtres occidentaux ont été adaptées à cette forme. La prétention à l'originalité a été abandonnée. Lorsqu'un dénaturateur culturel produisait une pièce de théâtre, il s'agissait simplement d'une pièce de Shakespeare, déformée, dénaturée d'une manière qui servait à propager la propagande du dénaturateur. Tout autre type d'œuvre théâtrale était noyé dans la prépondérance totale de l'étranger culturel, qui contrôlait les canaux publicitaires.

Dans ce domaine comme dans celui de l'action, c'est l'exclusivisme qui a maintenu l'âme occidentale pure dans ses expressions, et c'est la victoire des idées, des méthodes et des sentiments quantitatifs qui a rendu possible l'entrée de la fausse culture dans la vie de l'Occident.

Dans le domaine de l'action, l'Argent, la Démocratie et l'Économie - tous quantitatifs et non exclusifs - ont permis à l'étranger d'accéder à la puissance publique. Sans le matérialisme occidental, la pensée financière occidentale et le libéralisme occidental, l'accès de l'étranger à la vie publique en Occident aurait été aussi impossible que la compréhension de la casuistique talmudique pour un Occidental.

C'est ainsi que nous en arrivons à l'avenir.

Les prochains développements de l'âme occidentale sont connus. L'autorité réapparaît ; l'ancien orgueil et l'exclusivisme de l'Occident sont de retour. L'esprit de l'argent cède la place à l'autorité ; le parlementarisme succombe à l'ordre. La désarticulation sociale sera remplacée par la cohésion et la hiérarchie. La politique est appelée à se déplacer sur un nouveau terrain : les nations occidentales sont mortes, la nation occidentale va naître. La conscience de l'unité de l'Occident remplace le miniestatisme du XIXe siècle.

L'énergie et la discipline sont les caractéristiques de l'âme occidentale au XXe siècle. L'individualisme pathologique et la faiblesse de la volonté de l'Europe du 19ème siècle sont morts. Le respect du mystère de la vie et de la signification symbolique des idées vivantes remplace le matérialisme du XIXe siècle. Le vitalisme a triomphé du mécanisme, l'âme du rationalisme.

Depuis Calvin, l'Occident a progressé de plus en plus vers un matérialisme de plus en plus absolu. Le sommet de la courbe a été atteint avec la Première Guerre mondiale, et cette époque puissante qui a inauguré un monde nouveau a également vu la réémergence de l'âme occidentale dans sa pureté inégalée. Elle avait surmonté la longue crise culturelle du rationalisme, et son destin toujours jeune a donné naissance à la résurgence de l'autorité et à l'unification de l'Europe d'une manière si évidente qu'aucune force en Europe, à l'exception des retardataires et des faux-monnayeurs - tous deux pathologiques - ne s'y est opposée.

Cette évolution vers le matérialisme a été une évolution vers le faussaire culturel dans le sens où elle a rendu possible son ingérence dans les affaires occidentales. Lorsque l'on comptait les hommes, il était naturellement inclus. Mais la manie du comptage est terminée et l'ancien exclusivisme est de retour. Le phénomène Disraeli, un faussaire culturel en tant que Premier ministre d'un État occidental, aurait été impensable il y a un siècle, à l'époque de Pitt, et il est tout aussi impensable aujourd'hui dans l'avenir de l'Occident.

L'abandon du matérialisme est un progrès dans l'abandon du faussaire culturel. Dans le domaine de la pensée, le matérialisme mène un combat d'arrière-garde désespéré. Il est vaincu dans tous les domaines : physique, cosmogonie, biologie, psychologie, philosophie, belles lettres. Cette tendance irrésistible rend la déformation impossible, car elle rend les affaires de l'Occident inaccessibles au Faussaire. L'Occident a toujours été ésotérique : lorsque les Œuvres complètes de Goethe ont été publiées en 1790, seuls 600 exemplaires ont été souscrits. Mais cette audience suffit à sa renommée dans toute l'Europe. Buxtehude, Orlando, Gibbons, Bach et Mozart travaillaient pour un public restreint, qui n'incluait pas les falsificateurs culturels. La politique de Napoléon, dans ses dernières ramifications, n'a été comprise que par un petit nombre de personnes dans l'Europe contemporaine. Les falsificateurs ne voyaient que ce qui les concernait. La strate culturelle de l'Occident s'élève au-dessus des murs fissurés du nationalisme vertical. L'Occident se débarrasse de la peau du matérialisme et retourne à la pureté de son âme pour accomplir sa dernière grande tâche interne : la création de l'unité Culture-État-Nation-Peuple-Race-Empire de l'Occident, comme base pour la réalisation de l'impératif intérieur de l'impérialisme absolu.

Le problème de la distorsion culturelle est donc fondamentalement modifié. La simple possibilité d'admettre un parasite dans la vie publique de l'Occident s'éloigne de plus en plus. Avec son bel instinct, le Faussaire a quitté l'Europe, s'insérant progressivement en dehors de l'Europe.

Les vieux outils du capitalisme financier et de la lutte des classes ont perdu leur efficacité face à la résurgence de l'autorité, et seules les armées comptent désormais. De l'extérieur, le Faussaire accomplit sa mission de vengeance imposée. Dans une colonie occidentale, l'Amérique, les maladies culturelles sont toujours en vigueur et, de là, elles ont exercé et continuent d'exercer une influence sur les événements mondiaux.

V - AMÉRIQUE

> *La bataille de l'Amérique n'a pas encore été livrée et nous lui souhaitons, avec regret mais sans aucun doute, beaucoup de force. De nouveaux pythons spirituels, nombreux, d'énormes mégathériums, hideux comme tout ce qui est né de l'argile, apparaissent, énormes et immondes, devant l'avenir crépusculaire de l'Amérique ; et elle connaîtra sa propre agonie et sa propre victoire, mais à des conditions différentes de celles en lesquelles elle croit.*
>
> CARLYLE

> *Les classes supérieures intellectuellement primitives, obsédées par la pensée de l'argent, manifesteront-elles immédiatement, face à ce danger, des forces latentes conduisant à l'édification réelle d'un État et à une disposition spirituelle à sacrifier des biens et des vies, au lieu de considérer la guerre comme un moyen de gagner de l'argent, comme c'était le cas jusqu'à présent ?*
>
> SPENGLER

1. Introduction

Nous sommes arrivés au point où la méthode organico-historique qui a été développée précédemment doit être appliquée à l'avenir immédiat. La méthode de pensée a été perfectionnée, elle nous a montré notre position historique, nos affinités, ce dont nous serons toujours séparés intérieurement, notre impératif intérieur organiquement nécessaire. Il s'agit maintenant de l'appliquer à ce qui se passera dans l'avenir immédiat. Après avoir répondu au "quoi", il reste le "comment". La première étape de la politique pratique est l'affirmation des faits. La suivante est l'intuition des possibilités. Cela vaut aussi bien pour la politique pratique d'un chef de parti carriériste que pour celle d'un grand homme d'État comme Pitt, Napoléon ou Bismarck. Les faits et les possibilités de la politique occidentale en 1948 ne peuvent être compris sans une connaissance complète de l'importance et des potentialités de l'Amérique. Jusqu'à présent, cette connaissance n'existe pas en

Europe. Le temps est venu où toutes les politiques, idées et opinions doivent se référer aux faits. Les préjugés, les fantasmes, les abstractions et les idéaux sont dépassés, et même s'ils n'étaient pas ridicules, ils seraient un luxe pour une Europe étroite, pillée et occupée, qui doit penser clairement si elle veut reprendre en main son propre destin. Jusqu'à la Seconde Guerre mondiale, l'erreur et la confusion à propos de l'Amérique étaient presque générales en Europe. Elle était plus grande dans certains pays européens que dans d'autres, mais il est utile de les distinguer, car l'Europe est une unité pour l'histoire du monde, que ce fait soit largement apprécié ou non. L'Europe souffre en tant qu'unité, elle perd dans les guerres mondiales en tant qu'unité, et lorsqu'elle réalisera sa propre unité, elle pourra également gagner dans les guerres mondiales et imposer son impératif interne sous la forme de l'Avenir. Il n'y a qu'une seule façon pour cette époque de comprendre les phénomènes, et il n'y a qu'une seule méthode pour que les unités organiques découvrent les secrets de leur passé et de leur avenir : la méthode historico-organique. Le caractère et les potentialités de l'Amérique se trouvent dans son histoire. Les thèses du vitalisme culturel fournissent les moyens de comprendre la signification, pour elle-même et pour l'ensemble de la civilisation occidentale, de l'histoire de l'Amérique.

2. Les origines de l'Amérique

Le continent américain a été peuplé par l'immigration individuelle. Le plus grand nombre d'immigrants provenait des races nordiques d'Europe. Elle s'est déroulée entre 1500 et 1890. Au début de la période coloniale (1500-1789), les conditions de vie des colons étaient extrêmement difficiles. Le territoire intérieur était peuplé de sauvages hostiles. Le territoire sûr est une petite bande côtière d'environ 1 500 milles de long. Au-delà s'étendait la vaste "frontière", inexplorée et inconnue. Ce mot, important pour la compréhension des âmes nationales des précédentes nations d'Europe, avait une signification complètement opposée en Amérique. Au lieu d'une frontière entre deux unités de pouvoir, il désigne une zone, vaste, dangereuse et presque vide. Pour être incorporée, elle n'avait besoin que d'être conquise, et dans ce processus, le plus grand ennemi était la nature, plutôt que les sauvages, car ces derniers n'étaient en aucun cas très organisés. Ainsi, l'Amérique n'a pas développé, au cours de ses premiers siècles, la conscience de la tension politique qui émane d'une véritable frontière.

Le fait qu'un homme aille ou non à l'intérieur des terres pour s'approprier des terres dépendait uniquement de sa volonté personnelle. Ces millions de kilomètres carrés n'ont pas été développés par l'action de l'État, mais par l'impérialisme individuel. Ce fait est de la plus haute importance pour la suite de l'histoire américaine. Tout d'abord, ces immigrants avaient, en général, la caractéristique gothique de la distance et de l'espace qui a donné à l'histoire de l'Occident son intensité particulière. Qu'ils soient aventuriers ou réfugiés religieux, marchands ou soldats, ils ont quitté leurs foyers européens pour une terre inconnue et dangereuse, faite de privations et de conditions primitives. Leur mode de vie perpétue et développe les instincts qui les ont amenés là.

Par petits groupes, ces Américains primitifs défrichent la jungle, construisent des forts et des maisons. Les fermiers labourent les champs, fusil en bandoulière. Les femmes travaillaient dans leurs maisons avec des armes à portée de main. Les caractéristiques humaines stimulées sont l'autonomie, la débrouillardise, la bravoure et l'indépendance.

Des villes ont vu le jour le long de la côte : Boston, New York, Philadelphie, et c'est dans ces villes qu'est apparue au XVIIIe siècle une sorte de société, et même une sorte d'encyclopédisme américain.

Les premières colonies, au nombre de treize, étaient organisées comme des parties indépendantes de l'Empire colonial britannique. Le principal lien avec l'Angleterre était la défense qu'elle assurait contre les Français, dont l'empire colonial englobait le Canada et une partie de l'arrière-pays des colonies[69]. Avec la défaite et l'expulsion des troupes françaises du Canada dans les années 1760, les forces centrifuges dans les colonies se renforcent et la politique française contribue par tous les moyens à séparer les colonies américaines de l'Angleterre. Des raisons commerciales et politiques ont motivé la guerre d'indépendance américaine de 1775 à 1783, mais ce qui nous intéresse le plus aujourd'hui, c'est l'idéologie par laquelle les encyclopédistes coloniaux ont formulé leurs objectifs de guerre. La plupart des

---

[69] En 1682, une expédition française dirigée par René Robert Cavelier prend possession d'un vaste territoire autour de l'embouchure du Mississippi et le nomme Louisiane en l'honneur de son roi, Louis XIV. La Nouvelle-Orléans a été fondée par les Français un demi-siècle avant l'indépendance américaine.

propagandistes coloniaux, Samuel Adams, Patrick Henry, Thomas Payne, John Adams, John Hancock, Thomas Jefferson et Benjamin Franklin, avaient vécu en Angleterre et en France et absorbé les nouvelles idées rationalistes qui avaient triomphé dans la société anglaise et qui étaient en train de conquérir l'État et la culture français. Les colons ont adopté la forme française des doctrines rationalistes, réclamant les "droits de l'homme" plutôt que les droits des Américains.

Ce ne sont pas les idéologues, comme d'habitude, qui ont fait la guerre. Ce sont les soldats qui l'ont faite, et cette guerre a été la plus difficile que l'Amérique ait jamais menée. La population totale des colonies n'était que de trois millions d'habitants, répartis le long de la côte atlantique. La seule chose qu'elles avaient en commun était leur opposition à l'Angleterre et l'espoir d'une indépendance mutuelle. Les Anglais étaient plus forts en mer que les Français, qui aidaient les colonies, et les Anglais n'enrôlaient pas seulement des sauvages dans leurs unités de combat, mais engageaient aussi des troupes mercenaires du continent européen. C'est principalement grâce à l'aide de la Prusse et de la France[70] que les coloniaux ont finalement réussi à mettre fin à la guerre sur la base de leur indépendance totale vis-à-vis de l'Angleterre.

La guerre est aussi une guerre civile, et les chefs de la Révolution doivent pratiquer le terrorisme contre les éléments coloniaux qui souhaitent rester fidèles à l'Angleterre. Après la guerre, la plupart d'entre eux ont émigré au Canada, qui est resté anglais. Si la Révolution n'avait pas réussi, les chefs coloniaux auraient été pendus pour trahison, mais parce qu'ils ont réussi, ils sont considérés comme les Pères fondateurs, en Amérique.

Grâce à un petit groupe de patriotes créatifs - l'histoire est toujours détenue par une minorité - les treize colonies se sont articulées en une union fédérale. Les leaders qui ont réalisé cette union sont principalement Washington, John Adams, Franklin, Pinckney, Rutledge et, surtout, Alexander Hamilton, le plus grand homme d'État que l'Amérique ait jamais connu. Alexander Hamilton, le plus grand homme d'État que l'Amérique ait jamais connu. Si ce grand esprit n'avait pas agi, l'histoire ultérieure du continent américain aurait été l'histoire d'une série de guerres, qui

---

[70] En 1779, l'Espagne accepte également officiellement d'aider les rebelles américains. Ceux-ci demandent également l'aide de l'Autriche et des Pays-Bas, mais en vain.

auraient maintenant atteint le stade de guerres d'anéantissement et n'auraient probablement pas encore abouti à l'union du continent.

L'union s'est faite sur la base d'un État fédéral, et la répartition des pouvoirs entre celui-ci et les "États" qui le composent a été exprimée dans un document écrit, une "constitution". Les théories politiques françaises en vogue à l'époque avaient développé une opposition, qui n'existe que dans la littérature, entre "l'État" et l'individu. La Constitution américaine, mais aussi les diverses constitutions adoptées par chaque composante coloniale, ont cherché à codifier cette "opposition" et ont répertorié une série de droits individuels vis-à-vis de l'État.

On n'a jamais assez noté à quel point ces développements étaient totalement différents des phénomènes contemporains dans le territoire oriental de la culture. Dans les colonies, il n'y avait jamais eu d'État qu'en paroles. La Constitution représentait donc un début et non une dégénérescence de la tradition, avec la tentative de remplacer l'ancienne forme de l'État par un morceau de papier. Il n'y avait pas de tradition en Amérique. Hamilton voulait un État monarchique, selon la tradition européenne, mais l'idéologie rationaliste et la propagande étaient trop fortes pour être surmontées et exigeaient une république.

Les "droits individuels" proclamés dans divers documents n'ont aucune analogie avec les conditions européennes. Comme il n'y a jamais eu d'État en Amérique, ni de frontière au sens européen du terme, il n'y a eu que des "individus". On peut acquérir une terre en la demandant ou en s'y installant. Celui qui le souhaite peut, à tout moment, prendre son fusil ou s'installer à l'intérieur des terres, y vivre en tant que fermier ou trappeur. Le discours sur les "individus" n'est donc pas nouveau et n'a rien à voir avec les conditions européennes, puisque l'État est la base de la vie des gens en Europe. Ce n'est que parce qu'il y avait un État en Europe que l'"individu" pouvait vivre et prospérer. S'il n'y avait pas eu d'État prussien, la moitié de la population européenne aurait été soumise aux Slaves.[71]

Il n'y a jamais eu d'État en Amérique - la chose la plus proche d'un État a été le lointain gouvernement anglais - et donc l'idéologie anti-étatique américaine ne nie

---

[71] On peut évidemment ajouter que sans un État sub-allemand (l'Autriche), les Turcs ou, avant eux, les Mongols seraient arrivés au moins jusqu'en Italie. Et que sans les États de la péninsule ibérique avant l'unité espagnole, les Arabes auraient franchi les Pyrénées et il aurait fallu un autre Charles Martel pour les repousser (N. du T.).

aucun fait vital, mais affirme simplement le fait de l'individualisme, qui est né dans ce pays vaste et vide.. L'État est une unité d'opposition ; il n'y avait pas d'autres États sur le continent nord-américain, et donc aucun État américain ne pouvait naître.

3. L'idéologie américaine

Cet individualisme organique a été formulé dans des constitutions rédigées dans une littérature politico-littéraire. La Déclaration d'indépendance est typique de l'esprit de cette littérature. En tant que fragments de *Realpolitik*[72], ce manifeste de 1776 est magistral : il pointe vers l'avenir et embrasse l'esprit de l'ère du rationalisme qui prédominait alors dans la culture occidentale. Mais, au 20e siècle, la partie idéologique de cette déclaration est tout simplement fantastique : "Nous déclarons que ces vérités sont évidentes : Que tous les hommes sont créés égaux ; que tous sont dotés par leur Créateur de droits inhérents et inaliénables, parmi lesquels la vie, la liberté et la recherche du bonheur ; que pour garantir ces droits, des gouvernements sont institués parmi les hommes, tirant leurs justes pouvoirs du consentement des gouvernés ; que lorsqu'une forme quelconque de gouvernement est contraire à ces fins, le peuple a le droit de la modifier ou de l'abolir en instituant un nouveau gouvernement, en le fondant sur les principes et en organisant les pouvoirs les plus propres à assurer sa sécurité et son bonheur". Il poursuit en évoquant la guerre de Sécession, alors en cours : "... nous sommes engagés dans une grande guerre civile, pour montrer que cette nation, ou toute autre nation ainsi conçue et ainsi dévouée, peut survivre".

Cette idéologie a perduré jusqu'au milieu du XXe siècle, et même après la Première et la Seconde Guerre mondiale, lorsqu'une perspective totalement différente ou incompatible prévalait, elle a été proposée au territoire d'origine de la civilisation occidentale comme un modèle à imiter. Seule la réussite matérielle tout à fait fortuite des armes américaines a permis à cette idéologie de survivre au cours d'un siècle qui lui a survécu, et ce n'est pas parce qu'elle est un instrument de division et de désintégration de l'Europe que cette idéologie archaïque doit être examinée ici.

---

[72] En allemand, "politique réaliste". (N. de T.)

La Déclaration d'indépendance est imprégnée de la pensée de Rousseau et de Montesquieu. L'idée de base, comme dans tout rationalisme, est d'établir l'équation entre ce qui devrait être et ce qui sera. Le rationalisme commence par confondre le rationnel et le réel, et finit par confondre le réel et le rationnel. L'idée que les gouvernements sont "institués" dans un but utilitaire, pour satisfaire une demande d'hommes "égaux", et que ces hommes égaux donnent leur "consentement" à une certaine forme de "gouvernement" pour ensuite l'abolir lorsqu'il ne sert plus ce but, est de la pure poésie rationaliste, et ne correspond à aucun fait qui se soit jamais produit nulle part. La source du gouvernement est l'inégalité des hommes, c'est un fait. La nature du gouvernement est le reflet de la culture, de la nation et du stade de développement de l'une et de l'autre. Ainsi, toute nation peut avoir l'une des deux formes possibles de gouvernement : un gouvernement efficace ou un gouvernement déficient. Un gouvernement efficace fait avancer l'idée de la nation et non la "volonté des masses", car cette dernière n'existe pas si le leadership est efficace. Le leadership s'effondre non pas lorsque le "peuple" décide rationnellement de l'abolir, mais lorsque ce leadership atteint un degré de décrépitude tel qu'il se sape lui-même. Aucun gouvernement n'est fondé sur des "principes". Les gouvernements sont l'expression d'instincts politiques, et les différences d'instincts entre les peuples sont la source des différences dans leur pratique du gouvernement. Aucun "principe" écrit n'affecte le moins du monde la pratique du gouvernement, et tout ce qu'ils servent à faire, c'est d'enrichir le vocabulaire des disputes politiques.

C'est vrai pour l'Amérique comme pour toute autre unité politique qui a existé au cours des cinq millénaires d'histoire des grandes cultures. Contrairement à un certain sentiment messianique, l'Amérique n'est pas complètement unique. Sa morphologie et son destin se lisent dans l'histoire des autres colonies, dans notre Culture, et dans d'autres avant elle.

La référence, dans la Déclaration d'indépendance, à un gouvernement dont le but est d'assurer la "sécurité" et le bonheur de la population est un non-sens rationaliste. Gouverner, c'est maintenir la population en état d'accomplir la tâche politique, l'expression de l'idée de la nation.

La citation de Lincoln reflète toujours l'ère du rationalisme, et Europe, à l'époque, une telle idéologie pouvait encore être ressentie et comprise, car même si l'État, la nation et la tradition continuaient d'exister en Europe - bien qu'affaiblis - les idéologies rationalistes, que ce soit celles de Rousseau, de Lincoln ou de Marx, ont toujours été combattues. Aucune nation n'a jamais été "dédiée à une proposition". Les nations sont des créations d'une grande culture et, dans leur essence ultime, elles sont des idées mystiques. Leur naissance, leur individualité, leur forme, leur marche, tout cela est le reflet de développements culturels de haut niveau. Dire qu'une nation est "dédiée à une proposition", c'est la réduire à une abstraction que l'on peut mettre au tableau pour la démontrer dans un cours de logique. C'est une caricature de l'Idée-Nation. Parler ainsi d'une Nation, c'est l'insulter et la rabaisser : personne ne mourra jamais pour une proposition logique. Si une telle proposition qui, en plus d'être proclamée "évidente", n'est pas convaincante, ce n'est pas la force armée qui la rendra telle.

Le mot "liberté" est l'un des principaux clichés de l'idéologie américaine. Ce mot ne peut être défini que négativement, comme la libération d'une contrainte. Même l'idéologue américain le plus furieux ne prône pas l'affranchissement total de toute forme d'ordre et, dans le même temps, la tyrannie la plus stricte n'a jamais voulu tout interdire. Dans un pays "voué" à la liberté, des hommes ont été arrachés à leur foyer, menacés d'emprisonnement, déclarés soldats et envoyés aux antipodes comme mesure de "défense" prise par un gouvernement qui n'a pas demandé le "consentement" de ses masses, sachant pertinemment que ce "consentement" aurait été refusé.

Au sens pratique, la liberté américaine signifie la liberté par rapport à l'État, mais il est évident qu'il s'agit là d'une simple littérature, puisqu'il n'y a jamais eu d'État en Amérique et qu'il n'y a jamais eu de besoin d'en avoir un. Le mot liberté n'est donc qu'un concept dans une religion matérialiste et ne représente rien dans le monde des faits américains. Dans l'idéologie américaine, la constitution écrite adoptée en 1789, grâce au travail de Hamilton et Franklin, est également importante. L'intérêt qu'ils y portaient était d'ordre pratique, car leur idée était d'unifier les treize colonies en une seule unité. Une telle union n'aurait pas pu être qualifiée de gouvernement, mais plutôt d'anarchie régulée. Les idées de la Constitution ont été principalement inspirées par les écrits de Montesquieu. C'est notamment à ce théoricien français que l'on doit l'idée de la "séparation des pouvoirs". Selon cette théorie, les pouvoirs du gouvernement sont au nombre de trois : législatif, exécutif et judiciaire. Comme toute pensée rationaliste cristalline, cette théorie est obscure et confuse lorsqu'elle est appliquée à la vie réelle. Ces pouvoirs ne peuvent être séparés que sur le papier, mais pas dans la vie. Ils n'ont jamais été réellement séparés en Amérique, même si la théorie prétend qu'ils l'ont été. Avec l'éclatement d'une crise interne au cours de la troisième décennie du vingtième siècle, tout le pouvoir du gouvernement central a été ouvertement concentré dans l'exécutif, et des théories ont rapidement été trouvées pour soutenir ce fait, qui a continué à être appelé "séparation".

Les différentes colonies ont conservé la plupart des pouvoirs qui les intéressaient : le pouvoir de faire leurs propres lois, d'entretenir une milice et de se comporter en État, leur indépendance économique par rapport aux autres colonies. Le choix du mot "État" pour désigner les composantes de l'Union entraîne de nouvelles confusions dans la pensée idéologique, puisque les formes étatiques européennes, dans lesquelles l'État est une Idée, sont prises comme équivalent des "États" américains, qui sont avant tout des unités territoriales économico-juridiques, sans souveraineté, sans finalité, sans destin, sans destin, sans finalité.

Il n'y avait pas de souveraineté dans l'Union, c'est-à-dire pas même la contrepartie juridique de l'État-idée. Le gouvernement central n'était pas souverain, pas plus que les gouvernements des États. La souveraineté était représentée par l'accord des deux tiers des États et de la législature centrale, ou, en d'autres termes, une pure abstraction. S'il y avait eu cinquante ou cent millions de Slaves, ou même d'Indiens, aux frontières de l'Amérique, la notion de souveraineté aurait été différente. Toute l'idéologie américaine présuppose la situation géopolitique de l'Amérique. Il n'y avait pas de puissances voisines, pas de populations hostiles, fortes, nombreuses et organisées, pas de dangers politiques... juste un vaste territoire à moitié vide, à peine occupé par des sauvages.

Un autre élément important de l'idéologie américaine est le sentiment d'universalité exprimé dans le discours de Lincoln mentionné plus haut. Bien que la guerre de Sécession n'ait rien à voir avec une quelconque idéologie et que, de toute façon, l'exposé raisonné et légaliste des Sudistes soit plus cohérent que l'idée yankee, Lincoln s'est senti obligé d'injecter une idéologie dans cette guerre. L'adversaire ne pouvait pas être simplement un rival politique, cherchant à obtenir les mêmes pouvoirs que les Yankees ; il devait être un ennemi total, déterminé à détruire l'idéologie américaine. Ce sentiment a inspiré toutes les guerres américaines qui ont suivi : tout ennemi politique était ipso facto considéré comme un adversaire idéologique, même si l'ennemi en question ne manifestait aucun intérêt pour l'idéologie américaine.

À l'époque des guerres mondiales, cette tendance à confondre idéologie et politique était répandue à l'échelle mondiale. La puissance que l'Amérique choisissait comme ennemie était forcément l'ennemi de la "liberté", de la "démocratie" et de tous les autres mots magiques mais vides de sens de la même catégorie. Cela a conduit à des résultats étranges : toute puissance luttant contre celle que l'Amérique avait gratuitement choisie comme ennemie devenait ipso facto une puissance "éprise de liberté". Ainsi, la Russie de Romanoff et la Russie bolchevique étaient des puissances "éprises de liberté".

L'idéologie américaine a conduit l'Amérique à considérer comme alliés des pays qui ne lui ont pas rendu le compliment, mais l'ardeur américaine ne s'est pas refroidie pour autant. En Europe, ce type de politique ne peut être considéré que comme adolescent et, en effet, toute prétention à décrire les problèmes et les voies du vingtième siècle selon une idéologie rationaliste du dix-neuvième siècle est immature ou, pour dire les choses plus crûment, insensée.

Au 20ème siècle, alors que l'idéologie de type rationaliste avait déjà été rejetée par la civilisation occidentale avancée, l'universalisation américaine de l'idéologie est devenue le messianisme : l'idée que l'Amérique doit sauver le monde. Le véhicule du salut doit être une religion matérialiste dans laquelle la "démocratie" prend la place de Dieu, la "Constitution" celle de l'Eglise, les principes de gouvernement celle des dogmes religieux, et l'idée de liberté économique celle de la Grâce de Dieu. La technique du salut consiste à se soumettre au dollar ou, en dernier ressort, à se soumettre aux baïonnettes et aux explosifs américains.

L'idéologie américaine est une religion, tout comme l'était le rationalisme de la Terreur française, du jacobinisme et de Napoléon. L'idéologie américaine est contemporaine de ces religions et elles sont mortes. Aussi complètement et intérieurement mortes que l'idéologie américaine est morte. Sa principale utilité aujourd'hui (1948) est de diviser l'Europe. L'élément européen Michel profite de toute idéologie qui promet le "bonheur" et une vie sans effort et sans énergie. L'idéologie américaine n'a donc qu'une fonction négative. L'esprit d'une époque passée ne peut fournir aucun message à une époque qui lui succède, mais il peut nier la nouvelle époque et essayer de la retarder, de la déformer et de l'écarter de sa sphère vitale.

L'idéologie américaine n'est pas un instinct, car elle n'en inspire aucun. C'est un système inorganique, et quand l'un de ses dogmes dérange, on s'en débarrasse rapidement. Ainsi, la doctrine religieuse de la "séparation des pouvoirs" a été rayée de la liste des dogmes sacrés en 1933. Auparavant, le dogme sacré de l'isolationnisme avait été abandonné en 1917, lorsque l'Amérique était intervenue dans une guerre occidentale qui ne la concernait ni ne l'affectait en rien. Ressuscité après la Première Guerre mondiale, il a de nouveau été rejeté lors de la Seconde Guerre mondiale. Une religion politique qui met ainsi en marche et en arrêt ses doctrines surnaturelles n'est pas convaincante, ni d'un point de vue politique, ni d'un point de vue religieux. La "doctrine Monroe", par exemple, a fait savoir au début du 19e siècle que l'ensemble de l'hémisphère occidental était une sphère d'influence impérialiste américaine. Au 20e siècle, elle a acquis le statut particulier d'une doctrine ésotérique à usage domestique, tandis que le dogme extérieur s'appelait "politique de bon voisinage".

L'idéologie d'un peuple n'est qu'un habillage intellectuel. Elle peut - ou non - correspondre à l'instinct de ce peuple. Une idéologie peut changer du jour au lendemain, mais pas le caractère d'un peuple. Une fois formé, il est définitif et influence les événements plus qu'ils ne l'influencent. Le caractère du peuple américain s'est formé pendant la guerre civile.

4. La guerre civile, 1861-1865

Il n'y avait pas de politique en Amérique au sens européen du terme. L'Union américaine a été formée avant que ne se développe le style de politique intérieure du 19e siècle. Les partis politiques, sous leur forme la plus récente, étaient inconnus des auteurs de la Constitution. Le mot "parti" évoquait quelque chose de dangereux : factionnalisme, quasi-trahison. George Washington, dans ses adieux à la vie publique, a mis son peuple en garde contre "l'esprit de parti".

Mais les hommes ambitieux essaieront toujours de s'emparer du pouvoir, même le pouvoir limité et non responsable qui peut être détenu dans les limites d'une fédération détendue. Lorsque la durée du mandat est limitée à quelques années (quatre ans dans l'Union américaine), le principal problème de politique intérieure est de rester au pouvoir. Lorsque le pouvoir a été obtenu par des majorités aux élections, la science du recrutement des électeurs apparaît et se développe. Les électeurs doivent être organisés afin que les dirigeants puissent se perpétuer au gouvernement, et la technique de cette organisation est le parti. L'organisation a besoin de fonds et d'idéaux. Les idéaux sont destinés aux masses électorales et les fonds permettent de les diffuser. Les fonds sont plus importants parce qu'ils sont difficiles à obtenir, alors que les idéaux sont abondants. Le fait que l'organisation du parti dépende d'un approvisionnement en fonds a engendré une situation dans laquelle les hommes riches pouvaient faire agir les organisations et les dirigeants du parti de la manière qui leur convenait. Le nom donné à ce type de gouvernement est ploutocratie, le règne de l'argent. Ce fut la forme de gouvernement américaine tout au long du 19e siècle et jusqu'en 1933.

Les sources de la richesse des hommes les plus riches d'Amérique au cours de la période 1789-1861 sont l'industrie et le commerce. Les plus riches se trouvaient dans les États du Nord, principal siège du commerce et de l'industrie. Les États-Unis du Sud avaient une organisation totalement non ploutocratique. La moitié de la population est de race africaine et tenue en esclavage par des propriétaires terriens et des planteurs blancs. L'esclavage était moins efficace que l'industrialisation, du point de vue capitaliste, parce que les esclaves jouissaient d'une sécurité totale - protection contre la maladie, le chômage, la vieillesse - alors que les ouvriers des usines du Nord n'étaient absolument pas protégés à cet égard. Cela donnait à l'industriel du Nord un autre avantage sur l'humanitarisme du propriétaire d'esclaves[73]. Le "coût de production" de l'industriel était moins élevé. Les ouvriers d'usine qui perdaient leur emploi pour cause de maladie ou de tout autre malheur n'étaient pas à la charge des industriels ; ils ne subissaient que les inconvénients de l'esclavage, tandis que les Africains des États du Sud en subissaient également les avantages.

Le Sud était donc moins mobilisé économiquement que le Nord et avait donc

---

[73] L'adjectif "humanitaire", qui peut heurter lorsqu'il est accolé à l'expression "propriétaire d'esclaves", est parfaitement justifié si l'on tient compte des circonstances de temps et de lieu. Celui qui achetait un esclave devait payer un prix élevé : le marchand d'esclaves devait acheter l'esclave (et généralement sa femme) au chef de la tribu, puis devait payer à la marine britannique des "navycerts", du "fret" et de la nourriture pour la cargaison humaine.

Autrefois, en Amérique, les "marchandises" étaient chères. Et personne, à moins d'être un psychopathe, ne maltraite une marchandise chère.

besoin des produits manufacturés les moins chers, ce qui signifiait à l'époque l'importation de produits anglais. L'industrie du Nord ne pouvait pas concurrencer les importations en provenance d'Angleterre et exigeait des droits de douane élevés pour se protéger. La question des droits de douane a été au centre d'une lutte politique qui a duré trois décennies avant le déclenchement de la guerre.

Lorsqu'un conflit, quelle que soit la sphère vitale dont il est issu, devient suffisamment intense pour devenir politique, d'autres motifs lui viennent en aide. Ainsi, les idéologues yankees ont utilisé l'idée de l'esclavage et en ont fait un motif pour les masses des États du Nord. L'exploitation financière de la main-d'œuvre par les capitalistes du Nord était présentée comme de l'humanisme et le traitement patriarcal des planteurs du Sud était décrit comme de la cruauté, de l'inhumanité et de l'immoralité. L'aspect idéologique de cette guerre était un signe avant-coureur des futures guerres américaines.

La guerre civile a éclaté lorsque les États du Sud, qui formaient une unité fondée sur une conception aristocratique et traditionnelle de la vie, avec une économie basée sur la force musculaire, ont tenté de se détacher de l'Union, qui avait été capturée par l'élément yankee. Le territoire yankee était organisé sur une base financière et industrielle, et son économie reposait sur la force des machines. Pendant trois décennies, le principal conflit au sein de l'Union a porté sur l'équilibre de la représentation au sein du gouvernement central entre les États du Nord et ceux du Sud. Le Sud est sur la défensive car le Nord le dépasse en richesse, en puissance et en contrôle du gouvernement central.

Mais en raison de ses tendances aristocratiques, le Sud avait fourni un nombre disproportionné d'officiers à l'armée centrale, et la majeure partie du matériel de guerre se trouvait dans le Sud lorsque la guerre a éclaté. L'attitude anti-financière héroïque du Sud lui a donné un immense avantage sur le champ de bataille par rapport aux armées yankees, qui avaient été inoculées avec une propagande de guerre basée sur l'envie de la supériorité des moyens de subsistance du Sud. La guerre était une lutte, et ce n'était pas la dernière dans l'histoire occidentale, entre la qualité et la quantité. Le Nord possédait toutes les industries de guerre, la plupart des chemins de fer et quatre fois la population utile à la guerre.

La faiblesse matérielle du Sud est trop importante pour être compensée par sa supériorité spirituelle sur le champ de bataille, où son esprit héroïque remporte victoire sur victoire contre des forces numériquement supérieures. D'autre part, le Sud ne pouvait pas remplacer ses pertes humaines, alors que les Yankees le pouvaient, en utilisant principalement des immigrants allemands et irlandais. Cette guerre a été la plus grande guerre à grande échelle de toute la civilisation jusqu'à la Première Guerre mondiale. Les armées enrôlent des millions d'hommes, le théâtre de guerre couvre un million de kilomètres carrés. Les chemins de fer et les blindés font leur entrée dans les tactiques militaires pour la première fois.

Napoléon avait calculé, grâce à son expérience de 150 batailles, qu'en temps de guerre, le rapport entre le spirituel et le matériel est de trois pour un. Si l'on en croit ce calcul, la défaite du Sud est le résultat de la supériorité matérielle des Yankees, plus de trois fois supérieure. Cette guerre a offert de nombreuses leçons à l'Europe, mais elles ont été généralement ignorées dans les capitales européennes, qui étaient encore dans la période des petits nationalismes et incapables de concentrer leur réflexion sur les grands espaces. Elle a montré l'énorme potentiel de guerre de l'Amérique ; elle a montré le caractère yankee, qui sera désormais considéré comme le caractère américain ; elle a découvert l'énorme volonté de puissance de la ploutocratie new-yorkaise : elle a montré, en bref, que les bases d'une puissance mondiale avaient été jetées ici.

La seule puissance européenne qui l'a compris est la seule qui, à l'époque, est capable de penser les grands espaces : l'Angleterre. L'attitude de l'Angleterre au cours de la guerre a été une neutralité bienveillante à l'égard du Sud, pour ne pas dire une aide pure et simple. La seule chose qui empêcha l'Angleterre de déclarer la guerre au gouvernement yankee fut l'attitude de la Russie.[74]

Des corsaires sud-africains sont ensuite armés dans les ports anglais, et le célèbre Alabama a même transporté un équipage anglais. La puissance des Yankees sur les mers signifiait que la tâche militaire aurait été trop importante pour l'Angleterre. Cela montre que l'Amérique a dépassé le stade où elle pouvait craindre l'intervention d'une puissance européenne dans les affaires américaines ou

---

[74] L'Angleterre a de nombreux points de friction avec la Russie, sur la frontière du Canada avec l'Alaska (alors colonie russe), sur celles de l'Inde, du Pakistan et de l'Afghanistan avec les territoires asiatiques dépendants de Moscou, sur les tentatives de la Russie de s'implanter en Méditerranée, véritable raison de la guerre de Crimée (1854-1856) et sur les ambitions panslaves de la Russie, qui menacent de détruire l'"équilibre des pouvoirs" maintenu en Europe par l'Angleterre depuis deux siècles.

caribéennes. Aucune puissance européenne ne pouvait se permettre d'ignorer la situation russo-européenne, de sorte qu'elle ne pouvait consacrer aux affaires transatlantiques que son "surplus de puissance", pour ainsi dire. La puissance américaine était déjà devenue plus importante que le "surplus de puissance" de toute alliance ou combinaison européenne éventuelle, compte tenu de la situation des puissances européennes et de leurs relations mutuelles.

C'est le début de l'isolement américain. Indépendamment de toute formulation, l'Amérique était, en fait, politiquement isolée de l'Europe et était également la seule puissance d'un hémisphère. Ce fait, associé au vaste territoire intérieur de l'Amérique, a permis de développer la possibilité d'une pensée du grand espace, contrairement aux petites statistiques de l'Europe, qui considéraient une centaine de kilomètres comme une grande distance.

C'est naturellement le petit étatisme européen qui a permis le développement de l'Amérique au début et à chaque époque ultérieure. Cette question est traitée plus en détail dans l'histoire de l'impérialisme américain.

5. La pratique américaine de la gouvernance

I

La véritable forme de gouvernement en Amérique était une ploutocratie, mais la technique par laquelle ce gouvernement était maintenu était généralement considérée par les penseurs superficiels comme le véritable gouvernement. La grande époque l'histoire de la pratique du gouvernement en Amérique se situe en 1828. Cette année-là, Andrew Jackson fut élu président du gouvernement central et annonça immédiatement la nouvelle conception de l'administration publique en tant qu'économie privée. Avec son slogan "le butin appartient aux vainqueurs", il détrôna à jamais l'idée fédéraliste d'une tradition de service de l'État. Désormais, le gouvernement n'est plus qu'un "butin" pour les politiciens chanceux des partis. Les élections de 1828 virent la dernière apparition du parti fédéraliste dans une compétition électorale. Le parti fédéraliste a toutefois pu conserver le contrôle de l'appareil judiciaire jusqu'au milieu du 19e siècle. L'élection de Jackson a également mis fin à la méthode du "caucus"[75] par laquelle les candidats à la présidence étaient choisis. Désormais, les partis organisent à cette fin ce que l'on appelle des conventions d'investiture. Les forces de la tradition, qui avaient toujours été concentrées dans le parti fédéraliste, n'apparaissaient plus dans la politique intérieure en tant que groupe organisé. La seule signification qui lui restait était purement sociale. Ainsi, pendant tout le XIXe siècle, il n'y a pas eu en Amérique de conflit de type européen entre le Parti et la Tradition, entre les bonimenteurs de la Constitution et les forces aristocratiques de la monarchie, de l'État, de l'armée et de l'Église. L'idée de Constitution avait trois significations différentes en Amérique, en Angleterre et sur le continent. En Amérique, la Constitution était le symbole de l'origine du peuple. En Angleterre, la Constitution "non écrite" représentait le lien organique dans l'histoire de l'âme nationale anglaise, unissant le passé à l'avenir. Sur le continent, la Constitution représentait le point de ralliement de toutes les forces anti-traditionnelles, la rupture avec le passé organique et la tentative de destruction de l'État et de la société. En Amérique, il n'y avait pas de tradition mais seulement une Constitution ; en Angleterre, Constitution et Tradition étaient synonymes ; sur le Continent, Constitution et Tradition étaient antithèses.

En Amérique, la pratique du gouvernement a été déterminée par le fait majeur qu'il n'y avait pas d'État en Amérique, mais seulement une politique privée et une politique de parti. En Angleterre, la pratique du gouvernement s'est développée lentement, au fil des siècles, et la Constitution anglaise n'est que le reflet de cette évolution. Sur le continent, la pratique du gouvernement, développée à travers des siècles de tradition, a été remise en question, à la racine, par l'idée rationaliste de substituer la qualité à la quantité, d'effacer l'histoire et la tradition et de les remplacer par la prédominance d'un morceau de papier raisonnable qui garantirait à jamais le règne de la Raison, l'Humanité, la Justice et tout le reste. Par conséquent, il n'y avait pas de forces opposées à la Constitution en tant que telle en Amérique, et il n'y en a pas non plus aujourd'hui, alors qu'en Europe, les forces traditionnelles s'opposaient au Constitutionnalisme en tant que tel, comme étant simplement le symbole de l'anarchie.

---

[75] Congressional Caucus", expression anglo-saxonne désignant les réunions d'hommes politiques, en dehors du Congrès, pour désigner, de manière aristocratique, les candidats à la présidence (N. du T.).

La pensée historique s'intéresse davantage à ce que l'on fait d'une constitution écrite qu'à ce qu'elle dit, et la pratique du gouvernement en Amérique était, en fait, complètement indépendante de la Constitution, même si ce document était constamment invoqué par tous les politiciens partisans. Tout d'abord, la Constitution ne reconnaissait pas les partis, mais seulement les individus. Elle ne prévoyait pas que les affaires politiques se développeraient de manière à contraindre les masses par l'utilisation d'idéaux, de promesses et d'argent. La Constitution ne reconnaissait pas non plus le suffrage universel, car il a été jugé tout à fait inutile d'interdire une chose que tout le monde considérait, à l'époque, comme synonyme d'anarchie. Si les Pères fondateurs revenaient sur[76], ils exigeraient l'abolition des Partis et de leur coercition sur les individus ; ils interdiraient la participation des groupes à la politique, et limiteraient sévèrement l'émancipation totale[77] par des critères éducatifs, raciaux, sociaux et matériels, car ces restrictions étaient des réalités dont les auteurs de la Constitution américaine ont assumé la pérennité.

La première administration publique à avoir existé en Amérique fut le gouvernement fédéraliste de Washington et Hamilton. Hamilton a établi, dès 1791, la doctrine des "pouvoirs implicites" au sein du gouvernement central, afin de le renforcer. Ceci était, bien entendu, en totale opposition avec l'esprit et la lettre de la Constitution qui "déléguait" certains pouvoirs au gouvernement central et réservait tous les autres pouvoirs aux États. Par la suite, deux idées se sont opposées : l'idée d'un gouvernement central fort et l'idée des droits des États. Ce conflit a fait l'objet de mouvements sécessionnistes, d'abord dans les États nordiques, puis dans les États sudistes, et la formulation théorique de l'état de guerre entre les États, de 1861 à 1865, était basée sur le droit d'un État à faire sécession de l'Union.

L'Attorney General Marshall fut le dernier représentant de la tradition fédéraliste au sein du gouvernement. Il a établi l'idée, originale en Amérique, que les lois pouvaient être renversées par le système judiciaire qui pouvait les déclarer "inconstitutionnelles". Ce dispositif jouera un rôle majeur dans la politique intérieure américaine des 19e et 20e siècles. Les décisions de ce ministre renforcent plus que

---

[76] L'expression "Pères fondateurs" s'applique aux États-Unis aux hommes qui ont rédigé la Constitution.

[77] L'émancipation dans le texte "franchise". Il fait référence, dans le texte original, à l'égalité des droits entre les citoyens. À titre d'exemple, nous pouvons mentionner que la plupart des Pères fondateurs étaient propriétaires d'esclaves.

tout les décisions du gouvernement central. Mais la technique qu'il met en œuvre est nécessairement limitée ; son efficacité est purement négative. Il pouvait bloquer les lois, mais il ne pouvait pas les créer, ce qui était d'ailleurs tout à fait contraire à la Constitution, comme les partis, les conventions, le suffrage universel, les "pouvoirs implicites" et la règle des personnes privées. Cette usurpation judiciaire est un nouveau démenti aux théories rationalistes, selon lesquelles on peut programmer la vie sur un papier et la mettre en pratique, puisque le papier précisait que le pouvoir judiciaire devait être séparé du pouvoir législatif.

Une fois de plus, ce n'est pas la logique mais l'histoire qui a permis à Marshall d'usurper cette fonction du veto judiciaire. Déjà à l'époque coloniale, l'idée d'un "droit supérieur" était apparue. À l'époque, il s'agissait simplement d'une expression de la tendance politique centrifuge dans toutes les colonies, car le "droit supérieur" signifiait le droit interne local, par opposition au droit du roi d'Angleterre, qui était censé être un droit personnel. Les gouverneurs royaux des colonies venaient d'Europe, tandis que les juges des colonies étaient des autochtones. D'où l'expression "droit supérieur" et l'institution unique du "contrôle juridictionnel".

Le légalisme américain est une conséquence naturelle de cette vieille idée coloniale. Dans les colonies, le droit était synonyme d'opposition à la Couronne, et l'avocat est donc devenu une sorte de défenseur public. Les Pères fondateurs étaient presque tous des juristes ; presque tous les membres de la Convention constitutionnelle étaient des juristes. La Constitution était un document de juriste, avec une phraséologie juridique et une absence totale de bon jugement politique. Le veto judiciaire sur la législation semblait donc tout à fait naturel en Amérique et s'est imposé. D'où l'étrange coutume d'appliquer toutes sortes de problèmes au système juridique, pour qu'ils soient résolus selon les principes de la common law. La théorie prétendait que les problèmes politiques, sociaux, économiques, raciaux et autres recevraient ainsi un traitement impartial, libéré de tout préjugé humain.

Cependant, le droit est une conséquence de la politique. Tout pouvoir judiciaire a été créé par un régime politique. Si le pouvoir judiciaire usurpe un pouvoir qui le rend plus ou moins indépendant, il est lui-même devenu politique. Mais dans tous les cas, ses décisions sont le résultat de la politique, déguisée sous une forme juridique. Ainsi, l'histoire du légalisme en Amérique sous la forme du droit constitutionnel n'est que le reflet de l'histoire politico-économique de l'Amérique.

Dans sa première phase, il y a eu une série de décisions renforçant le gouvernement central en tant qu'expression de la politique fédéraliste. Dans la même tradition, l'arrêt Dred-Scott de 1857 reflétait la vision sudiste de l'esclavage, puisque l'idée fédéraliste n'était pas abolitionniste. Après la victoire totale de l'industrialisme et de l'argent en 1865, les décisions de justice représentaient le triomphe du point de vue capitaliste industriel et financier. Le capitalisme croissant des syndicats a été continuellement contrecarré par la Cour suprême. Plus de 300 fois, entre 1870 et 1933, cette Cour a invalidé des lois adoptées par divers États et par le gouvernement central, qui portaient atteinte aux intérêts de la ploutocratie.

L'institution du contrôle juridictionnel n'aurait pas pu être mise en œuvre s'il y avait eu un gouvernement central fort ou un véritable État. Elle n'aurait pas non plus pu naître ailleurs que dans un pays dominé par l'activité économique et dépourvu de véritable conflit politique. Avant 1861, il n'y avait qu'un seul conflit politique critique, celui de l'équilibre des forces entre le Nord et le Sud. Entre 1865 et 1933, il n'y a pas de véritable conflit politique, mais seulement des affaires de groupe, ou privées, sous forme de politique intérieure. La décision Dred-Scott n'aurait pas été fermement confirmée si la guerre civile n'avait pas éclaté, car le conflit de groupe a faussé la culture en Amérique. Le nouveau régime n'a pas pu dominer immédiatement le pouvoir judiciaire, il a opposé son veto à toutes les grandes mesures intérieures du nouveau régime jusqu'à ce que, en 1937, il soit intimidé par la menace de nommer autant de nouveaux juges que nécessaire pour surpasser en nombre les opposants au régime. Grant[78] avait déjà fait quelque chose de similaire en 1870 pour contraindre une Cour suprême hostile en démontrant que le contrôle judiciaire était simplement toléré par les forces dominantes en Amérique tant qu'il était favorable à leurs intérêts.

Après 1936, la Cour suprême est rapidement passée sous le contrôle de la Révolution et le veto judiciaire aux mesures politiques a pris fin. Il peut être utilisé comme slogan ou ressuscité artificiellement à des fins de propagande, mais les forces que le vingtième siècle a libérées ne prennent pas le légalisme au sérieux. L'arme du contrôle judiciaire en Amérique a eu une certaine efficacité conservatrice

---

[78] Ulysses Grant, général des armées du Nord pendant la guerre de Sécession et président des États-Unis de 1868 à 1876. Ennemi acharné des Sudistes, autant ou plus en temps de paix qu'en temps de guerre.

au cours des premiers assauts de la révolution de 1933, mais dans le cadre d'une défense négative. Seul un mouvement créatif peut l'emporter sur une révolution donnée, seule la politique peut vaincre la politique.

La théorie de la "séparation des pouvoirs" s'est traduite dans la pratique soit par la domination de toutes les branches du gouvernement par les mêmes intérêts, soit par la division de ces branches en deux groupes opposés. L'esprit autoritaire du vingtième siècle se termine par des tentatives de "séparation" des pouvoirs. Les théories vides peuvent continuer, mais cette méthode politique est morte en Amérique comme ailleurs.

II

Tout au long du XIXe siècle, à l'exception du conflit politique à l'origine de la guerre de Sécession, l'Amérique a été un pays sans véritable politique. La politique intérieure n'était qu'une affaire, et n'importe quel groupe pouvait s'y engager pour réaliser ses propres intérêts économiques ou idéologiques. En plus des partis, les lobbies ont commencé à proliférer. Le lobbying est le moyen d'exercer une pression sur les législateurs une fois qu'ils ont été élus. Des groupes privés envoient des représentants privés aux Chambres et y persuadent les députés, par la corruption de votes ou simplement par l'argent, de soutenir, de voter ou de s'opposer à certaines lois. Les groupes et sociétés agraires, raciaux, économiques de toutes sortes utilisent cette méthode. C'est ainsi que les sociétés de tempérance ont réussi à faire adopter l'interdiction de la fabrication, de la vente ou du transport d'alcools. Cette technique politique est toujours d'actualité. Après la défaite du parti fédéraliste au début du 19ème siècle, la tendance à l'extension du suffrage s'est poursuivie, soutenue par tous les partis et combattue uniquement par les forces sociales traditionnelles.

Le Parti souhaite toujours le suffrage le plus large possible, car cela prive complètement l'électorat de son pouvoir. Si dix hommes décident d'une élection, ils ont tous au moins un certain pouvoir ; mais si l'électorat est composé de dix millions de personnes, les masses privent les éléments supérieurs de toute signification. Le développement interne de l'Amérique a suivi le modèle invariable de la démocratie, observable dans toutes les cultures et dans tous les États.

La politique des partis est liée au mercantilisme, au rationalisme, au matérialisme, à l'activité économique. Dans l'esprit de l'ère de la résurgence de l'autorité, la politique des partis cède la place à des formes autoritaires, quelles que soient les théories ou les techniques employées. Le pouvoir est simplement là pour être pris par un homme ou un groupe ambitieux. Comme le prouve la révolution américaine de 1933, ce groupe peut même être culturellement étranger. La véritable technique de l'institution d'un gouvernement autoritaire en Amérique est instructive : les partis républicain et démocrate établis avaient détenu, sous divers noms, le monopole de la politique intérieure pendant un siècle. Il était facile pour un groupe particulier de s'emparer du pouvoir absolu et de le conserver, d'infiltrer ces vieilles formations et de prendre ainsi le contrôle absolu de tous les moyens d'expression politique nationaux. Seuls deux candidats - ou, exceptionnellement, trois - pouvaient être désignés pour se présenter à la présidence. Si un même groupe les présentait tous, il était assuré contre tout moyen d'éviction, sauf l'action révolutionnaire de la force. C'est ce qui a été fait, et le résultat a été visible lors des élections de 1936, 1940, 1944 et 1948.[79]

Au cours du dix-neuvième siècle, le siècle de l'obsession économique en Amérique, l'idée d'insuffler de l'efficacité dans n'importe quelle phase de la vie politique publique n'a traversé l'esprit de personne. On a laissé se développer une situation dans laquelle quarante-huit unités administratives théoriquement "souveraines" dictaient leurs propres lois sur tous les sujets, imposaient leurs propres impôts et mettaient en œuvre leurs propres systèmes éducatif, judiciaire et policier, ainsi que leurs propres programmes économiques. En 1947, les États-Unis comptaient 75 000 organismes collecteurs d'impôts. Chaque organisme peut créer une dette publique, ce qui doit se faire par l'intermédiaire des grandes banques privées. En 1947, la dette publique totale de l'Amérique représentait un chiffre supérieur à la somme de toutes les valeurs imposables du pays. Cette large distribution de l'appareil du pouvoir public a permis de reproduire en miniature des milliers de fois les possibilités de corruption et de distorsion de la volonté du pays

---

[79] La même chose s'est produite jusqu'en 1976. Et lorsqu'un président a eu envie d'agir seul, il a été pratiquement chassé du pouvoir après la campagne de presse créée autour de l'affaire dite du "Watergate" parce que... le président était montré comme ayant menti. Qu'aurait-on dû faire avec n'importe quel autre président ?

qui existent au sein du gouvernement central.

La révolution américaine de 1933 n'avait pas pour but de corriger cet état de fait, mais se préoccupait avant tout des affaires étrangères. L'intervention de ce régime dans les affaires mondiales a pour toile de fond l'histoire des relations extérieures américaines, derrière laquelle les objectifs du régime seront exposés en détail.

6. Histoire de l'impérialisme américain

I

L'Amérique a acquis son immense empire en faisant couler moins de sang que n'importe quel autre pays conquérant dans l'histoire de la planète. Toutes les puissances qui ont réussi à tenir d'autres peuples en sujétion ont dû acheter cette position au prix de guerres longues et difficiles. Un empire ne peut pas rester en paix. La guerre la plus dure que l'Amérique ait jamais eu à mener a été la première, contre l'Angleterre, de 1775 à 1783. De Lexington au traité de Paris, il a fallu suivre une route longue et sanglante qui, à tout moment, aurait pu être détournée. Le régime américain de l'époque n'était pas celui d'un pays riche aux ressources immenses, entrant en guerre, à la fin de la guerre et du côté du vainqueur, dans une coalition mondiale contre une seule puissance. Ce n'était pas, à l'adresse, la position enviable du joueur qui peut garder ses gains mais ne doit pas payer s'il perd. Ses dirigeants ont véritablement risqué leur vie dans cette guerre, et s'ils avaient perdu, ils seraient allés à la potence.

Les peuples qui ont supplanté les descendants de ces proto-Américains les auraient appelés, dans ce cas, "criminels de guerre", qualificatif qu'ils ont inventé pour les chefs vaincus dans une guerre. Car n'étaient-ils pas des "conspirateurs contre l'humanité", des "organisateurs d'agression" et tout le reste ? Cette petite bande de généraux, de propagandistes, d'hommes d'État, d'idéologues et de financiers ne pourrait-elle pas être traduite devant un tribunal pour être "jugée" pendant un an et subir une peine connue d'avance ? Les chefs de la révolte américaine n'avaient aucune raison de craindre une telle chose, mais le fait est qu'ils étaient, légalement, des traîtres à Roi, et qu'un tribunal légal avec une réelle juridiction aurait pu être constitué contre eux.

Les colons américains n'ont réussi que grâce à l'aide française et à l'assistance de volontaires de grande capacité militaire, tels que von Steuben, de Kalb, Lafayette, Pulaski. Cette aide étrangère a été décisive. L'Angleterre avait des conflits plus importants ailleurs et ne pouvait pas consacrer suffisamment d'attention militaire à la révolte militaire de la révolte coloniale. Une autre contribution à l'effort américain fut l'opposition interne britannique qui favorisait les colonies. L'inactivité délibérée du général Howe est l'une des manifestations de cette obstruction.

Cette guerre longue et difficile a marqué le début de l'indépendance politique américaine. Les treize colonies s'étendent comme un serpent le long de la côte atlantique. L'arrière-pays est revendiqué par deux puissances européennes dont les jours impériaux dans l'hémisphère occidental sont comptés : la France et l'Espagne. Le déclin politique de l'Espagne est reflété par les figures révolutionnaires d'Hidalgo, Itúrbide et Bolívar, qui mettent fin à la domination espagnole dans l'hémisphère occidental. Sous Napoléon, la France est contrainte d'abandonner l'idée d'un empire colonial français pour remplacer l'empire anglais original de Napoléon, et adopte plutôt l'idée d'un empire européen, reconstruisant le Saint Empire romain germanique, bien que dirigé, cette fois-ci, depuis Paris. À cette fin, la bagatelle de trois millions de dollars avait plus de valeur pour Napoléon que le vaste territoire de la Louisiane, et son achat par l'union américaine en 1803 était une sorte de loterie historique fantaisiste sans précédent. Frédéric le Grand a dû mener sept guerres formidables pour gagner la petite Silésie, et deux autres pour la conserver ; Napoléon s'est battu pendant vingt ans contre six coalitions pour contrôler l'Europe occidentale ; l'Angleterre a dû payer un fils pour chaque mile carré de son empire, et l'on pourrait dire la même chose ou quelque chose de similaire de n'importe quelle page de l'histoire impériale. Mais l'Amérique a acquis un territoire aussi vaste que l'ensemble de l'Europe occidentale pour le prix de quelques navires. Le calvinisme latent des proto-Américains ne considérait pas cela comme une chance fantastique, mais comme un signe de la prédestination, de la grâce de Dieu.

L'audace et les instincts gothiques américains ont été démontrés lors de la guerre de Barbarie[80]. Cette guerre a également prouvé que le matériel humain des

---

[80] Guerre menée par la marine américaine contre les pirates de Libye, de Tripolitaine, de Tunisie et d'Algérie entre 1812 et 1820.

colonies pouvait produire le type exigé par l'impérialisme chanceux : William Bainbridge, William Eaton, Edward Preble, Stephen Decatur.

La guerre de 1812 est un autre cas de chance incroyable. Une fois de plus, Napoléon se bat au nom de l'empire américain. L'Angleterre, pleinement engagée dans la guerre contre le colosse du continent, n'a même pas pu exploiter sa position militaire supérieure en Amérique, et malgré sa défaite à la guerre, l'Amérique a remporté la victoire politique avec le traité de Gand en 1814[81]. L'annexion de la Floride en 1819 est le résultat de négociations et non d'une guerre. Même alors, l'aphorisme autrichien aurait pu être paraphrasé par l'Amérique : Bella gerant alii, tu, felix America, eme ![82]

Le grand Hamilton, dans les premiers temps de l'Union, avait préconisé l'annexion de Cuba, et d'autres l'ont également réclamée au cours de cette décennie, mais elle n'a été réalisée qu'en 1900. Mais à cette époque, il s'est produit un événement qui compte parmi les grandes audaces de l'histoire : le manifeste qui allait être connu sous le nom de "doctrine Monroe" a été publié en 1823. Ce manifeste annonçait que l'Amérique se réservait toute une moitié du globe. Cette ''Doctrine'' était promue par la flotte britannique, comme un artifice pour détruire l'empire colonial espagnol. Si l'Angleterre s'était opposée à cette doctrine, elle serait morte avant d'être née, mais comme elle était utile à la politique britannique, elle a en fait enrôlé l'Amérique au service de l'Angleterre. Bien entendu, cela n'était pas connu en Amérique, où l'on pensait que cette déclaration audacieuse avait effrayé toutes les puissances d'Europe, car aucune d'entre elles ne s'y était opposée. En outre, l'Amérique du Sud constituait un terrain intéressant pour de nouvelles aventures impérialistes, et c'est ainsi qu'une tradition de succès s'est progressivement établie dans la politique étrangère américaine. Le sentiment calviniste se répandit que l'Amérique était prédestinée à dominer qui elle voulait. Il a fallu attendre près d'un siècle pour que cette "doctrine" soit remise en question, et l'Amérique disposait alors de la force militaire nécessaire à son maintien. Parallèlement aux développements extérieurs, l'impérialisme "interne", pour ainsi

---

[81] Le traité de Gand de 1814 met fin à la guerre entre les États-Unis et l'Angleterre au Canada. Les Britanniques vont jusqu'à occuper Washington, mais la reprise de l'île d'Elbe par Napoléon oblige Londres à se consacrer pleinement aux affaires du continent.

[82] Les guerres règnent pour les autres, mais vous, heureuse Amérique, vous achetez. (N. du T.)

dire, s'est poursuivi sans relâche. Les habitants indigènes du continent, dont la volonté n'a jamais été consultée par les puissances européennes ou américaines, ont résisté vigoureusement à la marche résolue vers l'ouest de l'impérialisme américain. La réponse américaine à cette résistance des Indiens rouges fut la formule suivante : Le seul bon Indien est l'Indien mort". Les marchands américains ont fourni aux Indiens des fusils et de la poudre, et les guerres indiennes se sont poursuivies jusqu'au début du 20e siècle. Alors que les puissances européennes avaient cédé de vastes territoires contre des paiements en espèces, les Indiens n'ont cédé leurs terres que face à la force américaine. À cette époque, la pratique et la théorie américaines ne font qu'un : la force fait le droit. Des traités et encore des traités sont conclus avec les Indiens, délimitant des frontières que les Américains s'engagent à ne pas franchir. Chaque traité a été violé par l'instinct impérial américain. Ces violations de traités ont conduit à la guerre de la hache noire, aux guerres séminoles et à une série de guerres qui ont duré un siècle et se sont terminées par l'anéantissement politique des Indiens. Dans les années 1830, les Américains ont réussi à s'infiltrer dans l'empire mexicain et, grâce à une heureuse révolte, ont séparé la vaste région du Texas du Mexique. Moins de dix ans plus tard, la région avait déjà été annexée par l'Union. Un territoire plus grand que n'importe quelle puissance d'Europe occidentale avait été capturé au cours d'une guerre de faible envergure. En 1848, un traité avec l'Angleterre a permis d'étendre la frontière du Nord-Ouest. L'Oregon a finalement été incorporé en 1846.

Mais entre-temps, l'instinct impérial s'est déjà manifesté, depuis le Texas, en regardant le Mexique jusqu'au Pacifique. Il fut décidé de priver le Mexique des deux tiers de son territoire, et comme cela ne pouvait guère se faire par achat ou par traité, une guerre fut planifiée. Le Mexique a provoqué la guerre en refusant de se soumettre aux exigences de l'impérialisme américain. Une courte guerre se termine par la dictée de Guadalupe Hidalgo, qui démembre le Mexique.

Le traité Clayton-Bulwer de 1850 avec la Grande-Bretagne concernait spécifiquement un canal américain à travers l'Amérique centrale et a conduit, avant tout, à la réalisation d'un chemin de fer américain dans cette région en 1855. Le Japon a été "ouvert" en 1853, après une faible résistance militaire, à l'aile commerciale de l'impérialisme américain.

Après la guerre de Sécession, l'Union américaine a écrasé la tentative française d'annexer le Mexique à son empire et a permis à Maximilien d'être fusillé par un peloton d'exécution composé de révolutionnaires. Peu après cette guerre, l'Alaska est acquis par l'impérialisme yankee. Ce territoire, d'une superficie de près d'un million de kilomètres carrés, a été acheté par l'Amérique à la Russie pour une somme dérisoire[83]. Au cours de la même décennie, la frontière avec le Mexique a de nouveau été modifiée à l'avantage de l'Amérique, cette fois pour une petite somme d'argent en guise de guerre, dans le cadre de la transaction connue sous le nom d'achat de Gadsden.

L'impérialisme américain est présent partout dans la seconde moitié du XIXe siècle : Hawaï, Chili, Colombie, Cuba, Chine, Japon, Siam, Samoa. La flotte américaine bombarde à sa guise les ports étrangers des zones coloniales du monde et envoie des expéditions de débarquement lorsque cela est nécessaire pour assurer la soumission aux exigences commerciales, impérialistes ou territoriales américaines.

En 1890, la dernière guerre des Sioux s'achève et, à partir de ce moment, la résistance indienne à l'impérialisme américain s'espacera et se localisera. Le tour d'Hawaï est venu, et bientôt une "révolte" prépare Hawaï à l'annexion à l'Amérique. Ce n'est que la préparation d'une aventure impérialiste bien plus importante que toutes celles qui l'ont précédée. En 1898, les possessions espagnoles des Caraïbes et Pacifique sont attaquées. À la suite de la guerre hispano-américaine, la majeure partie de l'empire colonial espagnol passe aux mains des Américains, y compris les précieuses Philippines et Cuba[84]. Entre-temps, les îles de Tutuila, Guam, Wake, Midway et Samoa ont été annexées.

II

Tout d'abord, il faut garder à l'esprit une chose : l'impérialisme américain était purement instinctif. Il n'était pas intelligent ou intellectualisé, comme l'était l'impérialisme européen contemporain. Aucun homme public n'a jamais préconisé la construction d'un empire américain, et très peu ont même réalisé ce qui se passait.

---

[83] La Russie est alors engagée dans la guerre de Crimée contre la France, la Turquie et l'Angleterre et est pratiquement contrainte de vendre l'Alaska à l'Amérique pour la somme ridicule de 7 200 000 dollars.

[84] L'auteur omet de mentionner Porto Rico.

En effet, il aurait été indigne de nier que l'Amérique était une puissance impérialiste. Il est vrai que l'expression "Destinée manifeste" pour justifier l'impérialisme est apparue au début du XXe siècle, mais il n'y avait pas de politique ou de programme impérial défini. Les colonies étaient acquises de manière purement instinctive et non planifiée, sans se soucier de leur position stratégique, de leur importance ou de leur poids économique. William Jennings Bryan, dans son discours sur l'impérialisme du 8 août 1900, a mis en garde l'Amérique contre la tentation d'entrer dans une course impérialiste parce que cela pourrait détruire la forme américaine de gouvernement, en disant : "Nous ne pouvons pas répudier le principe de l'autonomie gouvernementale aux Philippines sans affaiblir ce principe ici".

Mais il est resté lettre morte, et la tradition de confiance qui s'était enracinée au cours d'un siècle d'aventures impérialistes heureuses, sans le moindre revers, ne pouvait être sapée par un discours menaçant. L'aspect opposé de l'avertissement de Bryan n'a pas non plus été pris en considération. Ce qu'il entendait par "self-government", c'était l'habitude de la lutte des classes, la guerre civile institutionnalisée, la liberté pour chacun de tromper et d'exploiter les autres dans les limites du droit pénal. Ainsi, son avertissement signifiait : une nation impériale ne peut pas tolérer la désorganisation interne et l'absence de forme.

Cependant, il n'y avait pas de classe sociale en Amérique qui s'intéressait à autre chose qu'à son propre enrichissement, de sorte que personne ne se préoccupait de ces questions, à l'exception de quelques écrivains comme Homer Lea. Les situations impériales sont en constante évolution et il faut être prêt à essuyer des revers. Dans un pays où même le mot politique était complètement mal compris et signifiait économie corrompue, on ne pouvait pas s'attendre à ce que la sagesse politique soit présente pour informer le commandement que l'empire signifiait la guerre et que la guerre présupposait l'ordre intérieur. En fait, il n'y avait pas de commandement à informer. Chaque triennat ou quadriennat, un nouveau groupe de représentants d'intérêts économiques privés était installé dans l'administration du gouvernement, et il n'y avait pas de politique traditionnelle, interne ou extrême. Il n'y avait pas d'accord sur les intérêts fondamentaux de l'Amérique, sur ce qui constituerait un casus belli, sur les puissances qui étaient des alliés naturels et sur celles qui étaient des ennemis naturels. Les dirigeants politiques, à tout moment, étaient particulièrement intéressés, obsédés par le problème grandiose de la perpétuation de leur mandat.

Mais la fortune américaine ne s'est pas démentie. Bien qu'isolée dans son hémisphère, en ce sens qu'aucune puissance mondiale ne pouvait se permettre de l'attaquer, l'Amérique n'était pas isolée en ce sens qu'elle ne pouvait pas envoyer ses navires de guerre et ses troupes de débarquement partout dans le monde colonial dans le cadre d'aventures impérialistes. En outre, comme l'a démontré la guerre avec l'Espagne, l'Amérique pouvait facilement vaincre n'importe quelle puissance européenne dans l'hémisphère occidental.

La guerre hispano-américaine a marqué l'émergence de l'Amérique en tant que puissance mondiale, comme la guerre civile avait déjà marqué l'émergence de l'Amérique en tant que puissance mondiale. Il y avait sept puissances mondiales à l'époque, les autres étant l'Angleterre, la France, l'Allemagne, l'Autriche, la Russie et le Japon. Parmi elles, seules la Russie, l'Allemagne et l'Angleterre pouvaient être considérées comme des puissances de premier plan. L'Amérique est exclue uniquement en raison de son isolement géographique. Elle ne peut agir contre une puissance mondiale dans l'hémisphère oriental qu'avec des alliés, et dans un rôle subordonné. Telle était la situation au début du XXe siècle, l'ère des guerres d'anéantissement.

Pendant tout le siècle 1800-1900, l'Amérique a pratiqué l'impérialisme dans les Caraïbes, en Amérique du Sud et en Amérique centrale, dans tout le Pacifique et en Extrême-Orient. La sphère d'influence militaire américaine était, en 1900, plus étendue que celle de toute autre puissance, à l'exception de l'Angleterre. Elle n'avait en aucun cas condensé ou formé son empire, en raison de la nature purement instinctive de l'impérialisme américain. Ainsi, le Canada, par exemple, bien que non défendu et contigu à la base du pouvoir, n'a pas été politiquement incorporé à l'empire américain. Le Mexique non plus. L'instinct américain se contentait d'être plus fort que toute autre puissance dans une sphère donnée, afin d'y assurer son ascendant économique. La construction d'un empire, au sens européen du terme, était inconnue en Amérique. L'empire américain s'est développé simplement en raison de l'absence de résistance à l'instinct impérial américain.

Pour son empire, l'Amérique n'a mené qu'une seule guerre d'envergure. La première guerre, celle de 1775, était pour l'indépendance, et la guerre de 1812 est plus justement appelée la deuxième guerre d'indépendance. La guerre de Sécession a étendu l'empire yankee vers le sud, en supprimant une puissance émergente sur le continent nord-américain, et ce fut la seule guerre impériale que l'Amérique yankee aurait à mener au cours de ce siècle de construction impériale. Lors des expéditions de débarquement en Amérique centrale, de la guerre contre le Mexique, des luttes au Japon, en Chine et dans les îles du Pacifique, de la guerre contre l'Espagne, l'Amérique n'a subi que très peu de pertes. Jamais une puissance impériale n'avait acquis autant de territoires et d'influence pour un prix du sang aussi insignifiant.

Mais cela n'a pas été compris, ni en Europe ni en Amérique. Les Américains étaient soit embarrassés, soit prudents à propos de leur empire. Les Européens n'en savaient rien ou pensaient que c'était la conséquence d'une réflexion politique judicieuse et mûre. Ni les Européens ni les Américains n'ont écrit ou réfléchi sur la nouvelle puissance mondiale, son potentiel, son âme, ses capacités impériales.

Dans d'autres parties du monde, l'impérialisme américain est mieux compris et le Japon, en particulier, apprécie l'absence de pensée politique en Amérique, qui a rendu possible une politique entièrement négative, contraire à ses propres intérêts.

En 1900, aucune puissance en Europe, aucun gouvernement, aucune personnalité ne pensait qu'il était possible qu'au cours des deux décennies suivantes, une armée américaine de deux millions de soldats soit transportée à travers l'Atlantique pour mener une guerre intereuropéenne sur le site.

Une pensée politique intelligente en Amérique aurait compris que l'impérialisme américain était favorisé par les intérêts mutuels de toutes les autres puissances mondiales par rapport à la situation dans l'autre hémisphère. Cela a permis à l'Amérique de poursuivre son impérialisme dans l'hémisphère occidental sans l'interférence d'aucune autre puissance mondiale.

Toutes les autres puissances, y compris la Grande-Bretagne, ne peuvent rien faire pour contrecarrer les actions américaines dans l'hémisphère occidental. Mais il n'y avait pas de classe dirigeante américaine, pas d'idée, pas de nation, pas d'État. L'impérialisme américain n'était pas un effort rationalisé et planifié, mais une agglomération hasardeuse, résultant d'un instinct impérialiste agissant contre une faible opposition, et sur un fond de chance.

Les financiers yankees ne sont pas intéressés par la création d'une grande structure politique s'étendant du détroit de Béring au Cap Horn, ni par l'édification d'un quelconque empire américain. Leurs intérêts personnels étaient pour eux primordiaux et exclusifs. Les dirigeants politiques américains dépendaient des financiers pour leur maintien en fonction, car en 1900, la finance avait acquis la maîtrise de l'industrie et des transports. Et ce n'est pas dans les affaires de l'Amérique centrale ou du Sud, mais dans celles de l'Europe occidentale que les plus grands coups financiers devaient être portés.

7. L'impérialisme américain à l'ère des guerres d'anéantissement

I

À cette époque, la civilisation occidentale est confrontée à la grande crise de la Première Guerre mondiale. Cette grande époque devait marquer la fin d'une phase historique et le début d'une autre. L'ère du rationalisme, du matérialisme, de la critique économique, de la démocratie et du parlementarisme, c'est-à-dire la première phase de la crise de la civilisation, touchait à sa fin, et la crise devait se dissoudre dans la nouvelle époque, celle de la politique absolue, de l'autorité, de l'historicisme. De nouveaux courants étaient apparus dans toutes les sphères de la vie occidentale, se manifestant plus par la décadence, l'effondrement des formes de l'ancienne époque, que par l'apparition de nouvelles formalités. Un seul homme, le philosophe de la nouvelle époque, les a formulés dans toute leur ampleur.

Alors qu'il préparait son ouvrage sur l'époque à venir des guerres d'anéantissement, et qu'il esquissait les contours de l'avenir dans tous les domaines de la vie, les matérialistes, s'appuyant sur l'un ou l'autre point de vue, niaient la possibilité d'une guerre à grande échelle, et au moment où ils insistaient le plus, la Première Guerre mondiale éclatait en août 1914.[85]

Les vieilles traditions espagnoles de la diplomatie de cabinet ont fait leur dernière apparition dans les négociations de l'Autriche avec la Serbie en juin 1914 et en 1914, puis ont disparu à jamais de la civilisation occidentale.

---

[85] Spengler a publié le premier volume du *Déclin de l'Occident* en juin 1918, mais il a commencé à travailler sur son ouvrage en 1912.

La guerre n'était que l'aspect politique du passage d'une époque à l'autre, mais comme c'est l'action, et non la pensée, qui est décisive pour la vie, la guerre a pris sur elle toute la signification de l'époque mondiale. L'aspect culturel de la guerre était le passage du XIXe au XXe siècle de la civilisation occidentale. Cela signifiait la fin de l'idée anglaise du monde et le triomphe de l'idée prussienne du monde, car l'Angleterre avait été la nation intérieurement imprégnée de l'idée de la première phase de la civilisation occidentale. Rationalisme, matérialisme, esprit économique, parlementarisme, nationalisme, la Prusse était la nation destinée à donner au vingtième siècle sa forme propre. Ce conflit sur le plan culturel est indépendant de tout autre conflit sur le plan politique. Une seule de ces idées pouvait triompher : une seule exprimait l'esprit de la nouvelle époque. L'alternative à l'Idée prussienne était le chaos. L'idée prussienne aurait pu triompher sur le plan culturel sans guerre entre la Prusse et l'Angleterre ; en fait, les deux auraient pu être et continuer à être des alliés à des fins politiques. Le développement supérieur est purement spirituel et ne peut aboutir qu'à une victoire prussienne ou au chaos pour l'ensemble de la civilisation occidentale.

La guerre a été provoquée de manière grotesque par un assassinat dans les Balkans. Des incidents antérieurs, tels que Fashoda,[86] auraient pu déclencher la Première Guerre mondiale et, dans ce cas, la répartition des puissances alignées de part et d'autre aurait été complètement différente, et les résultats, tant spirituels que politiques, auraient été différents. La forme que cette répartition a prise, en fait, même si elle n'était pas nécessaire, a été celle d'une coalition de toutes les puissances du monde contre la Prusse et l'Allemagne, et son seul allié, l'Autriche-Hongrie.

En raison de certaines relations nouées avant la guerre, les financiers américains sont intéressés par la victoire britannique et représentent la véritable force de la ploutocratie américaine. Aucun "politicien" public ne connaissait quoi que ce soit aux

---

[86] En 1898, une petite colonne française sous le commandement du major J. B. Marchand du Congo français occupe Fashoda sur le Nil blanc avec l'intention de faire la jonction avec une autre colonne franco-éthiopienne et d'incorporer le Soudan à la France. Lord Kitchener se présente à la tête d'une flottille battant pavillon égyptien et oblige Marchand à se retirer. Deux ans plus tard, le Soudan est incorporé à l'Empire britannique sous le nom de Soudan anglo-égyptien. Le camouflet diplomatique de Fashoda a failli provoquer une guerre entre la France et la Grande-Bretagne.

affaires étrangères, puisqu'elles n'avaient rien à voir avec leur maintien au pouvoir, qui était leur seule préoccupation. C'était une honte pour l'Amérique qu'à cette époque un aventurier soit à la tête du gouvernement. Non seulement il ne s'oppose pas aux exigences des banquiers qui soutiennent la participation américaine à la guerre aux côtés de l'Angleterre, mais il a l'idée d'utiliser la guerre pour promouvoir son ambition démesurée. Lui et sa coterie projettent l'idée d'une "ligue des nations" dont il serait le président. Le gouvernement britannique, qui se trouve dans une situation militaire désespérée, donne son accord à cette idée.

La faiblesse de l'impérialisme américain apparaît ici clairement. Lorsque toute l'Europe était en guerre, c'était évidemment l'occasion pour l'Amérique d'agir dans son propre hémisphère. Elle était déjà en guerre avec le Mexique et aurait pu mettre fin à cette guerre sans susciter aucune protestation de la part des autres puissances mondiales. L'Amérique aurait même pu imposer une cessation des hostilités contre la volonté des belligérants, car elle aurait pu forcer l'Angleterre à abandonner la guerre.

Mais l'Amérique ne poursuivait pas son propre intérêt ni celui de la civilisation occidentale. Le peuple américain allait maintenant récolter les fruits d'un siècle d'isolement spirituel américain, d'isolement historique américain, de l'énergie, de la dureté, de la cruauté et de l'amertume de l'histoire. Parce que l'Amérique n'avait eu à mener qu'une seule véritable guerre dans son histoire impériale, parce qu'elle n'avait jamais connu l'opposition d'une grande puissance, parce qu'elle avait acquis un énorme empire sans payer le moindre tribut de sang, elle n'avait jamais développé de conscience politique. Le mot politique n'était pas compris, pas plus que le fait de la lutte pour le pouvoir. Il n'y avait pas d'État, foyer du pouvoir. Il n'y avait pas de classe dirigeante, gardienne de l'État. Il n'y avait pas de tradition, la conscience directrice de la nation. Il n'y avait pas d'État, centre du pouvoir. Il n'y avait pas de classe dirigeante, gardienne de l'État. Il n'y avait pas de Tradition, la conscience directrice de la Nation. Il n'y avait pas de nation, ni d'idée au service de laquelle vivait le flux de population du continent. Il n'y avait pas de Génie en politique, car il n'y avait pas de politique, mais seulement de sales luttes personnelles, des bureaux et des pots-de-vin. Il n'y avait que le groupe des banquiers et le misérable opportuniste Wilson, qui rêvaient de dominer le monde.

Le sens réel et spirituel de la guerre n'était connu d'aucun personnage public.

Même l'aspect superficiel et purement politique de la guerre n'était pas compris. Ce qui se rapproche le plus du réalisme, c'est la demande publique de Boise Penrose d'entrer en guerre parce que l'Amérique était le créancier de l'Angleterre et qu'il était donc dans son intérêt de gagner, ce qui ne semblait pas probable.

S'il y avait eu une classe dirigeante, une couche vouée par son existence à la réalisation et au service de l'idée nationale, l'Amérique serait restée en dehors de la guerre ou aurait forcé sa fin pour sauver l'Europe. La propagande sur les atrocités[87], le monopole anglais des informations, les efforts systématiques des groupes privés, financiers et sociaux pour forcer l'intervention américaine, n' pas été autorisés. Une classe dirigeante ne tolère pas la propagande étrangère et l'activité politique étrangère sur le territoire national.

II

L'aspect purement politique de la guerre était la lutte entre deux puissances politiques, l'Allemagne et l'Angleterre. C'est à cela que ressemblait la première phase de la guerre. En 1916, la nature de la lutte avait changé, et un Premier ministre comme Pitt l'aurait vu. Il s'agissait alors de l'Europe occidentale contre l'Asie, et en particulier contre la Russie. Pendant les deux premières années, la Russie et les autres puissances opposées à l'Allemagne ont servi la politique britannique. Par la suite, l'Angleterre en est venue jouer un rôle secondaire, sa puissance étant dépassée par l'Asie et l'Amérique. Chaque navire perdu par l'Angleterre augmentait la puissance de l'Amérique et du Japon. Chaque soldat anglais perdu renforce la puissance de la Russie, de l'Inde, de la Chine et du Japon. L'Angleterre a atteint un point où la victoire militaire ne peut plus se traduire en victoire politique. Son seul espoir de sortir indemne de la guerre est de faire la paix en 1916.

Naturellement, il en allait de même pour l'Allemagne. Chaque navire allemand coulé augmentait la puissance de l'Amérique et du Japon, et chaque victime allemande sur le champ de bataille augmentait la puissance de la Russie et de l'Asie vis-à-vis de la civilisation occidentale.

---

[87] La propagande sur les atrocités allemandes au cours de la guerre européenne a été contrée par de nombreux historiens révisionnistes américains tels que Elmer Barnes, Michael Connors, Tansill, etc.....

Les nations occidentales blanches ne pouvaient pas compenser les pertes que l'Asie et la Russie pouvaient facilement remplacer. La civilisation occidentale est en infériorité numérique par rapport aux forces extérieures dans un rapport de cinq contre un. Engagée dans une guerre interne - l'Angleterre contre l'Allemagne - l'Europe se bat collectivement pour la victoire de l'Asie, de la Russie et de l'Amérique.

Rien de tout cela n'a été observé par les personnes responsables en Amérique. Quelques penseurs et écrivains, tels que Frank Harris et John W. Burgess, ont interprété plus profondément que n'importe quel homme public les véritables alternatives. Parmi les hommes politiques, un seul, William Jennings Bryan, s'est opposé efficacement à l'intervention pendant un certain temps.

En effet, quel est le rapport entre la guerre européenne et l'impérialisme américain ?

Qu'est-ce que l'Amérique pourrait tirer d'une telle guerre ? L'Europe n'était pas l'ennemi de l'Amérique ; les réalités politiques et les liens culturels l'excluaient. L'Asie, le Japon et la Russie n'étaient pas les alliés de l'Amérique pour que celle-ci s'intéresse à sa victoire. Il n'y avait rien à gagner, du point de vue américain, à ce que participe d'un côté ou de l'autre à la guerre européenne.

Cette intervention a eu lieu simplement parce qu'il n'y avait pas d'Amérique, qu'il n'y avait que des groupes privés économiquement intéressés dans l'administration, qu'un gouvernement détendu représentant les groupes les plus forts et qu'une incompréhension totale du monde politique, de l'unité et du destin de l'Occident.

Telle est la faiblesse de l'impérialisme américain : pas de plan, pas de tradition, pas de politique, pas d'objectif, pas d'organisation.

La politique britannique à l'égard de l'Allemagne était la même que celle utilisée à l'égard de Napoléon : la politique de "l'équilibre des pouvoirs", par laquelle le continent devait être maintenu dans une division permanente de deux groupes de puissances égales, de sorte qu'en cas de guerre, la force de la Grande-Bretagne serait décisive. Mais en 1914, cette politique est totalement stupide et dépassée, car la montée en puissance de la Russie l'a dépassée. Ceux qui avaient pénétré sous le mince vernis de la culture occidentale, en vertu duquel la Russie appartenait au système occidental d'États, et qui avaient été suffisamment perspicaces pour apprécier à sa juste valeur le militarisme asiatique insidieux qui se cachait sous cette mince croûte, savaient que les intérêts à long terme des nations d'Europe occidentale étaient identiques et que la poursuite du mini-étatisme et des guerres inter-européennes devait être fatale à la position du pouvoir monopolistique européen dans le monde et à chacun des États européens.

C'était totalement inconnu, insoupçonné, inespéré dans une Amérique obsédée par l'économie. Lorsque la guerre a éclaté, la population a réagi avec un esprit de carnaval, comme s'il s'agissait d'un jeu ou d'un sport public.

L'Amérique n'a pas non plus tiré de leçons politiques de la guerre. Ses pertes sont faibles mais, compte tenu de l'étendue du front et du moment de son action, elles sont disproportionnées par rapport à celles de toutes les autres puissances européennes, et l'on en conclut que l'Amérique a gagné la guerre. En fait, bien sûr, la guerre a été une défaite pour l'Amérique, car elle n'était pas impliquée dans la misère. La situation américaine était neutre, indépendante de toute intervention politique.

Après la guerre, l'Amérique a collaboré avec les puissances européennes, y compris l'Allemagne, pour s'opposer au bolchevisme asiatique en Russie. L'Amérique a envoyé deux corps expéditionnaires, l'un en Sibérie orientale et l'autre dans le nord de la Russie, pour combattre le bolchevisme que la guerre européenne avait déclenché contre l'Europe.

Tout le matériel et toutes les vies humaines que l'Amérique avait donnés dans la guerre étaient une perte totale du point de vue américain. Certes, elle est sortie de la guerre avec beaucoup plus de puissance qu'elle n'en avait à son entrée, tout comme la Russie et le Japon. Mais elle a immédiatement gaspillé cette puissance lors de la conférence de Versailles et de la conférence navale de Washington. Ne comprenant pas la nature du pouvoir, l'Amérique est restée inconsciente de la nouvelle répartition du pouvoir résultant de la guerre. Elle a abandonné son nouveau pouvoir sans même s'en rendre compte. Cette ignorance existait à l'échelle nationale, mais elle était aussi individuelle. L'ambitieux Wilson, qui veut modifier la carte du monde, n'a que de très vagues notions de géographie, d'ethnographie et d'histoire européennes. L'équilibre de l'économie européenne lui est inconnu et il n'a aucune idée de ce qui appartient à la civilisation occidentale et de ce qui n'en fait pas partie. Par exemple, il considère la Serbie et la Pologne comme des "nations" occidentales.

L'Amérique n'a rien appris de la guerre parce qu'elle pensait avoir été "victorieuse" et que ce test pragmatique prouvait la justesse de sa politique. Mais en gaspillant son nouveau pouvoir politique, elle a prouvé qu'elle n'avait pas compris le raisonnement selon lequel la guerre est menée pour accroître le pouvoir. Si une autre puissance s'était comportée comme l'Amérique, c'est-à-dire avait combattu contre son propre intérêt national dans une guerre mondiale, elle aurait été ruinée et aurait probablement été divisée entre ses voisins. Cela ne pouvait pas arriver à l'Amérique en raison de son isolement dans son hémisphère.

C'est d'une importance secondaire, mais il convient néanmoins de noter que la propagande officielle en Amérique n'était rien de plus profond que le slogan selon lequel le monde devait être fait pour la démocratie. Il n'a pas été jugé nécessaire de lier la politique américaine aux intérêts américains. C'est un témoignage suffisant pour montrer à quel point la pensée politique américaine est primitive. Il n'a même pas été question de la crise de la civilisation occidentale, ni de la forme de l'avenir, ni d'aucune autre alternative politique. Seulement la guerre pour la guerre. C'est la même contrainte que Lincoln avait ressentie : injecter une alternative démocratique dans les guerres. Toute guerre devait, d'une manière ou d'une autre, impliquer la "démocratie". Si c'était nécessaire, la Russie tsariste ou la Russie bolchevique devaient figurer parmi les "démocraties". Le seul groupe en Amérique, en dehors des quelques cerveaux à la pensée indépendante qui sont l'espoir de l'Amérique pour l'avenir, qui n'était pas soumis à ces slogans idéalistes et à ces platitudes était les financiers. Pour eux, les idéalistes sont des marchandises que l'argent peut acheter, n'est-ce pas ? L'Amérique aurait pu perdre la Première Guerre mondiale sur le plan militaire, tout comme elle n'aurait pas pu la gagner sur le plan politique. En un mot, l'intervention américaine dans la Première Guerre mondiale a été une aventure d'irréalisme politique.

Les délégués américains à la Conférence de Versailles ignoraient la nature de l'assemblée. Ils la considéraient comme une sorte de tribunal théologico-judiciaire où l'on tranchait des questions morales. Cette hallucination collective, que les délégués européens n'ont pas réussi à dissiper, a conduit à l'étrange terminologie morale de la Dictée de Versailles. Le vocabulaire de cette Dictée est américain, les dispositions sont anglaises. Les Américains écrivaient, pensaient-ils, un épilogue à l'histoire, une suite à la dernière des guerres. Les Britanniques préparent leurs positions initiales pour la prochaine guerre.

III

Le résultat de la Conférence de Versailles est un échec total pour l'Europe. Les petits États conservent leur souveraineté politique les uns sur les autres ; le transfert de pouvoir vers les parties extérieures de l'Europe est ainsi confirmé. Les conditions sont réunies pour que la Seconde Guerre mondiale se déroule dans les mêmes conditions que la Première. Afin de multiplier les occasions de la déclencher, un essaim d'"États" microscopiques a été créé. La pensée à l'échelle de l'espace est devenue le mot d'ordre. Le nationalisme à l'ancienne, qui a conduit tout l'Occident à une défaite colossale, est réaffirmé. L'idéologie stupide de Wilson et de sa clique est inscrite dans les documents de politique européenne. Les questions de "culpabilité" sont introduites dans la politique, de même que la "moralité" internationale, le caractère sacré des traités, etc.

Cependant, au-dessus de tout ce tableau émerge un grand fait : toute l'Europe, et en particulier l'Angleterre, a perdu la guerre.

Dans la nouvelle image du monde, il y avait quatre puissances : la Russie, l'Amérique, le Japon et l'Angleterre. L'Amérique, le Japon et l'Angleterre. La plus forte de toutes, si elle lavait réalisé, était l'Amérique, mais, comme nous l'avons vu, elle a renoncé à la majeure partie de son nouveau pouvoir. Mais le fait historique qui avait été démontré - la certitude de la prépondérance américaine dans l'alliance anglo-américaine - ne devait pas disparaître et resta visible pour l'éducation politique de toute l'Europe.

Le résultat de la débâcle européenne fut une puissante réaction négative au sein de la population américaine. L'âme du peuple américain se détourna avec mépris de l'aventure européenne et aucun politicien avisé n'osa préconiser l'entrée de l'Amérique dans la "Société des Nations" ou dans l'une de ses dépendances. Les banquiers avaient gagné la guerre et n'avaient que faire des ambitions personnelles de Wilson pour la domination du monde.

Mais cette réaction ne devait pas être considérée comme un abandon de l'impérialisme américain. Il ne peut être abandonné, car il procède de l'instinct de l'âme du peuple. La guerre a été détestée précisément parce qu'elle était en dehors du chemin de l'impérialisme.

La marche impériale américaine se poursuit. Les forces navales et marines américaines continuent d'opérer le long des côtes des Caraïbes et du Pacifique, bombardant les ports et débarquant des troupes, comme elles l'ont fait au siècle précédent. Les ports chinois sont attaqués, mais plus les ports japonais, car la Première Guerre mondiale a fait du Japon une grande puissance, même si son effort de guerre a été nul.

Le Nicaragua a été attaqué et occupé pendant des années par les troupes américaines dans les années 1920. Immédiatement après que les troupes eurent atteint leurs objectifs au Nicaragua, l'Amérique, alliée au Japon, a attaqué la Chine en 1927. L'Amérique, alliée au Japon, a attaqué la Chine en 1927. Le motif de la guerre était la résistance de la Chine à l'impérialisme commercial japonais et américain. De sévères représailles ont été exercées après le bombardement d'une raffinerie de pétrole américaine à Nankin.

Engagée dans des luttes impérialistes, l'Amérique a parrainé le pacte de Kellogg. Ce fameux traité était censé mettre fin aux guerres. Le simple fait que de nombreux gouvernements occidentaux aient signé ce document élaboré et absurde était un symptôme sérieux de la maladie de la civilisation occidentale. Outre la défaite politique de l'ensemble de l'Europe, une victoire superficielle avait été remportée lors de la Première Guerre mondiale par l'idée du 19e siècle contre l'idée du 20e siècle. Le résultat a été le chaos en Europe occidentale après la Première Guerre mondiale : une désorganisation totale, un manque de compréhension de la part du public des nouveaux problèmes économiques, sociaux, spirituels et politiques créés par le développement avancé de la civilisation, et comme résultat de la débâcle de la guerre.

L'impérialisme commercial américain était très actif en Amérique du Sud et en Amérique centrale à cette époque. Par exemple, des révolutions ont été organisées au Panama, au Pérou, au Chili, au Paraguay et au Salvador, toutes en 1931. Une autre révolution a été provoquée au Chili l'année suivante. En 1931, les forces privées américaines ont exercé une influence décisive sur la situation espagnole et ont contribué à créer la situation qui allait conduire à la guerre civile de 1936-1939. Cuba est un autre pays nominalement indépendant qui subit les effets de l'impérialisme américain.

L'impérialisme américain a suivi le même double schéma après la Première Guerre mondiale qu'avant : d'une part, une quête redoublée de puissance sur des horizons lointains ; d'autre part, une incapacité totale à organiser, planifier ou intellectualiser ses conquêtes. Comme exemple de confusion, on peut citer l'idéologie de la "non-reconnaissance", selon laquelle l'Amérique ne "reconnaîtrait" pas - Dieu sait ce que cela peut signifier ! L'acquisition d'un territoire par une autre puissance par la force des armes".

Or, tout l'empire américain, y compris sa base d'origine, a été acquis par la force armée américaine. Cela inclut les achats de territoires qui ont été vendus à l'Amérique uniquement en raison de la prépondérance américaine dans cette partie du globe. Mais pour traiter ce sujet, il faut remonter à la Révolution américaine de 1933.

8. La révolution américaine de 1933

I

La guerre pour l'indépendance américaine, 1775-1783, a été considérée par deux classes différentes de participants sous deux aspects différents. Les dirigeants de type créatif, tels que Hamilton, Washington, Franklin, Rutledge, la considéraient comme une guerre internationale, entre une nation américaine, au stade de sa formation, et l'Angleterre. Cette nation américaine était, pour eux, une idée nouvelle, et les divers idéaux et slogans idéologiques utilisés comme matériel de propagande n'étaient pas l'essentiel, mais l'habillage temporaire de la nouvelle idée nationale. Pour des types aussi modestes que Samuel Adams, Thomas Paine et Thomas Jefferson, en revanche, la guerre était une guerre de classes, et l'idée d'indépendance n'était rien d'autre qu'un outil permettant de réaliser les idéaux d'égalité de la littérature rationaliste. La mise en œuvre de ces idéaux égalitaires a toujours pris la forme de l'envie, de la haine et de la destruction sociale, tant en Amérique qu'en Europe. Les lutteurs de classe considéraient la guerre comme une lutte pour l'égalité, et non comme une lutte pour l'indépendance nationale américaine. Ils détestaient la monarchie, la hiérarchie, la discipline, la qualité, l'aristocratie, tout ce qui était supérieur et créatif.

L'Idée-Nation, imminente dans l'esprit des créateurs, menés par Hamilton, était le rang organique sain et naturel de la population, de haut en bas, avec un monarque et une aristocratie à sa tête, éduqués dès la naissance dans le concept de service à l'Idée Nationale. Ils ont conçu, même à ce stade précoce, l'idée d'un impérialisme américain planifié, dans tout l'arrière-pays du continent et dans les Caraïbes.

Les deux idées se sont poursuivies tout au long de l'histoire de l'Amérique. La lutte des classes est une maladie de la culture, qui apparaît au début de la crise de la civilisation et n'est définitivement liquidée qu'avec la fin de cette crise et le début de la deuxième phase de la civilisation, résurgence de l'autorité. Toute l'histoire de l'Amérique s'est jusqu'à présent développée dans le cadre de la première phase organique de la Civilisation, qui est apparue dans la Culture occidentale vers 1750, a triomphé en 1800, et a maintenant atteint son accomplissement intérieur.

Ainsi, la lutte des classes a toujours été considérée comme naturelle et normale en Amérique plutôt que comme l'expression d'une grande crise de la Culture, avec une origine, une direction et une fin.

Les forces de la lutte des classes, menées par Jefferson lors de la fondation de l'Union américaine en 1789, se sont trouvées dans la situation unique de n'avoir aucune autre idéologie opposée en face d'elles. Depuis la défaite du parti fédéraliste en 1828, il n'y a pas eu de résistance économique. Celle-ci, qui a provoqué en Amérique des calamités qu'elle n'aurait jamais pu provoquer en Europe, n'est cependant pas due à ce seul facteur, mais à la présence de forces extra-occidentales. Ces forces sont intervenues dans la vie publique de l'Amérique et ont nécessairement déformé cette vie et l'ont éloignée de ses origines occidentales.

La nature intime d'une colonie, comme nous l'avons déjà vu, ne génère pas seulement des tendances politiques centrifuges, mais affaiblit également les liens avec la mère patrie de la culture, d'où découle la vie interne de la culture. Cela a rendu la zone coloniale culturellement insensible, ainsi que faible dans son pouvoir de résistance aux forces extra-culturelles. C'est ce faible pouvoir de résistance aux forces extraculturelles et sous-culturelles qui a entraîné l'obsession de l'économie et qui a permis l'influence sans précédent des étrangers sur la culture qui s'est développée au cours du dernier demi-siècle.

Lors de la Convention constitutionnelle de 1787, Benjamin Franklin chercha à inclure dans le projet de Constitution une clause excluant à jamais les Juifs d'Amérique. Les idéologues de l'"humanité" et de l'"égalité", qui ne connaissaient absolument pas le Juif, puisqu'il n'y avait pratiquement pas de Juifs en Amérique jusqu'à un siècle plus tard, ont rejeté le conseil de Franklin. Leur avertissement selon lequel, s'ils n'acceptaient pas sa proposition, leurs descendants travailleraient pour les Juifs après deux siècles, est resté lettre morte. Ces idéologues ne connaissaient que l'"humanité" et voulaient ignorer l'énorme différence entre les êtres humains vivant dans une certaine vision du monde et les autres vivant en dehors de celle-ci.

L'immigration vers l'Amérique au cours du XIXe siècle provenait de toutes les régions d'Europe occidentale, mais principalement d'Angleterre, d'Allemagne et d'Irlande. L'immigration juive a commencé vers la fin du siècle, suivie peu après par un afflux de Slaves des Balkans, de Russes et de peuples de la Méditerranée orientale. De faibles mesures défensives ont été prises, comme la loi sur l'immigration de 1890, qui fixait un quota pour chaque pays européen, de sorte que les immigrants d'Europe du Nord étaient favorisés par rapport aux Slaves et aux *Levantins* [88]. Naturellement, cela n'affecte pas le Juif, puisque, issu d'une culture différente, ses mouvements sont statistiquement invisibles pour les nations occidentales. Il peut immigrer dans le cadre du quota anglais, du quota allemand, du quota irlandais ou de n'importe quel autre quota.

Dans le schéma du parasitisme culturel, l'effet de la présence d'un nombre important de Noirs, d'Asiatiques et d'Indiens dans la vie américaine pourrait facilement être noté. On peut y ajouter les populations d'Europe de l'Est, à l'exclusion des Juifs qui, bien qu'assimilables, n'ont pas été assimilés. La vision du monde du rationalisme, qui engendre le matérialisme, l'obsession de l'argent, la décadence de l'autorité et le pluralisme politique ont joué contre l'assimilation et, à mesure que les falsificateurs de la culture gagnaient en pouvoir et en importance sociale, l'assimilation a été délibérément stoppée afin de maintenir l'Amérique spirituellement désunie et divisée et dans un état chaotique. Les efforts défensifs des Américains nationalistes pour restreindre ou abolir l'immigration ont été contrecarrés par la distorsion de la culture.

Entre 1900 et 1915, quinze millions d'étrangers ont immigré en Amérique. Peu d'entre eux venaient d'Europe occidentale. Presque tous venaient d'Europe du Sud-

---

[88] L'auteur fait référence aux Syriens, aux Libanais, aux Turcs et aux Palestiniens.

Est, de Russie, de Pologne et d'Asie mineure. Plusieurs millions de Juifs faisaient partie de cette masse. La Première Guerre mondiale a interrompu la vague d'immigration, mais celle-ci s'est poursuivie après la guerre et a été considérablement accélérée par la révolution européenne de 1933. Les Juifs qui ont fui l'Europe ou en ont été expulsés se sont rendus en masse en Amérique. Il convient de noter que la faible exclusivité culturelle des zones coloniales avait eu pour conséquence que les Juifs étaient traités, d'un point de vue civil, de la même manière que les Européens qui, à partir de 1737, résidaient dans les colonies américaines, alors qu'un siècle entier a dû s'écouler avant que cette politique rationaliste ne triomphe pleinement dans la patrie de la culture occidentale. La seule raison en est bien sûr que dans les colonies, il n'y avait pas de juifs en tant que groupe, mais seulement quelques individus juifs, dispersés dans la population, qui étaient considérés comme des curiosités. Au cours des cinquante années suivantes, le nombre de Juifs en Amérique est passé d'une proportion négligeable à une population estimée entre huit et douze millions de personnes. Au cours de cette période, la ville de New York est devenue une capitale essentiellement juive. Environ 80 % des immigrants juifs étaient des juifs *ashkénazes*[89]. Inévitablement, la réaction américaine aux phénomènes provoqués par l'immigration de ces personnes, avec leur propre vision du monde, a commencé à influencer la vie américaine à tous les niveaux et dans tous les domaines. La réponse à cette réaction a été une habile propagande utilisant l'idéologie américaine pour servir les objectifs juifs. L'Amérique devint un "melting pot", selon l'expression du juif Israël Zangwill, et l'idéologie américaine purement quantitative rendit cette image convaincante dans une Amérique encore plongée dans le stade de l'obsession de l'argent.

Le mot "Américain" a été modifié par cette même propagande pour désigner un immigrant qui avait amélioré sa situation personnelle en venant en Amérique, à l'exclusion de l'Américain de souche qui avait été déplacé par l'immigrant. Si ce dernier manifestait du ressentiment, il était qualifié d'anti-américain. C'est ainsi que sont nés des mouvements de natifs américains, comme le deuxième Ku Klux Klan, créé en 1915, pour exprimer la réaction de l'organisme américain contre la présence de l'étranger. Lorsque ces mouvements ont réussi, ils ont été qualifiés

---

[89] Les Juifs *ashkénazes* sont originaires d'Europe de l'Est, en particulier de Russie et de Pologne.

d'antiaméricains par les organes de propagande, qui avaient déjà subi à l'époque de fortes influences culturelles déformantes.

Les mots "Amérique" et "Américain" ont perdu tout leur sens spirituel et national pour prendre une signification purement idéologique. Quiconque venait en Amérique était ipso facto un Américain, même s'il conservait sa propre langue, vivait immergé dans son propre groupe racial national, entretenait ses anciennes relations avec la Russie, l'Europe de l'Est ou le Levant méditerranéen, et que sa relation avec l'Amérique était purement économique. En revanche, les Américains descendants des indigènes, les représentants devant l'histoire de la nouvelle unité issue de la civilisation occidentale appelée peuple américain, n'étaient pas, ipso facto, des Américains.

S'ils entretenaient un sentiment d'exclusivité, ils n'étaient pas "américains". Cette transmutation des valeurs accompagne invariablement la distorsion de la culture et représente un besoin de vie extra-personnel de l'élément qui dénature la culture. Les valeurs de la culture d'accueil sont hostiles à la vie du déformateur de culture, et pour ce dernier, adopter de telles valeurs équivaudrait à disparaître en tant qu'unité supérieure. L'assimilation des Juifs signifierait qu'il n'y aurait plus d'idée juive, de culture juive, d'État, de nation, de peuple, de religion et de race.

En sentiments nationalistes en Amérique, l'idée juive lutte pour la poursuite de son existence contre la civilisation occidentale hostile. Il faut rendre hommage à l'intelligence politique des dirigeants du judaïsme qui ont su, au XXe siècle, identifier leur idée juive à l'Amérique et qualifier le nationalisme américain d'"antiaméricain".

II

Pour l'histoire interne de l'Amérique, quatre époques ont été d'une grande importance : 1789, 1828, 1865, 1933. 1789 a marqué la formation de l'Union colonies, par l'adoption de la Constitution. 1828 a vu la défaite finale du parti fédéraliste, seule force autoritaire de l'Union. 1865 marque le début de la soumission complète du continent à la finance, mais aussi de la formation du caractère spécifique du peuple américain. En 1865, cependant, la dernière barrière contre l'obsession économique a été brisée, et la voie a été ouverte qui devait s'actualiser par le triomphe complet du détracteur de la culture en 1933. L'histoire occidentale future marquera cette date comme l'année de la révolution américaine ou plus exactement comme la première phase de la révolution américaine, car c'est cette année-là que la distorsion culturelle a commencé à infiltrer les dernières sphères de la vie américaine, le gouvernement, l'armée, l'administration et le pouvoir judiciaire.

Pourtant, cette époque est passée inaperçue, non seulement pour la grande masse des Américains - ce qui n'est guère surprenant - mais aussi pour de nombreux gardiens du sentiment national américain.

À première vue, la signification profonde des événements n'est pas apparue immédiatement. Pour la population et le monde extérieur, il semblait qu'il y avait simplement eu un changement dans l'administration, une substitution d'un parti d'hommes d'affaires par un autre. Une révolution gigantesque qui, dans un pays européen, aurait provoqué une guerre, s'est déroulée de manière astucieuse et invisible dans un pays politiquement inconscient :.

Dès le début, le nouveau régime a suscité une opposition considérable car, en raison de ses propres nécessités internes, il a dû s'engager dans un programme hostile et destructeur des sentiments nationaux américains.

Les instincts politiques aiguisés des étrangers à la Culture leur avaient permis de maîtriser parfaitement la technique des luttes de partis américaines ; ils ont donc procédé à l'accaparement du parti adverse, de sorte que les élections sont devenues par la suite une simple façade et n'ont plus offert la possibilité d'un véritable changement de gouvernement, mais seulement la substitution d'un parti dénaturant la Culture par un autre.

Dès le début de la Révolution, les affaires étrangères s'adaptent à la politique du Prétendant. La Russie bolchevique est reconnue diplomatiquement en 1934 et Litvinov-Finkeistein est envoyé de Russie pour féliciter le régime chanceux à Washington. C'est la première étape de la formation de la coalition américano-bolchevique contre l'Europe. Le régime est encore en train de consolider sa prise de pouvoir et doit agir avec prudence, car il existe toujours la possibilité, en 1936, d'une rébellion nationale sous l'ancienne forme électorale.

S'adaptant aux préoccupations populaires concernant les problèmes intérieurs, le Faker a axé les "élections" de 1936 sur des alternatives nationales. Ce devait être la dernière élection de l'histoire américaine au cours de laquelle il existait au moins une faible possibilité de révolution nationale ancienne technique de vote. Depuis lors, les élections ont été organisées de manière à ce que le régime qui dénature la culture puisse se perpétuer au pouvoir par de tels moyens.

III

La distorsion, ou distorsion culturelle, en Amérique, comme ailleurs dans la civilisation occidentale, ne pouvait que tordre, changer de direction ou frustrer l'âme de l'hôte, et non la tuer ou la transformer. Les tendances autopathiques américaines, nées de l'influence désintégratrice du rationalisme et du matérialisme, sont la source des possibilités utilisées par le faussaire culturel. Sa technique consistait à les pousser de plus en plus dans la voie de la décadence, mais même temps il pouvait toujours se référer aux doctrines rationalistes, elles-mêmes issues de la crise de la Civilisation, comme fondement semi-religieux de sa tâche de désintégration.

Ainsi, la rhétorique "égalitaire" de la Déclaration d'indépendance de 1775 et les platitudes pieuses de Lincoln et d'autres politiciens partisans ont servi de base à la propagande de la "tolérance" qui enseigne aux Américains qu'ils ne doivent en aucun cas, même en pensée, discriminer le Juif. Cette propagande est diffusée depuis les plus hautes fonctions officielles jusqu'au niveau du foyer familial, de l'école et de l'église.

Le mouvement noir est un puissant instrument de distorsion culturelle et a été organisé en tant que tel peu après la prise de pouvoir en 1933. De même, les nombreux groupes d'origine étrangère récente sont artificiellement empêchés de s'assimiler et de devenir américains, car tout groupe considéré comme étranger en Amérique est utile à la distorsion culturelle. Ainsi, le groupe polonais, par exemple, a été très utile à l'agitation guerrière lors de l'effondrement de 1939. L'utilité de ces groupes étrangers peut facilement être imaginée si l'on garde à l'esprit qu'en 1947, seuls les trois quarts de la population américaine sont composés de Blancs nés aux États-Unis, que seuls 55 % de la population ont des parents nés aux États-Unis, tandis que plus de 20 % ont au moins un parent né à l'étranger, et que près de 15 % de la population est composée de personnes nées à l'étranger. Plus d'un millier de journaux et de magazines rédigés dans 48 langues étrangères sont publiés en Amérique.

Le résultat de tout cela a été de mettre l'Américain de souche complètement sur la défensive, d'accorder une position privilégiée au faussaire culturel qui incarne à son plus haut potentiel l'idée de l'étranger, et de désintégrer progressivement le sentiment national américain. Une distorsion culturelle poussée à l'extrême n'aurait pas été possible en Europe, en raison de sa plus grande sensibilité culturelle et de sa plus grande exclusivité, même dans des conditions démocratiques et matérialistes.

Il faut observer précisément les produits spirituels de la distorsion culturelle en Amérique, dans tous les domaines de la vie, car l'Amérique qui intervient en Europe n'est pas la véritable Amérique qui existait encore en 1890, mais un empire composé d'une strate dominante, avec sa propre Culture, et d'une grande masse de sujets, y compris les Américains, et les groupes presque aussi nombreux qui se sentent étrangers. La couche inférieure fournit les soldats qui envahissent l'Europe, mais les cerveaux qui décident appartiennent à des non-Américains.

9. Perspective globale

I

La technique utilisée pour éliminer la résistance américaine à la distorsion culturelle a été l'uniformité. Chaque Américain a été contraint de s'habiller, de vivre, de se comporter, de parler et de penser de la même manière. Le principe d'uniformité considère la personnalité comme un danger et un fardeau. Ce grand principe a été appliqué à tous les domaines de la vie. La publicité, pratiquée d'une manière et à une échelle inconnues en Europe, fait partie de la méthode d'élimination de l'individualisme ; partout on voit le même visage, vide et souriant. Le principe a été appliqué ; avant tout, la femme américaine, dans ses vêtements, ses cosmétiques et son comportement, a été privée de toute personnalité.

Une vaste littérature s'est développée sur le thème de la mécanisation et de la standardisation de tous les problèmes et situations de la vie. Des millions de livres sont vendus pour expliquer aux Américains "comment se faire des amis". D'autres livres leur expliquent comment écrire des lettres, comment se comporter en public, comment faire l'amour, comment faire du sport, comment jouer, comment normaliser leur vie intérieure, combien d'enfants ils doivent avoir, comment ils doivent s'habiller et même comment penser. Ce dernier principe a été étendu à l'enseignement supérieur et il est incontestable que chaque Américain, garçon ou fille, a droit à une telle éducation. Il n'y a qu'en Amérique qu'un journaliste a pu critiquer la physique supérieure comme créant une sorte d'aristocratie.

Récemment, un concours a été organisé en Amérique pour trouver le "M. Moyen". Des statistiques générales ont été utilisées pour découvrir le centre de la population, la répartition matrimoniale de la population, la taille de la famille, la répartition rurale et urbaine, etc. Finalement, un mari et une femme avec deux enfants, résidant dans une ville de taille moyenne, ont été choisis et désignés comme "La famille moyenne ". Ils ont été récompensés par un voyage à New York, interviewés par la presse, fêtés, invités à recommander des produits commerciaux et exhibés pour l'admiration de tous ceux qui, d'une manière ou d'une autre, manquaient quelque chose de la qualité souhaitable de la moyenne. Leurs habitudes domestiques, leur approche de la vie ont fait l'objet d'une enquête, puis d'une généralisation. Après avoir trouvé l'homme moyen, on a généralisé ses idées et ses sentiments comme étant les idées et les sentiments d'un homme moyen à généraliser.

Dans les "universités" américaines, les maris et les femmes suivent des cours de réajustement du mariage. L'individualisme ne devrait pas être autorisé, même dans un domaine aussi personnel que le mariage. En Amérique, le faussaire de la culture a imposé une façon de tout faire. Les hommes échangent leurs chapeaux de feutre contre des chapeaux de paille un certain jour de l'année, et un autre jour, ils abandonnent les chapeaux de paille. L'uniforme civil est aussi rigoureux - pour toutes les occasions - que la tenue militaire ou liturgique la plus stricte. Toute déviation est l'objet d'une interrogation ou d'un mépris. Les arts ont également été coordonnés dans le plan directeur. En Amérique, avec ses 140 000 000 d'habitants, il n'y a pas une seule compagnie d'opéra qui se produise sans interruption. Il en va de même pour le théâtre. Tout ce qui est projeté dans les théâtres, ce sont des "magazines" et des œuvres de propagande journalistique.

Pour le reste, il ne reste que le cinéma, qui est, après tout, le moyen le plus fort de standardisation de l'Américain par la couche supérieure des faussaires de la culture.

Dans un pays qui a produit West, Stuart et Copley, il n'y a pas aujourd'hui un seul peintre de renommée publique qui persiste dans la tradition occidentale. L'abstraction, la folie picturale et le souci de la laideur monopolisent l'art pictural.

La musique est rarement entendue en Amérique. Elle a été remplacée par les tambours incultes des Noirs. Comme le dit un "musicologue" américain, "le rythme du jazz, emprunté aux tribus sauvages, est à la fois raffiné et élémentaire et correspond à la disposition de notre âme moderne. Il nous stimule sans relâche, comme le tambour primitif du danseur sorcier. Mais elle ne s'arrête pas là. Elle doit en même temps tenir compte de l'excitabilité du psychisme moderne. Nous avons besoin d'une excitation rapide, d'un changement constant, de stimuli. La musique dispose d'un excellent moyen d'excitation, à savoir la syncope".

La littérature américaine, qui a produit Irving, Emerson, Hawthorne, Melville, Thoreau et Poe, est aujourd'hui entièrement représentée par des falsificateurs culturels qui utilisent des arguments freudiens et marxistes dans leurs romans et pièces de théâtre.

La vie familiale américaine a été complètement désintégrée par le régime de la fausse culture. Dans le foyer américain ordinaire, les parents ont certainement moins d'autorité que les enfants. Les écoles ne font pas de discipline, pas plus que les églises. La fonction de formation de l'esprit des jeunes a été complètement abandonnée au profit du cinéma.

En Amérique, le mariage a été remplacé par le divorce. Ce n'est pas un paradoxe. Dans les grandes villes, les statistiques montrent que pour deux mariages, un se termine par un divorce. Pour l'ensemble du pays, le ratio est d'un divorce pour trois mariages. Cette situation ne peut plus être qualifiée de mariage, car l'essence du mariage est sa permanence. Le commerce du divorce est une affaire importante, qui profite aux avocats, détectives privés et autres charlatans, tandis que les normes spirituelles de la nation en souffrent, comme le reflète l'attitude émotionnellement indifférente des enfants américains.

L'érotisme occidental, fondé sur la chevalerie de l'époque gothique, avec l'impératif d'honneur concomitant issu de siècles d'histoire occidentale, a été sapé. L'idéal de Wedekind, le fauteur de culture qui a prêché la vie de bohème obligatoire en Europe au début du 20e siècle, a été mis en pratique par le régime fauteur de culture en Amérique. Un puritanisme inversé a vu le jour. Dans ce nouveau sentiment, le puritanisme n'est considéré que sous son aspect sexuel, qui doit être tourné en dérision au cinéma et dans la littérature. La thèse de Baudelaire "Il n'y a de bonheur que dans le mal" a été adoptée par le Falsificateur, et son résultat a été la désintégration progressive de la moralité américaine dans tous les domaines. Dans cette entreprise, la musique de jazz est une aide utile, car dans son tam-tam primitif, elle n'est que l'expression de la luxure dans le monde du son, un monde qui est capable d'exprimer toutes les émotions humaines, les plus élevées comme les plus basses.

L'un des aspects de cette perversion générale est la manie de la jeunesse physique, qui s'est répandue dans toute l'Amérique. Les hommes et les femmes, mais surtout les femmes, sont intimement obsédés par l'idée de rester physiquement jeunes. La publicité joue sur ces peurs et les commercialise. La "fille", une fille, mais l'inverse n'est pas vrai. Un culte de la "fille" s'est développé, qui, avec le cinéma, les magazines, le jazz, le divorce, la désintégration de la famille et l'uniformité, sert le vaste objectif de détruire les sentiments nationaux de l'Américain.

À côté de l'uniformité, il y a la technique de l'excitation. La presse crée chaque jour de nouvelles sensations. Dans le cadre du plan général, il importe peu que cette sensation soit un meurtre, un enlèvement, un scandale gouvernemental ou une rumeur de guerre. Mais à des fins particulières et politiques, ces dernières sensations sont les plus efficaces, et pendant les années de préparation de la Seconde Guerre mondiale, le Falsificateur a administré chaque jour une nouvelle "Crise". Le processus s'est poursuivi jusqu'à ce que la population soit prête à accueillir l'arrivée de la guerre comme un soulagement de la tension nerveuse toujours croissante. Lorsque la guerre est arrivée, le faussaire l'a immédiatement appelée "guerre mondiale", bien que seules trois puissances aient été engagées et que les puissances les plus puissantes n'aient pas encore été impliquées dans la guerre. L'intention, bien sûr, était d'effacer de l'esprit des Américains la possibilité d'une localisation de la guerre et de les préparer à l'intervention américaine.

La tension qui se cache derrière l'excitation, le plaisir et le mouvement constant a créé une vaste vie nocturne, un monde souterrain de la criminalité qui abrutit l'imagination des Européens et une course d'une chose à l'autre qui exclut toute possibilité de réflexion et de culture individuelle. Près d'un pour cent de la population vit du crime professionnel. L'art de la lecture a été retiré aux Américains, car il s'agit de "faire quelque chose". Dans ces conditions, la culture individuelle est généralement étouffée, et les idéaux de masse dominants imposent des limites à la forme de cette culture personnelle lorsqu'elle peut néanmoins être réalisée.

Toute l'histoire, toute la pensée, tous les événements, tous les exemples sont utilisés pour démontrer la bonté de l'idéal de vie de masse et de l'idéologie américaine.

II

Dans l'atmosphère rationaliste et matérialiste de l'Amérique du XIXe siècle, il n'existait qu'un très faible lien d'union avec les sublimes traditions gothiques occidentales du sens spiritualisé de la vie, mais sous le régime déformant de la Culture établi depuis 1933, l'Amérique a perdu toute substance. Sur tous les plans, la réalité ultime du monde et de la vie est matérialiste. Le but de la vie est le bonheur. Il doit en être ainsi si la vie n'est qu'un processus physico-chimique, et même des articles de journaux ont paru affirmant que la découverte d'une "formule" vitale par les scientifiques était imminente.

L'aspect contractuel de la vieille religion puritaine, qui considérait que l'homme et Dieu tenaient des comptes privés l'un avec l'autre, a été poussé jusqu'à ses ultimes conséquences, et toute vie n'est rien d'autre qu'un devoir légal envers la proposition mondiale appelée Amérique, qui s'est vu confier la mission de falsifier toute la civilisation occidentale, par le biais du processus d'"éducation" de l'Europe. L'héroïsme au sens occidental du terme est inconnu, et le héros admiré par le peuple est le grand capitaliste qui a transformé une grande partie de la richesse publique en ressources propres, ou, à la rigueur, un acteur de cinéma souriant. Un grand mouvement spirituel ou un soulèvement national ne sont pas compris en Amérique, d'abord parce qu'ils n'ont rien vu de tel dans leur propre histoire, ensuite parce que le Faussaire a ces choses ridicules. On a enseigné à l'Américain que la vie consiste à cultiver des relations amicales avec tout le monde, à adhérer à autant de clubs et de sociétés secrètes que possible, et à confiner toutes ses pensées et tous ses efforts sur le plan personnel.

Le "happy end" est l'idéal de la vie et de la littérature. On ne songe même pas à supporter les coups du sort les plus amers. On pense qu'on les évitera en n'y pensant pas. L'homme chanceux, et non celui qui a souffert en silence et est devenu fort, est le protagoniste de la littérature du "happy end".

L'opposition entre l'idée occidentale de la réalisation du Destin et celle du Faussaire de la Culture, le substitut désintégrant appelé "happy end" est en fait l'idée centrale de la Perspective Mondiale qu'il veut imposer à la nation américaine prostrée et à sa parenté, la Civilisation Occidentale. L'incompatibilité entre ces deux idées s'étend du niveau personnel à l'économie nationale, à la société, à l'État, à la religion et à l'éthique..

Dans la grande vie occidentale, le sentiment est le besoin d'être soi-même, de préserver le moi intérieur qui ne peut être compromis ou négocié, qui est synonyme d'âme, de destin, d'honneur, de race. L'idée du "Happy end" du faussaire est opportuniste, faible, dégénérée et nauséabonde pour le sens de l'honneur occidental. L'expression vide et souriante, l'esprit uniforme, l'obsession abrutissante du bruit, du mouvement et de la sensation, l'obsession de gagner et de dépenser de l'argent, le rejet de toutes les normes spirituelles de conduite : tout cela ne fait que refléter l'interprétation fondamentale de la vie comme la poursuite d'une fin heureuse. Pour le bonheur, on est prêt à tout compromettre, à tout donner, à tout vendre. Le bonheur devient synonyme de poursuite de motifs économiques et sexuels. Il exclut totalement toute lutte non rentable contre des forces supérieures, simplement pour être soi-même. La compréhension et le respect de la tragédie de la vie, de la magie de la vie, de la puissance de l'idée, ont été exclus par le sentiment de la fin heureuse.

Une telle idée est totalement impossible pour les Européens du XXe siècle, même s'ils n'ont pas vécu l'horrible catastrophe de la Seconde Guerre mondiale, au cours de laquelle l'Europe a succombé à la double invasion des barbares et des faussaires. Aucun grand artiste, aucun homme religieux, aucun penseur profond ne s'est jamais bercé de l'idée que la vie avait le sens d'une "fin heureuse". Dans les moments tristes et difficiles, l'homme d'Occident affronte les coups que le destin lui réserve, au lieu de les subir. Il ne parle pas de bonheur ou de malheur et n'essaie pas d'éviter les faits en pratiquant la politique de l'autruche. Faire l'autruche ou regarder ailleurs n'est pas une solution, mais un report et peut-être la création d'un problème encore plus grand. Le "happy end" a une signification purement négative. C'est un déni de la Vie, un évitement de la Vie. C'est donc un piège, un mensonge.

Le chaos racial en Amérique, qui, délibérément perpétué par le Faker, place la nation américaine encore plus solidement entre ses mains, n'est possible qu'en raison du programme de dénationalisation préparé pour la consommation des Américains. Ce programme commence par une propagande dans les écoles qui enseigne que l'Amérique n'a pas été colonisée, nettoyée, conquise ou construite par des Américains, mais par un grand conglomérat d'étrangers. On enseigne que la contribution du Juif et du Noir est l'influence déterminante sur la formation du "rêve américain". Dans l'État de New York, le Marchand de Venise de Shakespeare ne peut être enseigné ou mentionné dans les écoles. La promotion du "happy end" antinational et grossier, avec son obsession économique et sexuelle et son atomisme social, est la condition préalable à la poursuite de l'ensemble du programme de dégénérescence.

Les races et les nations s'expriment à leur plus haut potentiel dans des individus forts, qui incarnent les principales caractéristiques nationales et acquièrent une immense signification historique symbolique. Par conséquent, les efforts du fauteur de culture pour étrangler le nationalisme américain ne prennent pas la forme d'une offensive contre l'individualisme, mais contre le seul type d'individualisme qui soit historiquement efficace : l'individualisme qui concentre en lui une Idée supérieure et se consacre à son service.

Ainsi, la valeur la plus élevée consiste à "s'entendre avec les gens". Les caractéristiques robustes de l'indépendance ou de la force doivent être mises de côté et l'idéal même de la médiocrité doit être exalté. La spiritualité universelle, la même nourriture spirituelle pour toutes les classes, se substitue à la stratification organique de la société. Cette nourriture n'a bien sûr qu'une valeur quantitative. De même que le meilleur produit est celui qui a fait l'objet de la plus grande publicité, le meilleur livre est celui qui a été le plus vendu. Le meilleur journal ou magazine est celui qui a le plus grand tirage. Cette assimilation de la quantité à la qualité est l'expression complète de la masse, la négation de l'individualité.

Le corollaire naturel de la maladie du bonheur est le pacifisme. Nous ne parlons que du pacifisme intellectuel, car le perturbateur de la culture sait utiliser les instincts combatifs du type amérindien. Le pacifisme intellectuel est une propagande de guerre. L'ennemi est identifié à l'idée même de la guerre et lutter contre lui, c'est lutter contre la guerre.

Naturellement, le hollywoodisme est incapable d'entraîner un peuple dans l'héroïsme, l'énergie, le sacrifice, le renoncement. Ainsi, les armées américaines en campagne au cours de la Seconde Guerre mondiale ont dû être approvisionnées en livres d'images, chocolats, bières, boissons de toutes sortes, disques, juke-boxes, cinémas et jouets de toutes sortes.

Les fondamentaux ne peuvent être évités, et c'est ainsi qu'en dépit de huit années de préparation à travers le bombardement émotionnel le plus intense que le monde ait jamais connu à l'aide du cinéma, de la presse, du théâtre et de la radio, aucun enthousiasme guerrier n'a été suscité chez le peuple américain, alors qu'au contraire, un sentiment négatif s'est manifesté parmi les troupes destinées à combattre l'Europe lors de la Seconde Guerre mondiale. Sur les 16 millions d'hommes enrôlés dans les forces armées entre le début et la fin de la brève participation militaire des États-Unis à la Seconde Guerre mondiale, le nombre de volontaires était inférieur à 600 000. Presque deux fois plus de volontaires se sont engagés en un an dans une seule nation européenne lors de la Première Guerre mondiale. Il convient également de noter qu'une grande partie des volontaires américains avaient été prévenus de leur mobilisation imminente et ne se sont portés volontaires que pour sauver les apparences.

L'idée occidentale de la réalisation du Destin, avec son impératif interne d'honneur et de fidélité aux convictions, signifie que le vulgaire est l'opposé du digne. Aucune idée supérieure n'est "pour tous". Toute la créativité vient d'un petit nombre. Les actes à haute teneur éthique ne peuvent être accomplis par tous, et celui qui en est capable n'a aucune raison d'avoir honte, de renoncer aux valeurs spirituelles et d'adopter le visage souriant, le vide intérieur et l'idéal de "s'entendre" avec les gens, au prix de son âme.

Même la destruction et la déformation à l'échelle à laquelle elles ont été effectuées en Amérique sont le fait de minorités. Les masses américaines et étrangères ne sont que l'objet de la déformation. L'unité organique qui considère la désintégration de l'Amérique comme faisant partie de sa propre mission vitale ne représente, dans sa base la plus large, que dix pour cent de la population de l'Union américaine. Et au sein de ces dix pour cent, il n'y a qu'un nombre relativement faible de cerveaux et une strate de dirigeants de confiance qui mettent en oeuvre la politique de la culture juive - État-Nation-Religion-Peuple-Race. Pour ces dirigeants, la grande masse de leur propre peuple n'est rien d'autre que de la chair à canon dans la guerre non militaire contre la civilisation occidentale dans le monde entier. Il n'est pas nécessaire de considérer ces cerveaux comme animés de motifs malveillants et diaboliques. Pour eux, la civilisation occidentale est le dépositaire du mal et de la haine collectifs du monde, la source de mille ans de persécution, une monstruosité cruelle et irrationnelle, une force sinistre qui travaille contre l'idée messianique juive.

10. L'homme noir en Amérique

Les conditions démocratiques et matérialistes surviennent lors de la crise organiquement nécessaire de la Civilisation, et sont donc autopathiques. La distorsion culturelle provient de l'interférence dans la vie de l'hôte, d'un parasite culturel, qui vit néanmoins dans le corps de cette culture. Les deux cultures concurrentes augmentent l'intensité de l'une et de l'autre, et l'Amérique est l'exemple le plus clair des effets multiples que ces maladies culturelles peuvent exercer sur un peuple qui n'a pas pu y résister de manière adéquate en premier lieu.

La population de l'Amérique, à l'heure actuelle, n'est composée que d'une faible majorité de personnes qui sont indiscutablement américaines, sur le plan de l'espace, de l'esprit et de la nation. Le reste, près de la moitié, se compose de Noirs, de Juifs, d'Européens du Sud-Est non assimilés, de Mexicains, de Chinois, de Japonais, de Siamois, de Syro-Libanais, de Slaves et d'Indiens. Les groupes slaves sont assimilables par la race américaine, mais le processus de leur assimilation a été délibérément entravé par l'intervention du déformateur de culture. Les idéaux de masse, de bruit, d'excitation, d'uniformité mentale et de hâte constante que les Américains partagent avec ces groupes étrangers non assimilés ne représentent en aucun cas une assimilation, car ces traits sont antinationaux, démoralisants, destructeurs de l'individualité, de l'État, du peuple, de la race.

Le problème des Noirs est l'une des nombreuses dislocations raciales qu'il est urgent de résoudre en Amérique. Lorsque, à la suite de la guerre civile, les Noirs ont été privés de leur sécurité et livrés à l'esclavage financier dans une civilisation industrielle dont ils ne pouvaient en aucun cas supporter les problèmes, ils étaient un peuple résigné et primitif. Ils n'avaient aucun dynamisme, aucune mission destructrice. Ils étaient alors environ quatre millions et demi et se trouvaient presque tous dans les États du Sud, où la vie sociale était adaptée à leur présence et maintenait la séparation entre les races blanche et noire sur tous les plans. D'un côté comme de l'autre, il n'y avait pas de volonté d'altérer ce schéma naturel de relations.

Cependant, pour un capitaliste financier, un Noir ne représente qu'une "main-d'œuvre bon marché" ou la perspective d'un petit prêt. Le maître de l'argent ne sait rien de la nation, du peuple, de la race, de la culture. C'est un "réaliste", ce qui signifie, au niveau intellectuel primitif, qu'il considère tout ce qui est comme la somme totale de la Réalité. Mais en réalité, bien sûr, il représente une étape déjà passée, une idée déjà réalisée. La véritable réalité est le futur en action, car telle est l'impulsion des événements. Ainsi, aucun penseur de l'Argent ne serait capable de penser deux ou trois générations futures, car il voit l'avenir comme stable, même s'il agit pour créer de l'instabilité dans les conditions immédiates.

Après la guerre de Sécession, de plus en plus de Noirs se sont installés dans les États du Nord. Ce mouvement migratoire a été fortement encouragé par les deux guerres mondiales, au cours desquelles des millions de Noirs se sont installés dans le Nord pour remplacer les travailleurs blancs des zones industrielles qui avaient été mobilisés. Pour renforcer ce processus de prolétarisation, les entreprises du Nord ont même délocalisé leurs usines dans le Sud pour employer la main-d'œuvre noire et augmenter ainsi leurs profits.

La transformation du nègre en esclave salarié l'a complètement démoralisé, faisant de lui un prolétaire mécontent et créant en lui une profonde amertume raciale. L'âme du nègre reste primitive et infantile, comparée à l'âme nerveuse et compliquée de l'homme occidental, habitué à penser en termes d'argent et de civilisation. Le résultat est que le Noir est devenu un fardeau pour la société blanche.

Le mariage est presque inconnu chez les Noirs et les femmes ont des familles nombreuses. Dans les grandes villes, la population noire donne un taux de criminalité dix fois supérieur à ce qu'il devrait être d'après leur nombre. Les maladies sociales[90] sont généralisées parmi cette race, et dans les hôpitaux comme dans les pénitenciers, le nombre de Noirs est largement disproportionné. La violence primitive est naturelle chez les Noirs, et le sens du déshonneur social est absent lorsqu'il

---

[90] D'après le contexte du texte original, il semble que l'auteur fasse référence aux maladies vénériennes.

s'agit de crime. Les quartiers noirs des villes du Nord sont dangereux pour la vie des Blancs.

Le bolchevisme et la distorsion culturelle n'ont pas oublié les potentialités du Noir à des fins de désintégration interne et de guerre raciale. Les poursuites engagées contre les Noirs pour des délits dans les États du Sud font l'objet d'une intense propagande communiste, qui s'exprime sur le site, selon les vieux principes de l'"égalité" et de la "tolérance". Le parti communiste fournit une aide juridique aux Noirs accusés de délits de droit commun.

Comme toutes les races primitives, la race noire est féconde et possède de forts instincts. Sa population actuelle, y compris les mulâtres, est d'environ 14 000 000[91]. Ces dix pour cent de la population totale de l'Amérique sont les auxiliaires du programme du Faussaire de la Culture. Politiquement, cette masse est organisée en unité et a soutenu le régime de Roosevelt dès sa prise de pouvoir en 1933. Le Noir a été au centre 'une grande partie de l'activité révolutionnaire du régime faussaire de la culture. De temps à autre, le Faussaire met en scène publiquement un problème racial, dans lequel le Sudiste blanc joue le rôle de l'ennemi public et le Noir celui du héros de la "démocratie". Le résultat de cette mise en scène est une escalade de la guerre raciale dans les villes du Nord et du Sud.

Le Noir a souffert plus que quiconque, ayant été jeté dans l'esclavage de l'exploitation financière, puis enrôlé dans le programme de guerre raciale du Faussaire. Autrefois esclave du coton heureux, profondément et primitivement religieux, complètement protégé et isolé du dynamisme de l'industrialisme occidental, il est maintenant devenu un combattant mécontent et malsain dans la guerre des classes et des races. Sa vie est devenue un pèlerinage dans les usines, les hôpitaux, les bureaux de bienfaisance, et il a été doté par le Faker d'un programme revendications, d'une idéologie propre dans le cadre bolchevique, et d'une direction dynamique. Un écrivain noir a récemment déclaré : "Votre terre, comment est-elle devenue la vôtre ? Nous étions là avant que les pèlerins ne débarquent. Nous avons apporté nos trois dons et les avons mêlés aux vôtres : le don de la poésie et de la chanson, des thèmes et des mélodies vivantes pour un pays mal harmonisé et

---

[91] Aujourd'hui, en 1976, la population noire, y compris les mulâtres, compte près de seize millions de personnes, soit environ onze pour cent de l'ensemble du recensement américain (N. du T.).

immodéré ; le don de la sueur et de la force musculaire pour surmonter la grossièreté et conquérir la terre de ce pays vaste et riche, deux cents ans avant que vos faibles mains blanches ne puissent le faire ; le troisième don, le don de l'âme. Ces dons ne valent-ils rien, n'est-ce pas, ce travail et ce labeur, l'Amérique aurait-elle pu devenir l'Amérique sans le peuple noir ? Il ne s'agit pas seulement de la pensée d'un mulâtre, car de telles idées ont été enfoncées dans la tête de millions de Noirs urbains, sans parler des Blancs aux instincts faibles, de l'élément libéral qui est engagé dans la guerre raciale et qui la favorise.

Le Noir a une volonté suffisamment forte pour exiger la satisfaction de ses revendications et aujourd'hui il y a des Noirs à tous les niveaux de la vie publique : fonctionnaires, juges, administrateurs, dirigeants syndicaux, avocats, médecins, enseignants. Le problème nègre a deux aspects pour l'Amérique, l'un immédiat et l'autre à long terme. Dans l'immédiat, le mouvement nègre est entièrement au service de la distorsion culturelle, qui contrôle toutes les phases du bolchevisme intérieur en Amérique. Une crise interne, dans laquelle de nombreux problèmes de la vie publique américaine seront posés simultanément au peuple américain, monstrueux par leur ampleur et leurs exigences, dans un avenir proche. Quand, nul ne peut le dire, mais c'est inévitable, car l'Amérique ne sera pas une exception dans les cinq millénaires d'histoire des grandes cultures et de leurs colonies. La position du Noir dans l'existence organique du peuple américain est très claire.

L'aspect à long terme du problème est illustré par la baisse du taux de natalité moyen de la population amérindienne et l'augmentation du taux de natalité moyen des Noirs. L'ancien élément blanc est en déclin, même en chiffres absolus, et ce processus se poursuit depuis deux décennies maintenant. La relation la plus immédiate est politico-spirituelle, le problème le plus éloigné est ethnico-spirituel.

11. Le retard culturel de l'Amérique

I

Au fond, comme nous l'avons vu, le retard culturel est un simple déni de l'avenir. Mais le destin n'est pas trompé, seuls se trompent les esprits qui tentent de maintenir ou de restaurer des situations ou des idéologies mortes. Ce n'est qu'à la surface de l'histoire que les retardataires culturels peuvent remporter une victoire, et encore, seulement par leur prépondérance purement matérielle. Et lorsqu'ils remportent une telle victoire, superficielle et temporaire, elle représente simplement la défaite de la qualité sur la quantité.

L'Amérique, étant une colonie et ayant, par conséquent, une résistance organique plus faible aux maladies culturelles, a succombé plus profondément aux influences retardatrices que la mère patrie culture occidentale. En Amérique, ces forces retardatrices sont animées et inspirées par la plus grave des maladies culturelles, la distorsion culturelle ou la contrefaçon culturelle, et sont très puissamment aidées à éviter l'effet négatif qui résulterait de l'apparition franche du contrefacteur étranger.

L'image populaire du monde qui a été déclarée obligatoire pour l'Américain en uniforme consiste simplement en l'ancienne image matérialiste que l'Europe avait déjà dépassée à l'époque de la première guerre mondiale. Ainsi, dans les universités américaines, le darwinisme et le mécanisme sont enseignés comme le dernier mot de la biologie.

En sociologie, Mill et Spencer sont les personnages à la mode. On croit encore au schéma Ancien-Médiéval-Moderne, et Buckle et Gibbon représentent la perfection de la méthode historique. Carlyle, Lamprecht Breysig, Meray, Eduard Meyer, Spengler, sont totalement inconnus. En psychologie, l'idée de masse a triomphé, de sorte que le génie est assimilé à une intelligence supérieure, et cette dernière à l'éducation d'une "bonne école". Comme toujours, il n'y a pas de différence qualitative entre les gens. La maxime commerciale est "On peut acheter des cerveaux". Pour le reste, le freudisme fait figure d'évangile. En Amérique, il est tout à fait possible que le titulaire d'un diplôme universitaire ignore totalement l'histoire de la culture occidentale, l'importance de Carlyle, Nietzsche, Spengler ou la rébellion de la civilisation occidentale contre la démocratie et le matérialisme. Sa conception des événements des soixante-quinze dernières années en Europe se résume à quelques clichés journalistiques. L'ampleur et la profondeur de la conception du monde du XXe siècle lui sont totalement inconnues et l'amènent à nier l'existence de plafonds et de possibilités incommensurables sur la base d'un matérialisme de laboratoire.

Le retard culturel en tant que réalité grotesque est illustré par le fait que l'Amérique a aujourd'hui 30 à 50 ans de retard par rapport à la civilisation occidentale dans le monde de la pensée. Aucune université américaine n'a jamais entendu parler de géopolitique ou de quelque chose de semblable. Les théories de Mahan sur la puissance navale sont le dernier mot de la grande stratégie, et l'exemple des deux guerres mondiales que l'on a appris aux Américains à considérer comme des "victoires" renforce encore cette idée de puissance navale, alors que des événements mondiaux bouleversants ont fondamentalement modifié le rapport entre puissance continentale et puissance navale. Cette erreur fondamentale des Américains portera ses fruits lors de la troisième guerre mondiale. En théorie économique, la situation est similaire. Adam Smith est fondamental. Des abstractions telles que "l'économie mondiale" sont considérées comme des réalités concrètes. La liste est inconnue, mais Marx est considéré comme un économiste. Sombart a été mis à l'écart après la révolution américaine de 1933. Le problème monétaire est traité sur la base de la théorie de l'étalon-or. L'abandon par les Européens de la théorie de l'économie basée sur l'or a été considéré comme une erreur fatale. Les théories économiques classiques de l'école de Manchester sont un objet de croyance plutôt qu'une curiosité historique. Toute atteinte à ces théories est considérée comme un mal ou, à tout le moins, comme une regrettable nécessité temporaire. Ces doctrines du 19e siècle sont toujours décrites comme les lois de l'économie.

Cette mentalité retardée a naturellement entraîné de graves conséquences dans le domaine de l'action, c'est-à-dire en politique et en économie.

L'Amérique étant devenue une puissance mondiale dans une partie du monde où elle n'avait pas d'opposition, elle n'a pas réussi à développer un État, ni une véritable conscience politique. Par conséquent, et à titre d'exception parmi toutes les autres puissances occidentales, l'économie a toujours joui d'une prééminence incontestée sur la politique. La politique interne au sens propre du terme n'existait pas en Amérique : les luttes entre les partis étaient considérées par tous comme une simple compétition commerciale entre les deux trusts du parti. Il n'y a eu que trois véritables événements politiques en Amérique - la disjonction de groupes opposés en amis et ennemis - : la guerre d'indépendance, 1775-83 ; l'hostilité Nord-Sud qui a culminé avec la guerre civile, 1861-65 ; et la révolution de 1933, lorsque la distorsion culturelle a pris le contrôle total de la destinée de l'Amérique.

Cette préoccupation exclusive, à tous les niveaux de la population, pour l'économie, a été la cause de l'ascendant total du maître de l'argent sur la vie américaine, de l'incapacité à développer une véritable conscience nationale, et de la montée en puissance de la distorsion culturelle.

Le vaste ciel des fluctuations financières, avec son alternance de "prospérité" et de "crises", a ruiné des millions de personnes, et jusqu'à une époque récente, ces individus dépossédés pouvaient encore revendiquer et obtenir de nouvelles terres dans l'Ouest, et recommencer leur vie économique. La lutte des classes politiques n'a jamais été importante en Amérique jusqu'à une époque récente. Le sentiment puritain et calviniste dominant de prédestination économique militait contre une lutte des classes fondamentalement politique, car chaque travailleur pensait qu'un jour, il pourrait être riche.

Cependant, avec la disparition de la "frontière", les masses de travailleurs industriels sont devenues une matière à organiser pour les dirigeants syndicaux professionnels. Après de faibles débuts, le mouvement ouvrier américain est devenu une organisation politique puissante, capable de décider de l'élection des hommes politiques dans les régions industrielles. Cette situation a été atteinte dès les années 80 du 19e siècle. Ce mouvement ouvrier comprenait des anarchistes, des communistes, des marxistes, des nihilistes et des dirigeants libéraux-capitalistes. Les éléments politiques n'ont jamais dominé ce mouvement, pas même après la révolution de 1933, parce que la classe ouvrière américaine pense et ressent de manière économique et capitaliste, mais pas de manière politique et socialiste. Le socialisme en Amérique signifie, encore aujourd'hui, ce qu'il signifiait en Europe au 19ème siècle, à savoir le capitalisme des classes inférieures. Le véritable socialisme n'est ni connu ni compris en Amérique, car le socialisme n'est pas essentiellement un principe d'organisation économique, mais une idée éthico-politique, l'esprit d'une époque politique, et la politique n'est pas encore comprise en Amérique.

II

D'une manière générale, l'économie américaine se trouve encore dans les conditions capitalistes que l'Europe a commencé à surmonter il y a cinquante ans, et qui ont pris fin définitivement pour l'Europe à l'occasion de la révolution européenne de 1933.

L'agriculture, par exemple, est fondée en Amérique sur une base monétaire. Il n'existe aucune politique pour l'isoler de l'économie urbaine ou pour protéger les agriculteurs de l'exploitation financière. Ainsi, pendant la partie du cycle où les capitalistes financiers réduisent le volume d'argent, les agriculteurs sont acculés à la ruine et leurs exploitations sont fermées.

Il n'y a pratiquement pas de "paysannerie"[92] au sens européen du terme. Le paysan a une relation spirituelle avec la terre, alors que le fermier américain n'a qu'une relation financière avec elle et l'abandonnera dès qu'une meilleure opportunité économique se présentera. Cette attitude purement économique a entraîné une exploitation grossière du sol, une forte baisse de sa productivité et une diminution encore plus importante de la valeur nutritive de ses produits. L'agriculture n'est envisagée que sur une base extensive et le manque de soins apportés au sol a entraîné des pertes dévastatrices dues à l'érosion.

L'exploitation des gisements minéraux se fait également sur une base purement financière, et une mine de charbon ou un puits de pétrole peuvent être abandonnés avec 80 % du minerai à extraire. L'ouverture d'un puits ou d'une galerie minière implique la mobilisation industrielle de toute une zone, puisque la propriété de la surface implique la propriété du sous-sol. Selon la loi américaine. Le résultat de tout cela peut être qualifié de gaspillage des trésors du sol, ce qui contraste avec l'attitude du 20ème siècle envers le sol et ses minéraux.

La production industrielle n'est qu'un champ de bataille pour les profits et le contrôle entre les dirigeants industriels et les dirigeants syndicaux. Les dégâts sociaux et le gaspillage économique des grèves sont considérés comme nominaux en Amérique, où l'idée du 20ème siècle ne conçoit pas de lutte interne dans une unité politique. Derrière la lutte entre les cadres qu'il paie et les travailleurs qu'il loue, le capitaliste financier domine la scène économique. L'issue de la grève ne peut lui nuire, puisqu'il contrôle les forces vives de l'économie financière.

Cela nous amène à la question de l'argent en Amérique. Depuis la guerre civile de 1865, le pays tout entier, financièrement parlant, a été un empire de sujets

---

[92] Il n'y a pas d'équivalent en castillan à l'expression anglaise "peasantry", peut-être parce qu'il n'y avait pas de véritable classe sociale paysanne de propriétaires terriens en Castille. L'équivalent le plus proche serait "peasantry". En catalan, il se traduirait exactement par "pagesia". (N. du T.)

ignorants, et les propriétaires des grandes banques de New York ont été les monarques économiques. La codification de cette situation a eu lieu en 1913, lorsque le système de la Réserve fédérale a été créé par une loi. Il prévoyait un système de douze banques centrales, dont le gouvernement central serait financièrement dépendant. Ces banques sont privées et émettent de l'argent contre des obligations d'État, qui sont vendues par leur intermédiaire. Ainsi, l'effort de guerre américain au cours de la Seconde Guerre mondiale a généré un bénéfice de 7 500 000 000 000 $ pour les propriétaires de ce système. Tout l'argent existant en Amérique est émis de manière privée par ces banques centrales. Cet argent est appelé "adossé à des obligations d'État". Ces obligations, cependant, ne sont payables qu'en cette monnaie. L'ensemble du système, bien entendu, n'est destiné qu'à dissimuler le contrôle privé de la vie économique du pays. Le volume de l'argent peut être augmenté ou diminué selon la volonté des capitalistes financiers, et dans un pays sans État, c'est un outil de domination.

Pour l'âme de la civilisation occidentale du 20e siècle, il est inconcevable que le pouvoir public soit entre les mains de personnes privées. Il en va de même pour la domination de la vie économique d'un État-nation par l'argent-pensée. Trois fois abominable pour le XXe siècle est la concession d'un pouvoir quelconque à la mentalité du banquier, qui considère l'être humain comme un "coût de production", qui considère la politique comme un domaine réservé à la filouterie privée et qui utilise l'héroïsme des soldats comme un subterfuge utile pour conquérir de nouveaux domaines financiers par-delà les mers.

Le capitalisme financier appartient à une époque révolue, celle de l'argent. Même en Amérique, il est passé à l'arrière-plan, devenant une simple technique pour la domination absolue du Faussaire de la Culture. Le contrôle de l'esprit des hommes est une technique plus importante, et la compréhension de l'Amérique et de ses potentialités pour l'Europe exige une connaissance exacte de ses systèmes de propagande.

12. Propagande

I

Si l'on croyait vraiment à l'idéologie de l'Égalité du XVIIIe siècle, il n'y aurait pas de propagande, car chaque homme penserait en toute indépendance et s'offusquerait de toute tentative d'influencer son esprit. Mais cette idéologie est précisément actualisée par l'exemple de l'Amérique, pays dans lequel elle a été adoptée avec une ferveur religieuse, bien qu'elle ne corresponde à aucune sorte de réalité. L'égalité spirituelle a pu être plus ou moins à la mode dans les salons des aristocrates et des rationalistes spirituels de France, d'Allemagne, d'Angleterre ou d'Amérique au XVIIIe siècle, mais au milieu du XIXe siècle, lorsque les masses ont été mobilisées, il n'y avait plus aucune possibilité d'égalité, car les masses exigeaient le commandement en raison de leur existence même. Plus la situation des masses devenait radicale, plus le besoin d'une direction forte se faisait sentir, comme l'a dit Nietzsche : "Quand l'insécurité est trop grande, les hommes s'agenouillent devant une forte volonté de puissance".

Il existe deux techniques de leadership, toutes deux indispensables : la discipline et la persuasion. La première est basée sur la confiance, la foi, la loyauté, le sens devoir, les bons instincts. La seconde s'adresse à l'aspect intellectuel et s'adapte aux caractéristiques de la personne ou de la population en question. Les deux techniques utilisent des sanctions, qu'elles soient pénales, morales, économiques ou sociales. Dans une période où la réorganisation et l'entraînement des grandes masses est le principal problème de l'action, la persuasion, ou propagande, est nécessaire en parallèle, car seule une élite est capable de la plus haute discipline, et les masses doivent être constamment convaincues.

Ainsi, en Amérique, pays où la pensée de masse, les idéaux de masse et la vie massifiée dominent la vie collective, la propagande est la principale forme de diffusion de l'information. Il n'y a pas en Amérique de publications consacrées exclusivement à l'intellect, un régime déformant de la Culture est fondé sur son indivisibilité, et la pensée indépendante des fortes individualités est, ipso facto, hostile à un tel régime. Il n'y a pas non plus de publications qui ne rapportent que des faits. Toutes sortes de faits et de points de vue sont coordonnés, dans leur présentation au public, dans le circuit de l'image propagandiste requise.

La technique de la propagande américaine comprend tous les types de communication. Le principal d'entre eux est le cinéma. Chaque semaine, 80 000 000 de personnes se rendent au cinéma en Amérique pour ingurgiter le message de propagande[93]. Pendant la période de préparation à la guerre, de 1933 à 1939, le cinéma a produit une succession ininterrompue de films haineux, dirigés contre la révolution européenne de 1933, sa perspective du 20e siècle ainsi que ses réalisations.

Le deuxième moyen le plus efficace est la radio. Chaque Américain possède un ou plusieurs récepteurs radio chez lui et, par leur intermédiaire, il reçoit encore et encore l'image de masse des événements. Il a déjà lu le même point de vue obligatoire dans la presse, il l'a vu au cinéma, et maintenant il l'entend. La presse, qu'elle soit quotidienne ou périodique, occupe la troisième place en termes d'efficacité. Il faut dire qu'en Amérique, l'efficacité ne se mesure qu'au nombre d'individus touchés, l'idéal de la pensée de masse ayant triomphé de l'individualité, de la qualité et de la stratification intellectuelle de la population.

Quatrièmement, il y a l'édition de livres. Seuls les livres qui s'inscrivent dans le cadre de la propagande sont publiés. Ainsi, une édition pour enfants des Mille et une nuits a récemment été retirée en Amérique parce qu'on estimait que son contenu risquait de créer des préjugés contre les Juifs chez les lecteurs. Il se résumait à une illustration montrant un marchand sans scrupules ayant les traits d'un juif, dans l'histoire d'Aladin et de sa lampe. Au cours des années 1933-1939, la politique du Falsificateur n'a pu être contrée dans aucun journal, livre ou magazine de grande diffusion.

Viennent ensuite les universités et les écoles supérieures. L'idée de masse appliquée à l'éducation signifie que l'"enseignement supérieur" est tellement répandu qu'il est impossible d'atteindre les normes élevées de l'enseignement supérieur en Europe. L'Amérique, dont la population est inférieure à la moitié de celle de l'Europe, compte dix fois plus d'établissements d'enseignement supérieur. En fait, ce qui est

---

[93] Aujourd'hui, l'auteur placerait sans doute la télévision en tête des médias de propagande. Dans la télévision américaine, tous les postes de direction sont occupés par des personnes non anglo-saxonnes.

enseigné dans ces institutions est une version un peu plus ésotérique de l'image idéologique et propagandiste imposée par le régime du Faussaire culturel.

Enfin, il y a la scène. En dehors de New York, capitale spirituelle du régime en place, elle est presque inexistante, mais à New York, le théâtre journalistique joue un rôle important dans la technique propagandiste. C'est ce qui s'est produit de manière très marquée au cours de la période 1933-1939. Un flot ininterrompu de pièces tendancieuses contre le concept du 20e siècle et ses représentants européens. Beaucoup de ces pièces étaient jouées en yiddish, car les dirigeants royaux de l'Amérique exigeaient l'uniformité au sein de leur propre peuple.

L'image de la propagande comporte deux aspects, intérieur et extérieur. La propagande intérieure est révolutionnaire, soutenant la révolution américaine de 1933. Toutes les révolutions idéologiques, de la Révolution française de 1789 à la Révolution bolchevique de 1918 en passant par les révolutions européennes du 19ème siècle en Europe[94] ont tendance à prendre la forme d'un culte. En France, le culte de la raison était au centre de la frénésie religieuse ; en Russie, c'était le culte de la machine, selon Dieu Marx. La révolution américaine de 1933 ne fait pas exception. Le motif central du nouveau culte est la "démocratie". Dans l'image propagandiste, ce concept prend la place de Dieu, comme centre et réalité ultime. Ainsi, un juge de la Cour suprême s'adressant aux diplômés d'un collège juif déclarait, en 1939 : "Dans un sens plus large, il y a quelque chose de plus important que la religion, et c'est la réalisation des idéaux de la démocratie".

Le mot a été doté d'une force religieuse et a, en fait, atteint le statut de religion. Il est devenu un cliché et ne peut être soumis à un traitement critique. L'apostasie ou l'hérésie suscitent une réponse immédiate sous la forme de poursuites pour sédition, trahison, évasion fiscale ou tout autre prétexte. Les saints de ce culte sont les "Pères fondateurs" de la guerre d'Indépendance, en particulier Jefferson, bien qu'ils aient abhorré l'idée de démocratie et qu'ils aient été presque tous propriétaires d'esclaves, ainsi que Lincoln, Wilson et Roosevelt.

Ses prophètes sont des journalistes, des propagandistes, des vedettes de cinéma, des dirigeants syndicaux et des politiciens. L'impossibilité de définir le mot est la preuve la plus sûre qu'il a cessé d'être descriptif et qu'il est devenu l'objet

---

[94] Erreur de date de l'auteur. La révolution bolchevique a commencé en octobre 1917.

d'une foi de masse. Toutes les idées et tous les dogmes de l'image de propagande se réfèrent à la démocratie pour leur justification fondamentale.

La démocratie est immédiatement suivie par la "tolérance". Celle-ci est évidemment fondamentale pour un régime culturellement étranger. La tolérance signifie essentiellement la tolérance à l'égard des Juifs et des Noirs, mais elle peut aussi signifier la persécution la plus brutale des Européens ou d'autres personnes dont les opinions diffèrent fondamentalement de l'idée de masse dominante. Cette persécution est sociale, économique et, si nécessaire, juridique.

Pour poursuivre l'atomisation de l'hôte, la lutte des classes représente un aspect essentiel du parasite. Elle est prônée comme "le droit du travail à s'organiser", le droit de grève, et autres slogans similaires. Mais le "capital" a aussi ses droits puisqu'aucune des deux parties ne doit remporter une victoire décisive. La division, ici comme toujours et partout, est une technique de victoire.

Le féminisme est prôné et promu en apportant une uniformité de masse dans le domaine des sexes. Au lieu de la polarité des sexes, c'est l'idéal du mélange des sexes qui est promu. On apprend aux femmes à être "égales" aux hommes, et la reconnaissance occidentale de la polarité sexuelle est dénoncée comme une soumission et une "persécution des femmes".

Le pacifisme fait également partie de la propagande qui est prônée. Il ne s'agit pas, bien sûr, d'un véritable pacifisme, car il naît sans que personne ne le prêche, souvent sans que personne ne le sache et toujours sans que personne ne puisse faire quoi que ce soit pour ou contre son existence. En pratique, le pacifisme doctrinaire est toujours une forme de propagande de guerre. Ainsi, en Amérique, l'Europe est synonyme de guerre et l'Amérique est synonyme de paix. L'impérialisme américain est toujours une croisade pour la paix. Un membre éminent du régime a récemment parlé du "devoir de l'Amérique d'imposer la paix dans le monde".

La "tolérance religieuse" fait également partie de la propagande et est interprétée comme une indifférence religieuse. Les dogmes et les doctrines de la religion sont traités de manière tout à fait secondaire, comme s'ils ne signifiaient rien. Les églises sont souvent fusionnées ou divisées pour des considérations purement économiques. Quand la religion n'est pas simplement une distraction sociale obligatoire, c'est un rassemblement politique. La coopération entre les églises est constamment encouragée, et toujours dans un but utilitaire qui n'a rien à voir avec la religion. Ce qui signifie : la soumission de la religion à l'ordre du jour de la dénaturation culturelle.

II

La propagande sur les affaires étrangères est bien plus importante pour l'Europe que la propagande et ses effets sur les affaires intérieures américaines.

Le thème de la démocratie est utilisé, également dans ce domaine de la propagande, comme l'essence de la réalité. Un événement étranger que l'on souhaite voir se produire est décrit comme "promouvant la démocratie". Un autre type d'événement à boycotter est présenté comme "antidémocratique ou fasciste". Le "fascisme" est le cliché correspondant au mal dans la théologie et, en fait, ils sont directement assimilés dans Americana.

L'ennemi principal dans l'image de propagande a toujours été l'Europe et surtout l'esprit prussien-européen qui a émergé avec une force si évidente dans la révolution européenne de 1933 contre la vision négative de la vie avec son matérialisme, son obsession de l'argent et sa corruption démocratique. Plus il apparaissait clairement que cette révolution n'était pas un phénomène politique superficiel, un simple changement de régime de parti, mais une révolution totale, profondément spirituelle, d'un esprit nouveau et vital contre un esprit mort, plus la campagne de haine dirigée contre l'Europe devenait violente. En 1938, cette propagande avait atteint un tel degré de virulence, tant en intensité qu'en volume, qu'elle ne pouvait plus être surmontée. L'Américain est bombardé sans relâche du message selon lequel l'Europe s'attaque à tout ce qui a de la valeur dans le monde : "Dieu", "la religion", "la démocratie", "la liberté", "la paix", "l'Amérique".

Ce recours excessif aux abstractions est lui-même révélateur d'un manque de réalités concrètes auxquelles se référer. Comme, malgré ce bombardement de propagande, le public n'était pas suffisamment excité, on utilisa la thèse selon laquelle l'Europe envisageait d'envahir les États-Unis avec des flottes et des armées. Les idées de ce type ont réellement conquis le côté intellectuel de l'esprit américain massé, mais n'ont pas pénétré au niveau émotionnel suffisant pour provoquer une véritable appréhension ou une haine effective. Agresseur" était un autre mot tendancieux utilisé dans l'assaut intellectuel. Là encore, il ne se référait pas à des faits, mais était utilisé comme un terme insultant. La "morale internationale" a été inventée, formulée de telle sorte que l'ennemi du fauteur de culture soit ipso facto défini comme immoral. Si l'on ne trouvait pas de raisons politiques pour justifier leur politique, on inventait des raisons morales, idéologiques, économiques et esthétiques. Les nations sont divisées en bonnes et mauvaises. L'Europe dans son ensemble était mauvaise lorsqu'elle était unie, et si la Distorsion culturelle réussissait à obtenir une tête de pont dans un pays européen, ce pays devenait bon par la suite. La machine américaine a réagi avec une haine venimeuse à la partition européenne de la Bohême[95] en 1938. Toutes les puissances européennes qui ont participé aux négociations ont été dénoncées comme des agresseurs malfaisants, immoraux, antidémocratiques et tout le reste.

La thèse selon laquelle la politique est question de formes de gouvernement en lutte les unes contre les autres est fondamentale pour cette image politique. Ce ne sont pas les nations ou les États, mais des abstractions telles que la démocratie et le fascisme qui constituent le contenu de la lutte mondiale. Cela imposait la nécessité de qualifier l'adversaire de la situation momentanée de démocratique ou de "fasciste", ce qui changeait d'un mois à l'autre, d'une année à l'autre. La Serbie, la Pologne, le Japon, la Russie, la Chine, la Hongrie, la Roumanie et bien d'autres unités politiques étaient "fascistes" et "démocratiques", en fonction précisément du type de traité qu'elles avaient conclu et de la puissance avec laquelle elles l'avaient fait.

La division entre les puissances "démocratiques" et "fascistes" correspondait exactement à celle entre les puissances qui respectaient les traités et celles qui ne les respectaient pas. À tout cela s'ajoutait la dichotomie entre les nations pacifiques et.... l'autre. L'expression "droit international" a été popularisée et utilisée pour décrire quelque chose qui n'a jamais existé et qui ne peut pas exister. Elle n'a rien à voir avec le véritable droit international issu de 500 ans de pratique occidentale. Elle a été popularisée pour signifier que toute modification du statu quo territorial international était "interdite" par le "droit international".

---

[95] L'auteur fait sans doute référence à la division de l'État tchécoslovaque créé à Versailles, qui a éclaté à l'intérieur, la Slovaquie et la Ruthénie devenant indépendantes et l'Allemagne, la Pologne et la Hongrie se partageant le reste du territoire, mais la Bohême proprement dite a été incorporée au Reich. Mais la Bohême proprement dite a été intégrée au Reich.

Tous les mots qui avaient une bonne "réputation" étaient liés aux principaux thèmes de l'image. Ainsi, la civilisation occidentale était trop impressionnante pour être traitée comme un terme hostile et a été utilisée pour décrire le parlementarisme, la lutte des classes, la ploutocratie et, enfin, la Russie bolchevique. Lors de la bataille de Stalingrad à la fin de l'année 1942, lorsque les forces de l'Europe et de l'Asie se sont affrontées, la machine de propagande a insisté sur le fait que les forces asiatiques civilisation occidentale. Le fait que les régiments de Sibérie, du Turkestan et du Kirghizistan aient été utilisés par le régime bolchevique a été présenté comme la preuve que l'Asie avait sauvé la civilisation occidentale.

Pour les Européens, ce genre de choses témoigne de deux faits majeurs : l'absence totale de toute conscience culturelle ou politique parmi les masses de la population américaine et l'inimitié profonde, totale et implacable à l'égard de l'Europe du régime de la culture contrefaite en Amérique. Dans la propagande, le Japon était également traité comme un ennemi, mais pas comme un ennemi irréconciliable, comme l'Europe. La propagande contre le Japon n'a jamais été autorisée à prendre une forme raciale, précisément pour éviter que les instincts raciaux de la population américaine ne s'éveillent tempétueusement, balayant le Faux-Monnayeur et mettant fin à son influence. Le ton généralement modéré de la propagande antijaponaise s'explique par le fait que le Japon n'a pas connu et ne pourra jamais connaître quelque chose de comparable à la grande révolution européenne de 1933.

En raison de l'intellectualité primitive d'un pays dont la population avait été mentalement standardisée, cette propagande pouvait aller jusqu'à des extrêmes très grossiers. Ainsi, pendant la période précédant la guerre, entre 1933 et 1939, la presse, le cinéma et la radio annoncent des histoires d'insultes au drapeau américain à l'étranger, de documents secrets découverts accidentellement, de conversations téléphoniques enregistrées sur des magnétophones, de découvertes de caches d'armes appartenant à des groupes nationalistes américains, et ainsi de suite. Les films d'actualité que l'on prétendait avoir été tournés en Europe l'avaient été dans de nombreux cas à Hollywood. Tout cela est devenu tellement fantastique qu'un an avant la Seconde Guerre mondiale, une émission de radio relatant l'histoire imaginaire d'une invasion de la Terre par les Martiens a provoqué des symptômes de panique incontrôlable parmi les masses abreuvées de propagande.

L'Amérique n'ayant jamais été soumise aux mœurs de la politique du cabinet espagnol, qu'elle identifiait à l'esprit européen, le Culture Faker a pu se livrer à des attaques propagandistes d'une bassesse extrêmement répugnante sur la vie privée des dirigeants européens qui représentaient la vision du monde de l'Europe au 20e siècle. Ces dirigeants ont été présentés au public comme des homosexuels, des drogués et des voyous sadiques.

La propagande n'avait aucun rapport avec une quelconque base culturelle et était totalement cynique quant aux faits. Tout comme les usines cinématographiques d'Hollywood produisaient des "documentaires" bidons, les propagandistes de la presse créaient les "faits" dont ils avaient besoin. Lorsque les forces aériennes japonaises ont attaqué la base navale américaine de Peral Harbour en décembre 1941, les détracteurs de la culture ne savaient pas que l'Europe profiterait de cette occasion pour riposter à la guerre non déclarée que le régime déformant la culture, basé à Washington, menait contre l'Europe. Le régime a donc décidé d'exploiter immédiatement l'attaque japonaise comme s'il s'agissait d'une mesure militaire européenne. À cette fin, les organes de propagande ont diffusé la "nouvelle" selon laquelle des avions européens avec des pilotes européens avaient été impliqués dans l'attaque, le régime annonçant officiellement que seuls des dommages légers avaient été causés. Mais de telles fabrications de propagande ne seraient rien comparées à la propagande massive d'après-guerre sur les "camps de concentration" menée par le régime des falsificateurs de la culture basé à Washington.

Cette propagande annonçait que 6 000 000 de membres de la Culture-Nation-État-Église-Peuple-Race juive avaient été assassinés dans les camps de concentration européens, ainsi qu'un nombre indéterminé de personnes d'autres races. Cette propagande, organisée à l'échelle mondiale, était d'un mensonge adapté, peut-être, à une masse uniformisée, mais elle était tout simplement nauséabonde pour les Européens raisonnants. Techniquement parlant, la propagande est complète. Des "photographies" sont affichées par millions. Des milliers de personnes tuées publient des récits de leur expérience dans ces camps. Des centaines de milliers ont fait fortune, après la guerre, sur le marché noir. Des "chambres à gaz" qui n'ont jamais existé sont photographiées, et un "moteur à gaz" est inventé pour exciter les amateurs de mécanique.

Nous en venons maintenant à l'objectif de cette propagande que le régime a fait avaler à ses masses mentalement asservies. D'après l'analyse de la perspective politique du 20e siècle, il ne peut y avoir qu'un seul objectif : tout a été fait pour créer une guerre totale, au sens spirituel, transcendant les limites de la politique, contre la civilisation occidentale. Les masses américaines, militaires et civiles, ont reçu ce poison mental pour être enflammées au point d'exécuter sans hésitation le programme d'anéantissement d'après-guerre. Plus précisément, il s'agissait de déclencher une guerre après la Seconde Guerre mondiale, une guerre de pillage et de meurtre contre une Europe sans défense.

La propagande n'étant qu'un accessoire de la politique, nous en venons maintenant à la conduite des affaires étrangères par le régime basé aux États-Unis depuis sa prise de pouvoir en 1933.

13. L'orientation des affaires étrangères américaines depuis 1933

I

Comme nous l'avons déjà indiqué dans la description de la thèse générale de la distorsion culturelle en tant que forme de pathologie de la culture, les incidents antisémites survenus en Russie après la guerre russo-japonaise de 1904-1905 ont été à l'origine d'une rupture des relations diplomatiques avec les États-Unis. Étant donné qu'aucun autre incident racial, culturel, national ou religieux du même type dirigé contre des éléments non juifs en Russie, ou dans tout autre pays, n'a jamais été une raison pour le gouvernement américain de rompre les relations diplomatiques, cela ne peut être expliqué que comme un exemple de distorsion culturelle ou de déformation culturelle. La véritable inspiration de cette réflexion internationale est venue de certains éléments de l'entourage du président de l'époque, Theodor Roosevelt, qui appartenaient à la même culture-nation-état-peuple-race que les victimes du programme. Les historiens peuvent faire remonter l'émergence de la pathologie culturelle dans la politique étrangère américaine à 1900. Mais la période immédiate à considérer commence en 1933, année fatale tant pour l'Amérique que pour l'Europe.

Le premier acte positif de nature non routinière accompli par le régime révolutionnaire, après sa consolidation préliminaire du pouvoir, a été la reconnaissance diplomatique de la Russie bolchevique. Cet acte a été expliqué au peuple américain indigné comme s'il s'agissait d'un simple acte de routine, idéologiquement insignifiant et politiquement inoffensif. C'était en fait le début d'une coopération entre les deux régimes, qui se poursuivrait avec quelques interprétations superficielles jusqu'à ce que les troupes russes et américaines se rencontrent au cœur de la civilisation occidentale, et que Londres et Berlin ne soient plus qu'un tas de ruines.

En 1936, la révolution bolchevique et l'esprit autoritaire occidental du XXe siècle s'affrontent sur le champ de bataille de l'Espagne. Les dirigeants du régime installé en Amérique expriment en privé leur sympathie pour l'Espagne rouge. L'opposition sans équivoque de l'Église catholique à l'aide américaine à l'Espagne rouge a empêché l'intervention. L'Église catholique en Amérique compte vingt millions de fidèles et le régime du faussaire de la culture n'avait pas encore suffisamment consolidé son pouvoir pour se livrer à un conflit intérieur tel que celui qui aurait résulté d'une telle intervention. Il était sur le point de se présenter à ses deuxièmes élections et il existait encore des groupes anti-régime fortement organisés. Une erreur de politique étrangère aurait pu s'avérer fatale à ce moment-là.

Le perfectionnement de sa technique électorale permet au régime de se maintenir au pouvoir. En octobre 1937, les préparatifs déclarés d'une Seconde Guerre mondiale commencent. Il est officiellement annoncé que le gouvernement américain va "mettre en quarantaine les agresseurs". Les organes de propagande avaient déjà identifié le mot agresseur à l'Europe et aux gardiens de l'avenir de l'Europe. Pour satisfaire les éléments nationalistes, le Japon a été inclus dans ce terme, mais le régime a continué à fournir au Japon des matières premières essentielles pour son industrie de guerre, tout en refusant de vendre des matières premières à l'Europe [96] et en boycottant l'importation en Amérique de biens provenant de pays européens non dominés par le régime de la Culture du Faux-

---

[96] Alors que l'entourage de Roosevelt s'oppose à la vente de matières premières à des pays comme l'Allemagne, l'Italie, la Bulgarie, la Roumanie, la Hongrie, la Finlande, en revanche, en manœuvrant le Sénat, parvient à obtenir de l'industrie privée américaine qu'elle vende à crédit à la Grande-Bretagne tout ce qu'elle demande.

Monnayeur.

À la fin de l'année 1938, le décor était planté pour une guerre mondiale. La propagande de près de la moitié de l'Europe est tombée sous le contrôle de Washington, et les gouvernements de près de la moitié de l'Europe sont ses marionnettes. Le rattachement de la Bohême à l'Europe est le résultat d'un accord mutuel entre quatre hommes d'État européens, qui ont pris leurs propres décisions, et les plans de Washington ont été complètement contrariés, malgré les préparatifs minutieux effectués pour y parvenir. Le trésor américain avait été mis à la disposition du régime sous la forme d'un "stabilisation") et pouvait disposer de milliards de dollars sans avoir à rendre de comptes à qui que ce soit. Les subventions aux représentants et agents du régime de Washington en Europe furent augmentées dans des proportions si incroyables que bientôt près de la moitié de l'Europe haïssait, par le canal de la propagande, les hommes d'État qui avaient empêché une guerre intereuropéenne.

Mais un État aux frontières orientales était nécessaire pour l'incident suivant, puisqu'il n'y avait pas de possibilité de guerre en Europe occidentale, et la Pologne a donc été coordonnée dans les plans de Washington. Le gouvernement polonais, qui était ostensiblement le gardien des intérêts nationaux de la Pologne, a mené une guerre sans espoir, et ce précisément après que la Russie eut publiquement accepté le partage de la Pologne. Le gouvernement qui avait préparé le déclenchement de la guerre a immédiatement disparu de la scène et on n'a plus jamais entendu parler de lui. Il avait fait son travail. La propagande intérieure américaine de l'époque prétendait que la Pologne pouvait résister pendant des années.

La guerre a commencé pour de bon en 1940. En quelques semaines, la France et les Pays-Bas sont séparés de l'Amérique. Le régime américain voit son contrôle sur l'Europe sévèrement réduit, tandis que la population nationale, toujours entièrement entre ses mains, non seulement manque d'enthousiasme pour la guerre, mais est hostile à toute forme d'intervention dans la guerre que la dictature de Washington a elle-même créée.

Le mouvement anti-interventionniste américain a alors été capturé par le Culture Faker, et un nouveau thème de propagande a été mis en place, selon lequel l'envoi de matériel de guerre à l'un des candidats était la méthode pour rester en dehors de la guerre. En d'autres termes, la participation limitée était la non-intervention. L'inconscience politique américaine étant ce qu'elle est dans un pays sans tradition, sans État et sans Grande Histoire, ce fut convaincant, et le puissant sentiment anti-intervention fut ainsi mis au service des plans interventionnistes de Washington.

La participation limitée est devenue de moins en moins limitée. Une loi que des éléments nationalistes avaient réussi à faire adopter bien avant la guerre, rendant impossible une telle participation à des guerres étrangères, a été cyniquement mise de côté. Des forces expéditionnaires américaines sont envoyées en Europe. Des navires américains reçoivent l'ordre d'attaquer des navires européens en haute mer, des navires marchands européens sont réquisitionnés... et tout cela sur l'ordre d'un gouvernement qui donnait au monde des leçons pontifiantes sur le droit international.

L'extension du théâtre de la guerre avec l'engagement de la Russie bolchevique contre la civilisation occidentale a entraîné, en moins de quinze jours, la rupture des relations avec l'Europe. Mais la situation intérieure continue d'empêcher Washington d'intervenir directement, et l'Europe n'a pas répondu à la guerre maritime non déclarée des Américains. Le seul bastion qui reste au régime de Washington en Europe est l'île, et il ne peut encore être maintenu que par des moyens politiques et financiers qui peuvent s'avérer insuffisants à tout moment. Une intervention directe avec tout le potentiel militaire de l'Amérique était indispensable pour éviter que la guerre ne se termine par une victoire occidentale sur la Russie asiatique et par un règlement général de tous les vieux problèmes politiques de l'Europe occidentale, qui aboutirait à la création d'une unité occidentale Culture-Nation-État-Peuple-Race avec une base politique autoritaire imperméable à la distorsion culturelle et qui rendrait aussi, à la suite de cet exemple, inévitablement possible une révolution nationaliste américaine contre le régime déformateur de la culture.

Les efforts déployés pour combattre l'Europe par une guerre non déclarée n'ayant pas eu l'effet escompté, une guerre en Extrême-Orient a été recherchée, dans l'espoir que, par des moyens détournés, la guerre souhaitée contre la civilisation occidentale serait menée à bien. À cette fin, il adresse un ultimatum au gouvernement japonais en novembre 1941. Cet ultimatum exigeait l'évacuation par les Japonais de toutes leurs conquêtes depuis juin 1936. La réponse du Japon a été de couler la flotte américaine à Pearl Harbour en décembre 1941. Les enquêtes publiques et officielles menées par des éléments nationalistes après la guerre ont prouvé sans l'ombre d'un doute que le régime de Washington savait qu'une telle attaque allait avoir lieu ; la date de l'attaque était même connue, car les services secrets avaient réussi à lire les messages diplomatiques japonais. Malgré cela, aucune précaution militaire n'a été prise, causant la mort de milliers de soldats et de marins américains par cette abstention cynique. La machine de propagande avait déjà été mise en place pour attribuer cette attaque japonaise à la civilisation occidentale, mais la déclaration de guerre de l'Occident, qui suivit quelques jours plus tard, rendit cette propagande inutile.

Dès lors, 80 % de l'effort de guerre américain est consacré à la guerre contre la civilisation occidentale détestée. L'Australie et l'Inde ont été ignorées, à l'exception d'une légère assistance visant à prévenir une seconde attaque japonaise, qui n'a pas eu lieu. Si elle avait eu lieu, la population blanche de l'Australie coloniale serait passée dans l'orbite japonaise en raison de la présence dans la civilisation occidentale d'une distorsion pathologique. Les Européens devraient prendre note de la signification d'une déclaration du général commandant les troupes américaines dans ce quadrant menacé du monde blanc au cours de l'été 1942 : "L'avenir de la civilisation dépend des braves drapeaux de l'armée russe". Il ressort de cette phrase que l'uniformité mentale est également une condition préalable à l'obtention d'un grade militaire.

II

Le comportement américain au cours de la guerre, à son plus haut niveau, a été entièrement conforme aux principes d'honneur qui ont toujours régi les relations entre les nations et les dirigeants occidentaux. La première attaque contre l'Europe a été menée par des avions de bombardement utilisant comme base l'île occupée depuis 1942 par les troupes américaines. Les bombardements aériens sont dirigés presque exclusivement contre les populations civiles d'Europe, même si l'on sait que la guerre ne peut être gagnée par de tels moyens. La presse américaine parle avec virulence des "block busters", une appellation décrivant une bombe capable de raser un pâté de maisons d'immeubles civils et de tuer plusieurs centaines de personnes. Parallèlement, une propagande s'est développée selon laquelle toute personne s'opposant aux armées ou à l'idéologie américaines était un criminel et devait être "jugée" pour ses crimes.

L'Europe savait déjà ce qu'était la propagande des atrocités inventées en Amérique. En raison du niveau intellectuel primitif auquel le mensonge culturel et le retard culturel ont imprégné l'Amérique, cette propagande a été crue sur parole, tandis que les esprits responsables d'Europe l'ont prise pour ce qu'elle était réellement, c'est-à-dire une propagande de masse perpétrée pour la consommation de cerveaux marginaux. Ainsi, pendant la Première Guerre mondiale, la presse américaine a publié des récits d'atrocités commises - naturellement ! - par les adversaires des armées américaines. La Belgique a été choisie comme cadre de ces histoires, et des civils belges auraient été crucifiés par les troupes d'occupation. Beaucoup d'autres choses horribles ont été écrites : des enfants aux mains coupées et d'autres détails de ce genre. Ces histoires ont été prises très au sérieux en Amérique, à tel point qu'après la Première Guerre mondiale, une délégation de journalistes américains s'est rendue en groupe en Belgique pour enquêter sur ces histoires et, à leur retour, a informé le public américain qu'elles s'étaient toutes révélées fausses.

Ainsi, la thèse selon laquelle tout opposant à l'Amérique est ipso facto un criminel n'est pas prise au sérieux en Europe, mais sert à préparer l'esprit américain aux horreurs de l'après-guerre qui seront "commises" en Europe.

Un pouvoir qui parlait depuis des années de "crimes de guerre", tout en menant sa propre guerre contre les foyers et les familles, s'est finalement armé, en 1945, d'un projectile utilisable uniquement contre les populations civiles, la bombe "atomique". Dans les conditions tactiques alors en vigueur, cette bombe ne pouvait être utilisée contre des forces militaires mais seulement contre des villes qui, en temps de guerre, n'abritent pas d'hommes en âge de servir. Cette bombe a été utilisée sans avertissement et a provoqué la mort de centaines de milliers de civils en quelques secondes.

Dans la période qui a suivi la Seconde Guerre mondiale, la politique étrangère américaine s'est inscrite dans la continuité. L'Europe occupée est traitée comme une zone à dévaster ; des usines entières sont démantelées et leurs machines remises à la Russie, et d'autres installations sont délibérément dynamitées dans le cadre du plan visant à détruire la puissance industrielle de l'Europe. La population a été traitée comme des sous-hommes et une politique de famine à grande échelle a été lancée, qui s'est poursuivie jusqu'en 1948. Bien que l'Amérique ait exporté de la nourriture dans toutes les parties du monde, sans aucune obligation d'honneur ou de moralité, elle a refusé d'envoyer suffisamment de nourriture pour maintenir la vie humaine dans l'Europe occupée. Les rations humaines ont été fixées bien en dessous du minimum qualitatif et quantitatif requis pour la santé, et en peu de temps, la malnutrition, les maladies de peau, les infections et les affections dégénératives ont commencé à tuer des millions de personnes. Dans la première exaltation sauvage de sa victoire, l'armée américaine a interdit à son personnel de parler à la population. Cette interdiction est restée en vigueur jusqu'à ce que les cours martiales deviennent trop nombreuses et qu'elle soit abolie car impraticable, remplacée par une propagande haineuse. La population européenne a été traitée comme totalement et essentiellement inférieure aux conquérants américains. Elle est officiellement définie comme une population "indigène". Des installations sanitaires spéciales ont été aménagées dans les bâtiments publics à leur intention, tandis que les soldats américains et les Noirs, supérieurs, utilisaient les leurs.

Des saisies de maisons ont été organisées à grande échelle : des soldats et des civils américains ont été autorisés à faire venir leurs familles d'Amérique et à les loger dans des maisons non détruites, dans lesquelles vivaient peut-être quinze ou vingt membres de la population "indigène". Les propriétaires de ces maisons n'étaient généralement autorisés qu'à emporter leurs vêtements. Aucune disposition n'a été prise pour loger les dépossédés, considérés comme des sous-hommes.

Les Européens qui ripostent à un Américain sont condamnés à des peines de prison par les tribunaux américains. Un Européen a été condamné à deux ans de prison pour avoir qualifié un membre juif des troupes américaines de "sale juif".

Le déshonneur crasse qui a présidé à l'occupation américaine de l'Europe suffit à démontrer la présence d'éléments étrangers à la culture, car aucune nation ou colonie étrangère ne pourrait s'abaisser à un tel comportement. Quelle autre nation occidentale réduirait les femmes d'une autre nation au statut légal de concubines, interdisant le mariage entre ses membres et ceux d'une autre nation occidentale ? Elle autorisait le concubinage et interdisait le mariage. En conséquence de cette politique, les maladies vénériennes ont pris les proportions d'un fléau dans l'Europe occupée.

Face à cette population affamée et malade, les soldats américains et leurs familles, protégés par des mitrailleuses et des barbelés, vivent dans les maisons que leurs bombes n'ont pas détruites, et prennent leurs repas sans aucune taxe. Les conditions spirituelles de cette situation ne sont pas les meilleures. Dans la première phase de l'occupation, les restes de vêtements et de nourriture ont été brûlés en présence de la "population indigène" affamée et mal vêtue.

Lorsque, au cours de l'été 1947, on craignit une émeute de la faim, l'un des gouverneurs américains annonça officiellement que le peuple américain n'avait aucune obligation, en vertu du droit international ou de la morale, de nourrir la population civile soumise de l'Europe occupée, et que, si une émeute se produisait, elle serait écrasée à la baïonnette et à la mitrailleuse. Ce qui est décrit ici n'est que partiel, mais le schéma de ces événements était universel dans l'Europe occupée par les Américains. Il se poursuit aujourd'hui à l'[97]et exerce une influence large et profonde sur la pensée européenne de haut niveau.

III

Comme l'a montré l'analyse des motivations de la politique, les luttes de pouvoir de notre siècle découlent de phénomènes culturels. Dans les premiers siècles de l'Occident, cette motivation provenait souvent de la lutte entre l'empereur et le pape pour la domination universelle ; plus tard, elle est venue des différences religieuses ; plus tard encore, des ambitions dynastiques ; puis de l'unité nationale et de la rivalité économico-commerciale. Aujourd'hui, le fait majeur dans le monde est l'unité spirituelle de la civilisation occidentale qui prend conscience d'elle-même et de la volonté de destruction qui s'éveille dans le monde extérieur. Sur le terrain de l'action, elle prend la forme d'une lutte politique entre la civilisation occidentale et ses colonies, d'une part, et les forces non occidentales, d'autre part. L'inimitié entre l'Amérique et le Japon était donc naturelle, et tous les éléments faussaires en Amérique n'ont jamais considéré cette inimitié comme importante, puisqu'il n'y avait pas d'antisémitisme au Japon. Ceci apporte l'éclairage nécessaire pour comprendre la politique américaine dans l'occupation du Japon.

Lors de la conquête du Japon, une politique de convivialité maximale envers la

---

[97] N'oublions pas que "Imperium" a été publié pour la première fois en 1948.

population japonaise a été adoptée par les forces armées américaines. L'armée a officiellement établi des maisons closes avec des femmes japonaises pour ses soldats. Les maisons n'ont pas été réquisitionnées pour les troupes d'occupation, mais des baraquements ont été construits à cet effet. L'empereur a conservé son rang et sa position, et son origine divine n'a pas été ridiculisée devant le peuple. Le respect de soi des Japonais a été préservé par le traitement digne généralement accordé à la population civile. La politique américaine a consisté à restaurer le potentiel industriel du pays et à permettre l'autonomie du Japon.

Le régime, le gouvernement et l'administration japonais ont été respectés et préservés. Les dirigeants politiques japonais du temps de guerre ont été respectueusement entendus dans les procès pour crimes de guerre, car cette absurdité d'escroc est devenue une obligation partout où les troupes américaines pénètrent. La seule exaction commise contre la population a été l'implantation de la religion américaine du culte de la "démocratie".

Pour une population dont la religion nationale comprenait déjà le confucianisme, le bouddhisme, le shintoïsme et le culte de l'empereur, ce n'était pas un grand sacrifice.

Les dirigeants contre lesquels a été pratiqué le rituel prolongé de l'exorcisme des crimes de guerre n'ont pas été diffamés dans la presse japonaise ou américaine. Ils n'ont pas été photographiés à l'infini, soumis à des inquisitions freudiennes, tourmentés, contraints de ramasser les mégots des soldats américains ou systématiquement dégradés, comme ce fut le cas pour les victimes des troupes américaines en Europe. De plus, les poursuites pour "crimes de guerre" n'ont pas été étendues à l'ensemble de la population ou à toute l'organisation de la vie japonaise, comme cela a été fait en Europe, et continue à l'être en 1948.

La différence profonde entre ces deux occupations suffit à expliquer à elle seule toute l'influence formatrice de la politique étrangère américaine. L'impulsion première de la politique d'occupation de l'Europe soumise est la vengeance. Mais comme l'a montré l'analyse de la politique, la vengeance ne fait pas partie de la politique, elle la transcende. La politique n'est pas menée dans le but d'humilier l'ennemi, ni d'exterminer la population de l'unité ennemie si celle-ci est vaincue. La politique a pour but d'accroître la puissance, et le régime américain n'a consulté les réalités de la puissance à aucun moment lorsqu'il a tenté de formuler et d'exécuter sa politique dans l'Europe occupée. Dans une région au potentiel de guerre énorme, que l'Amérique contrôle et que pourrait utiliser à des fins de puissance, elle détruit systématiquement les usines et les machines. Face à une population qui pourrait leur fournir des millions des meilleurs soldats du monde, les Américains se conduisent avec une férocité et une supériorité affectée qui semblent calculées pour s'aliéner à jamais les sympathies de la "population indigène". Après avoir capturé les meilleurs chefs militaires de la civilisation occidentale, qui pourraient leur donner des leçons, ils entreprennent de les pendre pour le crime de s'être opposés aux troupes américaines sur le champ de bataille.

En bref, au lieu d'accroître la puissance américaine, la politique d'occupation a réduit la puissance américaine dans tous les sens du terme. Cela démontre de manière concluante que les motivations de cette conduite se situent en dehors de la politique. Elle découle de la profonde, totale et complète irréconciliabilité organique qui existe entre une grande culture et un organisme parasite qui vit à ses dépens. Cette relation transcende la politique internationale ordinaire. Elle s'apparente à la relation qui aurait pu exister entre les légions romaines et les barbares de Mithridate et Yugurta, ou entre les Croisés et les Sarrasins, ou encore entre l'Europe et les Turcs au XVIe siècle. Elle est encore plus profonde que tous ces cas, en raison de la trame de vengeance introduite dans l'âme du parasite par des siècles de souffrance silencieuse, supportant l'inaccessible supériorité de l'hôte. Lorsque 'Europe vaincue, et en particulier sa partie la plus vitale, porteuse de la grande idée européenne du XXe siècle, s'est couchée aux pieds de ce conquérant étranger, membre d'une culture du passé, aucun sentiment de magnanimité, de chevalerie, de générosité, de compassion, n'a eu sa place dans son âme exaltée. Ce n'était que le fiel que le parasite a avalé pendant mille ans, en attendant son heure de revanche sur l'arrogance des peuples occidentaux, des peuples étrangers, qu'il a toujours considéré, et considère encore, comme des barbares, des goym[98]. De ce point de vue, les troupes américaines ont été aussi complètement vaincues que les troupes de la mère patrie culturelle. Le véritable vainqueur est l'étranger culturel, dont le triomphe sur l'ensemble de la civilisation occidentale marque l'apogée de

---

[98] Mot hébreu, pluriel de "goy", signifiant "pépinière d'animaux", par lequel les Juifs désignent les chrétiens et, par extension, les Occidentaux.

son destin.

IV

La signification fondamentale de la politique américaine depuis la révolution américaine de 1933 a été négative en ce qui concerne l'Amérique. Les intérêts naturels, géopolitiques et nationaux de l'Amérique se situent en Amérique centrale, en Amérique du Sud et en Extrême-Orient. Dans la lutte pour le contrôle du globe entre la civilisation occidentale et les forces extérieures, la politique naturelle de l'Europe est orientée vers l'Afrique, le Proche-Orient et les vastes espaces de la Russie asiatique. L'Amérique, en tant que colonie de la civilisation, dont elle tire toute sa nourriture spirituelle, complète naturellement ces intérêts et n'entre nullement en conflit avec eux. Quel intérêt une Amérique nationaliste a-t-elle à l'égard de la Russie, de l'Afrique ou du Proche-Orient ? Et, dans le même temps, quel intérêt l'Europe a-t-elle à l'égard de l'Amérique centrale ou de l'Amérique du Sud ? L'Europe et l'Amérique n'ont pas de convergences de pouvoir naturelles ou organiques. L'Amérique et le Japon, si.

La politique étrangère américaine a violé toute trace de cette disposition naturelle. Cette politique a allié l'Amérique à la Russie, mais non pas contre le Japon, ce qui aurait pu être compréhensible, mais contre l'Europe, ce qui était une folie pour les véritables intérêts américains. Elle a combattu le Japon et, après l'avoir conquis, a procédé à sa réhabilitation, au lieu de le réorganiser en tant que partie permanente de l'empire américain ; elle a combattu son principal allié, l'Europe, qui n'était pas un simple allié politique, mais son parent spirituel et un allié culturel, c'est-à-dire un allié total ; elle a combattu la Russie, mais non le Japon, ce qui aurait pu se comprendre, mais l'Europe, ce qui était une folie pour les véritables intérêts américains.

Lorsque la fortune de la guerre a donné la victoire militaire aux armes américaines, elle aurait pu racheter ses fautes intérieures. Le Japon aurait pu être incorporé à l'empire américain d'outre-mer. L'Europe aurait pu réhabilitée. Mais c'est le contraire qui s'est produit. L'Europe a été pillée, dépouillée et réduite à la misère, tandis que le Japon, l'ennemi naturel, a été reconstruit en vue de sa prochaine guerre contre l'Amérique. En bref, la politique étrangère de l'Amérique n'était pas américaine. Cela apparaît avec une clarté méridienne à la lumière de ses actions.

La distorsion culturelle exerce en Amérique, depuis 1933, le pouvoir suprême de décider de l'issue de la guerre et de la paix pour les Américains. De la dispersion victorieuse des armes américaines, l'Amérique n'a gagné aucun pouvoir. Le Japon a été une dépense : la plus grande partie de ses machines a été donnée à la Russie, et l'effort pour combler son déficit alimentaire a été mis sur les épaules du peuple américain.. Alors que la Russie a fait d'énormes progrès en termes de puissance industrielle grâce aux machines qu'elle a prises à l'Europe et à celles que l'Amérique lui a cédées dans sa zone d'occupation, l'Amérique n'a fait qu'accroître ses dépenses. L'Amérique n'a fait qu'accroître ses dépenses. Elle a tellement dévasté le territoire qu'elle occupait qu'une grande partie des fournitures nécessaires à ses armées a dû être importée d'Amérique.

Les troupes américaines ont évacué la Chine et l'Inde, l'Afrique du Nord et la Perse, abandonnant le plus grand empire de l'histoire du monde. À la fin de la Seconde Guerre mondiale, Washington était la capitale d'un empire militaire qui couvrait 18/20 de la surface de la terre, y compris toutes les mers soumises au contrôle américain.

La politique du faussaire de la culture ne visait pas, comme certains l'ont prétendu, à contrôler le monde. Une idée aussi grandiose ne pouvait naître que dans une couche occidentale. Un organisme étranger dans le corps de la civilisation occidentale ne peut que déformer, falsifier, la vie de l'Occident. Le parasite ne peut pas devenir occidental, et la domination du monde est une idée occidentale. Ce n'est pas non plus une idée pour tous, mais, comme toutes les idées occidentales formatrices, elle exclut les gens sans profondeur ni intensité. C'est la raison pour laquelle l'Amérique n'a pas pu conserver le grand empire qu'elle avait réussi à former. L'Amérique n'a pas encore la conscience de la politique, pour administrer ou créer un empire. Dans l'esprit massifié de l'Américain, toute la Seconde Guerre mondiale n'a eu qu'un seul but négatif : détruire l'idée européenne.

Ainsi, la distorsion culturelle en Amérique n'a pas poursuivi l'intérêt national américain, ni ne s'est préoccupée de la conquête du monde, pour elle-même ou pour l'Amérique. En conséquence, elle a conduit l'Amérique à la défaite politique lors de la Seconde Guerre mondiale.

Ce fait est tout à fait évident pour l'Europe. Ce qui importe davantage, c'est de savoir s'il est compris en Amérique. Cela concerne les problèmes de la forme de l'avenir de l'Amérique, du nationalisme américain, des perspectives de poursuite de la pathologie culturelle et des possibilités spirituelles de l'Amérique.

14. L'avenir de l'Amérique

I

L'origine de l'Amérique contient son avenir, comme l'a dit Leibnitz, "le présent porte le fardeau du passé et est enceint de l'avenir". L'Amérique est née en tant que colonie de la culture occidentale. L'unité organique appelée Grande Culture est liée à son lieu de naissance. C'est là où elle est née qu'elle résout ses derniers et plus grands problèmes. À son stade actuel, la civilisation occidentale domine l'orientation spirituelle du monde entier. Des unités comme le Japon et la Russie n'existent que comme des révoltes actives contre la civilisation occidentale, comme des négations de sa vision du monde[99]. La civilisation occidentale a même créé ses propres opposants ; son dynamisme a mobilisé des forces extérieures dans son activité actuelle. Les colonies que cette culture a implantées dans le monde entier au cours de la période 1600-1800 ont maintenu leurs relations spirituelles avec l'organisme mère. Les esprits dirigeants de l'Argentine, de l'Afrique du Sud, de l'Australie, de l'Amérique, du Canada et des autres petites colonies disséminées dans le monde résident spirituellement en Europe, et c'est dans les créations fructueuses et plus vastes de leur parent, la Civilisation occidentale, qu'ils puisent leur conception du monde, leurs plans, leurs idées et leur impératif intérieur. Ces colonies sont les alliés spirituels de la civilisation occidentale. Leurs intérêts politiques ne peuvent en aucun cas être hostiles à ceux de l'Occident, car elles partagent avec lui un destin commun. À cette époque, la motivation de la politique est dérivée de la culture. Le monde est divisé entre la civilisation occidentale et ce qui lui est étranger. Une victoire de l'Europe sur la Russie ou l'Inde est une victoire pour l'Amérique, et une victoire de l'Amérique sur le Japon ou la Chine est également une victoire pour l'Europe.

---

[99] Les expressions " world outlook " et " world prospective ", que nous traduisons par " perspective mondiale " ou " conception mondiale ", correspondent à l'expression allemande Weltanschauung.

L'Amérique et l'Europe constituent ensemble une unité spirituelle. La possibilité que l'Europe et l'Amérique soient à nouveau politiquement unies est donc réelle et organique. Ceux qui partagent un destin commun forment en effet une unité politique, et la poursuite de la désunion politique est artificielle et hostile aux intérêts vitaux de l'organisme. L'objectif premier de la vie est la réalisation du possible. C'est cela la vie. En raison de la position mondiale périlleuse de la civilisation occidentale - position qui ne disparaîtra pas même par une guerre heureuse - les tendances organiques à l'union entre l'Europe et l'Amérique s'exprimeront inévitablement en inculquant aux meilleurs cerveaux d'Amérique et d'Europe la nécessité d'une union. Le laps de temps nécessaire à l'apparition de cette tendance n'est pas supérieur à une génération. Il est impossible de prédire si cette tendance se concrétisera ou non, tout comme le destin de Karnak était imprévisible pour les Ramasides.

Mais sa nécessité vitale imposera que cette tendance devienne le centre de l'action.

Mais l'idée organique de l'Union ne peut être réalisée tant que l'Occident souffre de ses maladies culturelles internes. Cela soulève la question de la réaction contre la pathologie culturelle en Amérique.

Les traits originaux de l'âme du peuple américain se sont manifestés dans les types primitifs du colon indépendant, du pionnier, du milicien, de l'explorateur, de l'homme de la frontière. Les caractéristiques de ce type d'homme étaient l'inventivité, la bravoure, la compétence technique. Il s'agissait simplement, une fois de plus, du vieil instinct gothique pour la distance, les grands espaces et la volonté de les conquérir. Les premiers Américains possédaient un puissant instinct de supériorité raciale, doublé d'un esprit d'autonomie. Ce matériau humain était à la base du type yankee créé par la guerre de Sécession. Cette guerre a eu pour effet de greffer sur ce matériel humain la forme de l'ère de l'économie, de l'argent et du matérialisme.

C'était l'aboutissement naturel, car l'ensemble de la civilisation occidentale était alors en proie à la crise de civilisation. L'âme du peuple américain s'est formée dans ce cataclysme. C'est un peuple tardif, c'est-à-dire technique, dur, tourné vers l'extérieur, mais dépourvu de possibilités dans le domaine de la culture au sens le plus étroit du terme. Cette dureté et cette extériorisation, cette compétence technique resteront toujours dans l'âme américaine parce qu'elles font partie de son essence. Les oripeaux idéologiques n'étaient que des vêtements et appartenaient à l'esprit du temps. L'esprit du XIXe siècle est complètement mort, et l'Amérique ne peut pas plus perpétuer ses idées sépulcrales qu'un organisme ne peut se développer à rebours de la maturité vers la jeunesse.

L'idéologie américaine et la conception américaine du monde n'ont pas d'avenir ; mais l'âme du peuple américain en a un, car ce peuple est un organisme. La transformation de ce peuple en un conglomérat d'idéaux de masse, de comportements de masse, de pensées de masse et d'existence de masse a été une déformation et une exagération des tendances de l'âme américaine et des possibilités de l'ère du matérialisme. Cette distorsion et cette fausse représentation de la destinée américaine n'ont été possibles qu'en raison des maux que sont le retard culturel et la fausseté culturelle. Le retard culturel en Amérique était le reflet de la présence du même mal en Europe : l'ère du matérialisme avait représenté une victoire fortuite, la surface de l'histoire, lors de la Première Guerre mondiale, et la réalisation de l'idée du vingtième siècle, tant en Amérique qu'en Europe, s'en est trouvée retardée. La distorsion culturelle en Amérique était le résultat de la présence, à doses massives, d'un groupe culturellement étranger. L'avenir immédiat de l'Amérique est donc lié à la distorsion culturelle et à la réaction américaine contre celle-ci. Il faut tenir compte de la répartition des pouvoirs, spirituels et matériels, qui entreront en jeu. Tout d'abord, le groupe qui déforme la culture.

La culture-nation-état-race juive en Amérique comprend une population de huit à douze millions de personnes[100]. En tout état de cause, les chiffres ne sont pas d'une importance capitale, car cette unité organique a de forts instincts raciaux et un sens puissant de sa mission. Les chiffres jouent naturellement un rôle, tant dans l'ampleur de la distorsion culturelle que dans la forme et l'ampleur de la réaction contre celle-ci, mais la puissance publique du groupe qui déforme est basée sur son contrôle d'organisations centrales décisives.

En matière de propagande, son contrôle est absolu. Cela inclut le cinéma, la radio, la presse, les magazines, les journaux, les livres, les universités et le théâtre.

---

[100] Selon le démographe américain Wilmot Robertson (in "The Dispossessed Majority", p. 149), la population juive aux États-Unis en 1969 était de 5.869.000 personnes, soit 2,9% de la population totale. Ce chiffre coïncide avec l'American Jewish Annual de la même année. Il est possible qu'entre 1948, date de la publication d'Imperium, et 1969, la population juive américaine ait quelque peu diminué en raison de l'émigration vers Israël, mais pas dans une mesure qui justifierait le "décalage" mentionné ci-dessus.

La radio est contrôlée par quelques réseaux de radiodiffusion nationaux, qui contrôlent à leur tour les programmes des stations membres, même si elles appartiennent à des groupes privés.

La presse est dominée par la propriété des agences de presse, peu nombreuses mais puissantes, qui contrôlent la présentation des informations aux journaux membres, lesquels dépendent des agences, même lorsque ces dernières sont privées. Les magazines et les livres sont contrôlés par la simple propriété dans la plupart des cas par les magazines, les éditeurs et même les imprimeurs, et par des pressions sociales, économiques, morales et juridiques dans les autres cas. La scène est contrôlée par la propriété des théâtres et d'autres pressions. Les universités sont dominées par le nombre disproportionné de membres du groupe des faussaires culturels, tant dans le corps enseignant que dans le corps étudiant, ainsi que par leur activité organisée et agressive.

Les deux partis politiques sont contrôlés par le groupe du Faussaire de la culture, qui met à son service toute l'activité politique interne de l'Amérique. La technique du contrôle politique est exercée par le biais d'une vaste bureaucratie, créée à partir de 1933, qui est dominée de manière disproportionnée et dont le personnel est composé de membres du groupe. Ce contrôle administratif s'étend également aux forces armées.

Dans le monde financier qui domine et contrôle complètement le monde industriel, le pouvoir de ce groupe est largement disproportionné par rapport à son pourcentage de la population. Leur pouvoir dans ce domaine remonte à la guerre de Sécession, lorsque quelques précurseurs de l'invasion de 1890-1950 se livraient au trafic d'armes entre les armées confédérées et fédérales.

Le résultat de tout cela est une puissante influence spirituelle sur le peuple américain. Ils lisent les livres que les étrangers leur commandent. Ils voient les pièces de théâtre et les films qu'ils sont autorisés à voir.

Il pense en fonction des idées qu'on lui met dans la tête. Il est poussé dans des guerres contraires aux intérêts américains, dont il ne peut sortir que perdant. Les alternatives de la guerre et de la paix, de la vie et de la mort sont décidées pour l'Amérique par l'étranger culturel. L'Amérique a été dotée d'un caractère sémite. Les Américains qui ont le moindre pouvoir l'exercent au profit de l'étranger. Aucun homme public n'ose s'opposer à eux. On a dit aux Américains qu'ils devaient s'intéresser à l'engagement arabe, et il n'y avait pas de canal par lequel un Américain authentique pouvait fondamentalement nier l'image mondiale qu'une telle politique préconisait.

Mais ceux qui ont étudié l'essence de l'histoire savent que l'étranger et l'autochtone ne peuvent pas se mélanger, ils ne peuvent que s'opposer. La simulation, la terreur, les menaces, la tyrannie, la pression, la propagande... rien de tout cela ne peut atteindre l'essence de la relation entre les deux. Le peuple américain - qui n'est pas encore une nation - a sa propre âme et c'est seulement son manque d'expérience historique, et le stade de développement de la Culture qui a créé ce peuple, qui a rendu possible la diffusion large et critique de la pathologie culturelle dans ce peuple.

Le fait même de la distorsion culturelle présuppose l'existence, dans sa pureté intérieure, de l'âme du peuple hôte. La déformation ne peut pas détruire l'hôte, mais seulement concentrer l'énergie de l'hôte sur les faux problèmes et sur les intérêts du parasite.

II

Comme l'Europe le sait aujourd'hui, la Seconde Guerre mondiale a été un phénomène de maladie culturelle. Elle a été créée en Amérique, astucieusement préparée entre 1933 et 1939, et habilement présentée sous la forme superficielle d'une lutte entre deux puissances européennes d'hier, alors que le véritable problème mondial était l'unification de l'Occident face à la menace que faisaient peser sur son existence des forces extérieures : la Russie, la Chine, l'Inde, l'Islam, l'Afrique. La véritable "forme" de la guerre est devenue claire pour tous en 1945, lorsque les vainqueurs sont apparus comme le régime de la Culture du Faussaire en Amérique, et les Mongols du Kremlin[101]. Pour la première fois dans l'histoire mondiale, le monde était divisé entre deux puissances. L'Europe a perdu la guerre et a gagné dans la défaite l'unité qu'elle n'avait pas pleinement réalisée dans ses

---

[101] L'auteur parle au sens figuré, car il n'y avait pas de Mongols au Kremlin, depuis l'époque de Lénine, en partie mongol et en partie juif. L'auteur fait sans doute référence à la nature asiatique des forces stationnées pour le bolchevisme en Russie par l'élite révolutionnaire, dont une grande majorité des membres appartenait au même groupe ethnique que les dirigeants de Washington (N. of T.).

victoires. L'Europe occupe temporairement la même position que la Chine et l'Inde auparavant : celle d'un butin pour des puissances extérieures.

L'issue de cette guerre a également été une défaite pour l'Amérique, d'abord parce que les objectifs de la guerre étaient faux, et ensuite parce que l'exploitation de ses succès militaires était tout aussi fausse.

Des faits d'une telle ampleur ne peuvent être cachés.

La connaissance de la nature organique de l'histoire nous indique qu'une réaction existe en Amérique ; elle est visible même lorsque les faits qui la sous-tendent sont ignorés. Les faits de la réaction nationaliste américaine sont précisément ce à quoi l'on pourrait s'attendre. L'histoire fonctionne par le biais de minorités, et la taille de ces minorités est un reflet direct de la nécessité des phénomènes historiques. La minorité nationaliste américaine compte au moins dix millions de membres. Cette minorité est presque entièrement inorganisée. Il existe un millier d'organisations de résistance, mais elles sont politiquement inefficaces, même si elles sont très symptomatiques, au sens spirituel du terme.

En 1915, la réaction nationaliste contre l'invasion d'éléments culturellement étrangers a commencé avec la fondation du deuxième Ku Klux Klan. Cette année sera rétrospectivement considérée comme la deuxième phase de la révolution américaine. Le chiffre de dix millions est, bien sûr, une estimation approximative, mais il se réfère à des personnes dont l'âme est fortement influencée par l'idée de nation immanente à l'Amérique. Avec moins d'intensité, ce sentiment est général au sein de la population américaine.

Ainsi, personne n'a pu nier que l'immense désir de la population était de rester en dehors de la Seconde Guerre mondiale que le régime de dénaturation culturelle basé à Washington avait créée en Europe. Et ce, malgré la plus grande campagne de propagande jamais menée contre un peuple dans l'histoire du monde.

Cela ne peut être attribué à un véritable pacifisme, car celui-ci n'existe pas en Amérique. Elle reflète simplement le fait que l'âme de ce peuple instinctivement méfiant détestait ce que la propagande lui proposait. En 1940, il n'a pas eu l'occasion d'exprimer ses sentiments lors des "élections", puisque les deux candidats à la présidence s'étaient secrètement compromis avec les forces interventionnistes. La manipulation des élections a jusqu'à présent frustré l'expression du véritable esprit américain.

Ce nationalisme se radicalise de plus en plus, même s'il n'a pas encore atteint des proportions politiques[102]. Certains nationalistes américains ont été emprisonnés pour avoir dit, en 1941, qu'une défaite militaire était souhaitable pour le bien de l'Amérique[103] car une telle défaite détruirait le pouvoir du Faussaire de la Culture. L'élément nationaliste américain, d'une manière générale, espérait une défaite des troupes de conscription, qui avaient été enrôlées parmi la jeunesse américaine peu enthousiaste. Dans le même temps, il soutient pleinement la guerre contre le Japon, ennemi naturel et géopolitique de l'Amérique.

Le principe de l'individualité, de la continuité de l'âme et du caractère, s'applique aux peuples aussi bien qu'aux individus, et c'est ainsi que l'Esprit qui a été efficace chez des hommes tels que Nathaniel Green, Mad Anthony Wayne, Ethan Allen, Nathan Alle, Richard Henry Lee, John Adams, Daniel Morgan, Davy Crockett, les hommes d'Alamo et de San Jacinto, Stonewall Jackson, Robert E. Lee, William Walker et Homer Lea, est connu pour perdurer. Le siècle du matérialisme et de l'obsession monétaire n'a naturellement pas fait appel à l'héroïsme, mais le vingtième siècle changera l'aspect spirituel de l'Amérique comme il a changé l'Europe. L'héroïsme latent du peuple américain sera à nouveau sollicité par la créativité énergique de l'âge de la politique absolue.

Malgré l'ampleur de la distorsion culturelle et ses tentatives de maintenir en permanence un peuple dans une masse uniforme et sans personnalité, des millions d'Américains ont instinctivement gardé leurs distances par rapport au programme du déformateur culturel.

Ces personnes seront centre de grandes forces historiques. Ils luttent contre des forces considérables et doivent surmonter d'énormes handicaps.

Le nationalisme américain n'est pas lié à une grande tradition de vie, de pensée et d'action. Il est chargé d'une mission politiquement révolutionnaire, mais le peuple américain n'est pas révolutionnaire. Il réagit à une maladie culturelle qui prend une forme grossièrement raciale. Il est confronté à une tâche politique colossale, mais il

---

[102] Aujourd'hui, en 1976, l'essentiel du nationalisme américain est regroupé derrière le sénateur Henry Wallace, dont le parti a obtenu quatorze millions de voix lors des dernières élections, malgré la campagne de diffamation dont il a fait l'objet (N. du T.).

[103] En revanche, en 1975, des dizaines de politiciens professionnels et des centaines de journalistes qui ont adopté la même thèse à propos de l'intervention américaine au Vietnam n'ont pas été persécutés.

n'est pas conscient des nécessités de la pensée du pouvoir, c'est-à-dire de la pensée politique. Son intelligence n'a pas été libérée de l'idéologie dépassée de l'"égalité", née en 1775, qui utilise toujours l'élément déformant à son profit.

Le lavage de cerveau, l'imposition de la mentalité de masse au peuple américain était, au fond, une simple question de technique, un artifice. Une forte individualité a été submergée, c'est vrai, mais une forte individualité ne peut pas être annihilée. L'âge de la politique absolue réveillera une fois de plus ce qu'il y a de grand dans l'âme américaine et on peut s'attendre à une réaction puissante malgré l'apparence massifiée de l'âme américaine sous la forme de leaders individuels qui se verront accorder un pouvoir absolu.

L'Amérique n'est pas un pays doté de possibilités créatives dans le domaine de la philosophie, et sa meilleure compréhension des grandes réalités de notre temps viendra de ses liens profonds et précis avec la mère patrie de l'Occident.

Les éléments qui participeront à la lutte à venir entre le nationalisme américain et l'élément pathologique-culturel seront nombreux. Il n'est probablement plus possible que la révolution américaine prenne une forme constitutionnelle. Les perfectionnements techniques électoraux-parlementaires de cette dernière époque démocratique semblent exclure une telle possibilité. Il ne reste plus que la guerre civile. Dans une telle guerre, la lutte raciale entre les Noirs et les Blancs, la lutte de classe des syndicats contre les dirigeants industriels, la guerre financière des dictateurs de l'argent contre le nationalisme autoritaire à venir, et la guerre pour la survie du dénaturateur de culture contre le peuple américain, seront menées simultanément.

Il est impossible de prédire si cette crise sera de nature aiguë et critique, comme la guerre de Sécession, ou si elle prendra la forme d'une évolution incertaine et à long terme, comme la guerre de Trente Ans, ou plutôt celle de la lutte entre l'esprit de Cromwell et la Restauration. Dans les deux cas, il s'agira d'lutte exigée par la nécessité organique, et seul le fait qu'elle se produira peut être assuré, mais non la forme qu'elle prendra ni la date à laquelle elle éclatera.

Ce sont des impondérables. Lorsque la Révolution nationale américaine prendra une forme politique, son inspiration viendra de la même source ultime que la Révolution européenne de 1933. Ce qui est écrit ici est vrai pour l'Amérique réelle, même si l'Amérique effective du moment, et de l'avenir immédiat, est une Amérique hostile, une Amérique d'instruments de masse au service du Faussaire de la Culture, l'ennemi politique et total de la Civilisation occidentale.

VI - LÀ SITUATION MONDIALE

> "L'imagination gouverne le monde".
>
> NAPOLEON

> "Pour les tâches du prochain siècle, les méthodes de représentation populaire sont les plus inadéquates que l'on puisse imaginer. L'état de l'Europe provoquera à nouveau l'éclosion de vertus viriles, parce que les hommes vivront dans un danger permanent. Je vois, au-delà de toutes ces guerres nationales, de nouveaux empires et tout ce qui se présente. Ce qui m'intéresse, ce qui se dessine déjà lentement et avec hésitation, c'est une Europe unie. Les nations qui sont devenues quelque chose n'ont jamais obtenu leur statut par des institutions libérales : les grands dangers en ont fait quelque chose qui mérite le respect ; ce danger qui seul peut nous faire prendre conscience de nos ressources, de nos vertus, de nos moyens de défense, de nos armes, de notre génie... qui nous pousse à être forts...".
>
> NIETZSCHE

> Le pacifisme sera toujours un idéal ; la guerre sera toujours un fait ; et si la race blanche choisit de ne plus faire la guerre, les races de couleur la feront et deviendront les maîtres du monde.
>
> SPENGLER

1. Le monde politique

La politique est liée à la guerre, et la guerre fait appel à la stratégie. La stratégie implique immédiatement les réalités fondamentales de la géographie physique et humaine. L'examen des faits et des possibilités de la politique mondiale commence également par la géographie.

Dans cet âge de la politique absolue, le globe entier est l'objet des instincts de puissance, à la fois de la civilisation occidentale et d'un processus de négation externe qui est aussi complet que l'affirmation impérialiste occidentale des forces extra-occidentales. C'est donc le tableau géographique global de la planète qui constitue le point de départ.

Si l'on divise le monde en deux hémisphères longitudinaux le long du 20e méridien, on constate que l'hémisphère oriental est la grande masse terrestre qui englobe l'Asie et l'Afrique, les îles éloignées d'Australie et d'Océanie, ainsi que la majeure partie de l'Antarctique. Ces terres représentent, au total, plus de 100 millions de kilomètres carrés. Dans l'hémisphère occidental se trouvent les deux îles apparentées, le nord de l'Amérique du Sud et une partie de l'Antarctique. Ces zones couvrent quarante-sept millions de kilomètres carrés, soit moins de la moitié de l'hémisphère oriental. La population est plus importante que la superficie, car le pouvoir signifie le contrôle des personnes, et les personnes ne peuvent être contrôlées politiquement que là où elles se trouvent. La population de l'hémisphère oriental est d'environ 1 700 000 000 d'habitants, tandis que celle de l'hémisphère occidental n'est que de 300 000 000 d'habitants.

Cela signifie que le monde, d'un point de vue politique, est situé dans l'hémisphère oriental. La planète peut également être divisée en un hémisphère nord et un hémisphère sud, le long de l'équateur. Selon cette division, plus de 9/10 des terres et de la population se trouvent dans l'hémisphère nord. Si l'on divise la planète en quadrants, on constate que plus de la moitié de la population de la grande masse terrestre Asie-Afrique, soit environ la moitié de la population totale de la planète, se trouve dans le quadrant nord-est. Celui-ci comprend l'Europe, la majeure partie de la Russie, l'Inde, l'Asie mineure et la majeure partie de l'Afrique. Toute cette masse terrestre est contiguë, à l'exception des ruptures représentées par les mers étroites, la Méditerranée, le golfe Arabo-Persique, le golfe Persique, la Baltique. Toute cette zone est contrôlable par une puissance terrestre, malgré les mers étroites dont les entrées peuvent être contrôlées depuis le continent.

Il est donc tout à fait évident que le contrôle du monde signifie, en premier lieu, le contrôle de ce quadrant nord-est. En deuxième lieu, le contrôle du monde signifie le contrôle de la masse terrestre Asie-Afrique. Troisièmement, il suppose le contrôle de l'hémisphère nord et, enfin, le contrôle de toutes les mers et de toutes les terres de la planète. En tant que zone la plus importante, le quadrant nord-est est au centre de tout l'impérialisme du 20e siècle.

Ces faits géographiques fondamentaux sont à la base de toute pensée politique à grande échelle. La base, mais non la source, de l'origine d'une grande pensée, quelle qu'elle soit, est une grande culture, qui se concrétise à travers une strate d'êtres humains porteurs de culture. La science de la géopolitique était un système de connaissances créé par une grande culture qui avait atteint le stade de l'impérialisme illimité, l'époque de la politique absolue. Cependant, elle portait en elle un fardeau de pensée matérialiste qui était à l'origine de l'erreur de croire que l'origine, la détermination ou la motivation de la politique étaient basées sur des faits physiques. C'était une erreur absolue, car tout matérialisme en tant que description des faits est une erreur absolue. L'origine des idées, des impulsions, de l'expérience, c'est l'âme.

L'origine de la politique elle-même est l'âme humaine. L'origine de la grande politique créative est l'âme d'une grande culture. L'origine de la politique destructrice est la négation, par les âmes des peuples extérieurs, de l'impératif politique d'une grande culture.

Au stade actuel de la civilisation occidentale, la motivation de la politique est la culture, et non plus le nationalisme ou l'économie, comme ce fut souvent le cas au dix-neuvième siècle. L'unité spirituelle de la civilisation occidentale et de ses colonies est un fait, et ce fait primordial est la source des grands conflits politiques de ce siècle. L'impérialisme illimité de l'Occident a créé chez les peuples extérieurs une volonté tout aussi forte de détruire l'impérialisme occidental. Le seul moyen d'y parvenir est leur propre impérialisme. Ainsi, l'idée d'Empire domine la forme de la lutte mondiale de ce siècle et du suivant. Qu'on le serve ou qu'on s'y oppose n'a pas d'importance, car il s'impose par son universalité.

L'erreur de la géopolitique a été de croire que l'extérieur pouvait déterminer l'intérieur. Mais l'âme est toujours primordiale, et l'utilisation du matériel ou la position géographique ne sont que le reflet de la nature de l'âme. Les Indiens d'Amérique possédaient beaucoup plus de ressources que les colons américains, mais leur primitivisme technique les a laissés sans défense. Cependant, la supériorité technique totale n'est pas une supériorité matérielle, mais une supériorité spirituelle.

La géopolitique, qui s'est développée à un stade antérieur, n'a pas été fondée sur les conceptions de l'histoire et de la politique du 20e siècle, mais sur des idées matérialistes tacites héritées du 19e siècle. Les recherches de cette science, cependant, ont une valeur durable, et son affirmation de la pensée des grands espaces a été, historiquement, une réalisation essentielle. L'homme de Haushofer restera à la place d'honneur et sera honoré dans la pensée occidentale. L'avenir de la géopolitique sera le réajustement de toute la structure à l'orientation spirituelle fondamentale du monde : la division entre l'Occident et ses colonies d'une part, et les forces extérieures d'autre part.

2. La première guerre mondiale

Après l'heureuse conclusion par l'Angleterre de la guerre des Boers en 1901 et l'écrasement par l'Occident de la révolte des Boxers en Chine, le monde entier, à l'exception de quelques petites régions, était sous la domination directe de l'Occident et de ses colonies. En Extrême-Orient, seuls le Japon et le Siam sont exclus ; au Proche-Orient, seuls la Turquie, la Perse et l'Afghanistan ; en Afrique, seuls l'Abyssinie et le Liberia ; dans l'autre hémisphère, seuls Haïti et le Mexique. Les Occidentaux exercent toutefois un contrôle indirect sur la Turquie, le Mexique et l'Afghanistan. Dans l'Islam et en Chine, les Occidentaux jouissent de droits d'extraterritorialité et s'appuient sur leurs propres tribunaux plutôt que sur les tribunaux locaux. L'attitude des peuples extérieurs à l'égard des Occidentaux était respectueuse et déférente. En un mot : tout le monde était politiquement passif.

Seule cette passivité rend possible la disproportion grotesque entre le nombre d'hommes et le contrôle du territoire. En Inde, par exemple, l'Angleterre régnait sur 350 000 000 de sujets avec une garnison de moins de 100 000 hommes. Lors de la mutinerie indienne de 1857, l'Angleterre a vu son contrôle de l'Inde réduit, en quelques jours, aux zones côtières et à quelques points isolés à l'intérieur du pays. C'est dire la facilité avec laquelle la domination blanche sur un territoire non occidental peut s'évanouir lorsque les populations soumises deviennent politiquement actives.

Outre la passivité politique des sujets extérieurs, il faut tenir compte d'un fait important dans le monopole de la puissance de l'Occident avant 1914. Il s'agit de la solidarité des peuples occidentaux. Paul Kruger était un symbole de cette solidarité. Pendant la guerre des Boers, bien qu'il ait lutté contre des forces matérielles largement supérieures, il a résolument interdit l'utilisation, dans ses armées, de la barbarie noire contre les Anglais blancs.

Le génie politique dont il a fait preuve par sa conduite n'a pas été apprécié à sa juste valeur.

Deux grands développements historiques ont eu lieu dans le monde au cours de la période précédant la Première Guerre mondiale : l'émergence, dans l'âme occidentale, de l'idée supra-personnelle du socialisme éthique comme forme de la prochaine ère occidentale ; et la croissance, dans les forces extérieures, d'une révolte mondiale contre les dominations de l'Occident.

Ces deux événements ont constitué de véritables problèmes de la Première Guerre mondiale. Ils constituaient les tendances historiques mondiales qui allaient former le contenu interne de la prochaine guerre mondiale, dont l'approche inexorable était comprise par tous les cerveaux directeurs de l'Europe. Ce grand événement a été vu et décrit par de nombreux hommes d'action et penseurs, parmi lesquels Rudolf Kjellen, Werner Sombart, Paul Rohrbach, Bemhardi, Lord Kitchener, Homer Lea.

L'âge du capitalisme s'achève. L'Angleterre, dont la puissance avait été créée par cette idée qui avait été à son service, avait pleinement réalisé cette phase du développement organique de l'âme occidentale. La Prusse-Allemagne était la puissance qui incarnait la phase suivante, la réalisation du socialisme éthique. Ainsi, le développement interne de l'Occident tendait à prendre la forme d'un concours entre ces deux puissances.

La Prusse-Allemagne était dans le style de la nation de l'ère du capitalisme. Elle était également parlementaire-démocratique et engagée dans l'impérialisme commercial. Sa différence avec l'Angleterre consistait en la présence, en son sein, de la nouvelle idée suprapersonnelle du socialisme éthique. L'Angleterre, avec son impératif intérieur historiquement magnifique, avait conquis le plus grand empire de l'histoire jusqu'alors. Le monopole de l'Occident sur le pouvoir mondial reposait essentiellement sur l'Empire britannique. Pour les forces extérieures qui s'éveillaient dans l'activité politique anti-occidentale en Afrique, en Chine, au Japon, dans les Indes orientales, en Russie, il n'y avait pas de différence entre les nations occidentales. Le grand fait du nationalisme occidental était, même à cette époque, une grande illusion dont, cependant, seuls les peuples occidentaux souffraient. Le monde extérieur savait mieux que l'Occident que celui-ci était historiquement une unité, et non un ensemble de "nations" spirituellement souveraines.

La forme superficielle de la Première Guerre mondiale était une lutte idéaliste entre deux nations occidentales dans le style du 19e siècle. En apparence, c'était l'Angleterre contre la Prusse et l'Allemagne ; en réalité, c'était le capitalisme contre le socialisme. En apparence, il s'agissait d'une guerre entre deux coalitions nationalistes ; en réalité, c'était une guerre de forces extérieures contre l'ensemble de la civilisation occidentale.

En 1916, il était tout à fait clair que le conflit militaire entre l'Allemagne et la Grande-Bretagne était une impasse et que la poursuite de la guerre entre les deux pays n'aboutirait qu'à une défaite pour chacun d'entre eux. Plus la guerre s'éternisait, plus cela devenait évident. Les fameuses "vingt et une exigences" du Japon ont mis à l'épreuve la puissance occidentale en Extrême-Orient, et l'Occident a succombé au milieu de sa guerre suicidaire. Le Japon gagnait manifestement la guerre en restant à l'écart ; l'Amérique gagnait tout aussi manifestement ; la révolution en Russie montrait que l'Occident tout entier était en train de perdre. Le pouvoir qui résidait en Europe est progressivement transféré, au fur et à mesure que la Première Guerre mondiale s'éternise, vers des forces extérieures, le Japon, la Russie, l'Amérique. D'un point de vue nationaliste à l'ancienne, l'Angleterre perdait, et d'un point de vue nouveau, c'est tout l'Occident qui perdait. Si des cerveaux séniles et négatifs n'avaient pas présidé aux événements, une paix européenne aurait été conclue en 1916 pour sauver la position mondiale de l'Europe. Mais les têtes faibles, la pensée financière-capitaliste et la rigidité mentale l'ont emporté. Non seulement la guerre suicidaire a été poursuivie jusqu'au bout, mais des forces extérieures ont été mobilisées pour participer à la lutte.

L'Angleterre et la France recrutent des troupes de couleur dans leurs empires coloniaux pour les utiliser contre l'ensemble de la civilisation occidentale - y compris elles-mêmes, car les forces extérieures ont toujours considéré l'Occident comme une unité. Le génie de Paul Kruger n'a pas été compris. Si le seul moyen de vaincre un adversaire est le suicide, la guerre a perdu tout son sens et il faut y mettre fin. Mais la réalisation de propositions aussi simples n'est accessible qu'au génie, et le génie n'était pas présent au sommet des affaires européennes.

Pendant plus d'un siècle, l'Angleterre a été l'arbitre de l'Europe : elle a réussi à empêcher toute puissance, tout en maintenant elle-même des communications ininterrompues avec son empire d'outre-mer. En conséquence, sa suprématie commerciale dans le monde était incontestée, et elle pouvait conquérir tous les marchés étrangers qu'elle souhaitait ou dont elle avait besoin.

En 1918, la Grande-Bretagne, "victorieuse" de la Première Guerre mondiale, se rend compte qu'elle doit partager les mers avec l'Amérique et le Japon. Sa suprématie commerciale a disparu et sa puissance militaire a rapidement décliné au profit de puissances extérieures. L'Allemagne a perdu sur le plan militaire, mais elle a perdu beaucoup moins que l'Angleterre parce qu'elle avait moins à perdre. Les vrais gagnants, les gagnants politiques, sont le Japon, la Russie et, d'un point de vue purement extérieur, l'Amérique.

Ceci nous amène aux résultats politiques à grande échelle de la guerre. Les problèmes mondiaux de 1914 sont doubles : le problème interne du socialisme éthique naissant et le problème externe de la révolte mondiale croissante contre l'Occident.

Comment ont-ils été résolus ? Le problème interne a été résolu de la seule manière dont un tel événement organique peut être résolu : le socialisme a triomphé du capitalisme, et au fur et à mesure que le temps passait, cela apparaissait plus clairement. La méthode capitaliste-matérialiste de pensée et d'action parlementaire ne pouvait pas faire face à la nouvelle situation mondiale et à ses problèmes d'organisation. La maladie s'est répandue dans la vie de l'Occident : spirituellement, politiquement, socialement et économiquement. Cette maladie ne pouvait être guérie que par la nouvelle attitude du socialisme éthique face à tous ces problèmes. Le grave problème extérieur de la guerre a été résolu contre l'Occident. Partout dans le monde, les populations soumises s'agitent de façon menaçante. Les fondations des empires des nations occidentales de l'ancienne école ont tremblé et se sont fissurées.

Alors qu'hier l'Occidental commandait, aujourd'hui il doit flatter et promettre. Alors qu'il pouvait autrefois se déplacer librement et fièrement, il doit désormais se montrer circonspect et craindre, en tant que fonctionnaire, la révolte et, en tant qu'individu, la mort subite. L'arrivée de troupes d'occupation barbares et colorées dans une nation occidentale après la Première Guerre mondiale a confirmé et renforcé la révolte extérieure contre l'Occident. Les barbares se sont vu inculquer le sentiment qu'ils pouvaient dominer l'homme blanc. L'activité anti-occidentale se développe dans le monde entier : en Amérique du Sud, au Mexique, dans les Indes orientales, dans l'Islam, au Japon, en Chine, en Russie... Qu'est-ce que cela signifie ?

La base indispensable de la domination occidentale sur l'ensemble du monde extérieur avait été la passivité politique des peuples sujets. Après la première guerre mondiale, les sujets sont devenus actifs dans la zone afro-asiatique ; ils ont commencé à s'agiter, se rebeller, s'opposer, boycotter, saboter, revendiquer, espérer et haïr. La guerre avait sapé les fondements du système mondial occidental.

Le troisième résultat de la Première Guerre mondiale s'est manifesté à la même échelle, un ancien monde spirituel a été balayé ; tous les fondements spirituels du XIXe siècle ont disparu. Individualisme économique, parlementarisme, capitalisme, matérialisme, démocratie, pensée monétaire, impérialisme commercial, nationalisme et mini-étatisme. La fin du capitalisme et du nationalisme a été symbolisée par la création et le génie de Benito Mussolini, qui a proclamé, face à l'apparente victoire mondiale des idées du XIXe siècle, la volonté organisationnelle et l'impératif interne du XXe siècle, la résurgence de l'autorité et du socialisme éthique. Au moment où les idéologues matérialistes se livraient à des exercices logiques de politique internationale et créaient une stupide et inutile "Société des Nations", ce héraut de l'Avenir a défié l'absurdité avortée de Genève, réincarné la volonté de puissance et l'héroïsme de l'homme occidental. Élevant sa voix au-dessus des hymnes à la "démocratie", Mussolini a parlé du cadavre de la démocratie.

Le mot "nationalisme" a changé de sens après la Première Guerre mondiale. S'il était auparavant synonyme de querelles frontalières et de patriotisme chauvin, il désigne désormais l'idée d'une unité occidentale.

Les "nationalistes" de chaque pays recherchent le bien-être de leur propre patrie dans l'unité occidentale, en abandonnant les guerres intra-occidentales, ce qui créerait automatiquement un nouveau corps politique.

L'ancien mini-étatisme de l'Occident a en fait été détruit par la Première Guerre mondiale, même si cela n'était pas visible historiquement à l'époque. Aucune des anciennes "nations" occidentales ne disposait d'une force politique suffisante pour s'opposer aux forces politiques extérieures. Mais elles n'avaient pas encore réalisé leur propre unité, et le monde extérieur pouvait donc continuer à développer l'activité anti-occidentale croissante que la guerre avait déclenchée.

3. La Seconde Guerre mondiale

La Première Guerre mondiale a échoué à résoudre les deux grands problèmes qui représentaient les alternatives réelles et historiques de cette guerre. Elle a résolu le problème du capitalisme contre le socialisme en donnant une victoire apparente et matérielle au capitalisme qui représentait le passé et ne pouvait en aucun cas façonner l'avenir. En d'autres termes, le résultat de la guerre a été une simple négation politique de l'esprit à venir du socialisme éthique. Elle a résolu le problème de la rébellion mondiale en faveur de forces extérieures et contre la civilisation occidentale. Ce résultat était historiquement totalement faux, car il ne reflétait pas les grandes réalités spirituelles. En réalité, l'esprit de l'Occident n'en était alors qu'à son stade impérialiste le plus avancé et possédait la puissance matérielle nécessaire pour réaliser son impératif intérieur d'impérialisme politique illimité et autoritaire. L'approche historiquement erronée de la guerre n'a pas correspondu à ces grandes réalités spirituelles, mais a fait apparaître superficiellement que l'Occident était fatigué, qu'il se retirait de sa position mondiale et que le monde extérieur avait suffisamment de vigueur pour détrôner le maître occidental d'hier.

Dans son troisième grand résultat - la disparition complète des fondements spirituels du XIXe siècle - la guerre fut également un échec en ce sens qu'elle ne réalisa cette grande transformation qu'en profondeur, mais qu'à la surface de l'Histoire, les idéaux et les platitudes du passé défunt étaient toujours l'objet de l'adoration verbale des dirigeants uniformément stupides que la guerre avait élevés Ces idéaux furent même poussés à des limites de comédie qui auraient été impossibles à atteindre au XIXe siècle. Car, en dehors de sa signification tragique en tant que symbole de la victoire des barbares sur l'Occident, la Société des Nations n'était qu'une monumentale plaisanterie historique.

Mais le destin est irréversible et l'esprit du socialisme, avec sa résurgence latente de l'autorité et sa volonté de puissance juvénile, a progressé rapidement. L'esprit du temps s'empare successivement des vieilles puissances européennes. Seule l'intervention de deux régimes extra-européens, basés à Moscou et à Washington, a empêché la pacification interne complète de l'Europe. Cette pacification interne aurait signifié, comme l'ont montré les analyses politiques, la création autonome d'une nouvelle unité politique mondiale, l'Europe, avec la Civilisation de l'Ouest organisée comme une unité politico-économique-spirituelle-culturelle-nationale-militaire.

Les puissances qui existaient au XIXe siècle sont devenues, en fin de compte, de simples spectateurs de la lutte mondiale. La Russie, l'Amérique et le Japon sont les nouveaux arbitres de la situation mondiale dans les années 1920 et 1930. C'est l'héritage de la Première Guerre mondiale et de 'aveuglement qui s'en est suivi, au point que les alliés de l'Angleterre ont triomphé de l'Angleterre et de la Prusse-Allemagne.

L'accession à la dictature absolue du groupe de la Distorsion culturelle en Amérique a permis à la puissance américaine de faire échouer la pacification de l'Europe, prélude à la reconquête par l'Europe de sa position mondiale perdue en 1900, c'est-à-dire l'état de monopole du pouvoir dans le monde. Par le biais de la propagande parlementaire et financière, la distorsion culturelle a réussi à placer une partie de l'Europe sous le contrôle de Washington et a déterminé les contours de la Seconde Guerre mondiale.

La Révolution européenne de 1933 a libéré la plus formidable force spirituelle que l'histoire ait connue : le destin, l'Esprit de l'époque en marche. C'est cette même force qui a permis aux armées françaises de remporter des centaines de batailles dans toute l'Europe au cours des guerres qui ont duré de 1790 à 1815. Face à ce destin, les forces internes de la culture ne pouvaient pas prévaloir. Pour vaincre Napoléon, il fallait faire appel à la Russie, et même là, la "victoire" n'était que superficielle, car Napoléon avait été le symbole de la destruction des fondements du XVIIIe siècle. Ces fondements ne pouvaient pas être reconstruits, même si les messieurs du Congrès de Vienne pensaient qu'ils pouvaient l'être.

Formellement, la Seconde Guerre mondiale a commencé selon les mêmes principes que la Première. Superficiellement, elle apparaît comme une lutte d'État entre deux puissances européennes d'hier. Mais, à y regarder de plus près, la guerre n'a rien de tel. Même la lutte entre le socialisme et le capitalisme, qui était l'un des problèmes apparents de la guerre, n'était pas réelle, car ce problème avait été résolu en faveur du socialisme. L'alternative au socialisme n'était pas le capitalisme, mais le chaos.

Cela nous amène aux véritables problèmes de la Seconde Guerre mondiale. Au cours des années 1918-1939, l'idée du vingtième siècle avait triomphé partout en

Occident et seule l'intervention de forces extérieures basées à Moscou et à Washington avait contrecarré la fondation de l'unité générale de l'Europe. Dans le monde extérieur, la révolte contre l'Occident avait atteint des proportions effrayantes sur le site, en Inde, en Chine, au Japon, dans l'Islam, en Afrique, au Mexique, en Amérique centrale et du Sud, dans les Caraïbes, dans les Indes orientales et, surtout, dans la Russie bolchevique. Ce développement extérieur avait été accéléré par la Première Guerre mondiale, au lieu d'être écrasé comme l'aurait fait la répartition réelle des forces militaires. Par conséquent, cette gigantesque révolte étrangère a dominé la scène mondiale. Le renversement de cette révolte extérieure et la réaffirmation de la vigueur impérialiste de l'Occident constituaient le grand problème de l'achèvement de l'unité de l'Occident avec l'expulsion des influences extra-européennes de la mère patrie occidentale.

Cependant, en raison de la révolution américaine de 1933 et de la conquête consécutive du pouvoir américain par la distorsion culturelle, la guerre a commencé sous une forme désastreuse : celle d'une lutte entre deux anciennes puissances européennes. Le groupe de la Distorsion culturelle n'était pas seulement animé par sa vieille mission de vengeance contre l'Occident pour un millénaire d'insultes et de persécutions, mais il était également enflammé par l'affront sans précédent que lui avait fait subir le renouveau de l'exclusivité occidentale lors de la révolution européenne de 1933. Pour la première fois, un antisémitisme simplement social convenait au faussaire culturel parce qu'il lui permettait de rallier ses partisans. Mais l'antisémitisme culturel signifiait la fin du pouvoir du faussaire en Occident. Face à cette menace, le Faussaire culturel a préparé une guerre qu'il souhaitait poursuivre, si nécessaire, jusqu'à l'extermination physique du monde occidental. Il a mis au point une formule absurde, entièrement nouvelle dans l'histoire de l'Europe : "La reddition inconditionnelle". Cette formule transcende la politique. La politique tend à la capitulation politique, et non à l'humiliation personnelle, à la privation de vie, d'honneur, de rang, d'humanité et de décence.

La manière dont il a commencé son grand problème était vouée à l'échec. La révolte des forces extérieures contre l'Occident a été temporairement éclipsée par la lutte suicidaire des troupes occidentales blanches contre d'autres troupes occidentales blanches, toutes mourant pour la défaite de l'Occident et le triomphe des forces extérieures.

Qui a gagné la Seconde Guerre mondiale ? Tout d'abord, sur le plan militaire, l'Amérique et la Russie, car à la fin de la guerre, le monde semblait divisé entre elles. La Russie dominait la moitié du monde politique : la majeure partie du quadrant nord-est du globe, et l'Amérique dominait l'autre moitié. Mais comme nous l'avons vu, l'Amérique a gaspillé la majeure partie de sa victoire militaire parce que la force qui gouvernait la politique américaine n'était pas américaine et ne pouvait donc pas poursuivre une politique occidentale de construction d'empire, mais exerçait seulement une influence déformante sur la politique américaine.

Deuxièmement, sur le plan politique : le vainqueur a été la Russie et probablement le Japon. On ne peut pas dire que l'Amérique ait été un vainqueur politique puisqu'elle a progressivement perdu du pouvoir depuis la fin de la guerre. Un pays qui est sous la tutelle totale, culturelle, d'étrangers ne peut pas remporter de victoire politique, car les victoires militaires qu'il peut remporter ne seront utilisées qu'au profit de l'étranger, et non au profit de la nation soumise. C'est la nature même de la relation d'hôte parasite, et l'Amérique en est un exemple. La Russie, en revanche, a énormément gagné en puissance grâce à sa "victoire", qui a été remportée pour elle par les forces américaines. La puissance de la Russie a augmenté partout grâce à la guerre, et c'est la seule puissance dont on peut dire, définitivement, qu'elle a gagné la guerre. Cependant, lorsque deux décennies se seront écoulées, il est possible que le Japon soit lui aussi considéré comme ayant gagné guerre, même si, bien entendu, cette opinion est exprimée avec des réserves, qui dépendent d'autres événements susceptibles de se produire. Mais l'occupation bienveillante et protectrice du Japon par les forces américaines pour reconstruire l'économie et le pouvoir politique du Japon peut conduire à un certain moment où l'occupant se rend compte qu'il existe un nouvel équilibre des forces.

Troisièmement, et dans un sens spirituel : le grand vainqueur collectif est la révolution mondiale contre l'Occident. L'architecte de la guerre, le faussaire de la culture, est à sa tête. Du haut d'une montagne de cadavres occidentaux, il peut considérer que sa mission de vengeance est apparemment pleinement accomplie. Derrière lui, c'est l'esprit du bolchevisme asiatique qui domine désormais l'"Occident pourri", comme les lettrés russes du XIXe siècle appelaient l'Europe qu'ils détestaient tant. Puis, partout, des forces extérieures se lèvent, avec de nouveaux espoirs de succès pour le recul de l'Occident. En Inde, en Égypte, en Chine, dans les Indes orientales, elles avancent sans cesse tandis que l'homme blanc recule sans cesse. Qui sont les vainqueurs et qui sont les vaincus ?

Tout d'abord, l'Europe, la patrie de l'Occident. L'organisme de la civilisation occidentale a perdu la guerre de manière aussi décisive que la Russie l'avait gagnée. Les millions d'hommes tués au combat, les centaines de milliers de personnes tuées chez elles par la guerre américaine contre les civils, les millions de personnes mortes de faim et de froid à cause de l'occupation russo-américaine... tous sont morts pour la victoire de la Russie asiatique, de la distorsion culturelle et de la révolte mondiale contre l'Occident.

La triste réalité de la défaite de l'Occident soulève un autre aspect de la Seconde Guerre mondiale : l'aspect économique.

Comme nous l'avons déjà vu, la base politique du monopole occidental de la puissance dans le monde avant la Première Guerre mondiale en 1914 était la passivité politique des peuples soumis. Sa base économique était le monopole technico-industriel de la civilisation occidentale. Les centaines de millions de personnes qui vivent sur le petit territoire de l'Europe sont là parce que leur monopole économique leur a permis de vivre des importations de denrées alimentaires. Les importations de denrées alimentaires et le niveau de vie fabuleusement élevé de l'Occident ont été maintenus par la production en Occident de produits manufacturés destinés aux marchés étrangers. Les centaines de millions d'Africains et d'Asiatiques ont dû se procurer leurs produits manufacturés auprès de la civilisation occidentale.

Les deux premières guerres mondiales ont complètement bouleversé cette situation. De gigantesques zones industrielles ont été construites partout dans le monde extérieur ; la révolte contre l'Occident n'est pas seulement politique, mais aussi économique. Qu'est-ce que cela signifie ?

Cela signifie que non seulement la puissance de l'Occident a été sapée, mais que la survie même de l'Occident est menacée. Le grand problème de la Seconde Guerre mondiale, la restauration de la puissance mondiale de l'Occident, avait donc aussi un aspect économique. Il s'agissait d'une lutte pour l'existence biologique de plus de cent millions d'Occidentaux.[104]

---

[104] Soit l'auteur se réfère dans ce paragraphe exclusivement à l'Allemagne, soit il se trompe, car la population

La situation mondiale actuelle présente donc non seulement l'aspect d'une lutte pour le pouvoir, qui est de nature commune et universelle, mais aussi l'aspect extrêmement rare, horrible et anti-héroïque d'une lutte pour l'existence physiologique.

Non seulement l'Europe, mais aussi le peuple américain ont perdu la guerre. Depuis la Révolution de 1933, ce Peuple a travaillé, produit et exporté. Il a donné ses trésors et la vie de centaines de milliers de ses enfants ; il a obéi aveuglément à des dirigeants culturellement étrangers qu'il avait lui-même choisis[105], et en leur obéissant, il a abaissé son niveau de vie et divorcé de son âme... et en retour, il n'a rien reçu, ni spirituellement, ni matériellement. Le temps des sacrifices n'est pas non plus terminé. Il continuera à payer pour la Seconde Guerre mondiale, qu'il a perdue pendant des années. Dans la coupe de la victoire américaine, il y avait du poison pour l'âme de l'Amérique.

4. Russie

I

La participation de la Russie en tant qu'unité politique à l'histoire occidentale commence avec Pierre le Grand. Auparavant, la Russie n'avait entretenu de concurrence politique qu'avec les États slaves situés aux frontières de l'espace culturel occidental. Au cours des siècles qui ont précédé Pierre le Grand, il y a toujours eu deux façons de penser en Russie : d'une part, le sentiment de la grande masse des paysans et des hommes aux instincts forts ; d'autre part, le désir plus intellectuel d'adopter les formes de pensée et d'action occidentales et de les inculquer à la population slave. La première était limitée à une petite couche, constituée par les descendants physiques des Varangiens qui, venus de Scandinavie, avaient envahi la Russie à l'époque de Charlemagne, et qui, de temps

---

de l'Europe occidentale, à l'exclusion de ses colonies culturelles, est de quatre cents millions d'habitants.

[105] Même en admettant, à des fins purement polémiques, que le peuple américain ait "élu" ses présidents, il ne fait aucun doute que les hommes qui prennent les décisions politiques au-dessus des présidents n'ont pas été élus par le peuple, pas même leurs exécutants tels que Baruch, Hopkins, Weinberg et, aujourd'hui, Kissinger.

à autre, s'assimilaient du sang nouveau venu de Suède et d'Allemagne. S'appuyant sur cette strate, Pierre le Grand vainquit la faction des "vieux Russes" et entraîna une Russie réticente dans la communauté des nations occidentales.

Il n'a jamais réussi, pas plus que la dynastie des Romanov qui lui a succédé, à implanter les idées occidentales à la surface de l'âme russe. La Russie, la vraie Russie spirituelle, est primitive et religieuse. Elle déteste la culture occidentale, sa civilisation, ses nations, ses arts, ses formes d'État, ses idées, ses religions, ses villes, sa technologie. Cette haine est naturelle et organique, car sa population réside en dehors de l'organisme occidental, et tout ce qui est occidental est, par voie de conséquence logique, hostile et mortel pour l'âme russe.

La vraie Russie est celle que le pétritisme a tenté de contraindre. C'est la Russie d'Illya Muromyets, de Minin, d'Ivan Grosny, de Pozharsky, de Théophile de Pskov, d'Avakkum, de Boris Godounov, d'Arakcheyev, de Dostoïevski, des Stopski et de Vassili Shuiski. C'est la Russie moscovite, la "troisième Rome", le successeur mystique de Rome et de Byzance. Il ne peut y en avoir de quatrième", écrivait le Théophile. Cette Russie s'identifie à l'humanité et méprise l'"Occident pourri".

La Russie étant primitive, son centre de gravité spirituel se trouve dans l'instinct, de sorte que même au cours du XIXe siècle rationaliste et égalitaire, la Russie était une terre de pogroms. Le Russe ressentait le caractère totalement étranger de la culture, de l'État, de la nation, de l'Église et de la race du Juif, et le régime tsariste a établi des réserves dans lesquelles seuls les Juifs pouvaient vivre.

La Haute Russie, la couche occidentalisée qui jouait avec la philosophie matérialiste occidentale, parlait l'allemand et le français, voyageait dans les stations thermales d'Europe et pratiquait la politique de cabinet européenne, était l'objet d'une haine féroce de la part des Russes purs, les nihilistes, qui incarnaient l'idée sans mot de la destruction complète de l'Occident et de la russification du monde. Que cette grande idée destructrice se soit exprimée sous la forme religieuse de l'affirmation d'une seule vérité du christianisme orthodoxe oriental, ou sous la forme plus tardive de la slavophilie et du panslavisme, ou sous la forme actuelle du marxisme-léninisme, le fait est qu'elle continue à posséder le même impératif intérieur de détruire tout ce qui est occidental, qu'elle ressent comme un étouffement de son âme russe.

La révolution bolchevique de novembre 1917 a marqué une époque politique tant pour la Russie que pour l'Europe. La possibilité d'une telle révolution avait toujours existé, comme en témoignent l'insurrection de Pougatchev sous le règne de la Grande Catherine, les nombreux assassinats des XIXe et XXe siècles, les bas-fonds décrits dans les œuvres de Dostoïevski, ainsi que l'énorme réseau de police secrète et d'espionnage. La forme réelle de la révolution, lorsqu'elle a éclaté, était double : il y a eu une révolte de l'âme russe primitive contre le régime pro-occidental des Romanov et tout ce qu'il représentait, et il y a eu aussi, simultanément, une appropriation du commandement de cette révolte par la Culture-Nation-État-Race juive. Le financement nécessaire a été fourni à New York par les membres du groupe Culture Faker en Amérique.

L'influence de la distorsion culturelle sur la politique russe n'a pas eu le même degré d'influence qu'en Amérique, du moins en ce qui concerne la politique étrangère, car l'objectif global de la Russie est le même que celui du groupe de la distorsion culturelle : la destruction de l'ennemi occidental. Quoi qu'il en soit, cette influence existe et est largement responsable de la politique russe. Elle maintient son pouvoir en Russie par des moyens à la fois rusés et brutaux.

La dualité de la révolution bolchevique a fait de l'aspect instinctif, primitif et asiatique de celle-ci un échec. Le but de l'aspect russe de la révolution était de balayer toutes les institutions, idées, formes et réalités occidentales. Elle souhaitait donc faire disparaître la technologie et les formes économiques occidentales, ainsi que les autres aspects de l'occidentalisation de la Russie. Elle n'y est pas parvenue, car la minorité bolchevique voulait industrialiser la Russie au maximum, selon les modules occidentaux, afin de préparer une série de guerres contre l'Europe détestée.

Au cours de la période 1918-1939, la politique russe à l'étranger a été menée par l'intermédiaire de son organisation internationale, le Komintern, qui comprenait en son sein tous les partis communistes implantés dans la civilisation occidentale. La politique du Groupe Faker et celle de la vraie Russie coïncidaient pour miner l'Occident de l'intérieur en utilisant les résidus les plus éculés des idées du XIXe siècle dans leurs formes les plus dégénérées : lutte des classes, syndicalisme, manipulation financière, pacifisme, parlementarisme, démocratie, corruption des arts et des lettres, décadence sociale traditionnelle.

Naturellement, ce travail de sape interne devait être le prélude à l'instauration d'un régime complet. Si nécessaire, la dernière étape, l'étape militaire, devait être mise en œuvre lorsque la corruption interne aurait atteint un tel degré que la résistance serait devenue inutile. Mais la révolution européenne de 1933 a fait voler ces plans en éclats. Par sa réaffirmation positive et vigoureuse des instincts fondamentaux de l'Occident, ainsi que de sa mission dans le monde, elle a rendu vaines toutes les tentatives d'ébranlement, car l'exclusivisme du XXe siècle occidental le rend organiquement inaccessible à tout ce qui lui est culturellement étranger.

Le déclenchement de la Seconde Guerre mondiale en 1939 a été provoqué par la distorsion culturelle au sein de l'Occident, en coopération avec le régime bolchevique basé à Moscou. Les bolcheviks ont calculé qu'une guerre européenne saignerait l'Occident au point que les armées russes pourraient occuper tout l'Occident avec un effort militaire relativement faible et ainsi établir la domination mondiale de la Troisième Rome sur les ruines de l'Europe.

Les choses ne se sont pas passées de la sorte au début, et le régime bolchevique a failli se retrouver à New York[106] à un moment donné de la Seconde Guerre mondiale. Mais l'intervention totale de l'Amérique a finalement été réalisée par groupe Culture Fake et, en conséquence, la Russie a non seulement été sauvée, mais a remporté une victoire militaire qui l'a rendue propriétaire du plus grand empire contigu qui ait jamais existé dans l'histoire du monde ; un empire situé, en outre, dans une position dominante, au centre du monde politique, dans le quadrant nord-est du globe.

II

Il y a donc deux Russies : le régime bolchevique et la vraie Russie sous-jacente. Le bolchevisme, avec son culte de la technologie occidentale et une théorie étrangère stupide de la lutte des classes, n'exprime pas l'âme de la Russie réelle. Cela s'est manifesté dans l'insurrection des Streltse contre Pierre le Grand et de Pougatchev contre Catherine la Grande. Dans leur rébellion, Pougatchev et ses

---

[106] L'auteur fait allusion au fait historique qu'au moins deux tiers des premiers révolutionnaires russes de 1917 venaient du ghetto du Lower East Side à New York (N. de la T.).

paysans ont assassiné tous les officiers, fonctionnaires et nobles qui sont tombés entre leurs mains. Tout ce qui est lié à l'Occident est brûlé et détruit. Des tribus entières se joignent au mouvement. Pendant trois ans, de 1772 à 1775, le mouvement fait rage avec virulence et la cour de Moscou elle-même est menacée. Lors de son procès après sa capture, Pougatchev expliqua que c'était la volonté de Dieu qu'il punisse la Russie. Cet esprit continue d'exister, car il est organique et ne peut être tué, mais doit s'exprimer. C'est l'esprit du bolchevisme asiatique, qui est actuellement attelé au bolchevisme du régime de Moscou, avec son obsession technico-économique. Cela nous amène au rôle que joue l'idéologie bolchevique dans la situation mondiale actuelle. Identifier la Russie à une théorie de la lutte des classes, comme c'est le cas dans la civilisation occidentale, est en soi un triomphe de la propagande russe. En politique, les théories sont des techniques, des outils. La politique est une activité en relation avec le pouvoir, et non un raisonnement, un argument ou une preuve.

L'Occidental qui croit que la Russie représente une sorte de volonté de réformer la société ou l'économie en favorisant telle ou telle classe montre qu'il est totalement incapable de penser politiquement. Il n'est pas plus correct de penser que la Russie souhaite organiser le monde entier selon les mêmes lignes socio-économico-politiques que la Russie d'aujourd'hui. La mission de la Russie est de détruire l'Occident, et toute agitation interne à l'Occident favorise cette mission. La lutte des classes, la lutte des races, la dégénérescence sociale, l'art fou, les films décadents, les théories et philosophies sauvages de toutes sortes servent ce vaste programme russe. Le communisme n'est qu'un outil, mais si demain un autre se manifestait plus efficacement, il serait remplacé.

L'idéal du communisme, en tant que programme théorique de réorganisation de la société, n'existe pas dans le monde réel, ni en Russie, ni en Amérique. Le communisme que l'Occident doit craindre est de deux sortes, pas du tout théoriques : premièrement, la lutte des classes et deuxièmement, l'organisation communiste. La première est une chose entièrement autochtone qui ne peut être liquidée que par l'idée du XXe siècle du socialisme éthique ; tant qu'elle n'est pas liquidée, elle sert l'objectif russe d'affaiblir et de désintégrer l'Occident de l'intérieur. Le second est simplement l'agent direct, situé à l'Ouest, qui obéit aux mandats politiques de Moscou.

À l'heure actuelle, en 1948, le seul ennemi qui reste à la Russie est l'Amérique. Par rapport à l'Amérique, elle occupe une position supérieure à tous égards, sauf sur le plan technique. Sa meilleure arme contre l'Amérique est le travail de sape interne par la propagande et la dégénérescence sociale. Ces méthodes sont efficaces contre l'Amérique en raison du grand fossé spirituel qui existe dans ce pays entre l'âme véritable du peuple américain et la strate élevée des faussaires culturels. Le retard culturel de l'Amérique rend la propagande matérialiste du 19e siècle et les idéaux sociaux ultramodernes efficaces dans ce pays.

La présence des Falsificateurs en Russie est démontrée par le fait que le personnel dirigeant du pays est issu de manière disproportionnée de ce groupe, par le fait que l'antisémitisme est un crime, et surtout par la politique russe à l'égard de la Palestine. Pendant les quatre années de 1944 à 1948, la politique russe a été, dans tous les domaines, l'exacte négation de la politique américaine. Par contre, sur la question du partage de la Palestine, partie du monde de l'Islam, le régime de Moscou a soutenu la politique mondiale de l'État-nation-race juif, alors même que les intérêts impérialistes de la Russie consistaient à s'opposer à l'Amérique sur cette question.[107]

Mais la nature de la distorsion culturelle en tant que maladie est démontrée une fois de plus par la situation actuelle. Malgré leurs situations internes parallèles, la Russie et l'Amérique se dirigent vers une guerre entre elles. La période actuelle est celle de la préparation de la troisième guerre mondiale. La nature de la politique, le côté politique de la nature humaine, pousse à cette guerre, et la présence de groupes actifs à l'étranger dans les deux puissances politiques existantes ne joue qu'un rôle subordonné à ce grand fait. Le rôle de ces groupes est de veiller à ce que la guerre éclate de manière à ce que leur propre position mondiale ne soit pas affectée par son issue. La position stratégique de la Russie vis-à-vis de l'Amérique est clairement supérieure. Tout d'abord, le fait fondamental de la position de la Russie sur la planète lui confère un avantage inestimable. Le quadrant nord-est,

---

[107] De 1948 à aujourd'hui, la Russie a été un allié très conditionnel des Arabes. Lors de la guerre dite des Six Jours, les célèbres techniciens radar russes stationnés sur le sol égyptien ont totalement échoué. Lors de la guerre de 1974, on a prétendu que l'URSS avait averti Israël au dernier moment de l'attaque préparée par l'Égypte et la Syrie. La politique russe au Moyen-Orient donne l'impression de devoir discréditer l'Amérique sans nuire à Israël.

comme nous l'avons vu, est l'axe principal du contrôle mondial à l'ère de la politique absolue. La Russie est située dans ce quadrant, alors que l'Amérique ne fait même pas partie du monde politique, qui se trouve dans l'hémisphère oriental, source fondamentale représentant six fois plus de pouvoir que l'hémisphère occidental.

Sur le plan militaire, le quadrant nord-est est contrôlé en partie par des armes russes et en partie par des armes américaines. Les positions russes sont contiguës et intégrées. La méthode diplomatique russe est celle de la terreur, de l'occupation militaire, de l'enlèvement et de l'assassinat. La méthode américaine consiste en une propagande dégénérescente, des régimes locaux fantoches menant leur propre terrorisme et une conquête financière. De ces deux méthodes, la méthode russe est nettement supérieure. Les guerres se font avec des soldats, pas avec de l'argent, et la diplomatie n'est rien d'autre que la préparation de la guerre et l'exploitation de la guerre. Les moyens financiers sont donc subsidiaires aux moyens militaires, ils n'en sont que les adjuvants.

Les positions américaines dans le quadrant nord-est ont été achetées mais ne pourront jamais être payées. Ces positions dépendent du maintien de régimes fantoches formés par la strate la moins précieuse de l'Europe, les politiciens partisans qui se vendent pour de l'argent. Ainsi, une révolte dans la sphère américaine en Europe, menée par la couche la plus vigoureuse et la plus honorable, mettrait automatiquement fin à l'ascendant américain alors qu'une révolte dans la sphère russe en Europe, dans les conditions actuelles, serait noyée dans le sang. Certes, la diplomatie financière américaine est en définitive soutenue par les baïonnettes américaines, mais cela n'empêche pas la persistance, dans l'esprit américain, d'une dangereuse illusion sur la valeur des moyens financiers. La diplomatie russe renforce le prestige de la Russie, tandis que la diplomatie américaine éveille l'espoir d'un gain matériel chez les populations visées, tout en répondant aux bas instincts de la cupidité et de la paresse. L'Amérique organise un gigantesque "festin" de pendaisons, selon les modules des anciennes vendettas sémitiques. La Russie évalue les individus en fonction de leur utilité présente ou future pour ses projets et ne s'intéresse pas à leurs actes passés. Toutefois, si la Russie décidait d'organiser une tuerie pour "crimes de guerre", elle pourrait donner des leçons de technique aux Américains à cet égard. Le précédent du procès Florinsky, pendant la Terreur rouge à Kiev au cours de l'été 1919, est illustratif. Le professeur Florinsky de l'université de Kiev était soupçonné d'antisémitisme. Irritée par son manque d'humilité, l'une de ses juges, Rosa Schwartz, brandit un revolver et l'abat en plein procès.

La situation de la Russie dans le quadrant nord-est lui permet d'appliquer à un haut degré les principes stratégiques de concentration et d'économie des forces. D'autre part, l'éloignement de l'Amérique oblige la Russie à maintenir une énorme organisation navale qui, en cas de guerre, devrait supporter le poids des opérations avant de pouvoir envoyer un seul soldat sur le théâtre des opérations. La Russie a donc l'avantage de la ligne intérieure face à l'Amérique.

Nous pouvons maintenant faire les dernières remarques sur la Russie, sa mission et son potentiel.

La Russie est en dehors de l'Occident : son impérialisme est un simple négatif de l'impérialisme organisationnel illimité de l'Occident. La mission de la Russie est donc purement destructrice pour l'Occident. La Russie n'est pas porteuse d'espoirs utopiques pour l'Occident, et quiconque le croit est un idiot culturel. La Russie est divisée de l'intérieur ; le régime au pouvoir ne représente pas l'âme authentique, asiatique, religieuse, primitive, mais une caricature technologique du pétrinisme, et il est tout à fait possible qu'un jour le régime prenne le même chemin que les Romanov. Cette division peut être utilisée contre la Russie, tout comme elle utilise des tactiques révolutionnaires internes contre ses ennemis politiques. Cette tactique a été utilisée avec succès par l'Occident contre le régime des Romanov en 1917. En vertu de sa situation physique, aux frontières de l'Occident, la Russie est et restera toujours l'ennemi de l'Occident, tant que ses peuples seront organisés en unité politique.

5. le Japon

La création de la puissance mondiale qu'est le Japon est l'un des résultats de l'impérialisme commercial américain du XIXe siècle. Il a été "ouvert" - terminologie hypocrite qui accompagne toujours l'esprit du Commerce ! - en 1853 par un coup de canon de la flotte américaine. N'étant pas à la hauteur sur le plan technologique, l'empereur japonais se rendit sur le champ. Par la suite, le développement du Japon a été l'histoire de l'imitation japonaise de la technique matérielle occidentale et des méthodes de la diplomatie occidentale. Son développement a été un parcours aux résultats politiques élevés : il a étudié l'art du possible et l'a mis en pratique avec un succès invariable. Moins d'une génération après l'"ouverture", le Japon a réussi à s'assurer une tête de pont sur le continent asiatique, car ses dirigeants savaient que le pouvoir politique mondial ne pouvait pas être basé sur des îles surpeuplées, mais devait être fondé sur le contrôle des territoires continentaux et des populations qu'ils abritaient, tout comme l'Empire britannique était fondé sur l'Inde. Au cours de la dernière décennie du 19e siècle, il était prêt pour la guerre. Lors de la guerre sino-japonaise, il a réussi à accroître sa tête de pont continentale. En 1904, il jugeait la situation favorable à une guerre contre la plus grande des puissances continentales occidentales, car à cette époque, la Russie apparaissait dans le monde comme un membre du système étatique occidental. Dans cette deuxième grande guerre, le Japon a été victorieux, tant sur le plan militaire que politique. Sa tradition politique habile a su exploiter une victoire militaire : en 1914, il a habilement attaqué la plus faible des garnisons nationales en Extrême-Orient et a ainsi gagné tout l'empire allemand en Extrême-Orient sans presque aucun effort militaire. Sa position sur le continent asiatique ne cesse de s'améliorer. Après la Première Guerre mondiale, il subit une défaite diplomatique face à l'Angleterre et à l'Amérique et se retire pour attendre.

En plus de trois quarts de siècle, de 1853 à 1941, le Japon n'a pas commis la moindre erreur politique. Il s'agit là d'un succès remarquable dans l'histoire du monde, qui a permis d'instaurer une solide tradition de confiance dans les dirigeants et la tradition nationale. Cette tradition a été renforcée par la religiosité précoce du Japon, qui croyait en l'humanité de Dieu, en la divinité de l'empereur et en la mission divine de Dai Nippon.

En 1941, le gouvernement japonais est confronté à une nouvelle situation politique. Dans la guerre entre l'Occident et la Russie, son intérêt purement politique réside dans une victoire occidentale. Celle-ci aurait étendu les positions continentales du Japon sur de vastes étendues, jusqu'aux frontières de l'Inde, du Tibet, du Sinkiang. Mais une autre puissance occidentale, l'Amérique, est en possession d'une partie du continent asiatique, de milliers d'îles dans la sphère d'expansion du Japon, d'une puissante flotte dans le Pacifique et de la volonté d'anéantir le Japon. Laissant l'Europe mener sa guerre contre la Russie, elle décide de consacrer toute son énergie militaire à la guerre contre l'Amérique. On ne peut parler d'erreur que dans un sens très limité, car il n'est pas certain que l'Amérique ne l'aurait pas attaquée si le Japon avait attaqué la Russie au lieu d'attaquer l'Amérique. Mais, d'une manière générale, il vaut mieux attaquer une puissance qui se bat déjà pour sa survie qu'une puissance qui n'est attaquée par personne. Toute attaque peut alors être contenue pendant que la puissance qui se bat sur deux fronts est liquidée.

Quoi qu'il en soit, la Seconde Guerre mondiale s'est terminée par une paix négociée entre le Japon et l'Amérique. La nation, l'État, l'empereur et les institutions du Japon ont été respectés, l'armée japonaise a été honorablement désarmée, et les troupes américaines ont été autorisées à occuper le Japon. Cette décision a été appliquée avec une discipline religieuse. Elle n'a déshonoré ni les dirigeants du pays, ni la nation, ni les individus ; personne n'a perdu la face, car les nouvelles conditions n'ont été adoptées que sur ordre de l'Empereur. La supériorité technologique américaine, qui avait transformé en quelques jours l'inimitié en une situation de maître à disciple, a ramené le Japon à la situation spirituelle de 1853. Une période d'apprentissage est nécessaire. Une fois de plus, l'Amérique enseignera au Japon la technique nécessaire à la puissance mondiale. Les troupes américaines sont présentées comme les serviteurs de l'empereur pour instruire son peuple.

Un Occidental peut-il penser que la tradition des samouraïs a été dissoute en une semaine, dans une nation aussi ferme et intégrée spirituellement que le Japon, une nation qui a produit une succession sans fin de pilotes kamikazes, dont les généraux se sont rendus pour sauver la vie de leurs soldats et se sont ensuite fait harakiri ? Le penser, c'est ne pas comprendre l'Histoire avec sa force silencieuse et irrésistible, le Destin. L'âme du peuple japonais a un destin. Leur mission, comme celle des Russes et des autres forces non occidentales, consiste simplement à nier et à détruire l'Occident.

Même une politique américaine bien coordonnée et intelligente au Japon ne pourrait pas détruire son âme ; elle pourrait tout au plus essayer de monopoliser les moyens d'expression politico-militaires. Mais la politique américaine inspirée par la distorsion culturelle en Amérique pour reconstruire et aider la tradition japonaise, pour fortifier sa spiritualité, rend l'avenir du Japon très prometteur. Nul ne peut dire ce que sera cet avenir. Une révolution américaine pourrait brusquement changer la donne. La troisième guerre mondiale pourrait l'affecter d'une manière ou d'une autre. Lorsqu'une puissance est submergée comme l'est le Japon, sa propre volonté compte peu.

Le Japon est, et continuera d'être, l'ennemi de l'Occident, parce qu'il appartient à des forces extérieures et que la force motrice de la politique mondiale, en cette ère de politique absolue, est la culture. Dans la grande division spirituelle du monde, le Japon appartient aux forces non occidentales. La menace du Japon sur l'Europe est atténuée par la distance géographique, mais sa menace sur l'Australie rend l'inimitié américano-japonaise encore plus réelle, car l'Amérique a le devoir culturel de protéger l'Australie depuis que la stupide diplomatie occidentale a perdu toute influence européenne dans cette région.

Le Japon ne peut être considéré de la même manière que l'Inde et la Chine, car il est intégré. La politique est une lutte de volonté contre volonté. L'Inde et la Chine en tant que telles n'ont pas de volonté. Elles ne sont pas des unités organiques, mais de simples collections de terres et de populations rassemblées sous un même nom pour des raisons de commodité. Leur volonté négative est diffusée à travers tous leurs individus, tandis que la volonté du Japon est concentrée et articulée dans une strate représentant la nation. Le Japon est donc la potentialité d'une puissance du futur, tandis que l'Inde et la Chine seront toujours des butins pour les puissances étrangères.[108]

Pour l'Europe et son avenir, l'Amérique est plus importante que les forces extérieures. La situation extérieure de l'Amérique, ses projets et ses possibilités doivent être examinés.

6. L'Amérique

Les forces armées sous le commandement du régime de Washington contrôlent l'Europe du Nord et de l'Ouest, une partie de l'Europe du Sud-Est, toute la

---

[108] Dans certaines brochures publiées après la parution d'Imperium, l'Auteur insiste sur cette appréciation de l'Inde et de la Chine, admettant la possibilité d'une individualité extraordinaire articulant superficiellement et extérieurement, par la Terreur, ces conglomérats amorphes. Cette articulation ne durera que le temps de la vie de cette personnalité. La Chine de Mao ne sera, selon l'auteur, qu'une seconde version de la Mongolie de Gengis Khan.

Méditerranée, une partie du Proche, du Moyen et de l'Extrême-Orient, ainsi que toute l'Amérique centrale et la majeure partie de l'Amérique du Sud[109]. Il contrôle également toutes les mers du monde. L'étendue de cet empire est tempérée par son relâchement. La distance physique de l'Amérique par rapport au monde politique est la première faiblesse de cet empire. La deuxième est l'absence pensée impériale chez ses dirigeants. La troisième est la diplomatie financière à l'ancienne qui est le seul lien qui maintient ensemble de grandes parties d'un empire. Et la quatrième est la terrible tension interne créée par la dualité entre l'âme véritable du peuple américain et le régime culturellement étranger.

La première faiblesse détermine que l'effort de guerre de l'Amérique contre la Russie pour le contrôle du monde doit être plus important que celui de la Russie. Cette faiblesse de l'empire américain n'est pas appréciée en Amérique où l'ignorance totale des rapports de force actuels perpétue la croyance du dix-neuvième siècle en la suprématie de la puissance navale sur la puissance terrestre. Une telle croyance pouvait peut-être être admise lorsque tout l'arrière-pays asiatique - le monde - était politiquement passif et que le contrôle de quelques têtes de pont et de quelques forts le long de la côte donnait automatiquement accès à l'arrière-pays et permettait de le contrôler. Mais dans les nouvelles conditions de la révolte extérieure, reflet du stade de développement de la civilisation occidentale où les populations du monde, autrefois soumises, sont politiquement actives, la puissance terrestre apparaît comme la seule puissance, la puissance navale n'étant qu'un auxiliaire. Ce n'est rien d'autre que de la communication et du transport, mais c'est le combat qui décide des guerres. Cela implique des armées, et tout comme la Russie peut consacrer tous ses efforts à la lutte pour la puissance terrestre, l'Amérique doit maintenir une puissance navale gigantesque comme simple condition préalable à sa participation à la bataille pour le contrôle du monde. En outre, les populations de l'Empire russe, militairement plus précieuses, sont cinquante pour cent plus nombreuses que celles de l'Empire américain, et la natalité russe moyenne est primitivement élevée alors que celle des éléments combattants de l'Amérique est en net déclin.

---

[109] Le contrôle du Proche-Orient a été presque totalement perdu et les récents revers en Asie du Sud-Est laissent présager une perte de contrôle dans cette région. On peut ajouter qu'en Afrique, l'impéritie - ou autre - du régime de Washington permet l'installation de puissantes têtes de pont dépendantes du contrôle de Moscou. (N. of T.)

Un autre aspect de la faiblesse de l'empire américain est sa dépendance à l'égard de la supériorité technique. C'est une autre forme du sophisme de la puissance navale, qui consiste à penser que la puissance peut avoir d'autres bases que les armées. Les armes ne sont que des auxiliaires dans une lutte : l'essentiel est, et a toujours été, l'esprit. Contre cette donnée vitale fondamentale, aucune arme ne peut prévaloir. La supériorité technique est finalement inutile si elle ne s'accompagne pas de la supériorité de la volonté de puissance, de la volonté de conquête. La même arme qui peut avoir donné une victoire militaire peut ensuite être inutile contre un pays occupé par les soldats de la puissance "victorieuse", qui peut se trouver politiquement vaincu.

La deuxième faiblesse de l'empire américain réside dans le fait que la maladie culturelle de l'arriération en Amérique a empêché l'émergence d'une véritable pensée impériale. La pensée impériale ne peut se développer dans un pays saturé de propagande pacifiste, de folie pour le plaisir de vivre et de médiocrité intellectuelle comme idéal spirituel. La pensée impériale ne peut se construire sur d'inutiles "ligues des nations", ni sur des idéalismes baveux d'aucune sorte, et encore moins sur la haine aveugle comme pierre angulaire d'une politique étrangère. Et pourtant, politiquement parlant, c'est tout ce qu'il y a en Amérique. Il n'y a pas de norme élevée au sein de la population, pas de groupe typiquement américain qui ressente un besoin supérieur à l'enrichissement personnel. Il n'y a pas de Samouraïs, pas de Komintern, pas de Société du Dragon Noir, pas de noblesse, pas d'Idée, pas de Nation, pas d'État.

La pensée impériale ne commencera pas non plus à se développer simplement parce qu'un initié culturellement étranger veut utiliser les populations américaines indolentes pour réaliser son impératif de vengeance contre la civilisation occidentale. La pensée impériale doit naître spontanément dans les couches supérieures. C'est précisément parce que ces strates font défaut en tant qu'élite dirigeante en Amérique que la véritable pensée impériale ne pourra pas émerger en Amérique dans un avenir proche.

La troisième faiblesse, qui consiste à s'appuyer sur des régimes fantoches fondés principalement sur des moyens financiers et seulement en second lieu sur des moyens militaires, est simplement un autre effet du retard culturel. La méthode financière de conquête est dépassée. Nous sommes à l'ère de la politique absolue, et le pouvoir ne peut être acheté et assuré comme un moyen d'enrichissement. Ceux qui ne comprennent pas ce qu'est l'esprit de l'époque se verront soudain dépassés par des événements gigantesques qu'ils n'auraient pas pu imaginer.

La diplomatie financière est, à cette époque, d'une stupidité sans nom.

La quatrième faiblesse est la tension interne de l'Amérique elle-même. L'avenir du nationalisme américain est pleinement défini, spirituellement parlant : il participera à la lutte pour le contrôle américain de la Destinée de l'Amérique. Cette lutte découle de la nature organique des choses. L'hôte et le parasite sont mutuellement hostiles, et l'hostilité ne peut être abolie. Comment, par quels succès initiaux ? Ce sont des impondérables.

En tout état de cause : L'Europe doit savoir et réaliser profondément que les deux puissances occupantes, l'Amérique et la Russie, sont divisées horizontalement à l'intérieur. Dans les deux cas, la strate dirigeante est intérieurement et spirituellement étrangère à la grande masse des peuples assujettis. Il s'agit là d'un fait primaire, élémentaire. Il est essentiel pour une vision d'envergure des possibilités du monde, une vision qui met de côté l'optimisme et le pessimisme, la lâcheté et la bravade, l'exultation et le désespoir. Ces deux puissances se distinguent, pour l'Europe, par le fait que la véritable Amérique appartient à la civilisation occidentale et que la véritable Russie ne pourra jamais y appartenir. Mais à court terme, au cours du prochain quart de siècle, l'une d'elles est plus dangereuse que l'autre.

Le caractère totalement étranger de la Russie est ressenti dans toute l'Europe, à la fois horizontalement et verticalement. Sous une occupation russe de l'Europe, même les communistes européens participeraient à la grande et interminable révolte contre le Barbare. Les éléments spirituellement plus pauvres de l'Europe, avec leur penchant pour le charlatanisme parlementaire et leur amour de l'argent, ainsi que leur haine de la ferme et forte volonté de puissance prusso-européenne, seront purifiés de leur maladie spirituelle sous le fouet des Mongols. Ils redeviendront alors des Européens. De plus, une occupation russe ne pourrait pas maintenir l'Europe perpétuellement soumise. D'abord, la volonté et l'intelligence des Européens sont supérieures à la volonté et à l'intelligence des Barbares. Ensuite, le Barbare n'a pas les ressources humaines suffisantes pour asservir la Civilisation Occidentale à ce stade de son développement, lorsque son Impératif Interne se présente sous la forme de la volonté de puissance et du besoin d'un Impérialisme autoritaire et illimité.

L'Amérique, en revanche, est généralement mal comprise en Europe. Même dans la strate culturelle de l'Occident, il n'est pas évident que l'Amérique, sous la direction de la Distorsion culturelle, soit l'ennemie totale de l'Europe. Seul le développement de la pensée culturelle a permis à l'Europe de comprendre la nature organique de la culture et de la pathologie culturelle. Pour la première fois, l'Europe peut maintenant voir dans sa dualité : en dessous, l'Amérique d'Alexander Hamilton, de George Washington, de John Adams, des pionniers, des explorateurs, des hommes d'Alamo ; en dessous, l'Amérique de la distorsion culturelle avec son monopole du cinéma, de la presse, de la radio, de l'esprit et de l'âme, et avec son impératif de vengeance dirigé contre le corps et l'âme de la civilisation occidentale. En utilisant le retard ou le ralentissement culturel de l'Europe, le faussaire basé aux États-Unis peut diviser les Occidentaux et les pousser les uns contre les autres pour de vieux motifs nationalistes périmés du XIXe siècle. La division spirituelle et la balkanisation de l'Europe servent cet objectif. À ceux qui s'opposent à ses plans, le Faussaire montre maintenant les sanctions qu'il utilisera contre eux, avec ses assassinats légaux pour "crimes de guerre".

La différence entre l'attitude de la Russie et celle de l'Amérique, même lorsqu'elle tente de diviser l'Europe, est simplement que la Russie, même lorsqu'elle tente de diviser l'Europe, ne peut que l'unir. L'occupation américaine, en revanche, a pour effet de diviser, parce qu'elle fait appel aux sous-Européens, aux arriérés, aux éléments spirituellement inférieurs, aux adorateurs de l'argent, aux paresseux et aux stupides, ainsi qu'aux pires instincts de chaque Européen. Les destructions matérielles qui accompagnent l'occupation russe sont considérables, mais il en est de même pour la dévastation américaine : quelle différence cela fait-il pour l'Europe que les Russes démantèlent une industrie et l'emportent au Turkestan, ou que les Américains la fassent sauter ? La différence entre les effets spirituels des deux occupations rend l'occupation russe moins dommageable. Les pratiques russes d'arrestations nocturnes, d'assassinats, de déportations en Sibérie, ne convainquent personne. Alors que les pratiques américaines d'assassinats légaux pour "crimes de guerre" représentent une autre technique de division de l'Europe, tout en servant à réaliser l'impératif de vengeance du faiseur de culture.

7. La terreur

> *C'est une faiblesse, voire une mesquinerie, que de ne pas dire du bien de ses ennemis et de ne pas leur rendre l'honneur qu'ils méritent.*
>
> Frédéric le Grand Préface à son
> *Histoire de la guerre de Sept Ans*, 1764

Dans toutes les grandes cultures, le sentiment universellement dominant a été le même que celui exprimé par Frédéric II. Même le début de la crise de civilisation n'a pas fait disparaître complètement ce sentiment d'honneur sans paroles. Aussi féroces qu'aient pu être les batailles, aussi longues qu'aient pu être les guerres, chaque vainqueur d'un adversaire appartenant à la même culture a toujours fait preuve de générosité et de respect à l'égard de son ennemi vaincu. Ce concept est ancré dans la nature de la politique au sein de la même grande culture, qui n'est menée que par le pouvoir, et non par le massacre d'individus après la guerre, que ce soit par exécution ou par famine provoquée artificiellement. Une fois le pouvoir conquis, l'objectif est atteint et les individus de l'ancien ennemi ne sont plus considérés comme des ennemis, mais simplement comme des êtres humains. Au cours des mille ans d'histoire de l'Occident, il y a bien sûr eu quelques exceptions, le déshonneur a toujours existé. Mais 'exercice de la malignité et des mauvais traitements à l'encontre de l'adversaire vaincu n'a jamais été pratiqué, et encore moins encouragé à grande échelle, ni sur une longue période, cela aurait été tout simplement impossible entre deux groupes appartenant à la culture occidentale.

Cet impératif organique a été très récemment illustré : par exemple, lorsque Lee s'est rendu à Appomatox, en 1865, le féroce guerrier Grant, si implacable sur le champ de bataille, s'est révélé un vainqueur magnanime et bienveillant. Le cas de Napoléon montre le même impératif organique en action de la part de ses ravisseurs, après Leipzig, et même après Waterloo. Auparavant, le gouvernement anglais, qui était en guerre contre lui, l'avait averti qu'un complot était en train de se tramer contre sa vie. Et lorsque Napoléon III fut capturé, Bismarck s'intéressa personnellement à sa sécurité et à son traitement honorable.

Mais entre une puissance appartenant à une Grande Culture et une autre appartenant à une Culture différente, ces usages de l'honneur n'ont jamais été généralisés, ni dans la conduite de la guerre, ni dans le traitement de l'ennemi vaincu. Ainsi, à l'époque gothique, l'Église interdisait l'usage de l'arbalète contre les membres de la culture occidentale, mais l'autorisait contre le barbare. Dans ces cas, le groupe adverse n'était pas considéré comme un simple adversaire, mais comme un véritable ennemi, puisque le XXe siècle utilise à nouveau ce terme pour décrire des éléments extérieurs à la civilisation occidentale. Le tribunal militaire espagnol qui a "jugé" le dernier Inca et l'a condamné à mort ne s'est pas senti lié à lui par la même obligation d'honneur qu'il l'aurait été à l'égard d'un dirigeant occidental de son rang. À fortiori, la communauté d'honneur qui naît au sein d'une Culture ne s'étend pas à l'étranger qui n'appartient à aucune sorte de Culture, c'est-à-dire au Barbare. Ainsi Yugurta, Mithridate, Sertorius, Vercingétorix ont tous été persécutés jusqu'à leur mort par les Romains. Le Barbare comprend les choses de la même manière, comme le montrent les meurtres et les massacres perpétrés par Mithridate, Juba, les Goths, Arminius et Attila. Ce n'est pas une question de peuple, ni de race, mais le fait grandiose d'appartenir ou non à une Grande Culture qui est déterminant dans ce cas, comme le prouvent les massacres des Mongols de Gengis Khan et des Russes d'aujourd'hui, tous deux extérieurs à une Grande Culture.

Ainsi, lorsqu'après la Seconde Guerre mondiale, un vaste programme d'extermination physique et de persécution politique, juridique, sociale et économique a été organisé contre le corps sans défense de l'Europe, il est devenu très clair qu'il ne s'agissait pas d'un phénomène intraculturel, mais d'une manifestation supplémentaire, transparente et exemplaire de la distorsion culturelle. Ce qui a été déformé, ce sont les coutumes d'honneur politico-militaires d'un grand nombre de nobles traditions occidentales. Ces coutumes étaient encore observées par l'Europe pendant la Seconde Guerre mondiale, et un grand nombre de politiciens et de généraux de petits États ont survécu aux prisons européennes tout au long de la Seconde Guerre mondiale, parce qu'il ne venait à l'esprit d'aucun Européen qu'ils pourraient être soumis à des simulacres de procès et pendus. Ces coutumes se sont même étendues à des situations extrêmes telles que la protection de la vie du fils du chef barbare Staline, retenu en captivité en Europe pendant la guerre, et ont même été observées dans certains cas par le Japon barbare, qui a sauvé la vie de militaires américains de haut rang, alors qu'il aurait pu les tuer avec ou sans simulacre de procès. Mais l'obligation inconditionnelle de l'honneur de guerre, jusqu'alors absolue dans la civilisation occidentale, a été altérée par le Faussaire de la culture après la Seconde Guerre mondiale.

Comme la maladie culturelle ne peut jamais influencer l'âme de la culture dans ses profondeurs, elle ne peut jamais changer cette âme de façon permanente, mais doit mener une lutte sans fin contre elle. Dans cette lutte, elle ne peut faire ni paix, ni trêve. Les instincts culturels résisteront toujours aux éléments de la maladie, qu'ils soient parasites, retardateurs ou déformants. C'est ainsi que la distorsion culturelle déclenché la terreur européenne après la guerre, alors qu'il n'y avait plus de lutte politique dans la civilisation occidentale.

L'histoire du programme "crimes de guerre" montre sa nature. Ses fondements ont été posés par la propagande anti-européenne qui a envahi l'Amérique à partir de 1933. Cette propagande a montré que des forces extra-européennes étaient à l'œuvre, car elle rejetait la communauté des nations et l'honneur politique. Les dirigeants européens sont présentés comme des criminels de droit commun et des pervers sexuels, et cette propagande infâme répand l'idée que ces dirigeants peuvent et doivent être tués. Progressivement, la thèse s'est élargie et l'idée du socialisme éthique du 20e siècle a été assimilée au Mal absolu, et les populations à son service ont été dépeintes comme atteintes de folie collective et ayant besoin d'une "rééducation" administrée par l'Amérique.

Pour être efficace, la distorsion culturelle doit toujours utiliser des moyens efficaces, ainsi que des idées et des coutumes établies. Ainsi, en Amérique, elle a fait appel au patriotisme et au légalisme américains. Pendant la Seconde Guerre mondiale, la propagande a explicitement commencé à exiger des "poursuites" contre les dirigeants européens et la couche culturelle de l'Occident. Un "procès pour trahison" massif a été institué au cours de la guerre, en Amérique, contre les éléments américains hostiles à la distorsion culturelle et favorables à l'Empire de l'Ouest. Pour vaincre, au moins temporairement, les instincts d'honneur natifs de l'Occident, la guerre fut présentée comme unique, comme une guerre contre l'humanité, contre la "morale", la "paix", contre la guerre, une guerre qui, par conséquent, devait être menée avec des mesures uniques contre l'ennemi en cas de victoire ; une guerre dans laquelle l'ennemi ne devait pas seulement être vaincu mais physiquement exterminé en guise de "punition" pour ses crimes. Comme d'habitude, la loi a été appelée à soutenir la structure, et les avocats ont reçu l'ordre de préparer de nouveaux crimes, de concevoir de nouveaux tribunaux, procédures, juridictions, sanctions. Non seulement les dirigeants, mais aussi les armées et même les civils devaient être condamnés pour de nouveaux crimes.

Au niveau intellectuel le plus bas, cette opération a été franchement présentée comme une vengeance, mais cela a nécessité la création de nouveaux faits, à savoir que rien de tel ne s'était jamais produit au cours des cinq millénaires de grandes cultures. C'est pourquoi la propagande infâme des "camps de concentration" a été inventée pour enflammer l'imagination du public.

Le fantasme devient réalité, le mensonge devient vérité, le soupçon devient preuve, la manie de la persécution devient soif de sang. L'Europe n'ayant pas fait de procès fictifs pour justifier la vengeance, la propagande affirme qu'il y en aurait eu si la guerre avait été gagnée, et ce mensonge démontrable prend le statut de fait.

L'affinité naturelle des éléments malades d'une culture a été démontrée par le fait que les dirigeants des groupes de retardataires culturels de l'Ouest, et en particulier de l'Amérique, ont apporté leur soutien au programme. Sans les forces rétrogrades en Amérique, toute l'opération "procès et crimes" aurait été impossible. Comme on pouvait s'y attendre, les meilleurs esprits de la civilisation occidentale, tant en Amérique qu'en Europe, ont totalement rejeté le projet, mais le pouvoir de le mettre en œuvre était entre les mains du vainqueur exotique.

Le schéma des crimes comporte trois grandes facettes : premièrement, la poursuite massive des plus hauts dirigeants européens, auteurs de la révolution européenne de 1933 ; deuxièmement, la poursuite, également à grande échelle, des officiers de tous grades qui se sont distingués pendant la guerre, des militaires qui ont assuré la garde des camps de concentration et des civils qui ont participé à la défense contre les raids aériens ; troisièmement, les poursuites individuelles de millions de membres d'organisations politiques de masse.

Bien que ces poursuites aient été appelées "procès", il ne s'agissait en réalité pas de procès, puisqu'il n'existait aucun système juridique permettant d'autoriser une quelconque sanction. Le droit international occidental excluait que les dirigeants d'un État ennemi puissent être jugés, pendus dans le cadre de l'exploitation de la victoire, puisque son principe de base était la souveraineté des États. Le droit international ne repose donc que sur une communauté de courtoisie et non sur la force. Un véritable procès suppose, d'un point de vue purement juridique, un système juridique préexistant, un pouvoir judiciaire également préexistant pour faire appliquer la loi, une juridiction sur les matières à juger et une juridiction sur la personne dont les actes doivent être jugés. Sans loi préexistante, il n'y a pas de crime, pas de tribunal, pas de juridiction sur les actes ou les personnes. La simple garde n'est pas une compétence, car si c'était le cas, un kidnappeur pourrait prétendre avoir une compétence sur sa victime.

Les simulacres de procès ne sont pas nouveaux dans l'histoire de la culture, mais lorsqu'ils ont lieu entre membres d'une même culture, ils sont tout simplement déshonorants, et le déshonneur rejaillit sur l'auteur, et sur lui seul, et jamais sur la victime. Elles sont déshonorantes simplement parce qu'elles sont une tromperie et un subterfuge ; elles sont une tentative de faire, sous le couvert de la forme et de la loi, ce que l'instinct et la conscience interdisent. Ainsi les préliminaires aux exécutions de Louis XVI de France et de Charles d'Angleterre n'ont pas été des procès, bien que ce nom leur ait été donné par ceux qui y ont pris part, parce que, d'après la loi existant alors en France et en Angleterre, le monarque était souverain et, comme tel, ne pouvait être soumis à aucun tribunal.

Indépendamment des motifs strictement juridiques et des considérations relatives à la communauté d'honneur intraculturelle, il existe une source indépendante de raisons pour lesquelles les procès pour "crimes de guerre" ne peuvent être décrits comme des procès : c'est la source de la psychologie humaine. Un véritable procès présuppose l'impartialité du tribunal, une véritable impartialité mentale, en dehors de la simple présomption légaliste d'innocence de l'accusé. Or, les poursuites en question ont été ouvertement et franchement formulées contre des ennemis. Les victimes étaient légalement appelées "ennemis", et la guerre était déclarée légalement en cours. L'inimitié exclut l'impartialité, et l'impartialité n'était nulle part présente dans le programme des "crimes". Autrefois, les "procès" par lesquels Philippe le Bel élimina les Templiers en tant que pouvoir politique, les "procès" de Jeanne d'Arc, de Dame Alice Lisle, du Duc d'Enghien, n'étaient pas de vrais procès en raison de la partialité du tribunal. À fortiori, lorsque les procès sont le résultat de l'impact de deux cultures différentes, il ne peut y avoir de procès véritable et impartial, comme le démontrent le "procès" du Christ par le procureur romain et celui d'Atahualpa par une cour martiale espagnole. Le spectacle de Nuremberg fut un nouvel exemple, le plus concluant de tous, de l'irréconciliabilité totale des âmes de deux Cultures, et des profondeurs abyssales auxquelles la maladie culturelle peut descendre. Alors même que le procès était en cours, ses organisateurs ordonnèrent à leur presse de sonder l'opinion publique sur les méthodes d'exécution à employer contre les victimes.

Naturellement, il est impossible de toujours tromper l'ensemble de la population d'une culture. Il existe une certaine couche qui voit la réalité à travers les fraudes. Il y a une certaine couche qui voit la réalité à travers les fraudes, et dans cette couche la propagande des crimes et des "procès" a eu précisément l'effet inverse de celui recherché. Quiconque est capable de s'orienter dans l'histoire sait que l'épithète "criminel" peut être accolée, avec un succès superficiel et temporaire, à toute personne au pouvoir. Au cours du millénaire de l'histoire occidentale, des centaines de créateurs et de noms ayant occupé des places importantes ont été accusés de crimes ou emprisonnés. L'empereur romain Conradinus Hohenstaufen a été décapité alors qu'il était la personne laïque la plus haut placée de toute la chrétienté. D'autres ont été accusés de crimes ou emprisonnés : Richard Cœur de Lion, Roger Bacon, Arnold de Brescia, Giordano Bruno, Christophe Colomb, Savoranola, Jeanne d'Arc, Galilée, Cervantès, Charles d'Angleterre, Shakespeare, Oldenbarneveldt, Louis XVI, Lavoisier, Voltaire, Napoléon, l'empereur Maximilien du Mexique, Thoreau, Wagner, Charles III, Frédéric le Grand, Edgar Poe, Napoléon III, Garibaldi. La période de la Terreur pendant la Révolution française a commencé en 1793 et a duré un peu plus d'un an, même si elle est née et s'est développée à la suite de conditions prolongées et continues d'activité politique interne et externe, portées à un degré d'intensité jusqu'alors inconnu en Europe. La Nouvelle République française luttait pour sa vie sur les champs de bataille et se heurtait en même temps à la majorité de sa propre population. Dans ces conditions de lutte pour le pouvoir, les abus de la Terreur peuvent être compris historiquement, compte tenu des circonstances. Les qualités dramatiques de la Terreur ne peuvent faire oublier qu'elle a guillotiné à elle seule, selon les estimations de ses adversaires, entre deux et quatre mille personnes.

La terreur qui a suivi la Seconde Guerre mondiale était tout à fait différente. Toute sa motivation transcendait la politique, car ce mot n'est utilisé que pour les activités de pouvoir au sein d'une culture. Ce n'était pas une phase de la lutte pour le pouvoir. L'Europe vaincue était entièrement occupée par des armées au service de la distorsion culturelle. Il n'y avait pas de résistance physique. Ainsi, par pur impératif revanchard, un programme de persécutions et d'exécutions massives a été organisé.

La prétention élaborée du légalisme est un autre signe de la maladie culturelle. Une telle orgie prolongée de fraude pour tenter de masquer un déshonneur aussi patent aurait été impossible pour tout groupe appartenant à une grande culture contre son adversaire intra-culturel. Il suffit de dire qu'il n'existe aucun précédent d'une telle procédure en cinq millénaires d'histoire. La distorsion culturelle est également attestée par la prolongation indéfinie du programme d'exécution. Les organisateurs du programme n'avaient aucune communauté d'honneur avec les personnes qu'ils condamnaient à mort et auraient pu poursuivre leur tâche indéfiniment. Trois ans après son lancement, le "programme" se développe sur une plus grande échelle qu'à l'origine. Le sentiment de sa propre honte n'a pas sa place chez un étranger culturel, contrairement aux jacobins intransigeants et à la canaille parisienne.

L'habillage légaliste ridicule, qui a été utilisé purement pro forma et qui n'a en aucun cas pu influencer les "verdicts" et les "sentences", est un signe supplémentaire d'origine extra-culturelle. La pensée juridique occidentale n'a jamais visé à l'anéantissement de l'honneur chez les Occidentaux, même si elle a souvent été mise au service de causes politiques, économiques ou religieuses, sous le couvert de la pure "pensée juridique". Mais l'étranger culturel n'a pas le sens de la mesure et continue donc à porter son déguisement même après avoir été reconnu.

Le programme "crimes" n'est pas non plus une manifestation de barbarie, car la barbarie est bien plus hostile aux jongleries polysyllabiques des juristes qu'aux sentiments honorables des couches supérieures d'une grande culture. Ainsi, lors de l'occupation de l'Europe, les Russes n'ont pas organisé de "procès" pour "crimes de guerre", mais ont simplement tué quand bon leur semblait, sans prétention légale.

La Terreur de la Révolution française avait également une idée positive pour la nation, et les morts et les destructions qu'elle a provoquées visaient à imposer un nouveau régime en intimidant et en détruisant l'ancien. Lorsqu'elle a atteint son objectif politique, la Terreur a pris fin. La Terreur qui a suivi la Seconde Guerre mondiale, en revanche, a commencé avec un objectif politique déjà atteint et n'avait donc pas de raison d'être politico-culturelle. Son motif était la haine existentielle, et son but était simplement la vengeance totale, apocalyptique... mais la vengeance n'intervient pas dans la politique culturelle.

Les groupes appartenant à la même culture, dans l'histoire passée, ont toujours fait preuve de générosité envers un ennemi vaincu de la même culture, même au stade des guerres d'anéantissement. C'est l'État ennemi qu'il fallait détruire, pas le peuple. La longueur même des "procès" indique une maladie culturelle. La Terreur française a jugé et condamné à mort, en deux jours seulement, une personne aussi importante que la Reine de France, mais l'infâme simulacre juridique des "camps de concentration" a duré des mois et des mois, et la torture juridique de Nuremberg s'est prolongée jusqu'à un an.

L'aspect le plus cruel de ce vaste programme était sans aucun doute celui qui visait des personnes de peu d'importance alors qu'il englobait des millions de personnes. Des régimes fantoches, mis en place par le régime américain, ont institué des tribunaux de "dénazification" pour donner un nouvel élan au grandiose programme de persécution de masse. Les victimes sont privées de tous leurs biens. Les professionnels et les universitaires sont contraints de devenir des travailleurs manuels, les garçons de certaines familles sont interdits d'accès à l'université. Des rations alimentaires très faibles ont commencé à être distribuées à la population ; cette technique avait été utilisée par Lénine dans son programme d'extermination de la "bourgeoisie" en Russie. Les opposants à la distorsion culturelle sont envoyés en prison pour plusieurs années. Les familles des victimes sont traitées de la même manière, de sorte qu'elles ne peuvent leur apporter aucune aide.

Ce programme, dans tous ses aspects, était contraire à toutes les conventions internationales qui liaient tous les États occidentaux au code culturel-international commun d'honneur politico-militaire. Ces conventions représentaient les sentiments occidentaux, sinon elles n'auraient pas été mises en œuvre, d'où leur négligence totale Amérique dans son occupation de l'Europe après la guerre, et constituent en outre la preuve ultime de la nature pathologico-culturelle du vaste programme de terreur. Aucune force occidentale n'a pu s'impliquer dans la longue et frauduleuse tentative de présenter le droit international occidental comme un code pénal, puisqu'il n'a jamais prévu d'échelle de sanctions. Mais les éléments culturellement étrangers ne pourront jamais pénétrer les sentiments qui sous-tendent les idées et les institutions occidentales, pas plus que les Occidentaux ne pourront jamais comprendre pleinement les subtilités de la Kabbale ou de la philosophie maïmonidienne. Enfin, et c'est le plus important d'un point de vue spirituel, il y a la tentative désespérée de la terreur d'opérer la transmutation de toutes les valeurs occidentales. La vie et la santé de l'hôte est la mort du parasite et l'épanouissement du parasite est la maladie et la distorsion de l'hôte. Par conséquent, toute tentative, normale et naturelle, faite par des éléments porteurs de culture pour s'opposer aux phénomènes culturels pathologiques au sein de la civilisation occidentale est présentée comme criminelle et moralement répréhensible. L'opposition à la distorsion culturelle et à ses instruments a été déclarée "crime" et le soutien à la révolution européenne de 1933 pouvait conduire à la peine de mort. Dans cette tentative de transmutation des valeurs, un officier des forces américaines qui n'était pas membre de la civilisation occidentale est allé jusqu'à dire que si Bismarck était vivant, il serait jugé comme un criminel par ses troupes. Enfin, le tristement célèbre "Legal Control Board No. 10" a défini comme "criminels" les dirigeants de la vie politique, militaire, industrielle et financière de l'Europe et de ses États partenaires d'Europe de l'Est.

Cette Terreur montre l'importance d'une occupation américaine en Europe. La nature de l'Amérique en tant que colonie, séparée par une grande distance de la mère patrie de la culture occidentale, explique clairement pourquoi la maladie culturelle a pu y jouer un rôle aussi décisif. Les usages de l'honneur occidental, qui existent également en Amérique, n'ont jamais été aussi profondément enracinés dans ce pays, et c'est ainsi que l'étranger culturel a pu greffer son impératif de vengeance sur l'organisme américain. Un tel processus est organique et a donc une direction. Il ne peut se poursuivre indéfiniment, éternellement, sans subir le défi profond et puissant des instincts nationaux de l'Amérique, mais en cette époque décisive, l'importance de l'Amérique pour l'Europe est symbolisée par le programme de terreur et de distorsion culturelle qu'elle a déclenché sur les anciens États d'Europe, devenus ses colonies, après la Seconde Guerre mondiale.

8. L'abîme

I

L'Europe est dans un abîme politique spirituel. L'histoire de l'Occident depuis 1914 impose aujourd'hui son prix de honte et d'horreur. L'obsession des frontières s'est développée au point que les frontières européennes n'existent plus et que les frontières des puissances extra-européennes sont en Europe. La pauvreté pour tous, la maladie, la famine, le pillage, le froid et l'assassinat délibéré des membres de la couche culturelle de l'Occident, voilà l'héritage du nationalisme et du patriotisme d'hier. Ils ont pensé au Rhin, et non à l'Amour, à l'Obi, au Yangtze Kiang, au Gange, au Nil, au Niger. Du coup, l'Europe est devenue un butin, et les puissances pilleuses de l'étranger se débarrassent de leurs vies et de leurs trésors, et même des œuvres d'art qui expriment leur âme intérieure.

Avons-nous assisté, au cours des neuf dernières années, à des événements qui laissent présager la fin de la civilisation occidentale ? La terre sacrée de notre Culture est occupée par des armées de barbares et de déformateurs de nos instincts culturels et de notre héritage. Autrefois, Rollo, Guillaume de Normandie, les Hohenstauffen, Cœur de Lion, Godefroy de Bouillon, les Chevaliers Teutoniques, Rainald van Dassel, Gustavus Adolphus, Waldstein, le Duc d'Albe, Cromwell, Richelieu, Turenne, le Duc de Saxe, Frédéric le Grand, Pitt, Napoléon, Bismarck, ont foulé son sol. Aujourd'hui, à l'heure où j'écris, elle est occupée par des Kirghizes, des Mongols, des Arméniens, des Turcs, des Indiens, des Sénégalais, des Noirs, des Américains, des Juifs. Ces armées culturellement étrangères règnent par l'intermédiaire de gouvernements traîtres, dont les membres sont sortis des fissures de la rue, et qui expriment leur haine contre l'Esprit du Temps.

Depuis 1900, la puissance mondiale de l'Europe n'a cessé de décliner. La Première Guerre mondiale a fortement accéléré la révolte extérieure contre l'Occident, et la Seconde Guerre mondiale a entièrement éliminé l'Europe des combinaisons de la puissance mondiale. La révolution européenne de 1933 a été une lueur d'espoir pour l'Europe. Il semblait que l'Europe pouvait elle aussi participer à la lutte pour la domination mondiale et reconquérir la position mondiale qui est la base de la vie physique de millions d'Européens, au lieu d'être le simple butin de barbares venus de l'étranger.

Quelles ressources l'Europe peut-elle mobiliser dans la lutte pour sa survie spirituelle et physique ? C'est une autre façon de demander : quelles sont les possibilités internes de l'Europe ?

II

La forme fausse et déformée qu'a prise la Seconde Guerre mondiale peut-être amener certains à penser que la culture n'est pas la force motrice de la politique à l'ère de la politique absolue. Mais, en fait, la Seconde Guerre mondiale en est la preuve. En effet, trois guerres distinctes se sont déroulées en même temps, au cours de ce phénomène qu'on appelle la Seconde Guerre mondiale. Premièrement, la guerre du groupe de la fausse culture contre la civilisation occidentale. Deuxièmement, la guerre de la civilisation occidentale contre la Russie. Enfin, il y a eu la guerre entre l'Amérique, colonie de la civilisation occidentale, et le Japon. Toutes ces guerres étaient motivées par des raisons culturelles.

Les conflits qui se développent actuellement dans le monde sont fondés sur des contrastes culturels. Dans tout le domaine de la culture occidentale, il y a une lutte horizontale : en bas, l'idée vigoureuse et héroïque du XXe siècle du socialisme éthique ; en haut, les phénomènes malsains de parasitisme, d'arriération et de distorsion. Il faut ajouter à cela la lutte du Japon contre l'Amérique, qui est aussi une lutte culturelle, et le conflit entre l'Amérique et la Russie.

La situation actuelle en Europe est dominée par le fait que l'idée du 20e siècle a profondément triomphé lors de la Seconde Guerre mondiale, et que les idées du 19e siècle, à savoir le capitalisme, le matérialisme, le nationalisme et le patriotisme d'hier, n'ont prévalu que superficiellement. Dans toute l'Europe, et pas seulement en Prusse-Allemagne, berceau de l'idée du socialisme éthique du XXe siècle, l'esprit du temps est présent. On tente de le confondre, de le déformer, de diriger son énergie dans des impasses. Surtout, la technique consistant à essayer de ressusciter les haines nationales du XIXe siècle et le patriotisme démodé est utilisée pour provoquer le suicide de l'Europe. Dans la première phase des terres d'anéantissement, toutes les nations d'Europe ont été victimes de cet anéantissement et les forces extérieures ont été les vainqueurs de la Civilisation. Ce processus n'est pas réversible. Ce qui est devenu un fait demeure et il faut s'y adapter.

Ainsi, pour des raisons à la fois matérielles et spirituelles, le nationalisme du XIXe siècle est mort. Il est spirituellement mort parce que l'Europe a atteint le stade de l'Imperium dans son développement culturel. Même s'il n'y avait pas une menace extérieure aussi effrayante, cela resterait vrai. Mais, en outre, la base de pouvoir de chacune des anciennes nations occidentales a été détruite. Aucune d'entre elles ne dispose de ressources suffisantes, spirituelles ou matérielles, pour agir de manière indépendante dans la politique mondiale. Leur seule alternative est d'être collectivement des vassaux, ou de former une unité Culture-État-Nation-Race-Peuple. Cela crée automatiquement une unité économique, politique et militaire.

D'autre part, l'Europe peut résister à l'idée prusso-allemande du XXe siècle, l'idée du socialisme éthique, et continuer dans le chaos actuel. Le résultat sera, dans ce cas, l'élimination politique de la civilisation occidentale, pour toujours, de la lutte mondiale. La Russie, le Japon, ou d'autres puissances qui n'existent même pas aujourd'hui, se battront les uns contre les autres pour la conquête des ruines de l'Occident, tout comme les barbares à l'étranger ont mené des guerres sans fin pour le contrôle des empires égyptien, babylonien, chinois, romain et islamique. Les tâches purement spirituelles et intellectuelles qui restent à accomplir par notre culture peuvent l'être sous la domination des barbares, mais la plus grande de toutes les tâches intérieures, et l'impératif le plus énergique de la plus forte volonté de puissance que l'Histoire ait jamais connue, restera inachevée : la création de l'Empire occidental.

Dans toutes les couches de l'Europe, il faut comprendre que l'unité de l'Occident ne peut être réalisée que sur une seule base. De 1940 à 1944, la quasi-totalité de l'Europe était unie, et les événements de la Seconde Guerre mondiale ont montré au monde entier l'unité de l'Europe, car l'ensemble de l'Europe a été vaincu, en dépit de la tentative trompeuse de donner à certaines parties de l'Occident un sentiment de victoire. L'unité de l'Europe ne peut être réalisée que par la force, car c'est la seule arme que l'histoire connaisse. La façon dont l'Europe a été vaincue par des forces extérieures est la même que celle dont elle peut être libérée et réunifiée. Qu'il s'agisse de guerres civiles ou de guerres internationales, peu importe : les deux fronts sont les mêmes : D'un côté, le Barbare et le Faussaire, le Chaos et la Mort ; de l'autre, l'esprit de l'époque, l'Idée Prussienne-Européenne.

Cette idée n'est pas "nationale" au sens du XIXe siècle - elle n'était que la propagande d'éléments parasites, et n'a convaincu que les sub-européens. Cette idée transcende les anciennes divisions "nationales" de l'Occident. Elle est, en elle-même, l'âme, la mission, la forme éthique d'une Nation, une nation dont la population et le territoire métropolitain proviennent des anciennes formations "nationales" de l'Occident : Espagne, France, Angleterre, Italie et Allemagne. Il ne s'agit pas d'une fédération, ni d'une "union douanière" d'un quelconque artifice économique pour maintenir l'Europe à un niveau d'existence marginal suffisant pour empêcher sa révolte contre le Faussaire et le barbare. Il s'agit d'une unité spirituelle et, naturellement, d'une unité économique. Mais cette unité spirituelle doit se faire même quand elle est économiquement gênante, car l'économie n'est plus le moteur de l'Histoire.

9. L'imperium

I

L'histoire des nations dans la culture occidentale suit un grand développement triadique. La thèse était l'unité de l'Occident, l'unité des Croisades et la période de l'Empire et de la Papauté. Elle s'est poursuivie, dans le grand fait essentiel de la préservation de cette unité face aux Barbares, jusqu'au milieu du XVIIIe siècle. L'antithèse fut la période du nationalisme politique, qui accompagna le Matérialisme, et qui exerça une influence si puissante qu'il vint un temps où les hommes pensèrent que les nations produisaient la Culture, l'inverse. Enfin, l'insistance du nationalisme devint si grande que certains dirigeants préférèrent trahir leurs nations en s'alliant à des forces extra-occidentales plutôt que de s'unir à un corps occidental unifié. La Synthèse est la période de l'Avenir. Elle existe dans l'esprit des membres de la strate culturelle de l'Occident et, pendant une courte période, elle a été actualisée sous sa première forme, brute et provisoire, pendant la Seconde Guerre mondiale. Elle revient à la Thèse, mais conserve les créations de l'Antithèse, car cette grande Synthèse n'est pas un simple négatif. Aucune "nation" européenne de l'ancien État ne peut plus, selon cette nouvelle idée, faire l'objet d'une tentative forcée de modification ou d'abolition de ses caractéristiques locales. Considérée comme une réalité spirituelle, la synthèse ne peut être propagée par la force physique.

Non seulement dans la sphère des nations, mais dans la totalité des manifestations vitales de la civilisation occidentale, la synthèse pénètre avec de nouvelles valeurs, son imagination la plus élevée et ses nouveaux pouvoirs créatifs.

Au cours de la désunion progressivement radicale de l'Occident, l'antagonisme des différentes idées entre elles a dégénéré en manie. Le commerce combattait l'autorité, le troisième pouvoir combattait la société, le protestant combattait le catholique, le Nord combattait le Sud, l'Angleterre combattait l'Espagne, la France combattait l'Espagne, l'Angleterre combattait la Prusse, la science combattait la religion, le rationalisme combattait l'âme, et la lutte des classes combattait l'autorité et la propriété. La fièvre nationaliste, la pire de toutes, a été répandue loin à la ronde par les armées de la France sous le grand Napoléon. La ferveur nationaliste de ses troupes, qui lui a donné la victoire sur 150 champs de bataille, s'est propagée comme le contenu de l'Esprit du temps. Cet esprit a contaminé tout l'Occident et a inspiré la résistance espagnole et la réaction prussienne qui l'ont finalement vaincu.

Il n'y avait aucune nécessité interne à l'issue horrible de l'époque du nationalisme, à savoir les guerres d'anéantissement. Ce n'est pas le destin, mais une pathologie culturelle qui a voulu que l'Occident tout entier décline et que des forces étrangères viennent mener ses guerres sur son territoire et avec son sang. Néanmoins, cela s'est produit, et l'horrible issue de la Seconde Guerre mondiale impose une nouvelle façon de penser à l'ensemble de la couche culturelle de l'Occident. Au contraire, la nécessité interne de mettre un terme définitif à l'ère du nationalisme et des guerres d'anéantissement s'impose désormais. La grande synthèse, l'Imperium, la remplace. La Synthèse contient en elle les anciennes composantes de la Thèse et de l'Antithèse. Les instincts gothiques essentiels de la culture occidentale sont toujours présents dans l'idée de l'Imperium. Il ne peut en être autrement. Sont également présentes les différentes Idées que ces instincts, dans le cadre de cette Culture, ont formées pour elle, les religions, les nations, les philosophies, les langues, les arts et les sciences. Mais elles ne sont plus présentes comme des contrastes, mais comme de simples différences.

Morte - à jamais morte - toute idée que l'une de ces Idées nationales, linguistiques, religieuses, sociales a pour mission de destiner une autre Idée. Les partisans de l'Empire restent distincts des partisans de la Papauté, mais cette distinction ne gouverne plus leur esprit, car c'est désormais l'idée d'Imperium, le retour aux origines supra-personnelles, qui prédomine, et ces deux idées grandioses procèdent de la même source spirituelle. Les divergences entre protestants et catholiques, qui constituaient autrefois un casus belli, ont suivi le même chemin. Elles subsistent, mais il est désormais inconcevable qu'elles puissent à nouveau diviser la civilisation occidentale. Il y a également eu les différences raciales et de tempérament entre les Teutons et les Latins, entre le Nord et le Sud. Autrefois, elles contribuaient à fournir des motifs à l'histoire ; aujourd'hui, elles ne peuvent plus le faire. Encore une fois, nous insistons tous sur le fait qu'ils font partie de l'Occident, même s'ils sont différents, et que l'idée d'imperium monopolise la motivation de l'histoire.

Les vieilles nations, les religieux, les races, les classes sont maintenant les matériaux de construction de la grande structure impériale qui est en train de se fonder. L'idée d'Imperium n'a pas besoin d'anéantir les idées qui la composent, les produits collectifs de mille ans d'histoire occidentale. Au contraire, elle les affirme toutes ; dans un sens plus élevé, elle les perpétue toutes, mais elle les met à son service et elles ne seront plus au centre de l'Histoire.

L'idée d'imperium ne doit pas non plus être confondue avec une doctrine rationaliste stupide ou un millénaire infâme. Ce n'est pas un programme, ce n'est pas un ensemble d'exigences, ni un projet de justice, ni une série de sophismes juridiques autour du concept de souveraineté rationnelle. De même que l'avenir a toujours dû lutter contre les forces enracinées du passé, de même cette idée puissante et universelle doit lutter contre les forces enracinées du passé. Sa première phase consiste en la conquête spirituelle des esprits et des âmes des membres de la couche culturelle de l'Occident. C'est tout à fait inévitable. La phase suivante est la réalisation extérieure de l'Idée, dans une nouvelle forme d'État et une nouvelle forme de Nation. Au cours de cette phase, il peut y avoir des guerres civiles, peut-être des guerres "internationales" retardées entre les anciennes nations occidentales, et peut-être des guerres de libération contre des forces extérieures.

La première phase a déjà commencé, à un rythme lent mais irrésistible. Les autres phases doivent suivre, que la perfection ultime de l'Idée soit atteinte ou non dans la réalité. Le traité de Fontainebleau de 1763, signé avant sa naissance, a eu des conséquences fatales pour Napoléon qui s'est battu en vain contre ce traité et ses conséquences. L'Occident doit lutter contre l'héritage des deux guerres mondiales qui ont détrôné l'Europe et l'ont transformée en vassale des barbares et des coloniaux. Il doit reconquérir la suprématie mondiale que les adversaires envieux et mesquins du Héros ont jetée aux orties.

II

L'utilisation de la force militaire est destinée à combattre l'Extérieur parce qu'il n'est pas soumis au Destin de l'Occident. Tout organisme politique non occidental, par son existence même, nie l'Occident, son Destin, son Impératif et son droit à l'existence physique. Cette lutte pour le pouvoir ne peut être évitée.

Comme nous l'avons déjà vu, la situation actuelle de l'Occident lui impose non une lutte pour le pouvoir, une lutte pour éviter de passer sous l'esclavage du Barbare, mais aussi une lutte pour la poursuite de l'existence biologique de la population de l'Europe. Il y a un excédent de cent millions d'Européens pour le territoire de l'Europe. Ces cent millions sont là pour accomplir la formidable tâche vitale de l'organisme occidental. Auparavant, leur vie pouvait être assurée par le monopole occidental de l'industrie et de la technologie. Deux guerres mondiales désastreuses et stupides ont détruit ce monopole. Le travail de ces millions de personnes n'est plus nécessaire. Devant eux se profile le spectre de la dispersion, du chômage, de la faim et de l'esclavage. Si la situation actuelle perdure, cette issue ne pourra être évitée. La Persépolis de l'Europe a commencé à prendre forme.

Dans un siècle, Berlin, Londres, Rome, Paris, Madrid, pourront côtoyer Tenochtitlan, Louxor, Samarra et Tel-el-Amarna, si la conquête actuelle de l'Europe peut être maintenue. Cela se produira-t-il ?

Les conditions spirituelles préalables au concours ont été mentionnées. Tout cet ouvrage a été consacré à proposer l'unique concept mondial et l'unique impératif intérieur qui peuvent servir cette lutte pour la libération de l'Occident. Comment l'Occident libéré peut-il accomplir cette grande tâche qui consiste à sauver cent millions de vies occidentales ? Il n'y a qu'une seule solution, et c'est la plus proche. Le territoire agricole de la Russie fournit les moyens de préserver la population de l'Occident et la base nécessaire à la domination mondiale de cette civilisation, qui seule peut sauver l'Occident de menace d'anéantissement par des forces extérieures. Il s'agit donc d'une solution militaire, et il n'y en a pas d'autre. Notre monopole industriel technico-commercial a disparu. Notre supériorité militaro-technique subsiste, de même que notre volonté de puissance, notre talent d'organisation et notre discipline. Les jours glorieux de 1941 et 1942 ont montré ce que l'Occident est capable de faire contre le Barbare, quelle que soit sa supériorité numérique. Comme la Russie, la civilisation occidentale est située dans le quadrant nord-est. La Russie n'a donc pas, face à l'Occident, les avantages militaires qu'elle a face à l'Amérique. Les frontières terrestres communes permettent à l'Occident de se passer d'une puissance navale gigantesque comme condition préalable à la lutte sur terre. L'Occident pourra déployer toutes ses forces sur les plaines où se déroulera la bataille pour l'avenir de l'Occident.

Cette solution militaire présuppose une culture occidentale libérée et unie. Sa condition préalable est la libération de l'âme occidentale de la domination des traîtres et des parasites. Telles sont les deux grandes tâches d'action qui constituent l'impératif intérieur de l'Occident.

Premièrement, la liquidation de la tyrannie des idées du dix-neuvième siècle. Cela signifie que l'âme occidentale doit être complètement nettoyée de toutes les formes de matérialisme, de rationalisme, d'égalité, de chaos social, de communisme, de bolchevisme, de libéralisme, de toutes les variétés de gauchisme, du culte de l'argent, de la démocratie, du capitalisme financier, de la domination du commerce, du nationalisme, du parlementarisme, du féminisme, de la stérilité raciale, des faibles idéaux de "bonheur", et de toutes les formes de lutte des classes. À ces idéaux se substitue l'idée forte et virile de l'Époque de la Politique Absolue : Autorité, Discipline, Foi, Responsabilité, Devoir, Socialisme Éthique, Fécondité, Ordre, État, Hiérarchie... la création de l'Empire d'Occident. Deuxièmement, la solution du problème vital imminent de l'Occident par la conquête des plaines orientales comme base de l'existence future et de l'accomplissement de la mission mondiale de la Civilisation Occidentale.

III

La situation en 1948 nous permet-elle de rêver à la réalisation de cet impératif grandiose ? impératif grandiose puisse être actualisé ? À l'heure où j'écris ces lignes, des millions de personnes meurent de faim en Europe, sans que personne dans le monde extérieur ne s'en préoccupe. Des millions d'autres vivent dans des conditions infrahumaines, dans des prisons, des camps de concentration ou en tant que caste d'intouchables, privés de tous les droits de l'homme. Non seulement l'Occident n'a pas d'armée, mais ses dirigeants qui n'ont pas encore été pendus sont en prison. Le pouvoir en Europe, aujourd'hui, est détenu par deux classes d'individus : les étrangers culturels et les traîtres. Une Civilisation peut-elle mourir ainsi ? Deux puissances informes peuvent-elles étrangler une Culture, disperser et détruire sa population ? Cet ouvrage est l'expression de ma conviction qu'elles ne le peuvent pas, que la force insondable du Destin l'emportera sur les forces extérieures, ainsi que sur l'obstacle intérieur du Passé. C'est précisément au moment où leur victoire semble mûre et définitivement assurée que l'Europe commence à s'agiter. Torturé et puni par la tragédie, la défaite et la catastrophe, l'Occident émerge des ruines, indestructible dans sa Volonté. Et plus pur que jamais dans son unité spirituelle. Le grand rêve et l'aspiration de Leibnitz, l'union de tous les États d'Europe, sont désormais plus proches. Précisément en vertu de sa défaite, car dans cette défaite, elle prend conscience de son unité. La mission de cette génération est la plus difficile qu'une génération occidentale ait jamais eu à affronter. Elle doit briser la terreur qui la maintient dans le silence, elle doit regarder en avant, elle doit croire quand il n'y a apparemment plus d'espoir, elle doit obéir à ses impulsions intérieures même quand cela signifie la mort, elle doit se battre jusqu'à la limite avant de se soumettre. Il doit se fortifier en sachant qu'aucune force matérielle ne peut l'emporter sur l'esprit d'héroïsme. Comme les hommes d'Aragon et de Castille qui ont combattu le Maure, comme les chevaliers teutoniques et les Prussiens qui ont combattu le Slave, les hommes de cette génération doivent se battre pour l'existence permanente de l'Occident. En fin de compte, rien ne peut les vaincre, sauf la décadence intérieure.

L'Occident peut apporter dans la mêlée quelque chose que le Barbare et le Parasite n'ont pas : la force de la plus grande Destinée supra-personnelle qui soit jamais apparue sur cette terre de loups. Cette idée suprapersonnelle possède une force si considérable que les simulacres de procès, les massacres, les pyramides de crânes ne peuvent l'affecter.

L'Occident, dans les siècles à venir, devra livrer des dizaines de millions de vies dans la guerre contre le Barbare et le Faussaire. Il a une volonté, qui non seulement est sortie intacte de la Seconde Guerre mondiale, mais qui s'articule désormais dans toute l'Europe et qui gagne en force d'année en année, de décennie en décennie. Une simple supériorité matérielle ne signifiera pas grand-chose dans une guerre dont la durée se mesurera peut-être en siècles. Napoléon savait, et l'Occident sait toujours, que le spirituel est essentiel dans la guerre. Le sol de l'Europe, sacralisé par les fleuves de sang qui l'ont rendu spirituellement fertile pendant un millénaire, sera à nouveau arrosé de sang jusqu'à ce que les barbares et les faussaires aient été chassés et que le drapeau occidental flotte sur son sol, de Gibraltar au Cap Nord, et des promontoires rocheux de la Galway à l'Oural.

Cela nous est promis non pas par de simples objectifs humains, mais par un Destin élevé, qui se soucie peu de savoir si nous sommes en 1950, en 2000 ou en 2050. Ce destin est infatigable, il ne peut être brisé, et son manteau de force descend sur ceux d'entre nous qui se trouvent à son service.

Was mich nicht umbringt, macht mich
(*Ce qui ne me détruit pas me rend plus fort*)

FINIS

Autres livres

OMNIA VERITAS LTD PRÉSENTE :

HISTOIRE PROSCRITE
I
LES BANQUIERS ET LES RÉVOLUTIONS

PAR

VICTORIA FORNER

Les processus révolutionnaires ont besoin d'agents, d'organisation et, surtout, de financement - d'argent...

PARFOIS, LES CHOSES NE SONT PAS CE QU'ELLES SEMBLENT ÊTRE...

Omnia Veritas Ltd présente :

KEVIN MACDONALD

LA CULTURE DE LA CRITIQUE
LES JUIFS ET LA CRITIQUE RADICALE DE LA CULTURE DES GENTILS

Ses analyses mettent à jour l'influence culturelle prépondérante des Juifs et leur volonté de miner les nations dans lesquelles ils vivent, pour mieux dominer la société diversifiée qu'ils prônent tout en demeurant eux-mêmes un groupe ethnocentré et homogène, hostile aux intérêts des peuples blancs.

Une analyse évolutive de l'implication juive dans les mouvements politiques et intellectuels du XXe siècle

Omnia Veritas Ltd présente :

ISRAËL SHAHAK

HISTOIRE JUIVE
RELIGION JUIVE
LE POIDS DE TROIS MILLÉNAIRES

Rescapé des camps de concentration nazis, il est aussi un auteur et un militant pour la paix, antisioniste radical.

Ses écrits sur le judaïsme ont engendré des controverses...

OMNIA VERITAS
LES PAMPHLETS

OMNIA VERITAS LTD PRÉSENTE :
LOUIS-FERDINAND CÉLINE

« ... QUE LES TEMPS SONT VENUS, QUE LE DIABLE NOUS APPRÉHENDE, QUE LE DESTIN S'ACCOMPLIT. »

LF Céline

UN INDISPENSABLE DEVOIR DE MÉMOIRE

OMNIA VERITAS

OMNIA VERITAS LTD PRÉSENTE :
ÉCRITS RÉVISIONNISTES de ROBERT FAURISSON

LE DEVOIR DE MÉMOIRE EN 4 VOLUMES

Redécouvrons le sens de l'exactitude historique !

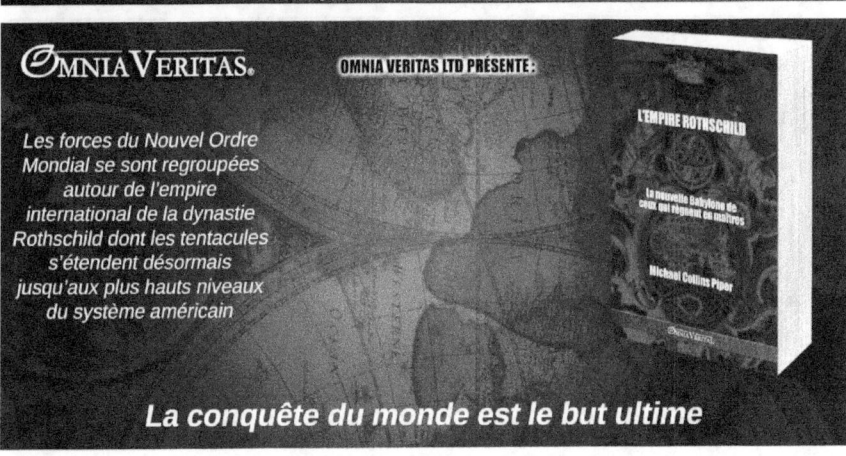

www.ingramcontent.com/pod-product-compliance
Lightning Source LLC
Chambersburg PA
CBHW050323230426
43663CB00010B/1718